中青年经济与管理学者文库

本书是河南省社科规划基金“减税降费、融资约束与企业双元创新研究”(2020BJJ063);河南省软科学基金“经济政策不确定性、会计稳健性与企业债务融资”(202400410380);河南省教育厅基金“企业家精神与公司价值:理论与数据”(2019-ZZJH-070)的阶段性成果。

双元创新运营机制的优化:环境波动性视角

李经路 著

中国财经出版传媒集团
中国财政经济出版社
北京

图书在版编目（CIP）数据

双元创新运营机制的优化：环境波动性视角 / 李经路著. --北京：中国财政经济出版社，2024.7
（中青年经济与管理学者文库）
ISBN 978-7-5223-2966-6

Ⅰ.①双… Ⅱ.①李… Ⅲ.①运营体制-研究 Ⅳ.①F502

中国国家版本馆 CIP 数据核字（2024）第 058156 号

责任编辑：温彦君　　责任校对：张　凡
封面设计：智点创意　　责任印制：史大鹏

双元创新运营机制的优化：环境波动性视角
SHUANGYUAN CHUANGXIN YUNYING JIZHI DE YOUHUA：HUANJING BODONGXING SHIJIAO

中国财政经济出版社 出版
URL：http：//www.cfeph.cn
E-mail：cfeph@cfeph.cn

社址：北京市海淀区阜成路甲 28 号　邮政编码：100142
营销中心电话：010-88191522
天猫网店：中国财政经济出版社旗舰店
网址：https：//zgczjjcbs.tmall.com
中煤（北京）印务有限公司印刷　各地新华书店经销
成品尺寸：170mm×240mm　16 开　30.75 印张　455 000 字
2024 年 7 月第 1 版　2024 年 7 月北京第 1 次印刷
定价：99.00 元
ISBN 978-7-5223-2966-6
（图书出现印装问题，本社负责调换，电话：010-88190548）
本社质量投诉电话：010-88190744
打击盗版举报热线：010-88191661　QQ：2242791300

策划人语

题记：一个人的精神成长史，取决于他的阅读史。只有阅读能最有效地培养精神生活习惯，而好的习惯又培养性格，性格决定人生。

——我们自豪，因为我们就是创造这精神产品的人。

选择了飞翔，总能看到蓝天；选择了远航，总能感受大海。人生不仅要作出选择，也要坚持住自己的选择。学会计、当编辑是我的意外选择。人说编辑是为人作嫁，可是这一选择我坚持了30年，苦在其中，乐在其中，也算是有声有色。每当我把一本本好书呈献给人们的时候，我觉得我是“富贵”的人：富，不是你身上的钱财，而是你心里的满足；贵，不是你地位的显赫，而是你被人需要的程度。

书海探寻，情怀永恒

我要说，做编辑我幸运，因为我不仅是第一个读者，可以对作品“品头论足”，也可以对作品“生杀予夺”；更重要的是，这是一个有很高层次的平台，在多年与名家的交往和名著的“对话”中，深深地为他们的人格和才学所感动，被作品的精彩所吸引，这不仅使我“下笔如有神”，更使我的思想和灵魂也受到一次次洗礼和震撼，得到一次次升华。对于我的作者我的书，如数家珍，作者中不乏才学和为人同样过人的多位泰斗和“颜值高责任大”的众多才子佳人；策划的作品不仅立足专业还兼顾人文，也是情怀所在，专业加人文路才会更宽更远。

多年的体会是，作为一名编辑，起码要“三心二意”，即“责任心、细心、耐心”和“服务意识、创新意识”。要多策划一些拳头产品，用一个选题推动一个系统工程，用一个系统工程培养一个出版社品牌。给新入职编辑讲座时我做过一个比喻：编辑两项基本功，审稿——甚至要比博导审批学生论文还要全面、细致；选题策划——要像电影导演一样做“星探”，善于发现优秀作者和挖掘好的原创作品。记不清30年来我策划和编辑了多少书，组织和策划了大批教材、业务培训用书、通俗读物、理论专著等，有的获得过国家、省部级各类奖项，有的以其填补空白、社会热点、风格新颖、开拓尝试等特点受到读者的欢迎。正是：

一入书门情似海，
探寻经典职责在。
苦辣酸甜何其乐，
编辑人生也精彩。

想是问题，做是答案

众所周知，目前的图书出版业在行业竞争和纸质图书受到严重冲击的情况下，出版人无不感到莫大的危机。在这种背景下，我们还要积极应对，完善纸质图书的固有特质，拓宽纸媒的功能，挖掘出版内容和形式都精彩的原创作品，适应新形势下读者的更高需求。2017年至今，在新的时代环境下不断出新，我又策划了多套系列丛书和单本图书，不乏名家著作、教材、学术专著和实务丛书等，继续为扶持学术研究和总结实践最新成果，在高端研究与专业知识普及和应用之间搭建一座座有益的桥梁。

每一个时代的经济环境不同，理论研究和实务探索所需要解决的问题也有所差别。当前我国处于新的历史时期，市场环境和组织模式不断演变发展、推陈出新，经济、管理、财税等领域的新理论、新思想、新方法、新工具也层出不穷。乱花渐欲迷人眼，击水三千浪几何？这些领域的研究人员被时代赋予了更艰巨的责任，也面临着更高、更多元的要求，我们不仅要具备更广阔的学术视野，而且要有更严谨的学术思维。

输在犹豫，赢在行动

《中青年经济与管理学者文库》的作者，都是我国经济与管理领域的中坚力量，也是未来的大家。他们中有些人潜心从事理论研究，有些人则深耕在实务一线，但无论现实身份如何，视野全都没有被拘泥在“象牙塔”内。他们从不同视角对市场经济的不同要素进行细致审视，然后汇聚于“财经版”这面旗帜之下，相互碰撞，彼此激荡，力求在市场经济转型升级的关键时期留下最新鲜的“中国印记”。

这些经济与管理领域的中青年学者，就是我国市场经济发展的潜力与优势，他们的研究成果，不仅将引领市场经济的各个组成环节向更科学、更先进的方向发展，而且将成为我国政府和企业在未来经济世界扮演更重要角色的支点与动力。祝愿这些中青年学者能攀上更高的学术之山，走向更远的研究之路，也期待宏观、中观、微观各个层面的市场参与者都能从这套文库中得到切实的启发与指引，在全面深化改革、增强发展活力的关键时期，发挥正能量和积极作用，为经济社会发展增添新的动力！——这也是我策划此套丛书的初衷。

作始也简，毕也必巨

2021 年，是一个非凡之年，纵观世界风云，抗击疫情“风景这边独好”，“十四五”规划开局，我们喜迎建党百年。“其作始也简，其将毕也必巨。”从“开天辟地”“改天换地”到“翻天覆地”“惊天动地”，我们党经历了四个历史时期——救国大业、兴国大业、富国大业、强国大业，四件大事铸就了中国共产党百年辉煌。我们不禁感叹——风雨百年创辉煌，“天地”之间“有杆秤”。

2021 年，还是一个纪念之年，出版社成立 65 周年和我从事编辑工作 30 周年。65 年来，财经出版社始终坚持正确的舆论导向和鲜明的出版特色，努力为经济建设和财政工作服务，致力于为读者奉献经典作品，在中国财经出版传媒集团旗下发挥着更大的作用，取得更大的成就。作为一个有着 20 多年党龄的党员，我是生在新中国长在红旗下的幸运的一代，怀着对党无限的热爱和感恩，浓情做事、淡泊做人，用 30 年的情怀和坚守见证了出版业的转型，践行了编辑的天职，向党递交一份努力的答卷。

2017 年策划出版《中青年经济与管理学者文库》至今已五年，得到了众多中青年学者的热烈响应与大力支持，文库诞生至今已囊括专著60 余种，为中青年学者们提供了展示学术研究成果的平台，作者队伍不断壮大，作品陆续出版。如果您认可，如果您有意愿，欢迎您和您的朋友加盟我们的作者队伍！在中国财经出版传媒集团的“旗舰”下，中国财政经济出版社这“老字号”，一定励精图治，谱写新的篇章。敬请关注“龙媒玉制新书坊”微信公众号，我们用“龙的精神，玉的品质”来助力您实现梦想！

策划人：樊清玉
邮箱：qingyuf@ sina. com
2021 年12 月31 日

前言

国家“十四五”规划将科技自立自强作为国家发展的战略支撑，党的二十大报告明确提出加快推进科技自立自强，强化基础研究和原始创新。党的二十大报告确定中国未来五年的任务是：加强基础研究，突出原创，鼓励自由探索，显著提升科技自立自强能力。到2035年的目标是，实现高水平科技自立自强，进入创新型国家前列。虽然我国在创新方面取得了举世瞩目的成就，整体创新水平的提升较快，但是我国基础科学短板比较突出，原始创新能力薄弱，存在微观层面和宏观层面“数量长足、质量跛脚”的创新困境（陈强远，林思彤，张醒，2020）。中国企业的发展瓶颈在于探索性创新和利用性创新不平衡布局导致的结构性障碍，向利用性创新的偏离占69.82%，而向探索性创新的偏离仅占30.18%，存在以利用性创新为主的倾向。因此，平衡好探索性创新、利用性创新是实现双元创新的关键一步，也是实现高水平科技自立自强，进入创新型国家前列的重要措施。

动态能力观强调企业适应动态环境以提升自身竞争力的观点，但是动荡的环境为双元创新的发展提出了挑战。党的二十大报告指出当今世界疫情影响深远，逆全球化思潮抬头，单边主义明显上升，世界经济复苏乏力，局部冲突和动荡频发，世界进入新的动荡变革期。在此背景下，本书以“双元创新运营机制的优化：环境波动性视角”为题，将分以下三个部分展开研究。

第一部分实施双元创新的基准检验。利用公司层面的面板数据，分别从全板块、主板、创业板三个层次研究环境波动性对双元创新四个维度指标的影响（探索性创新、利用性创新、双元创新平衡性、双元创新联合性），然后进行产权异质性、垄断异质性、专精特新异质性以及生命周期视角的进一步检验。研究表明，中国双元创新具有不同于西方国家的表现与特质，更具中国特色。

第二部分进行双元创新的中介效应检验。首先，分别从企业家信心和管理层持股两个渠道展开。企业家信心是环境波动性与双元创新四维度指标的中介变量，因为板块的不同存在遮掩效应和部分中介效应。其次，探讨企业家信心是通过哪个变量来影响双元创新四个维度的指标，中介效应检验表明，企业自由现金流是企业家信心和双元创新四个维度指标的中介变量，存在部分中介效应。在管理层持股方面，中介效应检验表明，管理层持股是环境波动性与双元创新四个维度指标的中介变量，存在部分中介效应。然后探讨管理层持股与双元创新的中介效应，每股收益是管理层持股与双元创新的中介变量，存在部分中介效应。本部分完成了数理分析、中介效应检验和链式中介效应检验。

第三部分进行双元创新的调节效应检验。本部分从政府减税和政府补助两个维度展开，探讨政府减税、政府补贴如何缓解环境波动性对双元创新的冲击，怎样才能提升双元创新。政府减税正向调节了环境波动性对双元创新的影响，随之又实施了政府减税与双元创新的中介效应检验。中介效应检验表明，企业利润是政府减税与双元创新的中介变量，存在部分中介效应。在政府补助方面，政府补助抑制了环境波动性对双元创新的影响。本书又尝试了政府补助与双元创新的中介效应检验。中介效应检验表明，各项税费返还是被解释变量的中介变量，存在部分中介效应。本部分完成了数理分析、调节效应检验和有调节的中介效应检验。

在论证过程中本书从四个方面进行尝试：在管理层持股对双元创新的影响方面，本书扩展了西方代理理论的应用范围。在环境波动性对双元创新的影响方面，检验了环境波动性与双元创新呈倒U关系。在变量衡量方面，采用反正切函数法测算双元创新的平衡性。在工具变量选取方面，采用加拿大、澳大利亚等国的环境波动性作为工具变量，有效地解决了内生性问题，丰富了环境波动性工具变量的选择策略。

作者

目录

第1章
导 论

本章的主要任务是阐述本书的研究背景，归纳出理论意义与学术价值，提炼主要研究内容，确定研究方法，形成研究思路，在此基础上凝练出本书的研究创新。

1.1 研究背景

2018年伊始，国务院就颁布了《关于全面加强基础科学研究的若干意见》（以下简称《意见》），《意见》认为世界上发达国家都在强调基础研究的战略地位，全世界的科技竞争越来越向基础研究的领地进军。经过几十年的积蓄，虽然我国的基础研究已经取得了长足的发展，但是与发达国家相比，我国的基础研究仍然存在短板突出、结构失衡、激励措施不合理、探索性创新水平低等问题。

国家“十四五”规划将科技自立自强作为国家发展的战略支撑，党的二十大报告要求加快推进科技自立自强，强化基础研究，并指出中国未来五年的任务是，加强基础研究，突出原创，鼓励自由探索；显著提升科技自立自强能力。到2035年的目标是，实现高水平科技自立自强，进入创新型国家前列。

虽然我国在创新方面取得了举世瞩目的成就，整体科技创新水平的提升较快，但是与发达国家相比，我国基础科学短板比较突出，原始创新能力薄弱，存在微观层面和宏观层面“数量长足、质量跛脚”的创新困境，中国企业的发展瓶颈在于探索性创新和利用性创新不平衡所导致的结构性障碍，所以中国企业需要平衡探索性创新与利用性创新的相对水平。因此，平衡好探索性创新和利用性创新是实现双元创新的关键一步，也是实现高水平科技自立自强，进入创新型国家前列的重要措施。

党的二十大报告同时强调，当今世界疫情影响深远，逆全球化思潮抬头，单边主义明显上升，世界经济复苏乏力，局部冲突和动荡频发，世界进入新的动荡变革期。因此探讨环境波动性对双元创新的影响问题，不仅具有理论意义更具有现实价值。本书在中国情境下以规范研究、数理分析、实证分析的方法来探究环境波动背景下企业双元创新的优化提升，期望推动双元创新的理论研究和实践操作向更好的方向发展。

1.2 研究意义

本书在理论演绎、数理推导以及实证检验的过程中发现，管理层持股对双元创新的影响不仅在数理模型上有别于西方的设定，实证检验的结论也不同于西方代理理论的结论。针对双元创新的平衡性问题，本书不仅在测度上进行了一次尝试，而且在环境波动性对双元创新平衡性方面进行了深入的挖掘，丰富了相关研究，具体意义如下。

1.2.1 构建契约模型，扩展了代理理论的应用范围

本书首先通过构建数理模型，推导出管理层货币薪酬和管理层持股分别影响双元创新的一般机理。随之利用上市公司相关数据进行检验，经验数据表明，管理层持股对企业双元创新的作用机制不同于数理模型的结论，管理层持股不仅正向调节双元创新行为，也负向调节双元创新行为，中国上市公司管理层持股对双元创新的影响机制超出了西方代理理论的应用范围，扩展了代理理论关于管理层持股对双元创新影响的应用。

1.2.2 初次采用新方法衡量平衡性，丰富了相关研究

本书在关于双元创新平衡性的衡量方面，除了采用有机平衡测度方法外，还采用探索性创新除以利用性创新之商再取反正切函数法处理。在实证过程中检验了环境被动性对双元创新平衡的影响，实施了产权异质性、垄断异质性、专精特新异质性以及生命周期异质性的检验，丰富了双元创新的影响机制研究和理论研究。

1.2.3 指出了破坏性创新演化到探索性创新的路径

破坏性创新是后发企业或者小企业由利用性创新飞跃到探索性创新的关键环节，要在技术、产品、服务以及市场等方面采取破坏等手段，形成破坏张力并推动中小企业快速发展。探索性创新是后发企业或者小企业创新发展的最高阶段。从破坏性创新转化到探索性创新是发展中国家中小企业的捷径。因此，中小企业要善于觉察行业的发展态势，准确找到适合自己破坏性创新的新领域。

1.3 研究内容

本书分理论研究、数理分析与实证检验两大部分展开论证。在理论研究部分，本书探讨了双元创新理论、破坏性创新理论以及委托代理理论，为本书后面的数理推导、实证分析奠定了基础。在数理分析与实证检验部分，本书从双元创新的基准检验、双元创新的中介效应检验、双元创新的调节效应检验三个维度展开。具体内容的安排如图 1－1 所示。

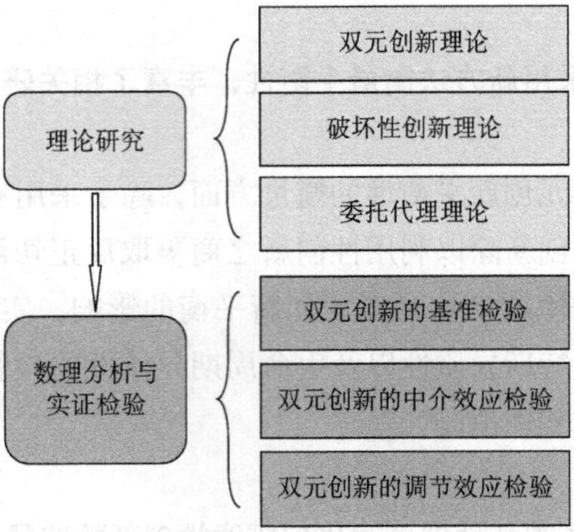

图1－1　本书的研究内容

1.3.1　企业双元创新的基础理论

本部分廓清双元创新的基本内涵，随之界定双元创新衍生出的四个概念，即探索性创新、利用性创新、双元创新平衡性、双元创新联合性。探讨双元创新的演化机制、采用数理分析的方法找出企业选择创新模式的一般条件。识别破坏性创新的动因，归纳破坏性创新的外在条件，确定破坏性创新演化到探索性创新的路径，为后续章节打下理论基础。所有权与经营权的分离是企业产生的条件，而所有权与经营权的分离又是委托代理理论存在的基础。本部分采用数理分析的方法，探究委托代理理论在创新中的作用机理，为后面的深入分析奠定理论基础。

1.3.2　企业双元创新的基准检验

本部分分别探讨环境波动性对探索性创新、利用性创新、双元创新平衡性以及双元创新联合性的影响，从四个维度展开。这四种检验分别从全板块公司、主板公司、创业板公司三个层次进行。每个维度、每个层次的检验又分别从产权异质性、垄断异质性、专精特新异质性以及生命周期视角展开进一步的研究。

1.3.3 企业双元创新的中介效应检验

在基准研究的基础上，本部分探讨环境波动性影响双元创新的中介机制，首先，检验企业家信心对双元创新四维度指标的中介效应。这四种检验都分别从全板块公司、主板公司、创业板公司三个层次进行。每个维度、每个层次的检验又分别从产权异质性、垄断异质性、专精特新异质性以及生命周期视角展开进一步的研究。其次，检验企业家信心是否为环境波动性与双元创新的中介变量。再次，检验管理层持股对被解释四个维度指标的影响。最后，检验管理层持股是否为环境波动性与双元创新的中介变量。

1.3.4 企业双元创新的调节效应检验

本部分主要研究政府减税、政府补助对双元创新的调节作用，分析其对双元创新四维度指标的影响。这四种检验都分别从全板块公司、主板公司、创业板公司三个层次进行。每个维度、每个层次的检验又分别从产权异质性、垄断异质性、专精特新异质性以及生命周期视角展开进一步的研究，兼作有调节的中介效应检验。

1.4 研究思路

本书以优化环境波动性背景下企业的双元创新运营机制为目标，采用数理分析、实证检验相结合的方法展开探讨，以完成本书的主要内容。研究思路如图 1-2 所示。

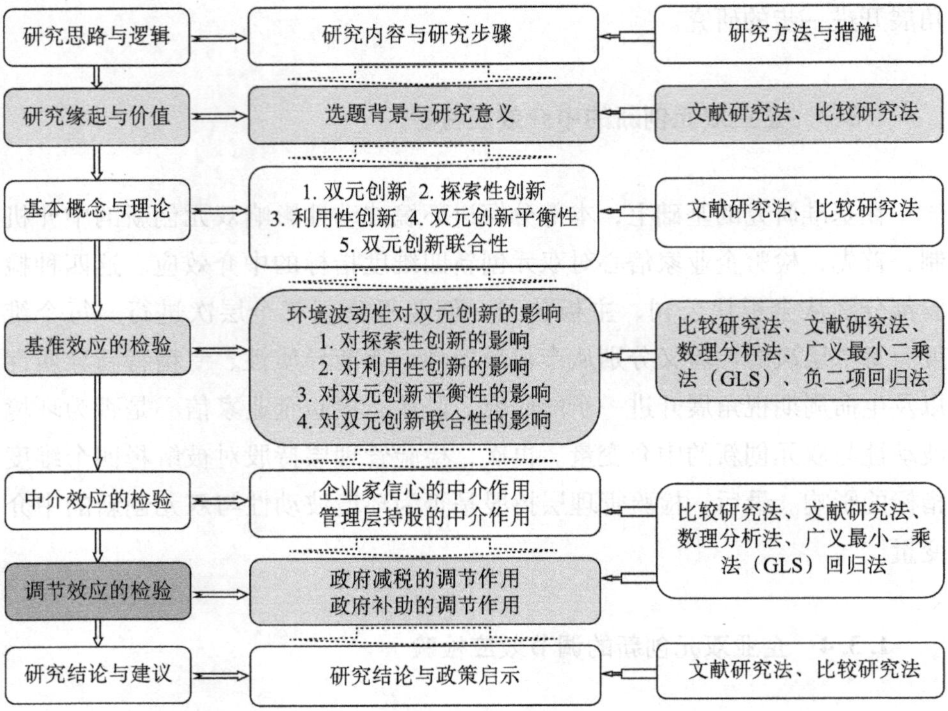

图 1－2　本书的研究思路

如图 1－2 所示，本书内容主要通过以下四个步骤完成。第一步，界定与本书直接相关的概念，确定研究边界。追溯双元创新的理论渊源，探讨双元创新的内在逻辑，争取在理论上有所突破。第二步，环境波动性影响双元创新的基准检验。第三步，环境波动性影响双元创新的中介效应检验。第四步，环境波动性影响双元创新的调节效应检验。

1.5　研究方法

本书针对不同的内容分别采用文献研究法、数理分析法、广义最小二乘法（GLS）、负二项回归法等多种研究方法，以完成本书的主要研究任务。

1.5.1 文献研究法

本书在梳理国内外文献的基础上，通过对比文献、甄别优劣，界定双元创新的内涵，为后续研究界定研究范围。本书通过对相关研究成果进行系统阅读与梳理，准确把握相关研究动态与不足，进而审视性地从已有成果中获得启示与借鉴，为后续的研究展开打下基础。

1.5.2 比较研究法

没有比较就没有鉴别，本书通过比较研究方法，从多方面进行比较、鉴别，找出不同现象之间的共性与个性。在企业双元创新的基础理论中，利用对比研究法，分析双元创新与破坏性创新之间的关系；甄别全板块公司、主板公司、创业板公司在双元创新方面存在的差异；从而为我国企业积极从事双元创新提供具体建议。

1.5.3 数理分析法

关于管理层薪酬对双元创新的影响，本书利用数学模型构建薪酬契约函数，分析管理层货币薪酬对双元创新的影响以及管理层持股对双元创新的影响。在财税补助对研发创新的影响方面，本书构建数理模型进行分析。本书借鉴程发新、邵世玲、徐立峰（2015）的最优策略研究思路，构建企业双元创新的数理模型，从成本收益视角分析财税补助对双元创新的影响机制。

1.5.4 广义最小二乘法（GLS）

鉴于被解释变量呈现非正态分布的特征，本书在基准检验、中介效应检验、调节效应检验时，主要采用广义最小二乘法（GLS）进行处理。

1.6 研究创新

在论证过程中，本书从以下几方面进行研究尝试。在管理层薪酬对双元创新的影响方面，本书扩展了西方代理理论的应用范围。在环境波动性对双元创新影响方面，合理地测算出中国经济政策不确定数值，实证检验了环境波动性与双元创新呈倒U关系。在测度双元创新平衡性指标时，采用探索性创新除以利用性创新之商再取反正切函数法处理。在工具变量选取上，采用加拿大、澳大利亚等国的环境波动性作为工具变量，有效地解决了内生性问题，丰富了环境波动性工具变量的选择策略。

1.6.1 构建契约模型分析了管理层持股对双元创新的影响

在委托代理理论的指引下，借鉴 Holmstrom 和 Milgrom（1987）的思路并修改其模型，重新构建薪酬契约模型，分析管理层货币薪酬和管理层持股对双元创新的影响机制与路径，通过数理推导，得出管理层货币薪酬和管理层持股影响企业双元创新的一般原理。搜集上市公司相关数据进行检验，经验数据表明，管理层持股对双元创新的作用机制不同于数理模型的结论，管理层持股不仅正向调节双元创新行为，也负向调节双元创新行为，中国上市公司管理层持股对双元创新的影响机制超出了西方代理理论的应用范围，扩展了代理理论关于管理层持股对双元创新影响的应用。

1.6.2 选取合适的工具变量解决了内生性问题

在工具变量选取上，采用加拿大、澳大利亚等国的经济政策不确定性作为工具变量，有效地解决了内生性问题，丰富了环境波动性工具变量的选择策略。

1.6.3 提出了双元创新平衡性的三角函数法

在测度双元创新平衡性指标时，本书采用探索性创新除以利用性创新之商再取反正切函数法处理，丰富了双元创新平衡性测度方法。

1.6.4 检验了环境波动性对双元创新的复杂影响

在环境波动性对双元创新影响问题上，本书尝试性检验环境波动性指数与双元创新的关系。实证研究表明，环境波动性指数与双元创新呈倒U关系，而不是现有研究的线性影响的结论。

第2章 基本概念与研究综述

界定双元创新的基本概念、探寻双元创新的文献渊源、把握双元创新的研究动态、评述双元创新的研究状况、预测双元创新的发展方向、确立双元创新的主要问题，是本章基础理论和研究综述期望完成的任务。

2.1 基本概念

本部分主要界定环境波动性、双元创新的相关概念以及由双元创新衍生出来的探索性创新、利用性创新、双元创新平衡性和双元创新联合性的概念。正本清源，为后续的研究界定范围。

2.1.1 环境波动性

关于环境波动性概念直到目前为止尚未达成统一的界定。有学者认为环境波动性是指经济行为人在进行决策时，鉴于经济活动受到直接或者间接因素的影响，导致经济行为人无法对经济活动进行判断、分析和预测等不确定性状况。一般认为是经济行为主体对国家政府机构是否调整、何时调整、调整经济政策的幅度无法提前预知而产生的不确定性（王满、黄波、于浩洋，2017），也指经济政策在未来指向、强度等方面的含糊性所导致的经济行为的不明朗性（饶品贵、岳恒、姜国华，2017）。

在经济新常态和新时代经济背景下，环境波动性在增强（王佳宁，2014）。环境波动性的提高不仅是宏观经济波动的一个原因，也是影响微观财务决策的重要因素（李风羽、史永东，2016）。

本书将环境波动性界定为，是由宏观经济波动引起的，国家为了烫平经济波动，相应调整经济政策，使经济主体或者个人无法预测经济领域未来发生事件的可能性，经济事件的发生与否和主观预期不一致。

2.1.2 双元创新

自从 March（1991）将组织学习分为双元性学习以来，双元性便一直是管理学界的重要议题。随后，Tushman 将双元性提升到理论层面，认为组织在适应环境变化时需要进行探索性活动，同时还要管理当前需求进行利用性活动。双元创新是指组织在进行创新的过程中，既要进行探索性创新，也要进行利用性创新。March（1991）认为，利用性创新和探索性创新两者之间存在一种平衡的关系。双元创新之间的平衡被 Tushman 和 O'Reilly 称为双元性创新（Innovation Ambidexterity）。

探索性创新是企业进入新技术领域从事探索性活动进而形成的创新成果，以扩展性搜索为基本特征。而利用性创新是指企业在当前技术领域从事开发性活动而得到的创新成果。探索性创新与利用性创新的转换可以提高企业的竞争力（李祥云、段艳平、王业斌，2022）。

（1）探索性创新

探索性创新（Exploration Innovation，缩写 prat，为后面的实证研究中变量命名做准备）强调企业在新知识和新技能的基础上实施彻底的创新，企业摆脱既有市场，开拓出全新的业务，以满足新兴客户的需求，探索式创新更侧重于技术变革，是实质上的创新。

（2）利用性创新

利用性创新（Exploitative Innovation，缩写 pita，为后面的实证研究中变量命名做准备）强调企业对已有产品和服务进行升级换代，以满足当前用户和客户的需求，属于小而微的一种创新方式。

（3）双元创新平衡性

双元创新由两个相互关联的维度构成，一个维度与探索性创新和利用性创新之间的平衡性有关，称为双元性平衡性（Dual Balance，缩写 dubln，为后面的实证研究中变量命名做准备），主要是衡量探索性创新与利用性创新之间力量均衡情况的指标，说明两者之间有无严重偏倚状态。双元创新平衡维度强调的是探索性创新、利用性创新的组合效应，以两种创新程度的差值来表征。另一个维度与探索性活动和应用性活动的程度总大小有关，称为双元性的整合维度（Combined Dimension）。

（4）双元创新联合性

双元创新的联合性维度（Dual Combine，缩写 ducmb，为后面的实证研究中变量命名做准备）指企业创新双元性，主要是通过探索性活动和利用性活动的水平总和来衡量，是反映探索性创新和利用性创新总量情况的指标（王灿昊、段宇锋，2020）。

2.2 研究动态

本节内容的主旨在于把握双元创新相关的研究动态，揭示双元创新现存的问题，找准本书的研究切入点。因此，笔者从以下两个方面入手进行文献的搜集与分析工作：一方面是既整理了 CSSCI 和 CSCD 的中文文献，又整理了 Web of Science 核心数据库的外文文献，来获取充分的文献；另一方面是运用文献计量学和科学知识图谱方法，借助 CiteSpace 软件并分析国内外的演进脉络、关注主题，预测未来趋势，进行文献的分析与提炼。

为了全面覆盖已有成果，不遗漏相关文献，在进行文献搜集时，笔者在 Web of Science 核心合集中设置检索条件为：主题 = [（“ambidextrous organization * ”）OR（“organizational ambidexterity * ”）] OR [（“exploitation * ”）OR（“exploration * ”）]。在中国知网搜索双元创新的文章是，将主题

精确设定为“双元创新”，摘要设定为“企业”，期刊类别设定为“CSSCI和CSCD”，截至2023年11月30日，共搜集到外文文献207篇、中文文献215篇。本节首先分析外文文献，因为国内学者对双元创新的探讨是从翻译引进开始的。

从James G. March（1991）发表的开山之作*Exploration and Exploitation in Organizational Learning*算起，双元创新的研究已经走过了30多个年头。在这30多年间，国外学者关注的话题与研究领域如图2－1所示。

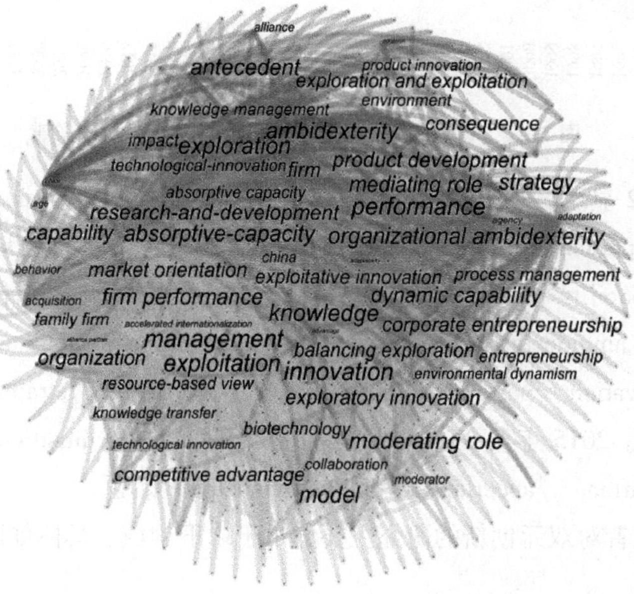

图2－1 Web of Science相关文献的笔者共被引聚类知识图谱

图2－1显示，学者们关注的主要话题包括：organizational ambidexterity、ambidexterity、exploration、exploitation、management、innovation、performance、research and development、absorptive capacity、exploratory innovation、exploration and exploitation、balancing exploration、strategy、mediating role等。学者们已经用到了组织理论、资源基础观、吸收能力、知识管理等理论。从学者们关注话题的时间演进过程来看，主要体现以下特点，如图2－2所示。

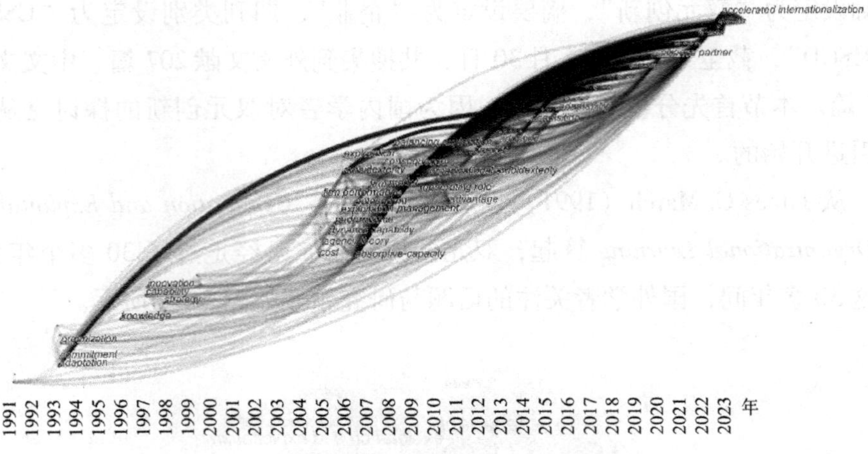

图 2-2　Web of Science 相关文献时间趋势知识图谱

图 2-2 显示，1993—1995 年，国外学者关注的是 organization 和 commitment adaptation 话题。1996—1999 年，国外学者关注的是 knowledge、innovation capability 和 strategy 话题。2004—2014 年，国外学者关注的是 organizational ambidexterity、ambidexterity、exploration、exploitation、management、innovation、performance、balancing exploration、strategy、mediating role 等话题。2015 年至今，国外学者主要探讨的是 acquisition、adaptability alliance、partener、accerlarated internationalization 话题。

国内学者对双元创新的研究主要集中于以下领域。具体如图 2-3 所示。

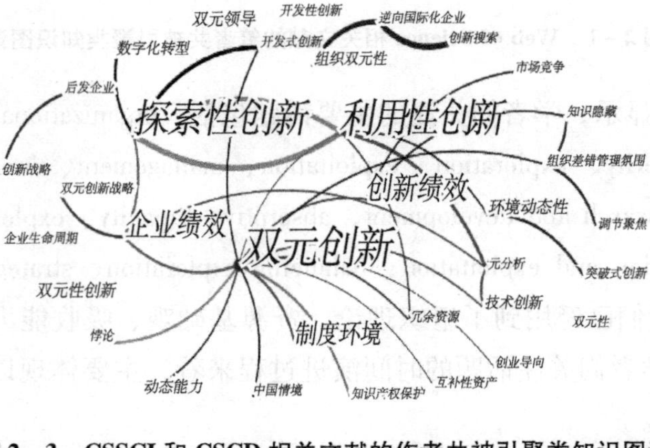

图 2-3　CSSCI 和 CSCD 相关文献的作者共被引聚类知识图谱

图 2－3 显示，国内学者主要关注的是双元创新、探索性创新、利用性创新这三个话题。其次是探讨企业绩效、创新绩效、制度环境话题。然后是双元性创新、环境动态性、组织双元性、双元领导、数字化转型等话题。

国内学者对双元创新研究演进的轨迹如图 2－4 所示。从时间演进来看，2011 年到 2013 年，国内学者热衷于利用性创新、双元创新和探索性创新。2014 年到 2016 年，国内学者热衷于企业绩效、双元创新和探索性创新等话题。2017 年到 2019 年，国内学者热衷于创新绩效、制度环境、双元领导和技术创新等话题。2020 年到 2022 年，国内学者热衷于环境动态性、组织双元性和动态能力等话题，2023 年学者主要关注数字化转型、开发式创新等话题。

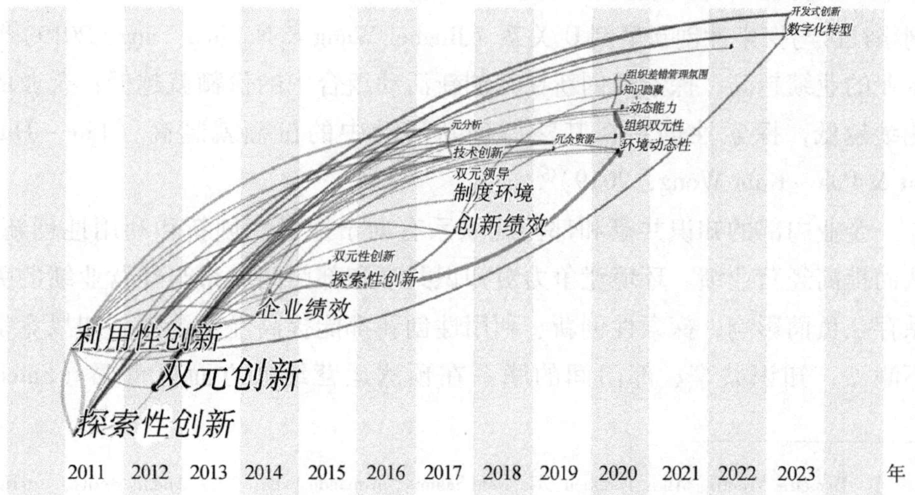

图 2－4　CSSCI 和 CSCD 相关文献时间趋势知识图谱

2.2.1　国外文献综述

根据前面外文文献的作者共被引聚类知识图谱、相关文献时间趋势知识图谱可知，国外学者也是从双元创新对企业经营业绩的影响、双元创新内部的平衡性和联合性的关系、环境不确定性对双元创新的影响等方面展开研究的。

(1) 双元创新对企业经营业绩的影响

对知识密集型企业而言，双元性影响企业绩效，外部知识虽不能增强双元性对绩效的影响，但双元性与外部知识存在中介效应（Demetris Vrontis et al.，2017）①。从企业探索性创新、利用性创新的演变及其对长期绩效的影响来看，不仅追求单一探索性创新或利用性创新的公司具有自我强化的倾向，采用平衡探索性创新、利用性创新的二元性公司也表现出自我强化的倾向。在渐进的环境中，企业保持双元性可获得更优绩效。但在不确定的背景下，双元创新对业绩存在负面影响（Johannes Luger et al.，2018）②。

双元性是实现可持续绩效的一种手段，在企业的吸收能力处于较高水平下，双元创新对其绩效影响更大（Miguel Solís – Molina et al.，2018）③。网络社区与探索性创新呈倒 U 关系（Jingbei Wang & Naiding Yang，2019）④。企业的业绩越高，探索性创新在其创新活动组合中的份额就越低；企业的业绩越低，探索性创新在其整体创新活动中的份额就越高（Lin – Hua Lu & Poh – Kam Wong，2019）⑤。

企业内部的知识共享和部门间联系有助于探索性创新和利用性创新，从而提高经营业绩。环境竞争力对知识共享和部门间联系与经营业绩的关系存在负面影响，探索性创新、利用性创新都能提高经营绩效。如果竞争不激烈，知识共享、部门间的联系在预测运营绩效方面更重要（Salem

① Demetris Vrontis，Alkis Thrassou，Gabriele Santoro，Armando Papa，2017. Ambidexterity，external knowledge and performance in knowledge – intensive firms [J]. The Journal of Technology Transfer，42 (2)：374 – 388.

② Johannes Luger，Sebastian Raisch，Markus Schimmer，2018. Dynamic balancing of exploration and exploitation：the contingent benefits of ambidexterity [J]. Organization Science，29 (3)：449 – 470.

③ Miguel Solís – Molina，Miguel Hernández – Espallardo，Augusto Rodríguez – Orejuela，2018. Performance implications of organizational ambidexterity versus specialization in exploitation or exploration：the role of absorptive capacity [J]. Journal of Business Research (91)：181 – 194.

④ Jingbei Wang，Naiding Yang，2019. Dynamics of collaboration network community and exploratory innovation：the moderation of knowledge networks [J]. Scientometrics (121)：1067 – 1084.

⑤ Lin – Hua Lu，Poh – Kam Wong，2019. Performance feedback，financial slack and the innovation behavior of firms [J]. Asia Pacific Journal of Management，36 (4)：1079 – 1109.

AIAbri et al., 2022)①。

探索性创新、利用性创新对财务绩效存在积极的影响，营销能力增强了探索性创新对绩效的影响，对利用性创新的影响不显著（Min Ju & Gerald Yong Gao，2022)②。双元创新在开放式创新和企业绩效之间存在中介作用，而开放式创新对组织的双元创新和企业绩效具有倒 U 调节作用（Bang – Ning Hwang et al., 2023)③。绩效取决于其知识搜索水平偏离最佳水平的程度，过度的利用性创新或过度的探索性创新对业绩不利。搜索偏差对绩效的负面影响因环境变化而变化（Heli Wang & Jiatao Li，2008)④。利用性学习、探索性学习与新产品绩效呈 U 形关系，在较低水平的利用性学习中，提高探索性学习能提高绩效。在高层次的探索性学习中，提高利用性学习会降低绩效（Kwaku Atuahene Gima & Janet Y. Murray，2007)⑤。

组织间和组织内的网络特征有助于企业的创新。考虑组织内网络特征（潜在的）调节作用，研究组织间网络位置与探索性创新关系的数据表明：中心地位与探索性创新存在倒 U 关系，对内部具有凝聚力网络特征的企业，该关系变得更加陡峭。此外，经纪人地位正向调节探索性创新，当企业出现较低的网络凝聚力水平时，这种关系变得更加强烈。当然，企业受益于其外部网络规模与内部异质性的匹配（Na Zhang et al., 2023)⑥。

① Salem AIAbri, Seyedeh Khadijeh Taghizadeh, Golam Mostafa Khan, Syed Abidur Rahman, 2022. Exploratory innovation, exploitative innovation and operational performance: infuence of informal social relations in environmental competitiveness [J]. Quality & Quantity (56): 1223 – 1244.

② Min Ju, Gerald Yong Gao, 2022. Performance implication of exploration and exploitation in foreign markets: the role of marketing capability and operation flexibility [J]. International Marketing Review (4): 785 – 810.

③ Bang – Ning Hwang, Yi – Ping Lai, Chunhsien Wang, 2023. Open innovation and organizational ambidexterity [J]. European Journal of Innovation Management, 26 (3): 862 – 884.

④ Heli Wang, Jiatao Li, 2008. Untangling the Effects of Overexploration and Overexploitation on Organizational Performance: the moderating role of environmental dynamism [J]. Journal of Management, 34 (5): 925 – 951.

⑤ Kwaku Atuahene Gima, Janet Y. Murray, 2007. Exploratory and exploitative learning in new product development [J]. Journal of International Marketing, 15 (2): 1 – 29.

⑥ Na Zhang, Lu Cheng, Chao Sun, Julie Callaert, Bart van Looy, 2023. The role of inter – and intra – organisational networks in innovation: towards requisite variety [J]. Scientometrics, https: //doi. org/10. 1007/s11192 – 023 – 04748 – 9.

（2）双元创新内部平衡性与联合性的关系

利用性创新与探索性创新之间的平衡问题，是组织适应研究中的永恒主题（Brown & Eisenhardt，1998；Burgelman，1994；Levinthal & March，1993；Romanelli & Tushman，1985）。在组织学习过程中，处理探索性学习和利用性学习之间的关系是比较复杂的。要考虑成本和利益的跨时空分配所带来的影响，以及两种学习之间相互作用（James G. March，1991）。随着时间的推移，企业的竞争能力可能不仅根植于效率的提高，还植根于创新能力的提高（Abernathy，1978；Hayes & Abernathy，1980）。战略和组织理论学者也意识到，企业动态能力取决于利用性和探索性能力（Ghemawat & Costa，1993），公司的竞争能力取决于两者能力整合以及发展新能力（Teece，Pisano & Shuen，1997）。尽管探索性创新和利用性创新对绩效的影响已被检验，但是它们是互补还是替代，仍然是一个难题。当组织灵活性不高、存在机械性时，利用性创新和探索性创新是相互替代的；当组织灵活性高、机械性不高的时候，两者则是相互补充的（Zhongfeng Su.，2011）。

学者考察技术多样化对研发生产率的影响时，将总体技术多元化分为相关技术多元化和非相关技术多元化，技术多样化的正（负）效应在相关（不相关）技术多样化的情况下更为明显（Seh－Hyun Yoo & Chang－Yang Lee，2022）①。技术多样性对探索性创新的影响大于对利用性创新的影响，通过增强加快发明速率的方案，可缓解核心刚性和路径依赖程度（Cristina Quintana－Garcia & Carlos A.，2008）②。首席执行官的关注模式影响公司的探索性、利用性创新，激进型高管倾向于利用性创新，而稳健型高管倾向于探索性创新，这一发现可能与环境动荡（经济和 Covid－19 危机）的

① Seh－Hyun Yoo，Chang－Yang Lee，2022. Technological diversification，technology portfolio properties，and R&D productivity ［J］. The Journal of Technology Transfer，https：//doi. org/10. 1007/s10961－022－09953－x.

② Quintana－Garcia，Cristina and Carlos A.，Benavides－Velasco，2008. Innovative competence，exploration and exploitation：the influence of technological diversification ［J］. Research Policy （37）：492－507.

影响有关（Niki Glaveli et al.，2023）[①]。

学者将双元性结构分解为两个维度，即双元性平衡维度（BD）和双元性组合维度（CD）。BD强调在探索性和利用性活动之间保持相对的平衡；而CD对应于它们的综合模式。高水平的BD和高水平的CD对公司会产生协同效应。BD对资源受限的公司更有利，而CD对有多渠道获得资源的公司更有利。结果表明，在资源有限的环境中，管理人员要权衡探索性创新和利用性创新之间的匹配，对资源充足的公司而言，同时进行探索和利用是可行的（Qing Cao，Eric Gedajlovic，Hongping Zhang，2009）[②]。探索性创新与利用性创新的交互作用和销售增长率正相关。探索性创新和利用性创新的相对不平衡性与销售增长率呈负相关（Zi－Lin He & Poh－Kam Wong，2004）[③]。劳动力老龄化与利用性创新的绩效正相关、与探索性创新的绩效呈倒U关系（Jisung Park & Seongsu Kim，2015）[④]。

（3）环境不确定性对双元创新的影响

我们发现环境不确定性对专注于探索性创新、利用性创新组织的影响是不同的。前者使其能够进行高水平的探索性创新，后者要求减少其利用性创新（Sasanka Sekhar Chanda & Sougata Ray，2015）[⑤]。正式（集中化和形式化）和非正式（沟通性）协调机制是否影响双元创新？文献探讨了环境因素（活力和竞争力）调节探索性和利用性创新问题。集中化对探索性创新有负向影响，形式化对利用性创新有正向影响。在动态环境中企业追求探索性创新更有效，在更激烈的竞争环境中，追求利用性创新更有利于

① Niki Glaveli，Aikaterini Galanou，Georgios Kolias，Konstantinos Karamanis，2023. We are different and yet the same：the role of CEOs' regulatory focus and attention in SMEs' innovation orientation preferences [J]. International Journal of Entrepreneurial Behavior & Research，29 (5)：1158－1180.

② Qing Cao，Eric Gedajlovic，Hongping Zhang，2009. Unpacking organizational ambidexterity：dimensions，continhencies and synergistic effects [J]. Organization Science，20 (4)：781－796.

③ Zi－Lin He，Poh－Kam Wong，2004. Exploration vs. exploitation：an empirical test of the ambidexterity hypothesis [J]. Organization Science，15 (4)：481－494.

④ Jisung Park，Seongsu Kim，2015. The differentiating effects of workforce aging on exploitative and exploratory innovation：the moderating role of workforce diversity [J]. Asia Pacific Journal of Management，32：481－503.

⑤ Sasanka Sekhar Chanda，Sougata Ray，2015. Optimal exploration and exploitation：the managerial intentionality perspective [J]. Comput Math Organ Theory (21)：247－273.

财务绩效。企业资源对利用性创新有积极影响，利用性创新对其探索性创新也有积极的影响，探索性创新提升了资源可用性。环境不确定性的调节作用不显著（Salma Gayed & Raghda El Ebrashi，2023）①。

（4）简要评述

国外学者对双元创新的研究主要关注于双元创新对企业经营业绩方面，虽然也关注双元创新内部的平衡性与联合性问题，但多是理论分析或者逻辑推理，实证较少。对双元创新的衡量，基本采用的是调查问卷或者深度访谈法来获取数据，虽然这种方法更能取得企业双元创新的意向、观念上的信息，但是数据的主观性强，属于截面数据，不能动态反映企业双元创新发展趋势。关于双元创新平衡性或者联合性的探讨需要加强。

2.2.2 国内文献综述

根据前面中文文献的作者共被引聚类知识图谱、相关文献时间趋势知识图谱可知，国内学者主要从以下几个方面展开研究：双元创新对企业经营业绩的影响（通常所讲的企业绩效）、双元创新平衡性与联合性问题、政府减税、政府补助对双元创新的影响、管理层激励对双元创新的影响、知识管理对双元创新的影响。

（1）双元创新对企业经营业绩的影响

探索性创新和利用性创新都与企业绩效正相关，探索性创新对提升长期竞争优势的效果明显，利用性创新对短期财务绩效更强；不论是双元创新平衡性还是双元创新联合性，都对企业绩效有正向影响；而双元创新联合性比双元创新平衡性对企业绩效的影响更强。企业既要通过利用性创新增加当前收益，又要通过探索性创新获得长期竞争优势，因此需处理好两者的匹配关系（胡超颖和金中坤，2017）。探索性创新和利用性创新都正向影响市场绩效，它们与财务绩效呈倒 U 关系。利用有机平衡观来测度双

① Salma Gayed，Raghda El Ebrashi，2023. Fostering firm resilience through organizational ambidexterity capability and resource availability：amid the COVID－19 outbreak［J］. International Journal of Organizational Analysis，31（1）：253－275.

元创新平衡性，确定了最佳绩效对应的“平衡带”位置，企业管理者应引领企业由探索性创新和利用性创新的不平衡，走向高能平衡的状态，优化其演进路径（王凤彬、陈建勋、杨阳，2012）。探索性创新对绩效的正向影响大于利用性创新；双元创新平衡性对绩效无显著影响；环境感知能力仅能正向调节探索性创新与绩效间的关系（金昕、陈松、邵俊岗，2019）。探索性、利用性创新与管理创新的协同对短期和长期绩效均有促进作用；探索性创新与管理创新的协同对长期绩效的贡献高，而利用性创新与管理创新的协同对企业短期绩效的贡献高；战略一致性在创新协同与企业绩效的关系中具有正向调节作用（王旭和张晓峰，2015）。

企业动态能力正向影响利用性创新与探索性创新；利用性创新与探索性创新对短期财务绩效和长期竞争优势都有正向影响，前者的影响更大；利用性创新与探索性创新在企业动态能力和绩效间存在中介效应；利用性创新和探索性创新的平衡性在一定程度上增强企业的长期竞争优势，两者平衡匹配才能产生协同效应（焦豪，2011）。战略柔性不仅直接影响企业绩效，而且通过双元性创新间接影响绩效（李桦和彭思喜，2011）。战略柔性正向影响组织双元性和企业绩效；组织双元性在资源柔性与企业绩效过程中具有部分中介作用；组织双元性在协调柔性影响企业绩效的过程中具有完全中介作用（李桦，2012）。组织双元的联合性促进了组织创造力，在资源有限的条件下，过分强调双元学习平衡性反而不利于组织创造力的发展；结果控制和过程控制不仅直接影响组织创造力，而且通过组织双元平衡性和双元联合性对组织创造力产生影响（刘新梅、韩骁、白杨、李沐函，2013）。

双元创新在工作系统与企业绩效间存在中介作用，工作系统与双元型创新正相关；双元创新是工作系统对企业绩效的中介变量，存在部分中介效应；关系情境正向调节工作系统对双元型创新的影响；关系情境会调节双元型创新对工作系统－企业绩效的关系（王朝晖，2014）。双元创新在企业家社会网络和创新绩效之间存在中介作用。企业家社会网络对技术创新绩效有正效应；存在探索性创新和利用性创新两种中介机制；企业家社会网络的广泛性、达高性和关系强度主要通过利用性创新来影响创新绩效，而异质性和广泛性主要通过探索性创新影响创新绩效（吴俊杰、盛亚、姜文杰，2014）。

当外部环境变化不大时，下一个阶段探索与利用配置的变化程度就更小；当外部环境变化激烈时，组织探索与利用的配置随外部环境变化而变大，产生与外界发展相适应的能力（刘景东、许琦、伍慧敏，2023）。

联盟双元学习能力对创新绩效的作用机制方面。利用性学习和探索性学习均正向影响联盟绩效；双元学习能力可以避免“成功陷阱”与“失败陷阱”的发生；利用和探索相互补充，提升联盟绩效（孙彪和刘益，2014）。创新包容性通过探索性创新与利用性创新促进市场绩效；市场异质性加强了探索性创新而削弱了利用性创新的作用；政府支持则加强了利用性创新（谷盟和魏泽龙，2015）。探索性学习、利用性学习均能加强企业信息技术能力对企业创新绩效的促进作用（丁潇君、李婉宁、徐磊，2020）。

现有对双元创新的研究往往聚焦于“量”的角度，忽视了“时”的角度，忽视了探索性创新和利用性创新在开展的过程中彼此之间的时间关系。研究发现探索性创新节奏和企业绩效之间呈U形关系，且这个U形关系受到企业规模的调节；探索性创新和利用性创新的节奏和企业绩效间呈倒U关系（岑杰和陈力田，2019）。

（2）双元创新的平衡性与联合性问题

企业是一个复杂的科层组织，其内部存在着竞争。利用性创新和探索性创新存在着冲突，企业不能平衡两种活动，就阻止创新活动的自我强化。过分强调利用性学习会导致技术惰性，过分强调探索性学习活动会使企业受到成本制约，难以达到预期收益（李俊华，2015）。新兴经济体企业的发展范式应以组织双元性的平衡效应为导向。我国企业以利用性创新为主，向利用性创新的偏离占69.82%，向探索性创新的偏离占30.18%。探索性创新偏离往往直接受到企业家行为的影响（周密、盛玉雪、丁明磊，2014）。而且CEO权力配置能够影响探索性创新和利用性创新之间的平衡，CEO的结构权力与探索性创新负相关，不利于双元创新的平衡，CEO的所有权权力、专家权力和声誉权力都与探索性创新正相关，有利于实现双元创新的平衡（史会斌和杨东，2017）。

为了整合外部创新资源，企业需要构建更宽而不是更深的创新网络来推动双元创新的协调发展（李同正、孙林岩、魏泽龙，2013）。技术能力对探索性联盟网络与探索性创新间关系具有正向调节效应，而对利用性联盟网络和探索性创新不存在调节作用（朱云鹃、王倩倩、刘景东，2020）。网络惯例的不同维度对双元创新具有差异化效能，即行为默契正向影响双元创新，而规范共识对双元创新呈倒U形影响。动态性能够增强行为默契与双元创新的关系，削弱规范共识与探索性创新的关系；环境丰富性对网络惯例与双元创新关系的影响不显著（王金凤、蔡豪、冯立杰、岳俊举，2019）。高管团队网络特征促进双元创新；知识创造在高管团队网络特征与双元创新关系中具有中介作用；非国有企业高管团队网络特征更能促进双元创新（朱娜娜和徐奕红，2020）。互联网平台企业可以利用的互补性资产越多，越有利于进行探索性和利用性创新；利用性创新在互补性资产与探索性创新中起部分中介作用；平台开放度对互补性资产与探索性创新之间的关系起正向调节作用（刘人怀和张镒，2019）。

在管理者既有任期和预期任期对双元创新的影响机制方面，管理者既有任期与探索性创新负相关，与利用性创新正相关。管理者预期任期与探索性创新正相关，与利用性创新不相关（朱磊、徐晓彤、王春燕，2017）。通过岗位轮换而晋升的经理人不利于双元创新，与探索性和利用性创新负相关；外部招聘的经理人有利于双元创新，与探索性和利用性创新正相关；内部晋升的经理人与利用性创新正相关（徐伟、张荣荣、贾军、刘阳，2018）。

在跨界搜寻影响双元能力结构与绩效的协调机制方面，跨界搜寻是协调双元能力结构的关键举措，科技驱动型跨界搜寻对双元能力平衡与互动均有正向影响，双元创新平衡性与互动关系均正向影响创新绩效，但双元创新平衡性负向影响财务绩效（肖丁丁和朱桂龙，2017）。地理邻近性对创新网络节点的利用性创新存在U形关系，与探索性创新不显著；认知邻近性对创新网络节点的探索性创新呈倒U形关系，与利用性创新不显著；地理邻近性与认知邻近性对双元创新存在一定交互作用，对利用性创新表现为互补效应，对探索性创新表现为替代效应（曹兴和宋长江，2017）。

企业技术多元化能够促进探索性创新和利用性创新能力，并且技术多元化对探索性创新的促进作用要大于对利用性创新的作用（张庆垒、施建军、刘春林、汤恩义，2018）。控制权私有收益越大，企业的双元创新平衡越差；公司治理将弱化控制权私有收益与双元创新平衡之间的负向作用（顾群、李敏、郑杨，2018）。

联盟惯例的行动逻辑、内隐规范和交互共识三个维度分别对双元创新影响方面，三者对双元创新均有正向影响，联盟惯例对利用性创新的影响更大。组织间学习在联盟惯例对双元创新的影响中有中介作用；吸收能力在行动逻辑和内隐规范对双元创新的影响中起调节作用，但对交互共识影响双元创新的调节作用不显著（王思梦、井润田、邵云飞，2019）。

探索性学习与利用性学习达到平衡时，企业竞争优势效应最大，不平衡状态下，低探索性学习与高利用性学习的搭配要好于高探索性学习与低利用性学习的搭配（齐昕、张军、金莉娜，2018）。双元创新对可持续发展产生正向影响，两种创新的影响路径完全不同；短期财务绩效和长期竞争优势作为共同中介变量，在利用性创新和企业可持续发展之间起部分中介作用；在探索性创新和企业可持续发展之间起完全中介作用。对企业可持续发展而言，利用性创新的总效应大于探索性创新的间接效应（李瑞雪、彭灿、杨晓娜，2019）。利用性创新、探索性创新与双元创新协同性对可持续发展均有正向影响，但各维度的作用机制不同；动态竞争环境下，探索性创新对可持续发展的影响更显著；环境动态性和竞争性均正向调节探索性创新与可持续发展的关系；环境动态性负向调节双元创新协同性与可持续发展的关系（彭灿、李瑞雪、杨红、余鹏，2020）。

基于资源基础理论阐释资本配置效率对双元创新的影响，资本配置过度的企业中更青睐探索性创新（马连福、高塬、秦鹤，2019）。在贫困地区，探索性创新正向影响企业成长，利用性创新的作用则相反；商业嵌入增强了探索效应，削弱了利用与成长间的关系（张宇杰和蔺楠，2019）。

探索性创新与企业竞争地位呈 U 形关系，利用性创新促进竞争地位的提升；双元创新联合性降低了竞争地位，双元创新平衡性正向影响竞争地位；财务冗余强化了双元创新对竞争地位的促进作用，能够缓解利用性创新的负效应；人力资源冗余弱化了探索性创新对竞争地位的积极效应，但对利用性创新与竞争地位的关系没有影响。探索性创新与双元创新互补性的积极作用具有“时滞效应”，利用性创新及双元创新平衡性之积极影响存在差异化的效应周期（苏昕和周升师，2019）。

董事会是公司治理的核心，其决策特征（如程序理性和政治行为）影响企业创新机制值得探讨。程序理性和政治行为促进探索性创新和利用性创新，更能促进利用性创新。董事会评价增强董事会程序理性与双元创新之间的正向关系，削弱董事会政治行为与双元创新之间的正向关联关系，独立董事对董事会政治行为与双元创新之间的关系起负向调节作用。程序理性和政治行为都能提高双元协同型创新策略的水平而弱化双元平衡型创新策略的程度（牛建波和李维安，2020）。

家族企业中的CEO亲缘关系对双元创新的影响，亲缘关系与探索性创新正相关，与利用性创新负相关；冗余资源对亲缘关系与探索性创新之间的正相关关系没有影响，但强化了亲缘关系与利用性创新之间的负相关关系；对家族成员任CEO而言，亲缘关系越近，企业开展探索性创新的力度越弱，而亲缘关系的远近对利用性创新没有影响（杜善重和李卓，2019）。家族涉入可以促进探索性创新、抑制利用性创新，外部环境不确定性增强家族涉入对双元创新的影响（付瑶、陈刚、安永景、赵璇，2019）。家族股权涉入与探索性创新正相关，与利用性创新负相关，而家族管理层涉入与利用性创新和探索性创新均呈正相关；产品市场环境的竞争加强家族股权涉入与利用性创新、探索性创新的正向关系（陈灿君和许长新，2020）。家族创始人CEO促进探索性创新和利用性创新；与家族创始人CEO相比，继任者CEO会抑制家族企业创新，具体而言，继任家族CEO会抑制利用性创新，而职业经理人CEO会抑制探索性创新。CEO任期和海外经历抑制职业经理人CEO对探索性创新的负向影响，而CEO持股和海外经历则会抑制职业经理人CEO对利用性创新的正向影响（严若森和赵亚莉，2022）。顾客参与通过挑战性压力和阻断性压力的中介作用对探索性创新行为和利用性创新行为产生差异化影响（刘德文、高维和、闵凉宇，

2020)。

高效学习有利于利用性创新，而多样化知识有助于探索性创新，研发人员合作稳定性促进企业双元创新平衡性；企业内部合作网络程度中心势负向调节研发人员专业异质性和双元平衡性间的关系（汤超颖和董品华，2020）。

管理层自信程度提高探索性创新，管理层自信异质性抑制探索性创新；环境不确定性分别强化了管理层自信、管理层自信异质性对探索性创新的促进与抑制作用（翟淑萍和毕晓方，2016）。社会信任促进了双元创新，特别是探索性创新；非国有产权强化了社会信任对探索性创新的促进作用，但在利用性创新中不存在调节作用，意味着在非国有产权下，社会信任对探索性创新的激励效应更强；正式制度负向调节社会信任对探索性创新的影响，但在利用性创新中的调节效应不显著。社会信任将通过缓解融资约束与增加创新投入对双元创新产生激励作用，且社会信任对企业双元创新行为的影响在不同规模与技术水平中存在异质性（凌鸿程、阳镇、陈劲，2021）。

数字化转型分别对探索性创新、利用性创新具有赋能效应与"过犹不及"效应，合作伙伴动态性在数字化转型与双元创新间发挥中介作用；数字化转型通过影响双元创新作用于企业经营绩效与价值绩效，具有短期绩效激发和价值增值功能（董瑶、张樨樨、易涛，2023）。地区数字经济发展水平对探索性创新和利用性创新均有正向影响，这种效应在国有企业、大型企业、中西部地区企业中更强；地区数字经济通过提高内部控制质量和增进社会责任履行来促进双元创新，其中在促进探索性创新中的中介效应更大，且内部控制的中介效应大于社会责任。数字化转型不仅能够显著促进企业双元创新，而且在地区数字经济发展促进企业双元创新中具有部分中介作用和正向调节作用（李永奎和刘晓康，2023）。

股权多样性、非国有股占比和股权制衡程度不影响国企探索性创新；股权多样性对利用性创新的正向影响在国企中加强；非国有股占比对利用性创新的负向影响在国企中得以缓解（汪涛、王新、张志远，2022）。

品牌知识正向影响利用性创新，社会资本正向影响探索性创新；社群创新机会部分中介品牌知识对利用性创新的负向影响；社群创新机会部分中介社会资本对探索性创新的正向影响；社群承诺负向调节社群创新机会对利用性创新的影响（马闻远、李秋彤、张耀耀、朱瑾，2020）。知识产权保护对探索性创新具有正效应，对利用性创新具有负效应（王钰和胡海青，2023）。

（3）知识管理对双元创新的影响

知识积累与利用性创新呈增长率逐渐减缓趋势，与探索性创新呈先高后低的模式，即初创期高、成熟期低。知识积累促进利用性创新，抑制探索性创新。环境动荡性负向调节知识积累与利用性创新的关系。外部知识源正向调节知识积累与双元创新的关系，其对探索性创新的调节作用更明显（杨菲、安立仁、史贝贝、高鹏，2017）。知识惯性与双元创新呈倒 U 关系，结构嵌入演化有利于探索性创新和利用性创新的同时提升，而关系嵌入演化对探索性和利用性创新的影响均呈现先升后降的倒 U 关系（曹勇、刘弈、谷佳、陈康辉，2021）。外部知识获取与双元创新平衡性正相关，与双元创新联合性存在倒 U 关系；内部知识整合与双元创新联合性正相关，与平衡性关系不显著；双元创新平衡性、联合性均与创新绩效呈倒 U 关系（卑立新，2018）。

知识惯性（学习惯性、经验惯性）与利用性创新正相关，与探索性创新呈倒 U 关系。正式知识治理和非正式知识治理都正向调节学习惯性与经验惯性对利用性创新的影响，而正式知识治理正向调节学习惯性对探索性创新的倒 U 关系，对经验惯性与探索性创新关系的调节作用不显著；非正式知识治理正向调节学习惯性与经验惯性对探索性创新的倒 U 关系（李柏洲和曾经纬，2019）。学习导向与资源调配的交互项对双元创新具有正向影响；政治网络为企业学习与资源提供情境关系，在学习导向与资源调配的交互项到双元创新的转化过程中起调节作用（姚梅芳和宫俊梅，2022）。

（4）政府减税、政府补助对双元创新的影响

政府补贴、环境不确定性均正向影响双元创新，政府补贴缓解环境不确定性对双元模式的作用（曹兴、马慧、孙兵，2018）。CEO 权力对探索性创新具有正效应，对利用性创新具有负效应；政府补助增强 CEO 权力对

探索性创新的正效应，也增强 CEO 权力对利用性创新的负效应（刘鑫和赵立翠，2020）。中小企业的资源权力、效率边界的拓展分别有助于探索性创新、利用性创新，而资源能力边界的拓展同时对两者有利；政府补助减弱资源权力边界对探索性创新的影响，增强资源能力、效率边界对开发性创新的影响（李晓翔和张树含，2023）。

（5）管理层激励对双元创新的影响

实施高管股权激励的企业，其自主研发投入水平、探索性创新与利用性创新水平等均明显高于其他企业；股权激励强度越大，企业越倾向于选择自主研发，而非外部技术引进；股权激励与探索性创新正相关，与利用性创新呈倒 U 关系（邵剑兵和吴珊，2020）。在分析经理人持股与任期对双元创新平衡性和联合性的影响，以及组合能力的调节作用时，学者发现经理人持股与任期对双元创新平衡性和联合性产生不同的影响，高管激励机制的作用受到企业组合能力的制约或加强（赵洁、魏泽龙、李垣，2012）。

（6）国内文献的简要评论

国内学者对双元创新的研究从引入发展到现在蔚为壮观。关于双元创新对企业经济业绩的影响，双元创新平衡性与联合性的探讨，管理层激励对双元创新的影响，政府补助对双元创新的影响，知识管理对双元创新的影响等已经取得了丰硕成果，但对影响企业采取双元创新的前置因素需要加强探讨。已有研究尚未取得一致的结论。对双元创新平衡性的衡量问题仍有改进的余地。已有研究的数量不少，但是呈现出碎片化、分散性，缺乏整体性的研究。

2.3 研究评论

现有文献在双元创新方面已经取得了丰硕的成果，在规范研究、实证检验、案例研究方面都有代表典范。但是纵观国内外文献，我们发现已有研究仍存在以下不足：第一是关于双元创新的指标选取方面，双元创新的四个维度分别采用什么指标差异较大，尤其是双元创新平衡性指标值得深思。第二是关于双元创新数据获取方面，主观的调查问卷法能够获取双元创新意向方面的数据，但是主观性太强、客观性太弱。调查数据是个截面数据，无法反映研究个体数据的时序性。第三是现有研究关于双元创新前置因素的探索不多，大多停留在分析双元创新对企业经营业绩的影响方面。第四是对双元创新的系统性、全面性研究不多。第五是关于双元创新的影响机制分析不够全面，缺乏系统性。

第3章 基础理论与数理模型

创新理论源远流长，从古代中国的东方文明到远古时代的西方社会，都鼓励树立创新意识，强调培养创新行为。溯本求源，本章的主要内容是追溯技术创新的动因，构建双元创新的理论模型，演绎出双元创新的演化机制，阐述破坏性创新的含义，找出破坏性创新的动因，归纳出破坏性创新演变为探索性创新的路径，推导数理模型，以及分析委托代理理论在创新中的应用，具体内容浓缩为四节来阐述。

3.1 创新模式选择的数理分析

企业创新的模式有三种，第一种是自主创新，第二种是集成创新，第三种是消化吸收再创新。自主创新类似于双元创新中的探索性创新。而集成创新和消化吸收再创新类似于双元创新中的利用性创新。消化吸收再创新拥有两个明显的特征：一是引进性（杨国忠，2007），指该成果是在他人研究成果基础上的继续完善和开发行为，侧重于破译关键技术、技术秘密的引进行为。二是改进性（杨国忠，2007），在引进原有技术的基础上进行创新，必须比原有技术有实质性的改进。

3.1.1 基本假设

（1）企业所在行业的竞争状况属于垄断竞争。处于垄断地位的企业只有一家（垄断企业），处于非垄断地位的企业有多家（竞争企业），并且这几家非垄断地位的企业处于完全竞争状态。

（2）企业拥有的技术价值随着时间的推移而下降（即科技进步导致技术的价值降低），设企业技术价值的下降规律为 e^{-t}，t 表示时间。

（3）为了简化问题，设每一种技术的单位成本相等，并且单位技术产生的效益也相等。

（4）企业对创新行为的选择是要么不创新，要么创新。而创新又有三种形式可供选择：自主创新、集成创新以及消化吸收再创新（杨国忠，2007）。

（5）企业创新的新技术要在现有技术生命周期结束前获得成功（杨国忠，2007）。

（6）企业创新获得新技术后，随机应用新技术，并转让旧技术，转让技术的收益率为 β_2。

（7）垄断企业的技术含量和竞争企业的技术含量不同，分别为 T_1，T_2 且 $T_1 > T_2$。

3.1.2 模型构建

设创新活动为企业带来的收益为 R，其表达式如公式（3－1）所示。

$$R = -\beta_c T + \int_0^{t_n} \beta_r e^{-t} T dt \tag{3-1}$$

公式（3－1）中：

T 为创新技术为企业带来的新技术含量；β_c 为单位技术所耗费的成本与费用；β_r 为新技术的单位收益率；$[0, t_n]$ 为技术的生存期间。

自主创新的技术含量如公式（3－2）所示：

$$T_{original} = T_2 + \alpha_1 (T_1 - T_2) \tag{3-2}$$

集成创新的技术含量如公式（3－3）所示：

$$T_{itegra} = T_2 + \alpha_2 (T_1 - T_2) \tag{3-3}$$

消化吸收再创新的技术含量如公式（3－4）所示：

$$T_{absorb} = T_2 + \alpha_3 (T_1 - T_2) \tag{3-4}$$

公式（3-2）到公式（3-4）中：

α_1，α_2，α_3 分别为自主创新、集成创新、消化吸收再创新的能力参数，并且 $\alpha_1 \geqslant 0$，$\alpha_2 \geqslant 0$，$\alpha_3 \geqslant 0$。

企业创新前已使用技术的时刻是 t_0，企业自主创新成功并开始商业化的时刻为 t_1，企业集成创新成功并开始商业化的时刻为 t_2，企业消化吸收再创新成功并开始商业化的时刻为 t_3。

据此，计算四种情形下该技术给企业带来的收益。企业不创新而继续使用现有技术的收益如公式（3-5）所示。

$$E_{old} = \int_0^{t_n} \beta_r e^{-t} T_2 dt \tag{3-5}$$

企业在自主创新上取得成功时，其收益函数式如公式（3-6）所示。

$$\begin{aligned} E_{original} = & \int_{t_0}^{t_1} \beta_r e^{-t} T_2 dt + \int_{t_1}^{t_n} \beta_r e^{-t} T_2 dt + \int_{t_1}^{t_n} e^{-t} [T_2 + \alpha_1 (T_1 - T_2)] dt \\ & - \beta_c [T_2 + \alpha_1 (T_1 - T_2)] \end{aligned} \tag{3-6}$$

企业在集成创新成功时，其收益函数式如公式（3-7）所示。

$$\begin{aligned} E_{itegrat} = & \int_{t_0}^{t_1} \beta_r e^{-t} T_2 dt + \int_{t_1}^{t_n} \beta_r e^{-t} T_2 dt + \int_{t_1}^{t_n} e^{-t} [T_2 + \alpha_2 (T_1 - T_2)] dt \\ & - \beta_c [T_2 + \alpha_2 (T_1 - T_2)] \end{aligned} \tag{3-7}$$

企业在消化吸收再创新上取得成功时，其收益函数式如公式（3-8）所示。

$$\begin{aligned} E_{obsorb} = & \int_{t_0}^{t_1} \beta_r e^{-t} T_2 dt + \int_{t_1}^{t_n} \beta_r e^{-t} T_2 dt + \int_{t_1}^{t_n} e^{-t} [T_2 + \alpha_3 (T_1 - T_2)] dt \\ & - \beta_c [T_2 + \alpha_3 (T_1 - T_2)] \end{aligned} \tag{3-8}$$

根据上述四个计算表达式，比较任意两个之间的大小关系，得到如下结果。

（1）$E_{original} > E_{old}$时，由公式（3-5）和公式（3-6）推出公式（3-9）。

$$\alpha_1 > \frac{[\beta_c - \beta_2 (e^{-t_1} - e^{-t_n})] T_2}{[\beta_r (e^{-t_1} - e^{-t_n}) - \beta_c] (T_1 - T_2)} \tag{3-9}$$

（2）$E_{itegrat} > E_{old}$ 时，由公式（3-5）和公式（3-7）推出公式（3-10）。

$$\alpha_2 > \frac{[\beta_c - \beta_2(e^{-t_2} - e^{-t_n})]T_2}{[\beta_r(e^{-t_2} - e^{-t_n}) - \beta_c](T_1 - T_2)} \tag{3-10}$$

（3）$E_{obsorb} > E_{old}$时，由公式（3-5）和公式（3-8）推出公式（3-11）。

$$\alpha_2 > \frac{[\beta_c - \beta_2(e^{-t_3} - e^{-t_n})]T_2}{[\beta_r(e^{-t_3} - e^{-t_n}) - \beta_c](T_1 - T_2)} \tag{3-11}$$

（4）$E_{original} > E_{itegart}$时，由公式（3-6）和公式（3-7）推出公式（3-12）。

$$\alpha_1 > \frac{\beta_2 T_2(e^{-t_2} - e^{-t_1}) + [\beta_1(e^{-t_2} - e^{-t_n}) - \beta_0](T_1 - T_2)\alpha_2}{[\beta_r(e^{-t_1} - e^{-t_n}) - \beta_c](T_1 - T_2)} \tag{3-12}$$

（5）$E_{original} > E_{obsorb}$时，由公式（3-6）和公式（3-8）推出公式（3-13）。

$$\alpha_1 > \frac{\beta_2 T_2(e^{-t_3} - e^{-t_1}) + [\beta_1(e^{-t_3} - e^{-t_n}) - \beta_0](T_1 - T_2)\alpha_3}{[\beta_r(e^{-t_1} - e^{-t_n}) - \beta_c](T_1 - T_2)} \tag{3-13}$$

（6）$E_{obsorb} > E_{origianl}$时，由公式（3-6）和公式（3-8）推出公式（3-14）。

$$\alpha_2 > \frac{\beta_2 T_2(e^{-t_1} - e^{-t_2}) + [\beta_1(e^{-t_3} - e^{-t_n}) - \beta_0](T_1 - T_2)\alpha_1}{[\beta_r(e^{-t_2} - e^{-t_n}) - \beta_c](T_1 - T_2)} \tag{3-14}$$

（7）$E_{itegrat} > E_{obsorb}$时，由公式（3-7）和公式（3-8）推出公式（3-15）。

$$\alpha_2 > \frac{\beta_2 T_2(e^{-t_3} - e^{-t_2}) + [\beta_1(e^{-t_3} - e^{-t_n}) - \beta_0](T_1 - T_2)\alpha_3}{[\beta_r(e^{-t_2} - e^{-t_n}) - \beta_c](T_1 - T_2)} \tag{3-15}$$

（8）$E_{obsorb} > E_{original}$时，由公式（3-6）和公式（3-8）推出公式（3-16）。

$$\alpha_3 > \frac{\beta_2 T_2(e^{-t_1} - e^{-t_3}) + [\beta_1(e^{-t_1} - e^{-t_n}) - \beta_0](T_1 - T_2)\alpha_1}{[\beta_r(e^{-t_3} - e^{-t_n}) - \beta_c](T_1 - T_2)} \tag{3-16}$$

(9) $E_{obsorb} > E_{itegrat}$时，由公式（3－7）和公式（3－8）推出公式(3－17)。

$$\alpha_3 > \frac{\beta_2 T_2(e^{-t_2} - e^{-t_3}) + [\beta_1(e^{-t_2} - e^{-t_n}) - \beta_0](T_1 - T_2)\alpha_2}{[\beta_r(e^{-t_3} - e^{-t_n}) - \beta_c](T_1 - T_2)} \tag{3-17}$$

3.1.3 数理结论

综上分析，得到以下结论。当 $\alpha_1 > \frac{[\beta_c - \beta_2 (e^{-t_1} - e^{-t_n})] T_2}{[\beta_r (e^{-t_1} - e^{-t_n}) - \beta_c] (T_1 - T_2)}$ 时，企业以自主创新为主。当 $\alpha_2 > \frac{[\beta_c - \beta_2 (e^{-t_2} - e^{-t_n})] T_2}{[\beta_r (e^{-t_2} - e^{-t_n}) - \beta_c] (T_1 - T_2)}$ 时，企业以集成创新为主。当 $\alpha_2 > \frac{[\beta_c - \beta_2 (e^{-t_3} - e^{-t_n})] T_2}{[\beta_r (e^{-t_3} - e^{-t_n}) - \beta_c] (T_1 - T_2)}$ 时，企业以消化吸收再创新为主。

当存在公式（3－18）时，企业应该采取自主创新。

$$\alpha_1 > \max\left\{\frac{\beta_2 T_2(e^{-t_2} - e^{-t_1}) + [\beta_1(e^{-t_2} - e^{-t_n}) - \beta_0](T_1 - T_2)\alpha_2}{[\beta_r(e^{-t_1} - e^{-t_n}) - \beta_c](T_1 - T_2)}, \frac{\beta_2 T_2(e^{-t_3} - e^{-t_1}) + [\beta_1(e^{-t_3} - e^{-t_n}) - \beta_0](T_1 - T_2)\alpha_3}{[\beta_r(e^{-t_1} - e^{-t_n}) - \beta_c](T_1 - T_2)}\right\} \tag{3-18}$$

当存在公式（3－19）时，企业应该采取集成创新。

$$\alpha_2 > \max\left\{\frac{\beta_2 T_2(e^{-t_3} - e^{-t_1}) + [\beta_1(e^{-t_3} - e^{-t_n}) - \beta_0](T_1 - T_2)\alpha_3}{[\beta_r(e^{-t_1} - e^{-t_n}) - \beta_c](T_1 - T_2)}, \frac{\beta_2 T_2(e^{-t_1} - e^{-t_2}) + [\beta_1(e^{-t_3} - e^{-t_n}) - \beta_0](T_1 - T_2)\alpha_1}{[\beta_r(e^{-t_2} - e^{-t_n}) - \beta_c](T_1 - T_2)}\right\} \tag{3-19}$$

当存在公式（3－20）时，企业应该采取消化吸收再创新。

$$\alpha_3 > \max\left\{\frac{\beta_2 T_2(e^{-t_1} - e^{-t_3}) + [\beta_1(e^{-t_1} - e^{-t_n}) - \beta_0](T_1 - T_2)\alpha_1}{[\beta_r(e^{-t_3} - e^{-t_n}) - \beta_c](T_1 - T_2)}, \frac{\beta_2 T_2(e^{-t_2} - e^{-t_3}) + [\beta_1(e^{-t_2} - e^{-t_n}) - \beta_0](T_1 - T_2)\alpha_2}{[\beta_r(e^{-t_3} - e^{-t_n}) - \beta_c](T_1 - T_2)}\right\} \tag{3-20}$$

需要强调的是，上述数理分析是从成本效益的角度展开的，企业是否进行自主创新是要考虑成本效益的，但是企业是否采取自主创新行为，还要考虑企业处在生命周期中的哪个阶段，以及企业在本产业中的竞争状况。

3.2 企业双元创新的演化机制

企业进行双元创新的方法、方式、途径，因企业的不同战略、不同环境、不同目标而有所差异。但是，企业双元创新的演化逻辑基本一致，概括起来如图 3－1 所示。

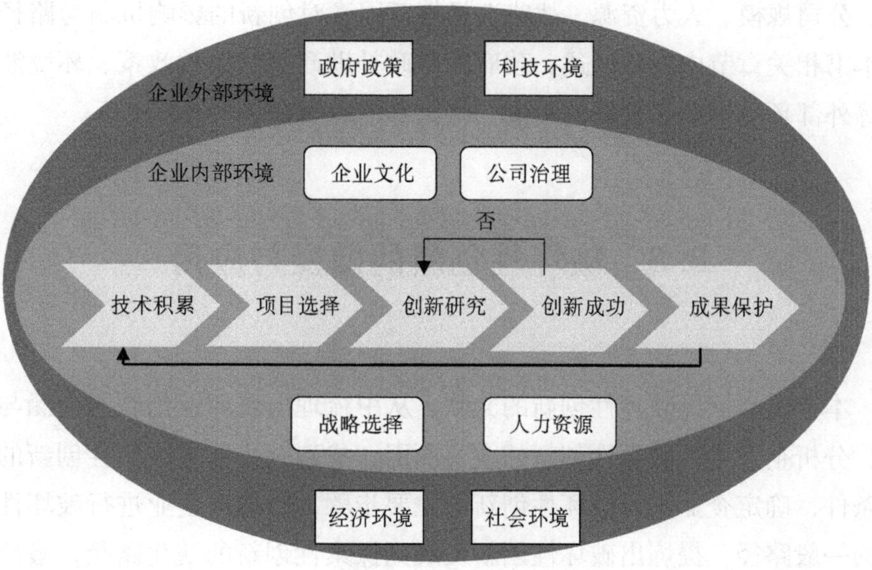

图 3－1 企业双元创新的演化机制示意图

企业的创新由其技术积累引发，在此条件下，企业开始对双元创新的项目选择进行论证。如果论证成功能够实现可行性要求，则将进入下一步的研发创新，如果研发双元创新取得成功，预示着企业此次创新达到预期的目标。紧接着进行专利申请，获得专利保护。如果研发创新不成功，企业需要调整资源、调整战略、重新研发创新，直至成功为止。该轮创新作为经验正反馈于企业决策部门，为后续的双元创新提供经验证据。需要强调的是，在创新过程中，企业的内外环境起着重要作用，其中内部环境主要包括企业文化、公司治理、战略选择、人力资源等要素。而在企业文化中最重要的就是企业家精神，企业家精神在企业进行创新的过程中起着灵魂作用。企业外部环境中的政府政策、科技环境、经济环境、社会环境也具有不可替代的作用。其中国家政策主要是指国家对产业、企业的财政补助政策、税收优惠政策等措施，科技环境是企业进行创新的技术环境，技术环境影响新技术的迭代、更新与升级，同时对破坏性创新的广度、深度和力度有不同程度衍射。经济环境是企业进行创新的外部屏障，经济环境的不确定性直接影响着企业家的预期，影响着创新的波动性。社会环境是影响企业产品是否取得客户认可的一个外在因素。而企业文化、公司治理、公司规模、人力资源、战略选择等新因素对创新的影响机制与路径将在本书相关章节中展开论述，政府的财政补助政策、税收政策、环境波动性等外部环境对双元创新的影响，将在本书后面章节中展开论证。

3.3　破坏性创新的嬗变与应用

本节重在回顾破坏性创新的文献，从中梳理出破坏性创新的内涵与外延，分析企业进行破坏性创新的主要原因，找到企业从事破坏性创新的外部条件，确定企业进行破坏性创新的主要步骤，归纳出企业进行破坏性创新的一般路径，提炼出破坏性创新发展到探索性创新的演化路径，最后明确指出破坏性创新在本书中具体应用的情景。

3.3.1 破坏性创新的内涵与外延

在熊彼特理论之前，创新被认为是一种破坏，不可避免地、破坏性地破坏一个社会和商业环境，创新带来的变化威胁着无辜的公民的生计。这种消极的观点可以追溯到早期希腊历史学家色诺芬的著作，表明一些创新可能给雅典带来经济发展。但是在柏拉图和亚里士多德的作品中，这个词被用于否定的含义。这些哲学家积极投身理想社会的深思熟虑的建设中，并试图创建一个以道德哲学为指导的统治阶级，对他们来说，这种改变不受欢迎。

在经济学和管理学中，一个长期争论的问题是当创新时，企业如何避免失败（熊彼特，1934）。阿罗（1962）和纳尔逊（1959）强调了企业从探索性创新中获取收益的难度。经济学家认为企业经理们会理性地倾向于利用性创新，而不是探索性创新（Reinganum，1983）。探索性创新经常蚕食现有的能力（Teece，2007）。企业偏好收益更安全、回报更迅速的渐变性创新（即利用性创新）。

经济学家熊彼特从宏观角度阐明了技术创新者在竞争中胜出技术落后者的情形，强调了创新企业对经济发展的重大作用，奠定了创新理论的宏观蓝图。而在微观层面的企业领域中，出现了与熊彼特理论相左的理论，即在技术创新、技术迭代的进程中，剧烈创新的结果是在位大企业在竞争中惨遭失败，而中小企业在这场竞争中胜出，这些创新行为颠覆了传统创新理论，新的理论从此崛起，这就是美国哈佛大学商学院的克里斯滕森提出的破坏性创新理论。

熊彼特的市场非均衡性以创新进入和现任退出为特征，长期以来在管理文献中占有重要地位。现有文献在资源、经验和市场知识方面有明显的优势，目前的研究为在位者战略的有效性提供了证据能力，以应对激进的技术创新。克里斯滕森开发了一个融合管理认知与能力的认知过程模型，分析组织行动在各个阶段（僵化、触发事件和能力更新）的认知驱动因素，阐明了高层管理认知在发现和纠正战略行动过程中的错误所发挥的作用。激进的技术创新有助于发挥技术管理（关于应对激进创新威胁的现有战略）和认知在战略中的作用（解释能力开发的认知基础）。Christensen（1997）引入颠覆性创新理论，解释了为什么具有良好管理能力和执行能力的成熟企业会失去市场主导地位。随后，颠覆性创新引起了学术界和企业界的广泛关注，成为战略管理和创新管理领域的研究热点。

颠覆性创新可以实现技术飞跃。不仅为新企业的成功提供了一种新的思路，而且可以帮助成熟企业实现可持续发展。越来越多的学者从多个角度对破坏性创新进行探索和分析，如概念（Schmidt & Druehl，2008）、特征（Husig et al.，2005）、类型（Van et al.，2011）和驱动因素（Yu & Hang，2010；Wan et al.，2015）。Yu 和 Hang（2010）对颠覆性创新理论进行了反思回顾，澄清了颠覆性创新的概念和一些常见的误解，指出了未来需要解决的研究空白，并总结了一系列颠覆性创新的抑制因素和促进因素。

Kumaraswamy 等（2018）讨论了破坏性创新的几个方面，如进化、关系、时间和框架。破坏性创新最初由 Christensen（1997）定义，主要是从技术的角度来解决创新者的困境。破坏技术是最初引入偏离主流市场所预见的功能来吸引非主流市场或消费者看重的产品。“破坏性”的概念进一步扩展到服务和商业模式。他们将破坏性创新分为两类，即低端创新和新市场破坏性创新。从动态的角度来看，颠覆性创新最初占据低端和新市场的立足点，并继续向高端市场转移，最终取代主流产品。克里斯滕森（2006）构建的破坏性理论的过程提高了理论的可信度和可靠性。大多数学者同意克里斯滕森的观点，并不断从多个角度完善破坏性创新。从静态的角度来看，颠覆性创新被视为一种技术、产品，从现有业务中延展出来，有可能取代现有业务（Rafii & Kampas，2002）。从功能的角度来看，破坏性创新被视为扩大和开发新市场或破坏现有市场联系的重要战略工具（Charitou & Markides，2003；Adner，2006）。从创造性的角度来看，破坏性创新被定义为通过提供全新的能力、离散的技术标准或新的创新所有权形式来改变市场绩效指标或消费者期望的一种方式（Nagy et al.，2018）①。

① Soumodip Sarkar，Oleksiy Osiyevskyy，Stewart R. Clegg，2018，Incumbent capability enhancement in response to radical innovations［J］. European Management Journal，36：353－365.

3.3.2 破坏性创新产生的主要原因

根据 Christensen 的破坏性创新理论，将颠覆性创新作为一个由结构化问题组成的动态过程，可以指导数据收集和分析，构成评估框架的关键问题。Christensen 的破坏性创新理论介绍了 Nucor 的 steel minimill 和 Conner/Seagate 的 3.5 英寸磁盘驱动器，印证了颠覆性创新案例在低端市场或新市场的潜力。利用谷歌基于网络的办公应用程序，说明了该框架如何用于研究新产品的破坏性潜力。Christensen 讨论了颠覆性创新的所有基本成功因素（Christensen，1997；Christensen & Raynor，2002）。然而，一些学者只关注其作品的一两个特定方面，而忽略了其他方面，导致理论和实践中潜在的误解和困惑（Christensen，2006；Yu & Hang，2010）。基于这一目标，我们提出了一个由三个主要部分组成的评估框架：市场定位、技术和其他驱动因素①。

Christensen（1997，2003）曾经指出，小企业实施破坏性创新的两个主要原因，一是公司层面上，公司向上位移的惯性；二是客户层面上，边际需求递减法则的驱使②。

资源依赖理论（Resource Dependence Theory），认为公司资源的运用方式取决于公司满足客户需求及股东要求的方式。在位领导企业的资源配置流程既能满足现有客户需求，又能符合股东的愿望，领导公司一如既往地开发出功能越来越强的产品，就存在向高端市场方向位移的惯性。在位企业产品性能存在过度供给，现有客户不愿意为其功能付出相应的代价，此时是破坏性创新产生的背景。

考虑到公司之间的竞争不仅会通过新产品、服务或技术，也会通过创新的商业模式，破坏性的商业模式出现，以取代现有的商业模式，使组织

① C. C. Hang, Jin Chen, Dan Yu, 2011. An assessment framework for disruptive innovation. Internet Research, 21 (3): 347 - 361.

② Christensen C M, Raynor M E. The Innovator's Solution: Creating and Sustaining Successful Growth [M]. Boston: Harvard Business School Press, 2003.

结构适应所提供的产品和服务，并强调独特的价值主张。本书深化了这一领域的理论分析，澄清了破坏性的商业模式差距，并为未来的实证研究提供了一些建议①。

3.3.3 破坏性创新发生的外在条件

组织面临着各种各样的新技术，同时也为公司带来了商业机会和挑战（Tongur & Engwall，2014）。组织对新兴技术的关注提供了新产品、服务和流程的稳定供应，影响了业务和市场结构（Sainio，2004；Bueno & Balestrin，2012）。新技术所带来的变化对公司的业绩产生了积极的影响，使公司能够通过创新获得竞争优势，从而使公司相对竞争对手具有独特性。

我们发现组织转型已经受益于新技术的敏捷性，通过创新过程提供了为市场创造价值的新方法，扩展了组织的边界，并产生新的业务模型（Zott et al.，2010）。除了在提供产品和服务方面进行创新的可能性外，公司还需要考虑其商业模式是否与新技术相关（Pacheco et al.，2016）。技术引导市场的商业模式使公司调整其产品或服务，以及流程、技能、逻辑形式，即调整他们现有的业务模型以适应新技术的出现（Markides & Oyon，2010）。公司在商业生态系统之间的竞争不仅通过新产品、服务或技术，也通过创新商业模式，强烈影响市场和竞争对手（Zhang et al.，2018），并帮助建立可预见的竞争优势。在这种背景下，出现了颠覆性的商业模式，强调市场独特价值的命题和替换现有的商业模式（Osiyevskyy Dewald，2015；Santoset，2009；Wuet，2010）。

最初关于市场中断的研究集中于对以前突出的技术和不连续创新的分析（Christensen & bower，1996；Christensen，1997）。这些最初的分析扩展到破坏性商业模式的概念，将商业模式与技术和破坏性创新联系起来（Christensen & Raynor，2003）。当新兴技术和创新通过现有的商业模式变

① Giovana Sordi Schiavi，Ariel Behr，2018. Emerging technologies and newbusiness models：a review ondisruptive business models［J］. Innovation & Management Review，15（4）：338 – 355.

得至关重要时，商业模式的中断就会出现。因为新技术或创新过程的商业化要求公司理解商业模式的认知角色，特别是当它们提供的机会不适合现有的商业模式时。Hwang 和 Christensen（2008）强调了一个事实，即许多公司未能将破坏性技术和创新结合到新的商业模式中。商业模式中的创新不足以发现新的产品或服务，而只是简单地重新定义什么是现有的产品或服务，以及它是如何提供给客户的（Markides，2006）。在商业模式创新的背景下，我们将注意力集中在客户身上，寻找为消费者创造价值的新方法，而不是单纯地提供新产品、服务或流程（Bashir et al.，2016）。

颠覆性的动机之一是由创新过程创建一些新的商业模式，建立利用颠覆性技术和创新所需的新商业模式和全新的商机（Christensen，1997；Amit & Zott，2001；Chesbrough，2010）。维持现有商业模式的逻辑严重限制了创新潜力，忽视新技术，导致商业失败（Christensen，1997；Gilbert，2005；Chesbrough，2010）。颠覆性商业模式提供了市场转型机会（Bashir et al.，2016）。利用商业模式的创新不仅作为市场的价值主张来源，还作为一种获得竞争优势的方式，从而改善公司的财务业绩。管理者引入新的商业模式通过使现有的商业模式过时来扰乱市场领导者（Giovana Sordi Schiavi and Ariel Behr，2018）①。

破坏性创新的发生需要一定的条件。中小企业需要认真观察、反复斟酌破坏性创新的运营规律，深入分析破坏性创新的外部条件，从而在破坏性创新上获得成功。

（1）该技术能否称为破坏性技术

破坏性创新要具备以下两个因素，中小企业需要考虑是否具备这两个条件。第一，新产品是否具备可靠、简单、低价、便捷等特性，这些特性是不是现有某项技术的低价版或简化版；该技术对现有技术来讲，客户的使用需求是否明确；中小企业要评估该项技术能否占领现有高端技术所占领的市场。第二，能否产生“革命性”影响的技术。具体可以从以下几方面考量该技术是否具有“革命性”：技术本身的先进性、工艺、结构如何；

① Giovana Sordi Schiavi，Ariel Behr，2018. Emerging technologies and new business models：a review on disruptive business models［J］. Innovation & Management Review，15（4）：338－355.

技术的应用前景怎样；技术的社会效应如何。

（2）是否拥有破坏性创新的意愿

破坏性创新是实现中小企业快速增长、最终占领市场的重要工具。破坏性创新活动一般由小企业推动，该破坏性创新可能面临毛利率低、技术不确定，同时该商业运作模式并不被领导企业重视。因此，小企业需要对破坏性创新拥有较高的热情，有极强的愿望才能从事破坏性创新行为。

3.3.4 中小企业破坏性创新的步骤

从破坏性创新产生的动力上来划分，学者们将其区分为技术方面的破坏性创新和商业模式方面的破坏性创新（田红云和陈继祥，2009）。中小企业发生技术方面的破坏性创新要具备几个条件：在位企业的技术走向成熟（杨宏呈，2013）；在位企业技术的驱动力成熟（杨宏呈，2013）；在位企业技术不能满足客户需求（杨宏呈，2013）；经济、科技、社会环境的变化创造出新的科技驱动力。在此情况下，中小企业抓住机会，快速实施技术方面的创新。中小企业实施破坏性创新的具体步骤可以概括为以下四点。

（1）甄别信号，选择战略

Christensen（1997，2003）指出，通过分析观察非消费者、未充分满足的消费者和过分满足的消费者这几类人群的各自需求，并将这些需求与主流市场客户的需求进行对比，来辨别是否存在破坏性创新的余地，即破坏性创新是否存在为满足消费者需求而进行（蔡笑天，2016）。甄别市场最新信号，发现破坏性创新的机会。主要观察在位企业现处于生命周期的哪一阶段，处在技术成熟阶段还是衰退阶段？不同产品的性能曲线及不同产品的价值曲线是否在发展趋势上具有相同的表征（田红云和陈继祥，2009）？新产品的产品毛利率是高还是低？新技术能否形成一种全新商业模式（田红云和陈继祥，2009）；等等。

（2）重构价值环境，实现价值创新

Christensen（1997，2003）指出，破坏性创新要提供不同于在位企业的产品性能组合，满足不同的消费者需求或者同一消费者的不同需求组合。

（3）整合营销策略，优化程序和价值观

破坏性创新要考虑消费者的消费行为产生的具体情境，根据消费者需要完成的工作类型来建立。程序是企业处理业务流程时所遵循的惯例和方法，表现为企业的组织优化、管理费用的降低、企业效率的提高。价值观则是反映企业所有员工在处理企业方方面面业务时所遵从的哲学理念。在位企业已经形成的良好的程序和价值观，在维持性创新中具有一定的优势，但是无法适应破坏性创新的环境，在位企业表现出来的资源依赖性成为其开展破坏性创新的巨大障碍。

（4）培养破坏性创新能力，实现持续创新

中小企业从破坏性创新发起，从利基市场做起，继而突破主流市场，最终占据竞争市场的主导地位，中小企业逐渐进入技术的成熟期。在成熟期的背景下，中小企业培养持续开展破坏性创新的能力尤为重要，只有这样，企业才能保持基业常青，而非昙花一现。上述步骤可简化为一个示意图，来阐明中小企业实施破坏性创新的模式，如图3－2所示。

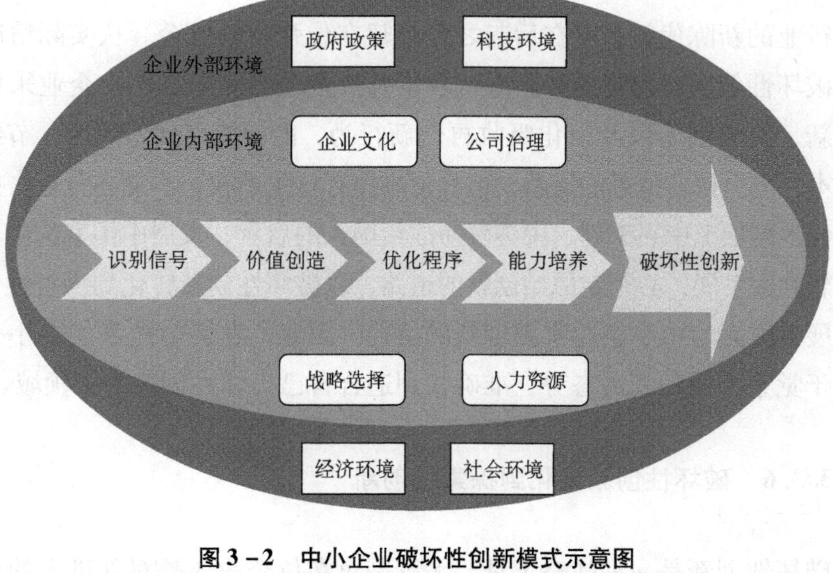

图3－2　中小企业破坏性创新模式示意图

资料来源：作者根据文献整理而得。

3.3.5 中小企业破坏性创新的路径

（1）寻找能够发挥破坏性作用的市场

市场大小、区域文化、地理特征、消费者的习性、经济环境、社会环境、文化环境等都不同程度地影响目标市场的消费者行为。破坏性创新具有相对性，一般是指在某一环境下属于维持性创新，而在另一市场环境下可能是破坏性创新。

（2）寻找破坏性创新的技术或模式

对中小企业而言，其破坏性技术的运作模式可以从以下几个方面考虑，从如何获得研发投入、怎样购买技术、怎样与掌握破坏性技术的企业结成战略联盟等模式入手，取得破坏性创新的成功（田红云和陈继祥，2009）。小企业需要全面权衡每一种获取破坏性创新方案的优缺点，选择一个切实可行的方案。

（3）通过融合与借鉴，衍生出破坏性创新

客观而言，每个行业都存在爆发破坏性创新的可能性（陈炜，2012），因为行业的新陈代新总存在后起之秀赶超在位强者的机会。从实际情况来看，破坏性创新行为更易在新兴行业以及产业边界爆发。中小企业采取模仿创新、集成创新以及消化吸收再创新行为，能够提高创新速度，节约研发成本，走上快速追赶的道路，但是很难拥有自主产权，不能在行业占据优势地位，再加上中兴事件、中美贸易战给国人的启示，发展中国家的中小企业要想壮大发展，必须走原始创新的道路，以破坏性创新转化到探索性创新是发展中国家的中小企业实现创新的捷径。因此，发展中国家的中小企业要善于觉察行业的发展态势，准确找到适合自己破坏性创新的新领域。

3.3.6 破坏性创新演化到探索性创新

破坏性创新是一种战略工具，无论是对在位企业还是对新进入的中小企业，对提升其竞争力、占领行业领先地位具有重要的价值和应用意义。

破坏性创新可以破解企业成长的困境，开启新的增长模式。

从企业进行创新的途径来看，企业创新有企业内部的研发创新、吸收引进创新、企业并购方式获取创新资源等。不管哪种途径最终都要申请专利，拥有所有权。其中吸收引进创新和模仿创新有些类似。一般来讲，中小企业和后发企业在初创时期采用模仿创新是比较好的选择；探索性创新是后发企业或者小企业进行创新的终极目标。破坏性创新是后发企业或者小企业由模仿创新飞跃到探索性创新的关键环节，低成本运作是企业在运营方面提高效率、降低成本，占领市场价格优势的重要措施。

本节构建了后发企业或者小企业破坏性创新转变为探索性创新的演化框架，以揭示其内在机理，具体理论模型如图3－3所示。该运行机制由模仿创新、破坏性创新、价值创造、低成本运作以及双元创新五个板块构成，这五个板块的地位和作用是有区别的。模仿创新是后发企业或者小企业创新发展的初级形式，主要原因是模仿创新具有成本低、风险小、高效简捷的特点，小企业在创业之初采用模仿创新可以节约资源。

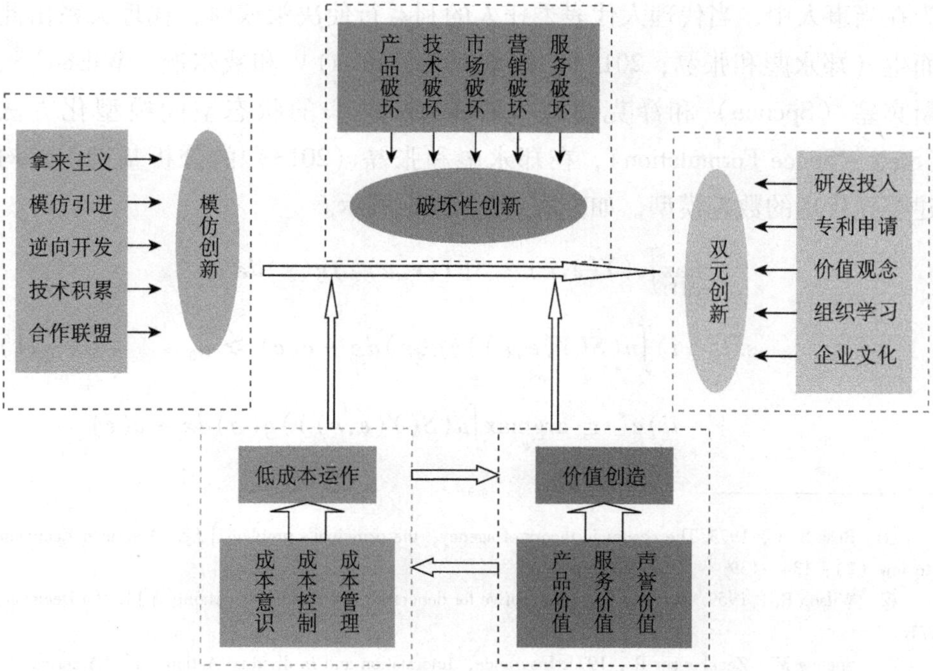

图3－3 破坏性创新转化为双元创新运行机制图

破坏性创新是后发企业或者小企业由模仿创新飞跃到探索性创新的关键环节。后发企业或者小企业采用技术、产品、服务以及市场等方面的破坏等手段，形成破坏张力并推动中小企业快速发展。低成本运作降低了运营支出，提高了破坏性创新的灵活性。价值创造提高了企业品牌价值和声誉价值。双元创新是后发企业或者小企业创新发展的最高阶段，也是国家现在非常强调的鼓励自由探索，提升科技自立自强能力的行为。

3.4 委托代理理论的数理分析

3.4.1 委托代理在创新过程中的数理分析

罗斯（Ross，1973）是最早提出委托代理的，罗斯（Ross，1973）认为在当事人中，当代理人代表委托人的利益行使决策权时，代理关系由此而生（郑永彪和张磊，2013）。借鉴罗斯（Ross）① 和威尔逊（Wilson）②、斯宾塞（Spence）和泽克豪森（Zeckhauser）③ 的状态空间模型化方法（State - Space Formulation），在郑永彪和张磊（2013）的分析基础上，构建委托代理的数理模型，如公式（3-21）所示。

$$\max_{e,S(Y)}\int v(Y(e,\varepsilon)-S(Y(e,\varepsilon)))g(\varepsilon)d\varepsilon$$

$$s.t.\quad i)\int u(S(Y(e,\varepsilon)))g(\varepsilon)d\varepsilon-c(e)\geqslant u_0 \tag{3-21}$$

$$ii)\,e^*\in\arg\max_{\varepsilon}\int u(S(Y(e,\varepsilon)))g(\varepsilon)d\varepsilon-c(e)$$

① Ross S. A., 1973. The economic theory of agency: the principal's problem [J]. American Economic Review (2): 134-139.

② Wilson R., 1969. The structure of incentive for dencetralization under uncertainty [J]. La Decision: 171.

③ Spence M., Zeckhauser R., 1971. Insurance, Information and In dividual Action [J]. American Economic Review (61): 380-386.

该模型能够表现出技术关系，但无法得到有用的经济信息的解。莫里斯创新性地使用分布函数的参数化法，奠定了委托代理的研究框架①，该方法将自然状态 ε 的函数转换为结果 $Y(e,\varepsilon)$ 的函数，在公式（3-21）的基础上可以求解公式（3-22）。

$$\max_{e,S(Y)}\int v[Y-S(Y)]f(Y,e)dY$$

$$s.t.\quad i)\int u[S(Y)]f(Y,e)dY-c(e)\geqslant u_0 \qquad (3-22)$$

$$ii)e^{*}\in \arg\max_{\varepsilon}\int u[S(Y)]f(Y,e)dY-c(e)$$

后来的学者进一步讨论了逆向风险和道德风险情形下委托代理的求解问题。国内很多学者也逐渐开始使用此工具分析现实问题，主要应用在公司经理人激励、政府规制及国有企业激励、金融业激励、企业创新管理等领域。

（1）道德风险

假设企业的风险偏好属于风险中性，员工的风险偏好属于风险厌恶型，企业的效用为 $-e^{-\rho W}$。研发创新延续的时间 $t\in[0,1]$。在期初，企业与员工签订工作合约，决定工作关系和薪酬约束，合同签完之后员工按合约履行职责，契约有效期一直到期末。员工的不确定性由概率 (Ω,F,P) 空间来描述，其中 Ω 为在 $[0,1]$ 实值连续函数的空间。$\{B_t,t\in[0,1]\}$ 是定义在 (Ω,F,P) 上的标准布朗运动，产生域流 $\{F_t,t\in[0,1]\}$。

员工在 $[0,1]$ 期间，创新行为记为 D，D 为企业带来的收益，服从 $\{Y_t,t\in[0,1]\}$，$dY_t=f(\mu_t)dt+\sigma_t dB_t,Y_0\in R$ 所驱动，其中 $\{(\mu,\sigma_t)\in\cup\times\sum\}$ 是 F_t 可测的，$\cup$ 是 R 上有界的开区间，$\sum$ 是严格正的紧区间，并假设漂移 $f(\mu_t)=\mu_t+\theta$，其中 $\mu_t\in[0,1]$ 是员工的努力程度，常数 $\theta(\geqslant 0)$ 是 D 的质量，σ_t 为扩散项②；员工正常工作用 H 表示，员工为企业带来的收益服从 $\{X_t,t\in[0,1]\}$，$dX_t=g(\mu_t)d_t$，$X_0\in R$ 所驱动，其中 $g(\mu_t)=b+1$

① 张维迎，2004. 博弈论与信息经济学［M］. 上海人民出版社：235-319.

② 郑永彪，张磊，2013. 基于委托代理模型的企业创新管理研究［J］. 科研管理（9）：36-45.

$-\mu_t$，$b(\geqslant 0)$为正常工作H的质量。在时间t内，正常工作的成本为$k(\mu_t) = \frac{1}{2}h(1-\mu_t)^2$，$h>0$；在$D$上的成本为$c(\mu_t) = \frac{1}{2}d\mu_t^2$，$d>0$，两种类型的工作带给员工的累积成本为$\int_0^t \left[\frac{1}{2}d\mu_t^2 + \frac{1}{2}h(1-\mu_t)^2\right]ds$。

根据Holmstrom和Milgrom①，以及Schatteler和Sung②的思路，本节假设企业给员工发放一次性总报酬结构S为F_1。

$S(Y) = F(Y) + \int_0^1 \alpha(t,Y)dt + \int_0^1 \beta(t,Y)dY_t$的报酬结构为最优的，其中$\alpha$和$\beta$均为有界的变量，F是有下界的变量。

假设员工在D上的收入还需要在本企业与其他第三方企业之间进行分配，分配系数为$\gamma \in [0,1]$。同理，员工在H上的收益将由员工与其他第三方企业进行分配，分享系数为$\varpi \in [0,1]$。

D给企业带来了一种声誉效应，其收入为λY_t，其中$\lambda \in [0,1]$。员工保留收入水平为W_0，整个过程描述如公式（3-23）所示。

$$\max E[(1+\lambda-\gamma)Y_t - S]$$

$$s.t.\quad i)\ dY_t = f(\mu_t)dt + \sigma_t dB_t$$

$$ii)\ dX_t = g(\mu_t)dt$$

$$iii)\ \mu_t^* \in \arg\begin{cases} \max\limits_{\mu_t \in U} E\left[-\exp\left\{-\rho\left(S + (1-\omega)\int_0^1 dX_t - \int_0^1 (c(\mu_t) + k(\mu_t))dt\right)\right\}\right] \\ s.t.\quad dY_t = f(\mu_t)dt + \sigma_t dB \\ \qquad\quad dX_t = g(\mu_t)dt \end{cases}$$

$$iv)\ E\left[-\exp\left\{-\rho\left(S + (1-\omega)\int_0^1 dX - \int_0^1 (c(\mu_t) + k(\mu_t))dt\right)\right\}\right] \geqslant -\exp\{-\rho W_0\} \tag{3-23}$$

① Holmstrom, B., Milgrom, P., 1987. Aggregation and linearity in the provision of intertemporal incentives [J]. Econometrica (55): 597-619.

② Schatteler, H., Sung, J., 1993. The first-order approach to the continuous-time principal-agent problem with exponential utility [J]. Journal of Economic Theory, 61: 331-371.

约束 *iii*）是激励相容约束，约束 *iv*）是参与约束。

先考虑代理人激励相容约束情况下的处理。

令 $f=f(\mu_t)$，$g=g(\mu_t)$，$c=c(\mu_t)$，$k=k(\mu_t)$，$\exists V(t,Y_t)$ 满足公式（3－24）的要求。

$$\begin{cases} 0\equiv\dfrac{\partial V}{\partial t}+\max\limits_{\mu}\left\{\begin{aligned}&\dfrac{\partial V}{\partial y}(f-\rho\sigma^2\beta)+\dfrac{1}{2}\dfrac{\partial^2 V}{\partial y^2}\sigma^2+\\&\rho V\left[-\alpha-\beta f-(1-\omega)g+c+k+\dfrac{\rho}{2}\beta^2\sigma^2\right]\end{aligned}\right\}\\ \qquad V(1,Y_t)=-e^{-\rho F(Y_t)}\end{cases} \tag{3-24}$$

$$\text{则}\mu^*\text{满足：}f_\mu\frac{\partial V}{\partial y}+\rho V(c_\mu-\beta f_\mu)=0 \tag{3-25}$$

在确定性等价原理的前提下，存在 $V(t,Y_t)=-e^{-\rho W}$，有 $W=-\dfrac{1}{\rho}\ln[V(t,Y_t)]$。

$$\text{故}\qquad dW_t=-\frac{1}{\rho V}dV+\frac{1}{2\rho V^2}d\langle V,V\rangle t \tag{3-26}$$

$$\text{可得}\qquad W_t=W_0-\int_0^t\frac{1}{\rho V}\mathrm{d}V+\frac{1}{2}\int_0^t\frac{1}{\rho V^2}d\langle V,V\rangle t \tag{3-27}$$

$$\text{由链式法则可得：}dV=\frac{\partial V}{\partial y}dt+\frac{\partial V}{\partial y}dY_t+\frac{1}{2}\frac{\partial^2 V}{\partial y^2}\sigma^2 dt \tag{3-28}$$

得到下述结论：

$$\begin{aligned}W_t=W_0-\int_0^1\left\{(A-\beta)(f-\rho\sigma^2\beta)-\left[c+k+\frac{\rho}{2}\beta^2\sigma^2-\alpha-\beta f-(1-\omega)g\right]\right\}dt\\+\int_0^1(A-\beta)dY_t+\frac{\rho}{2}\int_0^1(A-\beta)^2\sigma^2 dt\end{aligned} \tag{3-29}$$

又由定义得到公式（3－30）和公式（3－31）的解析式。

$$W_1=F(Y_t) \tag{3-30}$$

$$S(Y)=F(Y)+\int_0^1\alpha(t,Y)dt+\int_0^1\beta(t,Y)dY_t \tag{3-31}$$

根据公式（3－29）、公式（3－30）和公式（3－31）得到公式

(3－32)。

$$S = W_0 + \int_0^1 \left[c + k + \frac{\rho}{2}A^2\sigma^2 - Af - (1-\omega)g\right]dt + \int_0^1 AdY_t \quad (3-32)$$

将公式（3－32）中的努力水平用 $\hat{\mu}_t$ 表示，区别于代理人实际的努力水平 μ_t。

令 $\hat{c} = c(\hat{\mu}_t), \hat{k} = k(\hat{\mu}_t), \hat{f} = f(\hat{\mu}_t), \hat{g} = g(\hat{\mu}_t), \hat{A} = A(\hat{\mu}_t)$ (3－33)

代理人问题演变为选择 μ_t^* 的值

$$\max_{\mu \in U} E\left\{-\exp\left[-\rho\left(W_0 + \int_0^1 \begin{matrix}(\hat{c} + \hat{k}) + \frac{\rho}{2}\hat{A}^2\sigma^2 - Af - (1-\omega)g)dt \\ + \int_0^1 AdY_t + \int_0^1 (1-\omega)dX_t - \int_0^1 (c+k)dt)\end{matrix}\right]\right\} \quad (3-34)$$

根据 Girsanov's 定理进行测度变换，令新的测度 Q 满足条件

$$\frac{dQ}{dP} = \exp\left\{-\frac{1}{2}\int_0^1 (\rho\hat{A}\sigma_t)^2 dt - \int_0^1 (\rho\hat{A}\sigma_t)dB_t\right\} \quad (3-35)$$

可得公式（3－36）和公式（3－37）所示的结果。

$$\mu^* \in \arg\max_{\mu \in U} E^Q\left\{-\exp\left[-\rho\left(W_0 + \int_0^1 ((\hat{c} + \hat{k}) - \hat{A}f - (1-\omega)g + Af + (1-\omega)g - (c+k))dt\right)\right]\right\} \quad (3-36)$$

$$\mu_t^* \in \operatorname{argmax} \hat{A}f + (1-\omega)g - c - k \quad (3-37)$$

对公式（3－37）求一阶导数得 $\mu_t^* = \hat{\mu}_t$，即代理人的最优努力水平。

在考虑委托人问题时，存在 $\mu_t^* = \hat{\mu}_t$，根据公式（3－37）得到公式（3－38）。

$$\max E\left[(1+\lambda-\lambda)\int_0^1 dY_t - W_0 + \int_0^1\left(Af + (1-\omega)g - (c+k) - \frac{\rho}{2}A^2\sigma^2\right)dt - \int_0^1 AdY_t\right]$$

$$s.t. \quad dY_t = f(\mu_t)dt + \sigma_t dB_t \quad (3-38)$$

可得最优控制为公式（3－39）和公式（3－40）所示的结果。

$$\mu_t^* \in \operatorname{argmax}\left[(1+\lambda-\gamma)f + (1-\omega)g - (c+k) - \frac{\rho}{2}A^2\sigma^2\right]$$

$$\mu_t^* = \frac{\lambda - \gamma + \omega + h + (\omega + h - 1)(d + h)\sigma^2\rho}{(d + h) + (d + h)^2\sigma^2\rho} \qquad (3-39)$$

$$S^* = W_0 + c(\mu^*) + k(\mu^*) + \frac{\rho}{2}A^2(\mu^*)\sigma^2 - A(\mu^*)f(\mu^*)$$

$$- (1 - \omega)g(\mu^*) + A(\mu^*)(Y_1 - Y_0) \qquad (3-40)$$

其中，$A(\mu^*) = \frac{c_\mu(\mu^*) + k_\mu(\mu^*) - (1 - \omega)g_\mu(\mu^*)}{f_\mu(\mu^*)}$

$= (d + h)\mu^* + 1 - h - \omega$。

存在道德风险下的结论为，μ_t^* 随 ρ、σ^2、γ 的增加而降低；μ_t^* 随 d、λ、h、ω 的增加而增加；

当 $\omega + h > 1$ 时，员工的努力水平 μ_t^* 与 D、d 呈反比关系；

当 $\lambda - \gamma + \omega - d < 0$ 时，员工的努力水平 μ_t^* 与 H、h 呈正比关系。

（2）逆向选择与道德风险

假设 D 收益过程$\{Y_t, t \in [0,1]\}$中存在漂移$f(\mu_t) = \mu_t + \theta$，员工仅知道 θ，企业仅知道 $\theta \in [0,\bar{\theta}]$，分布函数呈正态分布，概率密度函数设定为 $n(\theta)$。企业设定一组契约 $S(Y,\theta)$ 由员工来选择合约（郑永彪和张磊，2013）。

员工主动上报后，企业才知晓上报信息，假设报告为 $\hat{\theta}$，$\hat{\theta}$ 将影响报酬 $S(Y,\hat{\theta})$ 和漂移 $\mu_t(\hat{\theta},\theta)$。

$$\max_{\{S(Y,\theta),[\mu_t(\theta)]\}} E[(1 + \lambda - \gamma)Y_1(\theta) - S(Y,\theta)]$$

$$s.t.\ i)\ dY_t = f(\mu_t)dt + \sigma_t dB_t$$

$$ii)\ dX_t = g(\mu_t)dt$$

$$iii)\ \{\mu_t^*(\hat{\theta},\theta)\} \in \left\{\begin{array}{l} \max\limits_{\mu_t \in U} E^B\left[-\exp\left\{-\rho\left(\begin{array}{l} S(Y,\hat{\theta}) + (1 - \omega)\int_0^1 dX_t \\ -\int_0^1 (c(\mu_t) + k(\mu_t))dt \end{array}\right)\right\}\right] \\ \qquad s.t. \quad dY_t = f(\mu_t)dt + \sigma_t dB_t \\ \qquad\qquad\ dX_t = g(\mu_t)dt \end{array}\right.$$

$$iv)\theta \in \underset{\hat{\theta}}{\operatorname{argmax}} E^B\left[-\exp\left\{-\rho\begin{pmatrix} S(Y,\hat{\theta}) + (1-\omega)\int_0^1 dX_t \\ -\int_0^1 (c(\mu_t) + k(\mu_t))dt \end{pmatrix}\right\}\right]$$

$$v)E^B\left[-\exp\left\{-\rho\left(S(Y,\hat{\theta}) + (1-\omega)\int_0^1 dX_t - \int_0^1 (c(\mu_t) + k(\mu_t))dt\right)\right\}\right]$$

$$\geqslant -\exp\{-\rho W_0\} \tag{3-41}$$

引入确定性等价 $Q(\hat{\theta},\theta)$，该问题的报酬形式如公式（3－42）所示。

$$S(Y,\hat{\theta}) = Q(\theta,\theta) + \int_0^1 A[\mu_t(\hat{\theta},\theta)]dY_t$$

$$+\int_0^1\begin{bmatrix} c(\mu_t(\theta,\theta)) + k(\mu_t(\theta,\theta)) + \frac{\rho}{2}A^2(\mu_t(\theta,\theta))\sigma^2 \\ -A(\mu_t(\theta,\theta))f(\mu_t(\theta,\theta),\theta) - (1-\omega)g(\mu_t(\theta,\theta)) \end{bmatrix}dt \tag{3-42}$$

将报酬 $S(Y,\hat{\theta})$ 代入员工效用函数，创新质量 θ 均为员工上报的 $\hat{\theta}$（郑永彪和张磊，2013）。

故令 $\hat{\theta} = Q(\hat{\theta},\hat{\theta}),\hat{c} = c[\mu_t(\hat{\theta},\hat{\theta})],\hat{k} = k[\mu_t(\hat{\theta},\hat{\theta})],\hat{A} = A[\mu_t(\hat{\theta},\hat{\theta})]$，$\hat{f} = f[\mu_t(\hat{\theta},\hat{\theta})],\hat{g} = g[\mu(\hat{\theta},\hat{\theta})_t],c = c[\mu_t(\hat{\theta},\theta)],\tilde{k} = k[\mu_t(\hat{\theta},\hat{\theta})],f = f[\mu_t(\hat{\theta},\hat{\theta}),\theta],g = g[\mu_t(\hat{\theta},\hat{\theta})]$

综合上面的公式可得公式（3－43）。

$$\max_{\mu_t} E^B\left[-\exp\left\{-\rho\begin{pmatrix} \hat{Q} + \int_0^1\left(\hat{c} + \hat{k} + \frac{\rho}{2}A^2\sigma^2 - Af - (1-\omega)g\right)dt \\ + \int_0^1 AdY_t + (1-\omega)\int_0^1 dX_t - \int_0^1 (c+k)dt \end{pmatrix}\right\}\right]$$

$$= e^{-\rho\hat{Q}}\max_{\mu_t} E^B\left[-\exp\left\{-\rho\left(\int_0^1\begin{pmatrix} \hat{c} + \hat{k} + \frac{\rho}{2}\hat{A}^2\sigma^2 - Af - (1-\omega)g + Af \\ + (1-\omega)g - c - k \end{pmatrix}dt + \int_0^1 AdB_t\right)\right\}\right]$$

$$= e^{-\rho\hat{Q}} \max_{\mu_t} E^B \left[\begin{array}{l} -\exp\left\{ -\rho\left(\int_0^1 (\hat{c} + \hat{k} - \hat{A}f - (1-\omega)\hat{g} + Af + (1-\omega)g - c - k)dt \right) \right\} \\ \times \exp\left\{ -\frac{1}{2}\int_0^1 (-\rho\hat{A}\sigma)^2 dt + \int_0^1 (-\rho A\sigma) dB_t \right\} \end{array} \right]$$

$$= e^{-\rho\hat{Q}} \max_{\mu_t} E^B_{\hat{\theta}} \left[-\exp\left\{ -\rho\left(\int_0^1 (\hat{c} + \hat{k} - \hat{A}f - (1-\omega)g + Af + (1-\omega)g - c - k)dt \right) \right\} \right] \quad (3-43)$$

其中，$E^B_{\hat{\theta}}$ 概率测度 $P^{\hat{\theta}}$ 下的期望算子，存在公式（3－44）所示的结果。

$$\frac{dP^{\hat{\theta}}}{dP} = \exp\left\{ -\frac{1}{2}\int_0^1 (-\rho\hat{A}\sigma)^2 dt + \int_0^1 (-\rho\hat{A}\sigma) dB_t \right\} \quad (3-44)$$

令
$$\phi[\mu_t(\hat{\theta},\theta),\hat{\theta},\theta] = \hat{c} + \hat{k} - \hat{A}\hat{f} - (1-\omega)\hat{g} + \hat{A}f + (1-\omega)g - c - k \quad (3-45)$$

求导得到 $\hat{\theta} = \theta$ 下的数值为，$\left.\frac{\partial\phi[\mu_t(\hat{\theta},\theta),\hat{\theta},\theta]}{\partial\hat{\theta}}\right|_{\hat{\theta}=\theta} = -Af$ （3－46）

再根据
$$\phi[\mu_t(\theta,\theta),\theta,\theta] = 0 \quad (3-47)$$

得到
$$\frac{dQ(\theta)}{d\theta} = E^B_{\hat{\theta}}\left[\int_0^1 Af_\theta dt\right] \quad (3-48)$$

结合 $\frac{dQ(\theta)}{d\theta} > 0$，可判断横截性条件为 $Q(0) = W$。（3－49）

再根据简化后的汉密尔顿函数处理后，得到公式（3－50）。

$$H[\mu_t(\theta),\theta] = (1+\lambda-\gamma)f + (1-\omega)g - (c+k) - \frac{\rho}{2}A^2\sigma^2 - \frac{N(\theta)-1}{n(\theta)}A \quad (3-50)$$

最优控制是 $\mu_t^*(\theta) \in \arg\max_{\mu_t} H(\mu_t,\theta)$，委托人对每一个 $t \in [0,1]$，整个时期的最优控制是常量。求一阶导数可得公式（3－51）所示的结果。

$$\mu_t^* = \frac{\lambda - \gamma + \omega + \mathrm{h} + (\omega + h - 1)(d+h)\sigma^2\rho - H(\theta)(d+h)}{(d+h) + (d+h)^2\sigma^2\rho} \quad (3-51)$$

最优报酬结构 S 为公式（3－52）的结果。

$$S^*(Y,\theta) = W_0 + \int_0^{\hat{\theta}} A(\mu^*) f_\theta d\theta + c(\mu^*) + k(\mu^*) + \frac{\rho}{2}A^2(\mu^*)\sigma^2 - A(\mu^*)f(\mu^*) - (1-\omega)g(\mu^*) + A(\mu^*)(Y_1 - Y_0) \quad (3-52)$$

其中，$A(\mu^*) = \dfrac{c_\mu(\mu^*) + k_\mu(\mu^*) - (1-\omega)g_\mu(\mu^*)}{f_\mu(\mu^*)} = (d+h)\mu^* + 1 - h - \omega$。

由此得到如下结论与提示。同时存在逆向选择和道德风险条件下，员工的最优努力水平 μ_t^* 随 ρ、σ^2、γ、$H(\theta)$ 的增加而降低；员工的最优努力水平 μ_t^* 随 λ、ω 的增加而增加；当 $\omega + h > 1$ 且 $H(\theta) \leqslant (\omega + h - 1)\sigma^2\rho$ 时，最优努力水平 μ_t^* 与 d 成反比；当 $\lambda - \gamma + \omega - d < 0$ 时，最优努力水平 μ_t^* 与 h 成正比。员工的努力水平 μ_t^* 随 ρ 的增加而降低的速度低于单独存在道德风险的情况。

道德风险和逆向风险将扭曲最优契约，具体情况如表 3－1 所示。

表 3－1　道德风险或逆向风险对比表

状态	μ^*	S^*
道德风险	$\lambda - \gamma + \omega + h + \dfrac{(\omega + h - 1)(d+h)\sigma^2\rho}{(d+h) + (d+h)^2\sigma^2\rho}$	$W_0 + c(\mu^*) + k(\mu^*) + \frac{\rho}{2}A^2(\mu^*)\sigma^2 - A(\mu^*)f(\mu^*) - (1-\omega)g(\mu^*) + A(\mu^*)(Y_1 - Y_0)$ 其中 $A(\mu^*) = (d+h)\mu^* + 1 - h - \omega$
逆向选择与道德风险	$\lambda - \gamma + \omega + h + (\omega + h - 1)\dfrac{(d+h)\sigma^2\rho - H(\theta)(d+h)}{(d+h) + (d+h)^2\sigma^2\rho}$	$W_0 + \int_0^{\hat{\theta}} A(\mu^*) f_\theta d\theta + c(\mu^*) + k(\mu^*) + \frac{\rho}{2}A^2(\mu^*)\sigma^2 - A(\mu^*)f(\mu^*) - (1-\omega)g(\mu^*) + A(\mu^*)(Y_1 - Y_0)$ 其中 $A(\mu^*) = (d+h)\mu^* + 1 - h - \omega$
差别	分子减少 $H(\theta)(d+h)$	增加 $\int_0^{\hat{\theta}} A(\mu^*) f_\theta d_\theta$ 项

资料来源：作者根据文献整理得到。

当 $\omega + h \leqslant 2$ 时，信息不对称程度增加，员工努力程度下降，努力的下降程度与（$d+h$）成正比。

道德风险下，ρ、σ^2 是道德风险的来源；逆向选择下，$H(\theta)$是逆向风险的来源；两种情况下都以（$d+h$）的倍数对最优契约进行扭曲。

3.4.2 创新过程中监督与激励的数理分析

（1）激励机制设计

借鉴已有文献的基础展开论述，提出以下假设。

假设1：根据C－D函数思想，假定代理人产出在数量上存在线性函数$R=hy+\theta$，其中y代表代理人的努力程度，满足$0<y\leqslant 1$，$h>0$代表代理人对产出的影响系数；θ代表各种外生随机变量服从正态分布，即存在$E(R)=hy$, $Var(R)=\delta_\theta^2$。

假设2：代理人的劳动成本简化为$G=\frac{c}{2}y^2$，$c>0$为系数。

假设3：代理人努力程度受外生随机变量的干扰，观测结果K需要准确表达代理人真实努力程度。$K=dy+(1-d)\sigma$，$0<d<1$为监督强度。$\sigma\sim N(0,\delta_\sigma^2)$并且$Cov(\theta,\sigma)=0$，存在$E(K)=dy$, $Var(K)=(1-d)^2\delta_\sigma^2$。

假设4：本节借鉴Holmstrom关于线性激励契约的基本条件①，代理人收入契约为$S=\alpha+\beta R+\gamma K$，$\alpha\geqslant 0$为固定收入，$\beta\geqslant 0$是对产出的分享比例，$\gamma\geqslant 0$是依据监督结果支付给代理人的收入系数。

假设5：委托人的风险偏好为分线中性，代理人的风险偏好为风险厌恶型，代理人的风险规避系数为ρ，代理人的风险成本函数为$L=\frac{1}{2}\rho Var(S)=\frac{1}{2}\rho[\beta^2\delta_\theta^2+\gamma^2(1-d)^2\delta_\sigma^2]$。

（2）模型求解

代理人的期望效用为$U=E(S-G)-L$，委托人的期望效用为$V=(R-S)$（武开和张慧颖，2016）。其中U和V分别等于公式（3－53）和公式

① Holmstrom B. 1979. Moral hazard and observability [J]. The Bell Journal of Economics, 10 (1): 74－91.

（3－54）所示的结果。

$$U = \alpha + \beta hy + \gamma dy - \frac{c}{2}y^2 - \frac{1}{2}\rho[\beta^2\delta_\theta^2 + \gamma^2(1-d)^2\delta_\sigma^2] \quad (3-53)$$

$$V = -a + hy - \beta hy - \gamma dy \quad (3-54)$$

公式（3－53）中，y 表示代理人的可控制变量，代理人的实现效用最大化为 $\max U(y)$，对公式（3－53）一阶求导后，可以求得代理人最佳努力程度 y^*，如式（3－55）所示。

$$y^* = \frac{\beta h + \gamma d}{c} \quad (3-55)$$

代理人接受契约的条件是 $U \geqslant U^*$，U^* 为代理人的保留效用，可以得出公式（3－56）。

$$\alpha = u^* - \beta hy - \gamma dy + \frac{c}{2}y^2 + \frac{1}{2}\rho[\beta^2\delta_\theta^2 + \gamma^2(1-d)^2\delta_\sigma^2] \quad (3-56)$$

将公式（3－55）和公式（3－56）代入公式（3－54），可得委托人的期望效用，如公式（3－57）所示。

$$V = -U^* + \frac{h^2}{c}\beta + \frac{hd}{c}\gamma - \left(\frac{1}{2}\rho\delta_\theta^2 + \frac{h^2}{2c}\right)\beta^2 - \left[\frac{1}{2}\rho(1-d)2\delta_\sigma^2 + \frac{d^2}{2c}\right]\gamma^2 - \frac{hd}{c}\beta\gamma \quad (3-57)$$

将期望效用函数 V 分别对 β 和 γ 求偏导，综合求解，可得到 β 与 γ 的值，如公式（3－58）和公式（3－59）所示。

$$\beta = \frac{h^2(1-d)^2\delta_\sigma^2}{d^2\delta_\theta^2 + h^2(1-d)^2\delta_\sigma^2 + c\rho(1-d)^2\delta_\theta^2\delta_\sigma^2} \quad (3-58)$$

$$\gamma = \frac{hd\delta_\theta^2}{d^2\delta_\theta^2 + h^2(1-d)^2\delta_\sigma^2 + c\rho(1-d)^2\delta_\theta^2\delta_\sigma^2} \quad (3-59)$$

公式（3－56）和公式（3－57）中：

ρ 代表风险态度，δ_θ^2 和 δ_σ^2 是外生随机变量的方差和监督结果的方差。监督强度 d 是可以调整的。

（3）激励机制中对监督强度的分析

根据公式（3－58）和公式（3－59）可以推测两种极端情况。

①当监督强度 $d=0$ 时，代理人努力程度由误差 σ 决定，代理人的收

入系数 γ 为0，若委托人不监督，代理人收入是 $\alpha+\beta R$。由公式（3－58）可得 $\beta=\frac{h^2}{h^2+c\rho\delta_\theta^2}$；

②当监督强度 $d=1$ 时，监督结果是 $k=\gamma$。代理人分享的比例为0，收入契约由努力程度决定，存在 $\gamma=h$，代理人收入由其能力和努力程度两者来决定。

当监督强度 $0<d<1$ 时，利用委托人期望效用函数 V 对 β 求偏导时可得：$(c\rho\delta_\theta^2+h^2)\beta+h\gamma d=h^2$，$\beta$ 和 γd 具有反向关系，β 和 γd 存在此消彼长的关系。

$$\frac{\partial\beta}{\partial d}=\frac{-2h^2d(1-d)\delta_\theta^2\delta_\sigma^2}{[d^2\delta_\theta^2+h_2(1-d)^2\delta_\sigma^2+c\rho(1-d)^2\delta_\theta^2\delta_\sigma^2]^2}<0 \quad (3-60)$$

③监督强度对代理人努力程度的影响

将公式（3－58）和公式（3－59）代入公式（3－55）中，得到代理人努力程度与监督强度之间的表达式，即公式（3－61）。

$$\gamma^*=\frac{h^3(1-d)^2\delta_\sigma^2+hd^2\delta_\theta^2}{cd^2\delta_\theta^2+ch^2(1-d)^2\delta_\sigma^2+c^2\rho(1-d)^2\delta_\theta^2\delta_\sigma^2} \quad (3-61)$$

根据公式（3－61）的含义，本节可以得到两种极端情况，即监督强度最低和监督强度最高两种情况的结果。

当监督强度 $d=0$ 时，即监督强度最低时，$\gamma^*=\frac{h^3}{ch^2+c^2\rho\delta_\theta^2}$；

监督强度 $d=1$ 时，即监督强度最高时，$\gamma^*=\frac{h}{c}$，此时最佳努力程度仅由代理人能力和努力成本决定。

当监督强度 $0<d<1$ 时，其他条件不变情况下，代理人努力程度与监督强度同方向变化。如公式（3－62）所示。

$$\frac{\partial\gamma^*}{\partial d}=\frac{2c^2h\rho d(1-d)\delta_\theta^4\delta_\sigma^2}{[cd^2\delta_\theta^2+ch^2(1-d)^2\delta_\sigma^2+c^2\rho(1-d)^2\delta_\theta^2\delta_\sigma^2]^2}>0 \quad (3-62)$$

④将监督用于负激励的模型分析

上述假设3和假设4是关于正激励行为的假设。监督具有两面性，既可以产生正激励效果，也可以产生负激励。监督用于负激励时，主要检查代理人损害委托人利益、偷懒、不作为，并惩罚违规行为。

⑤负激励模型

在负激励模型条件的约束下，y 用 $\bar{y}$ 代替，$\bar{y}$ 表示负激励条件下代理人的工作努力程度。为了运算方便，本节将 y 的监督转为对代理人的负面行为 $(1-\bar{y})$ 的监督，于是，本节也将对奖励努力的行为转化为惩罚懒惰的行为（武开和张慧颖，2016），从而将假设 3、假设 4 和假设 5 的修改如下。

假设 3：对代理人负监督时，监督结果为 $\bar{K}=d(1-\bar{y})+(1-d)\sigma$，存在 $E(\bar{K})=d(1-\bar{y})$，$Var(\bar{K})=(1-d)^2\delta_\sigma^2$。

假设 4：代理人的收入契约函数为 $\bar{S}=\bar{\alpha}+\bar{\beta}R-\bar{\gamma}\bar{K}$，$\bar{\gamma}$ 为对代理人的惩罚系数。

假设 5：代理人的风险成本函数为 $\bar{L}=\frac{1}{2}\rho Var(\bar{S})=\frac{1}{2}\rho[\bar{\beta}^2\delta_\theta^2+\bar{\gamma}^2(1-d)^2\delta_\sigma^2]$。

⑥负激励状态下的求解

代理人期望效用 $\bar{U}$ 和委托人期望效用 $\bar{V}$ 分别具体化为以下形式（武开和张慧颖，2016）。

$$\bar{U}=\bar{\alpha}-\bar{\gamma}d+\bar{\beta}h\bar{y}+\bar{\gamma}d\bar{y}-\frac{c}{2}\bar{y}^2-\frac{1}{2}\rho(\bar{\beta}^2\delta_\theta^2+\bar{\gamma}^2\delta_\sigma^2) \quad (3-63)$$

$$\bar{V}=-\bar{\alpha}+h\bar{y}-\bar{\beta}h\bar{y}+\bar{\gamma}d-\bar{\gamma}d\bar{y} \quad (3-64)$$

在激励相容条件下，公式（3-63）中代理人的期望效用 $\bar{U}$ 最大化时，最佳努力程度为公式（3-65）所示的结果。

$$\bar{y}^*=\frac{\bar{\beta}h+\bar{\gamma}d}{c} \quad (3-65)$$

根据代理人的参与约束条件，$\bar{\alpha}$ 至少为公式（3-66）的数值。

$$\bar{\alpha}=U^*+\bar{\gamma}d-\bar{\beta}h\bar{y}-\bar{\gamma}d\bar{y}+\frac{c}{2}\bar{y}^2+\frac{1}{2}\rho[\bar{\beta}^2\delta_\theta^2+\bar{\gamma}^2(1-d)^2\delta_\sigma^2] \quad (3-66)$$

将监督用于负激励时，将公式（3-65）和公式（3-66）代入公式

（3－64），委托人的期望效用函数为公式（3－67）所示的结论。

$$\begin{aligned}\bar{V} = &- U^* + \frac{h^2}{c}\bar{\beta} + \frac{hd}{c}\bar{\gamma} - \left(\frac{1}{2}\rho\delta_\theta^2 + \frac{h^2}{2c}\right)\bar{\beta}^2 \\ &- \left[\frac{1}{2}\rho(1-d)2\delta_\sigma^2 + \frac{d^2}{2c}\right]\bar{\gamma}^2 - \frac{hd}{c}\overline{\beta\gamma}\end{aligned} \tag{3-67}$$

将委托人期望效用函数 $\bar{V}$ 分别对 $\bar{\beta}$ 和 $\bar{\gamma}$ 求偏导，并综合求解可得公式（3－68）和公式（3－69）所示的结果。

$$\bar{\beta} = \frac{h^2(1-d)^2\delta_\sigma^2}{d^2\delta_\theta^2 + h^2(1-d)^2\delta_\sigma^2 + c\rho(1-d)^2\delta_\theta^2\delta_\sigma^2} \tag{3-68}$$

$$\bar{\gamma} = \frac{hd\delta_\theta^2}{cd^2\delta_\theta^2 + ch^2(1-d)^2\delta_\sigma^2 + c^2\rho(1-d)^2\delta_\theta^2\delta_\sigma^2} \tag{3-69}$$

将公式（3－68）和公式（3－69）代入公式（3－65），负激励时代理人努力程度与监督强度之间关系如公式（3－70）所示。

$$y^* = \frac{h^3(1-d)^2\delta_\sigma^2 + hd^2\delta_\theta^2}{cd^2\delta_\theta^2 + ch^2(1-d)^2\delta_\sigma^2 + c^2\rho(1-d)^2\delta_\theta^2\delta_\sigma^2} \tag{3-70}$$

对比公式（3－68）和公式（3－69）可知，两种状态下代理人的风险比例相同，存在正激励或负激励时，代理人的惩罚系数相同。

正激励将增加代理人收入，负激励将减少代理人收入，代理人努力程度在两种状态下相同。决定代理人努力程度的因素中，h、c、ρ 是代理人的自身因素，d 是委托人可调控因素。因此，代理人的努力程度由监督强度决定，与监督应用于正激励或负激励无关。

3.4.3 委托代理理论在创新过程中的运用

现代公司制企业最明显的特征是两权分离，两权分离同时也是委托代理理论存在的前置条件。因此，双元创新的运作与管理活动是在委托代理理论的背景下逐步展开的。本书采用的基础理论就是委托代理理论。

3.5 简短结论

本章首先从数理模型上分析了企业选择自主创新、集成创新、消化吸收再创新的条件。其中自主创新类似于探索性创新，集成创新以及消化吸收再创新类似于利用性创新；其次，分析了企业双元创新的演化机制；再次，界定了破坏性创新，指出企业从破环性创新发展到探索性创新的演化机制，为我国企业从事探索性创新指明了方向；最后，本章探讨了委托代理理论数理思想以及委托代理理论在双元创新中的应用场景。总之，本章是本书的理论基础，为后面实证检验的开展奠定了基础。

第4章

双元创新的基准检验

2007—2009 年环球金融危机的爆发加速了环境波动性的攀升，2009—2014 年欧洲债务危机给全球金融市场带来了沉重的打击，2017 年英国脱欧公投与 2018 年中美贸易战不断升级，使环境波动性一路走高。2019 年年末的新冠疫情更是让世界经济雪上加霜。有鉴于此，党的二十大报告指出，当今世界疫情影响深远，逆全球化思潮抬头，单边主义明显上升，世界经济复苏乏力，局部冲突和动荡频发，世界进入新的动荡变革期。根据第 2 章对环境波动性的界定，本书用经济政策不确定性指数来表征环境波动性，全球环境波动性数据显示（Scott R. Baker，Nicholas Bloom & Steven J. Davis，2016），从 2000 年到 2021 年年底，全球环境波动性一路攀升，从 2000 年的 50 左右，到 2019 年上半年接近 350，数据增长到原先的 7 倍。环境波动性在局部跌宕中逐步走高。

在 2000—2021 年的观测期中，环境波动性呈现出 5 个阶段的高峰期，分别是：2001 年到 2003 年的第一次高峰；2008 年到 2009 年的第二次高峰；2012 年到 2014 年的第三次高峰；2016 年到 2018 年的第四次高峰；2019 年到 2020 年的第五次高峰。虽然每次高峰过后经济政策不确定性指数局部有所下降，但是这五次高峰的整体趋势是逐步升高并且没有下降的走势。经过前四次峰值的逐步发展，第五次峰值已经创下历史新高。

国际货币基金组织（International Monetary Fund，IMF）发布的《世界经济展望报告》中预计 2024 年全球经济增长为 3. 1%，但低于历史（2000 年到 2019 年）平均值 3. 8%[①]。2000—2021 年全球环境波动性的走势如图

① https：//baijiahao. baidu. com/s？ id = 1756506907519112117&wfr = spider&for = pc.

4－1 所示。

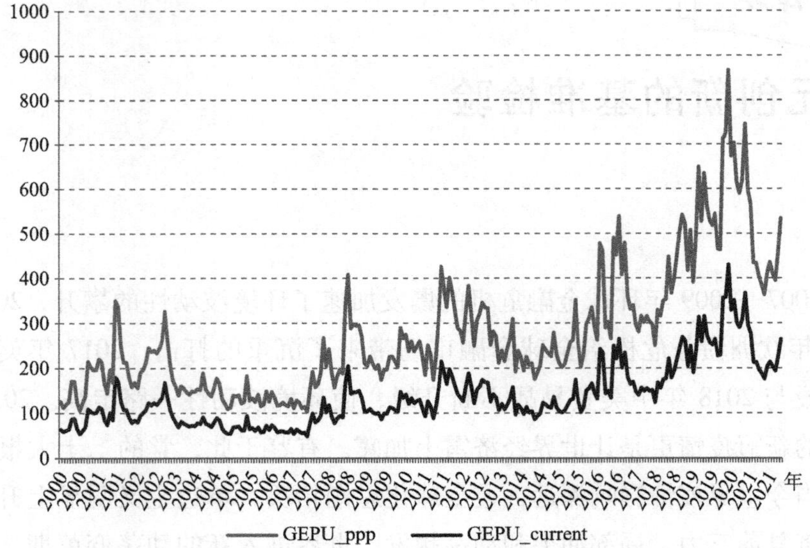

图 4－1　2000—2021 年全球环境波动性指数趋势图

资料来源：根据 hrttp：//www. PolicyUncertainty. com. index. html 统计而得。

回望中国 2000—2021 年来的经济历程，我国经济取得了长足的发展，但是环境波动性指数也是一路狂奔，具体状况如图 4－2 所示。

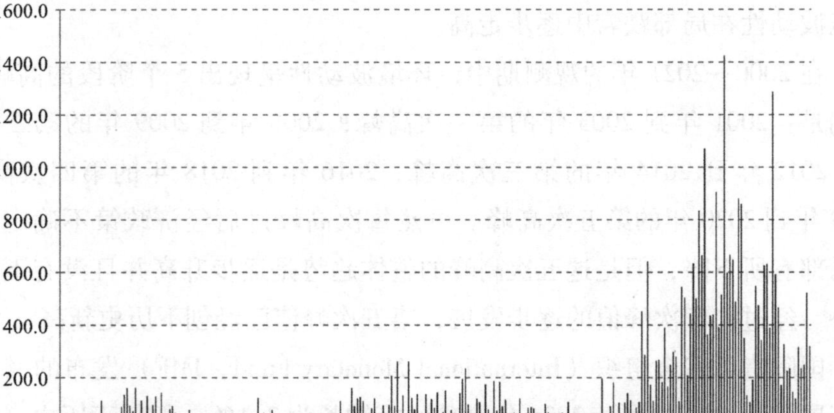

图 4－2　2000—2021 年中国环境波动性指数走势图

资料来源：根据 hrttp：//www. PolicyUncertainty. com. index. html 统计而得。

从 2000 年到 2021 年年底的 22 年里，中国环境波动性指数从 2000 年的 40 到 50，发展到 2021 年年底的将近 520.6，其间也经历了 2008 年金融危机后，国家为了缓解金融危机的冲击，政府相继出台了“四万亿”计划；为了提升经济发展质量、增加就业机会，提出“大众创新、万众创业”政策；2018 年应对中美贸易摩擦的一系列关税政策；为了实现经济利益共同体，提出“一带一路”倡议，以及面对 2019 年年底的新冠疫情（环境波动性指数达到 1425.6），国家出台相应措施来提升经济发展和稳定社会预期。这些宏观政策在降低全球经济低迷对中国经济与预期方面具有不可低估的效果，但同时也增加了环境波动性。总之，纵观国内外环境，中国和世界的环境波动性在显著增加。

无论对国内企业还是跨国经营企业，环境波动性的增加无疑提高了企业经营的难度。况且我国创新存在着“数量长足，质量跛足”的困境，因此探讨环境波动性对双元创新的影响问题，不仅具有理论意义而且具有现实价值。双元创新理论认为企业不仅要进行探索性创新与利用性创新，更重要的是还要权衡探索性创新与利用性创新的比重，也就是需要兼顾双元创新平衡性和联合性的抉择问题。企业要处理探索性创新和利用性创新所面临的两种不同风险、不同成本以及不同收益的取舍[①]。

在不确定环境下，企业会增加双元创新还是降低双元创新？对双元创新的四个维度会产生怎样的冲击？中国双元创新偏向利用性创新的偏好是否得到改善？其影响在产区属性、垄断与否的行业、是否为专精特新企业等方面否存在异质性？环境波动性对中国的主板公司、创业板公司双元创新的影响机制相同吗？本节重点探讨环境波动性对企业双元创新的基准检验。本章的基准检验是进行解释变量对被解释变量的检验，没有进行中介效应以及调节效应的检验，将在后面章节进行。在本章的基准检验中也进行了异质性研究。

本节内容的学术贡献表现在四个方面。第一，尝试性地检验了环境波动性指数与双元创新四个维度指标的复杂关系，不同于已有研究的正相关或者负相关关系。第二，以生命周期为时间维度考量环境波动性在不同的

---

① Tushaman M, O'Reily Y C., 1996. Evolution and revolution: Mastering the dynamics of innovation and change [J]. California Management Review, 38 (4): 08 – 30.

生命阶段中对双元创新四个维度指标的差异性影响，扩大了双元创新的研究视野。第三，以探索性创新除以利用性创新的商再取反正切函数来衡量双元创新的平衡性，丰富了双元创新的测度方法。第四，采用加拿大、澳大利亚等国的环境波动性指数作为工具变量，有效地解决了内生性问题，丰富了我国环境波动性工具变量的选择策略。

4.1 环境波动性对全板块公司双元创新的影响

4.1.1 理论分析与研究命题

不确定性的概念肇始于 Knight（1921）著作《风险、不确定性与利润》，该著作在企业家理论的论述中提及企业家是处理不确定性的决策者，并认为经济过程中存在不确定性。Knight（1921）将“不确定性”分为可通过概率分布估计未来事件的不确定性，即“风险”与不可度量的“不确定性”①。关于环境波动性概念直到目前为止尚未达成统一的界定，有学者认为环境波动性是指经济行为人在进行决策时，鉴于经济活动受到直接或者间接因素的影响，导致经济行为人无法对经济活动进行判断、分析和预测等不确定性状况。一般是指经济行为主体对国家政府机构是否调整、何时调整、调整经济政策的幅度无法提前预知而产生的不确定性（王满、黄波、于浩洋，2017），也指经济政策在未来指向、强度等方面的含糊性所导致的经济行为的不明朗性（饶品贵、岳恒、姜国华，2017）。

在经济新常态、新时代经济背景下，环境波动性增强（王佳宁，2014）。环境波动性的提高不仅是宏观经济波动的一个原因，也是影响微观财务决策的重要因素（李风羽和史永东，2016）。创新活动深受内外部

① Leroy S F，Singell L D.，1987. Knight on risk and uncertainty［J］. Journal of Political Economy，95（2）：394－406.

环境因素的影响（Shin & Park，1999）。外部环境因素中环境波动性对双元创新的影响最为重要，因为环境波动性体现着国家对宏观经济调控的力度与政策取向，为公司正常业务的运营塑造外部环境并制定“游戏规则”（Pastor & Veronesi，2012）。制度经济学认为微观主体的行为受到制度的限制与引导，制度的变革会强化企业所处政策环境的不确定性（阳镇、凌鸿程、陈劲，2021）[①]。企业的发展必须要应对和克服环境不确定性带来的挑战（陈春花和刘祯，2017）。企业创新能力越强，其能力组合优势越明显，越能适应和平衡动态环境，提升对不确定环境的反应能力，从而进一步强化竞争优势（O'Reilly & Tushman，2007）。

环境波动性在一定程度上影响着公司的创新行为，环境波动性对公司双元创新的影响路径如何、对其传导机制怎样？学术界尚无一致的结论，概括起来有三类观点。第一类观点认为，环境波动性促使双元创新力提升，与双元创新四个维度的指标呈正相关关系。第二类观点认为环境波动性导致公司降低双元创新，环境波动性与双元创新四个维度的指标呈负相关关系。第三类观点认为环境波动性与公司双元创新呈非线性关系。

环境波动性的增加促使公司加大双元创新。前景理论认为，经济行为人在面临不确定风险前提下，其决策行为不符合期望效用最大化原则，决策者的效用函数是一条S型曲线，在盈利范围内是凹的，在损失范围内是凸的。换言之，人们对即将获得的收益采取风险规避型，在处理即将发生的损失时，是风险偏好型的（Kahneman & Tversky，1979）。也就是说，当环境波动性增加时，管理者呈现风险追逐特性，增加当期投资以获取期望利润（Abel，1983；Hartman，1972），从而增加探索性创新、利用性创新，以至于双元创新平衡性、联合性发生变化，强化企业探索性创新与利用性创新[②]。企业在此背景下愿意增加探索性创新和利用性创新[③]。我国环境波

①③ 阳镇，凌鸿程，陈劲，2021. 经济政策不确定性、企业社会责任与企业技术创新［J］. 科学学研究，39（3）：544－555.

② 贾慧英，王宗军，曹祖毅，2019. 探索还是利用？探索与利用的知识结构与演进［J］. 科研管理，40（8）：113－125.

动性对企业双元创新选择影响的研究表明，环境波动性不仅显著促进了探索性创新，而且显著促进了利用性创新（崔维军、孙成、傅宇、岑珊，2019）。

从公司治理角度来分析，当环境波动性增大时，公司治理机构对管理层监督和预测的难度也随之增大，股东难以正确评价创新的效率，管理层在追求“经理帝国主义”理念的驱使下，以及通过无效投资来获取私人利益的冲动下，将加大企业双元创新的力度，如果创新失败，管理层有理由将失败的原因推卸到外界环境的不确定性上，借此推诿责任。

从不确定性与公司利润之间的关系来看，企业是在不确定条件下的一种特殊决策和风险分摊机制。宏观经济环境波动性会提升资本回报率，公司会加大创新力度。市场不确定性与企业创新存在正向关系，即市场不确定性越高，企业创新越多（Su et al.，2010）。另外，在环境波动性高的背景下，如果管理层冒险投资，将会提升管理层的人力资本价值，因此在提升管理层个人形象和影响力的驱使下，公司将增加双元创新。

环境波动性的提高将降低企业的双元创新。环境波动性的增加使管理层不能精准地预测公司处理不确定性的能力（Baum et al.，2006），不能正确地评估创新的效率，其在双元创新上更为谨慎（Bloom et al.，2007），从而抑制企业的双元创新（Juli & Yook，2012）。环境波动性增加会改变公司面对的系统风险，系统风险的增加将干扰公司的研发投资决策，即环境波动性的提升将减少企业的双元创新。

从公司融资约束角度来分析，当环境波动性程度提高时，企业在双元创新方面的资金短缺将使企业减少创新（申慧慧、于鹏、吴联生，2012）。环境波动性程度较高时期，公司要应对外部环境的不确定性，平衡目前的开支与未来的投资，将减少当前的双元创新。从资金管理角度来分析，公司的运营资金是应对公司日常的业务，公司的长期资金以满足双元创新、购置固定资产或者在建工程等项目为目的，如果宏观环境波动性增高，公司可能增加流动资金减少长期资金，从而降低双元创新。

从公司资金成本与资本收益率角度来分析，环境波动性增加，公司或者个人会根据经济政策宏观系统性风险来调高风险溢价的预期，投资者对投资项目的预期收益，将转化为投资公司未来的资金成本，资金成本的上升将抑制公司的投资。另外，公司根据经济政策宏观系统性风险来调高风险溢价的预期，预期的增加会促使公司加大投资，对投资行为产生正向作用（陈国进和王少谦，2016）。

在环境波动性的背景下，企业的产品更新换代快、技术迭代的频率高，一方面孕育着产品和技术创新机遇①，另一方面也抬高了企业竞争的程度，企业能力提升受到冲击、加速企业资源贬值的力度②。面对此环境，企业要推动双元创新的轮子，试图构造出若干个相对短暂的竞争优势迭代出长久优势。但是企业在此背景下更多地表现出路径依赖性和一致性，进而削弱探索性创新，倾向于利用性创新③。

综上所述，本节认为在复杂动荡的外部环境中，企业不愿以创造性方式解决棘手的问题，削弱了探索性创新的投入。在环境波动性增加的背景下，企业不想另辟蹊径进行探索性创新，而愿意从事步步为营的利用性创新④。本节提出第一个研究命题。

研究命题1：环境波动性越高，公司探索性创新越低。

环境波动性在适度范围内才能促进企业的双元创新。经济政策设定的目标是平滑经济波动，中国宏观经济出现大幅波动特性，一方面是外部冲击所致，更重要的是自身政策扰动所致。从整体上看，企图平滑宏观经济波动的行动会被更加频繁的宏观经济波动和调控措施所替代，即“动态不一致”特征（高培勇和钟春平，2014）。从宏观上看，经济企稳是目标。从微观来看，虽然将不确定视为企业利润的来源，但是环境波动性增加，会加大企业对政策反应的难度，是否进行创新使其举棋不定。本节认为，环境波动性存在一个适度的区间（这是对宏观经济进入良性发展轨道的要求，也是企业进行正常运营的外部环境条件）。本节尝试性地提出倒U关

① Schilke O., 2014. On the contingent value of dynamic capabilities for competitive advantage moderating effect of invironmental dynamism [J]. Strategical Management Journal, 35 (2): 178-203.

② Hung K P, Chou C., 2013. The impact of open innavotion on firm performance: the moderating effects of internal R&D and enirnmental turbulence [J]. Technovation, 33 (10-11): 368-380.

③④ 王金凤，蔡豪，冯立杰，岳俊举，2022. 外部环境不确定性、网络惯例与双元创新关系研究 [J]. 科技进步与对策，37 (6): 37-45.

系。据此，本节提出第二个研究命题。

研究命题2a：环境波动性指数与探索性创新呈倒U关系。

研究命题2b：环境波动性指数与利用性创新呈倒U关系。

组织的目标是减少动态环境中的不确定性，企业往往采取保守的战略，以最小化潜在的下行风险（Tao et al.，2015）。不稳定的市场可能会增加下行风险（Marino et al.，2008），在高度不确定的市场中，探索性创新的市场回报变得更加不可预测（Bierly et al.，2009）。在这种情况下，组织倾向于选择稳定和即时的回报，以减少风险敞口（Tao et al.，2015），采取利用性创新。

当企业拥有更多闲置资源时，倾向于探索性创新（Lavie et al.，2010），当市场不确定性增加时，企业应该谨慎行事。探索性创新和利用性创新的平衡有利于企业的发展。探索性创新有利于企业适应动态环境，利用性创新有利于企业适应竞争环境（Jansen et al.，2006）。在环境波动性的复杂环境下，采取探索性创新能开辟新市场、满足客户新需求，形成竞争力；而采取利用性创新能满足现有市场或现有客户的需求，提升客户的黏度（崔维军、孙成、傅宇、岑珊，2019）[①]。环境波动性不仅促进了探索性创新，更显著地促进了利用性创新。在不确定的政策环境中，小规模企业更倾向于采取探索性创新，大规模企业更倾向于采取利用性创新（崔维军、孙成、傅宇、岑珊，2019）。

另外，技术动态性正向调节探索性创新与绩效的关系，市场动态性正向调节探索性创新与绩效的关系，技术动态性和市场动态性在利用性创新正向影响绩效的关系中都具有负向调节作用（彭华涛、李冰冰、周灵玥，2020）。据此，本节提出第三个研究命题。

研究命题3a：环境波动性与双元创新平衡性指数呈倒U关系。

研究命题3b：环境波动性与双元创新联合性指数呈倒U关系。

① 崔维军，孙成，傅宇，岑珊，2019. 政策不确定性与企业双元创新行为选择："激流勇进"还是"循序渐进"[J]. 科学学与科学技术管理，40（11）：68-81.

4.1.2 研究设计

(1) 变量选取与样本选择

被解释变量。关于双元创新的衡量问题，已有文献从以下几个角度进行测度。第一种是量表法，先通过发放调查问卷或者深度访谈获取探索性创新或者利用性创新的主观数据，然后用 Likert 评分法测量得到相关数据（Jansen JJP，Verad，Crossan M，2009）①，或者借鉴（Halevi et al.，2015）量表法进行衡量②。第二种是 IPC 分类数据法，以企业第 t+1 年申请专利中的某个 IPC 代码前四位未出现在申请前三年的企业知识池中，来测度探索性创新；以企业第 t+1 年申请的仅包含该企业已有知识元素的专利数量测度利用性创新。其中探索性创新用上市公司年度发明专利的实际申请数度量，利用性创新用实用新型与外观设计专利的申请数度量（杜金柱和扈文秀，2023）③。第三种是获取上市公司数据法，采用"发明专利申请数加 1 后取自然对数"衡量探索性创新，采用"实用新型专利和外观设计专利申请数之和加 1 后取自然对数"衡量企业的利用性创新（李永奎和刘晓康，2023）④。探索性创新用企业费用化研发投入（支出）与年初营业收入的比值衡量，利用性创新采用资本化研发投入（支出）与年初营业收入的比值衡量（毕晓方等，2017）。探索性创新用研发活动费用化支出占总资产的百分比来衡量；利用性创新用研发活动资本化支出占总资产的百分比来衡量（严若森和赵亚莉，2022）⑤。

---

① Jansen JJP，Verad，Crossan M，2009. Strategic leadership for exploration and exploitation：the moderating role of environmental dynamism [J]. The Leadership Quarterly，20 (1)：05 – 18.

② Halevi M Y，Carmelia，Brueller N N. 2015. Ambidexterity in SBUs：TMT behavioural integration and environmental dynamism [J]. Human Resource Management，54 (S1)：223 – 238.

③ 杜金柱，扈文秀，2023. 数字经济发展对企业创新持续性的影响 [J]. 统计与决策 (3)：21 – 26.

④ 李永奎，刘晓康，2023. 数字经济发展对企业双元创新的双轨促进作用研究 [J/OL]. 西部论坛. https：//kns. cnki. net/kcms/detail/50. 1200. C. 20230324. 1715. 004. html.

⑤ 严若森，赵亚莉，2022. CEO 类型与家族企业双元创新 [J]. 研究与发展管理，34 (6)：131 – 144.

鉴于上述的测度方法，本章从上市公司三类专利信息获取数据来测度双元创新。本章分别从探索性创新（Exploration Innovation，简写 prat，以后在实证检验中采用这个简写来代替探索性创新这个变量）、利用性创新（Exploitative Innovation，简写 pita，以后在实证检验中采用这个简写来代替利用性创新这个变量）、双元创新平衡性（dual balance，简写 dubln，以后在实证检验中采用这个简写来代替双元创新平衡性这个变量）、双元创新联合性（dual combine，简写 ducmb，以后在实证检验中采用这个简写来代替双元创新平衡性这个变量）四个指标进行衡量。

其中探索性创新采用公司申请的发明专利加 1 后取自然对数的方式衡量。利用性创新采用公司申请的实用新型专利与外观设计专利之和加 1 后取自然对数的方式衡量。双元创新平衡性指标（dubln）的第一种方法是借鉴已有文献的处理方法（称为有机平衡法），采用公式（4－1）来衡量。

$$dubln = 1 - \frac{|prat - pita|}{prat + pita} \tag{4-1}$$

双元创新平衡性的第二种方法是本节提出的衡量方法（dual arctan，简写 duatan）。本节用反正切函数来测度双元创新平衡性比较合理，具体计算如公式（4－2）所示。

$$duatan = arctan\frac{prat}{pita} \tag{4-2}$$

反正切函数法双元创新平衡性示意图，如图 4－3 所示。反正切函数法中的探索性创新与利用性创新的夹角表示两者的平衡关系。当 $\theta = \pi/4$ 时，探索性创新等于利用性创新，处于完全平衡；当 $\theta > \pi/4$ 时，探索性创新大于利用性创新，双元创新平衡性处于$[1, +\infty)$之间，处于较高的平衡性；当 $0 \leqslant \theta \leqslant \pi/4$ 时，双元创新平衡性处于$[0,1]$之间。需要说明的是，本节双元创新平衡性的反正切函数法用在稳健性检验中，替换双元创新平衡性的第一种方法。

双元创新的联合性指标采用探索性创新与利用性创新之积去中心化之后的数值衡量，如公式（4－3）所示。

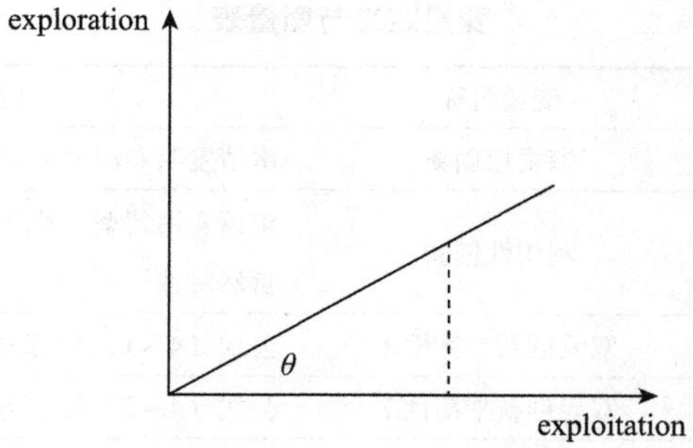

图4-3　双元创新的平衡性示意图

$$ducmb = prat \times pita \tag{4-3}$$

解释变量的衡量。国内外关于环境波动性的衡量，有采用企业收入波定性、当地政府领导人的更换以及经济政策不确定性指数来测度。本书认为采用经济政策不确定性指数来表征环境波动性更为合理。而经济政策不确定性指数一般是采用 Scott R. Baker，Nicholas Bloom 和 Steven J. Davis（2016）计算的数据，该指数是月度数据。已有文献对环境波动性指数采取两种方法测度来获取年度数据，一个是移动加权平均法（韩通、徐西雯、杨昊宇，2017），另一个是几何平均法（李经路，2019）。都是借鉴 Gulen 和 Ion（2016）计算方法，先计算季度的经济不确定性指数，然后生成年度数据。本节采用月度经济政策不确定性指数加权平均得到年度环境波动性指数。

控制变量。本节主要从宏观、中观、微观层面三个角度来控制相关因素对双元创新的影响，即从国家层面、行业层面和公司层面来选择控制变量。国家层面选用人均 GDP 不变价格、经济景气指数，行业层面选用赫芬达尔—赫希曼指数来反映行业竞争状况，公司层面选用 Z 指数、S 指数、董监高年薪总额、资本密集度、每股税前现金股利、独立董事比率、投资回报率等指标作为控制变量。本节内容所涉及的被解释变量、解释变量与控制变量的选取与衡量汇总在表4-1中。

在表4-1中，申请的专利数据是综合考虑母公司、子公司专利数据后得到的集团公司数据，并且该数据已经涵盖本集团公司单独申请的以及与其他公司联合申请的专利。人均 GDP 不变价格是以1996年不变价格计

表 4-1　　变量定义与衡量表

变量类型	变量符号	变量名称	变量说明
被解释变量	prat	探索性创新	申请发明专利加 1 取自然对数
	pita	利用性创新	申请实用新型、外观设计专利之和加 1 后取自然对数
	dubln	双元创新平衡性 1	公式（4-1）计算方法
	duatan	双元创新平衡性 2	公式（4-2）计算方法，稳健性检验用
	ducmb	双元创新联合性	公式（4-3）计算方法
解释变量	cbnepu	环境波动性	EPU 指数
控制变量	gdppercptcp	人均 GDP 不变价格	GDP 的不变价格/人口总数
	laggindex	经济景气指数	滞后经济景气指数，以 1996 年的指数为 100
	hhi_sale	赫芬达尔—赫希曼指数	某公司销售额占本行业销售额之比的平方
	astgrw	总资产增长率	（期末总资产-期初总资产）/期初总资产
	capaccum	资本密集度	总资产/营业收入
	csdvpshbtax	每股税前现金股利	每股派息税前数额
	indrcrat	独立董事比率	独立董事占董事的比重
	sizeast	公司规模	总资产的自然对数
	dsmsalary	高管薪酬	高管薪酬的自然对数
	cfopibd	经营活动现金流带息债务比	经营活动现金净流量/带息债务

算的 2007 年到 2020 年的每年人均 GDP 数据。

模型设定。本节重在考察环境波动性对双元创新的影响，控制一些宏观指标如经济景气指数、人均 GDP 不变价格，构建的计量模型如公式（4-4）所示。

$$
\begin{aligned}
Patent_{i,t} = {} & \alpha_0 + \alpha_1 gdppercptcp_t + \alpha_2 laggindex_t + \alpha_3 hhi\_sale_t \\
& + \alpha_4 astgrw_{i,t} + \alpha_5 capaccum_{i,t} + \alpha_6 csdvpshbtax_{i,t} + \alpha_7 indrcrat_{i,t} \\
& + \alpha_8 sizeast_{i,t} + \alpha_9 dsmsalary_{i,t} + \alpha_{10} cfopibd_{i,t} + \alpha_{11} cbnepu_t \\
& + \alpha_{12} cbnepusqr_t + \varepsilon
\end{aligned}
\tag{4-4}
$$

公式（4-4）各变量的含义与表 4-1 中变量的含义一致。需要说明的是，被解释变量在本节中采用不同的指标，会采用探索性创新、利用性创新、双元创新平衡性、双元创新联合性指标进行替代。

（2）样本选择

由于科创板和北证板公司上市较晚，上市后的时间段不满足面板数据分析的要求，现在对它们的研究还为时尚早，不予考虑科创板和北证板公司原始创新情况。另外，中小板已经与主板合并，本书也不再单独探讨中小板公司的相关问题。

2021 年 2 月 9 日，证监会批准深交所的主板与中小板按照“两个统一，四个不变”进行合并，即主板和中小板的业务规则统一、运行监管模式统一；合并后上市条件不变、投资者门槛不变、交易机制不变、证券代码及简称合并。回顾历史，中小板的创立带有明显过渡性质，其创立初衷是为创业板的运行积累经验。时至今日，创业板已经稳定运行了若干年，科创板进行了注册制改造，中小板的历史使命业已完成。同时，中小板的融资功能已超越了深交所主板的功能，也就出现了深交所主板和中小板同质化现象，中小板已无存在的必要。主板与中小板的合并使我国多层次资本市场各个板块的定位更加清晰，为注册制的改革减轻了阻力，有利于搞活深市主板，提高深市的竞争力。

本节主要考察主板公司和创业板公司的环境波动性对双元创新的影响，对 2007—2020 年两大板块上市公司的年度财务报告进行了全面、仔细的调查、筛选和统计。剔除了金融业、房地产业、其他金融业的公司；剔除 ST、*ST、PT 公司，删除 B 股公司；删除连续上市不满两年的公司，删除数据缺失严重的公司；删除资产负债率大于 1 的公司。最终得到 3276 家公司 14 年的非平衡面板数据，公司—年度的观测个数是 30532。双元创新数据主要来自手工收集，其他数据均来自 RESSET 金融研究数据库、CNRDS 数据库、CSMAR 数据库、Wind 数据库、公司官方网站。

4.1.3　实证研究

（1）关键变量的描述性统计

针对本研究的关键变量进行了描述性统计，如表 4 - 2 所示。

表 4-2　　关键变量的描述性统计表

Variables	Obs	Mean	Std. Dev.	Min	Max	Skew.	Kurt.
prat	30532	1.666	1.546	0.000	9.038	0.725	3.163
pita	30532	2.264	2.371	0.000	16.205	1.186	4.55
dubln	23125	0.559	0.323	0.000	1.000	-0.803	2.284
ducmb	30532	2.328	2.942	0.000	16.651	1.575	5.579
gdppercptcp	30532	4.617	1.500	1.825	6.446	-0.393	1.870
laggindex	30532	97.075	2.637	92.140	102.000	-0.321	2.462
dsmsalary	30532	14.420	3.520	0.000	18.945	-3.664	15.210
capaccum	30532	0.204	1.455	-190.383	57.456	-69.690	9841.335
csdvpshbtax	30532	0.113	0.296	0.000	19.293	26.971	1337.597
cfopibd	30532	139.417	21818.877	-19650.893	3809612	174.332	30437.11
indrcrat	30532	36.987	12.759	0.000	100.000	-1.040	5.477
hhi_sale	30532	0.003	0.006	0.001	0.250	13.988	436.077
sizeast	30532	19.576	6.993	0.000	28.636	-2.343	6.807
astgrw	30532	0.183	0.704	-1.000	72.521	44.916	3949.693
cbnepu	30532	351.757	243.969	82.245	791.874	0.749	2.151

样本公司的探索性创新在 2007 年到 2020 年间，均值是 1.666，最小值是 0.000，最大值是 9.038，标准差是 1.546，说明探索性创新在观测期间波动性较大。偏度和峰度数据显示探索性创新呈右偏高峰状态。样本公司的利用性创新在 2007 年到 2020 年间，均值是 2.264，最小值是 0.000，最大值是 16.205，标准差是 2.371，说明利用性创新在观测期间波动性较大。偏度和峰度数据显示样本公司的利用性创新呈右偏高峰状态。在 2007 年到 2020 年间，双元创新平衡性平均值是 0.559，最小值是 0.000，最大值是 1.000，标准差是 0.323，说明双元创新平衡性在观测期间波动性较大。偏度和峰度数据显示双元创新平衡性指数呈左偏厚尾状态。双元创新联合性的均值是 2.328，最小值是 0.000，最大值是 16.651，标准差是 2.942，说明双元创新联合性在观测期间波动性较大。偏度和峰度数据显示双元创新联合性指数呈右偏高峰状态。公司规模的均值是 19.576，最小值是 0.000，最大值是 28.636，标准差是 6.993，变异系数是 0.357。环境

波动性的均值是351.757，最小值是82.245，最大值是791.874，标准差是243.969，偏度和峰度显示该变量呈右偏略高峰状态分布。

公司规模存在差异较大，偏度和峰度数据显示公司规模呈非正态分布状态。人均 GDP 不变价格的均值是4.617，最小值是1.825，最大值是6.446，标准差是1.500。说明人均 GDP 不变价格在观测期内具有一定的波动性。人均 GDP 不变价格的偏度和峰度数据显示呈左偏厚尾型分布。经济景气指数的均值是97.075，最小值是92.140，最大值是102.000，标准差是2.637，经济景气指数的均值小于100，说明观察期内整体宏观经济不景气，宏观经济状况有待提高。经济景气指数在观测期内波动性不大，宏观经济的弹性不大。其偏度和峰度数据显示其呈左偏厚尾型分布。每股税前现金股利以及赫芬达尔—赫希曼指数的波动性较大，说明公司间存在明显的差异，并且都呈右偏高峰分布状态。资本密集度和独立董事比率的波动性较大，都呈左偏高峰分布状态。高管薪酬的均值是14.420，最小值是0.000，最大值是18.945，标准差是3.520，公司间存在差异较大，偏度和峰度数据显示高管薪酬呈现左偏高峰。经营活动现金流带息债务比的均值是139.417，最小值是-19650.893，最大值是3809612，标准差是21818.877，公司间存在差异较大，偏度和峰度数据显示公司规模呈现右偏高峰状态。总资产增长率的均值是0.183，最小值是-1.000，最大值是72.521，标准差是0.704，偏度和峰度显示该变量呈右偏高峰分布状态。

（2）面板数据的组间差异与组内差异分析

在进行描述性分析之后，本节继续探讨面板数据的组内差异和组间差异问题，探索性创新、利用性创新、双元创新平衡性、双元创新联合性以及环境波动性指标的组内差异和组间差异汇总列示于表4-3中。

表4-3 主要变量的组内差异与组间差异统计表

Variables		Mean	Std. Dev.	Min	Max	Observations
prat	overall	1.666	1.546	0.000	9.038	N = 30532
	between		1.215	0.000	8.136	n = 3276
	within		0.933	-4.430	7.224	T = 9.320

续表

Variables		Mean	Std. Dev.	Min	Max	Observations
pita	overall	2. 264	2. 371	0. 000	16. 205	N = 30532
	between		1. 935	0. 000	15. 266	n = 3276
	within		1. 361	-6. 956	11. 786	T = 9. 320
dubln	overall	0. 559	0. 323	0. 000	1. 000	N = 23125
	between		0. 240	0. 000	0. 996	n = 3129
	within		0. 252	-0. 257	1. 418	T = 73191
ducmb	overall	2. 328	2. 942	0. 000	16. 651	N = 30532
	between		2. 365	0. 000	16. 315	n = 3276
	within		1. 713	-9. 337	14. 838	T = 9. 320
cbnepu	overall	351. 757	243. 968	82. 245	791. 873	N = 30532
	between		141. 813	14. 6847	769. 865	n = 3276
	within		221. 873	32. 054	909. 631	T = 9. 320

表4-3显示，探索性创新的组内差异即每个上市公司在14年间的时间差异的标准差是0. 933，组间差异即3276家上市公司在14年间的个体差异标准差是1. 215，说明3276家上市公司在14年间的年度波动（纵向波动）小于每个上市公司之间的波动（横向波动）。利用性创新的组内差异即每个上市公司在14年间的时间差异的标准差是1. 361，组间差异即3276家上市公司在14年间的个体差异标准差是1. 935，说明3276家上市公司在14年间的年度波动（纵向波动）小于每个上市公司之间的波动（横向波动）。

双元创新平衡性指标的组内差异即每个上市公司在14年间的时间差异的标准差是0. 252，组间差异即3129家上市公司在14年间的个体差异标准差是0. 240，说明3129家上市公司在14年间的年度波动（纵向波动）大于每个上市公司之间的波动（横向波动）。双元创新联合性指标的组内差异即每个上市公司在14年间的时间差异的标准差是1. 713，组间差异即3276家上市公司在14年间的个体差异标准差是2. 365，说明3276家上市公司在14年间的年度波动（纵向波动）小于每个上市公司之间的波动（横向波动）。

环境波动性的组内差异即每个上市公司在14年间的时间差异的标准差是221. 873，组间差异即3276家上市公司在14年间的个体差异标准差是141.813，说明3276家上市公司在14年间的年度波动（纵向波动）大于每个上市公司之间的波动（横向波动）。

（3）主要变量的进一步描述分析

本节的核心变量是探索性创新、利用性创新、双元创新平衡性、双元创新联合性以及环境波动性，在描述性统计、组间差异与组内差异分析基础上，本节再次利用时间趋势图来展示它们的分布的时间特征，环境波动性指数分布情况如图4-4所示。

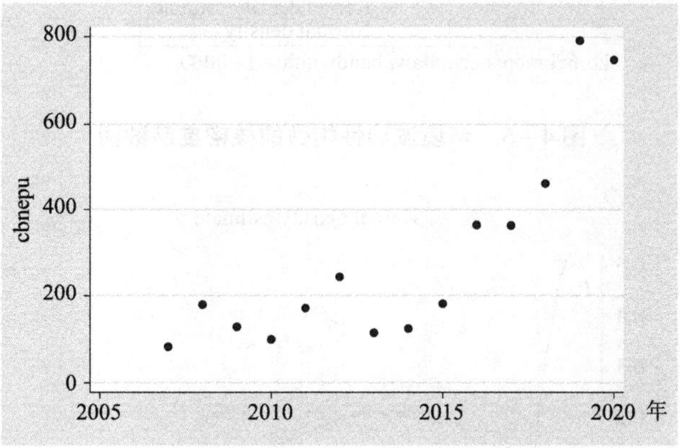

图4-4　环境波动性指数的时间趋势图

环境波动性指数最低点出现在2007年，最大值出现在2019年。整体呈现出阶段性上升趋势，从2007年最低上升到2008年观测期的第一个峰值（即2008年的峰值），2010年后下降到低点，随之上升到2012年的第二个峰值。2013年和2014年下降到低位，从2015年开始持续上升到观测期间的最大值。为了直观反映环境波动性指数的分布情况，通过核密度函数图展现其分布特征，具体如图4-5所示。

环境波动性指数呈现高峰右偏状态，并且呈现若干个高峰的现象。探索性创新在双元创新中具有重要地位，探索性创新的核密度函数如图4-6所示。

图4-6显示，探索性创新在坐标（0.01，0.55）处出现第一个峰值，该峰值畸高。主要是因为探索性创新的力度不大，数值较小的公司较多聚集在此区间。在坐标（2，0.2）之后，探索性创新基本上趋向于正态分

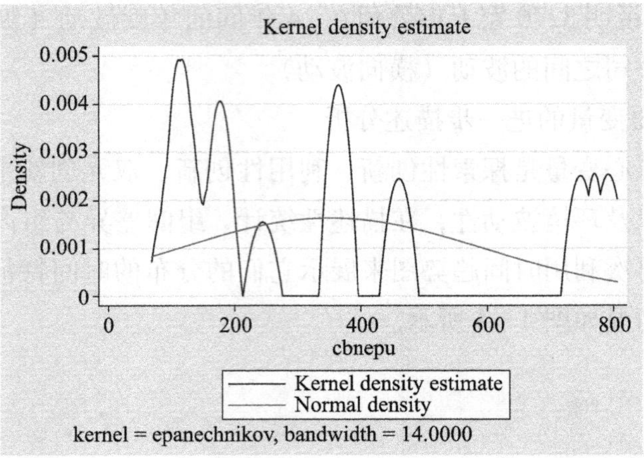

图 4－5　环境波动性指数的核密度函数图

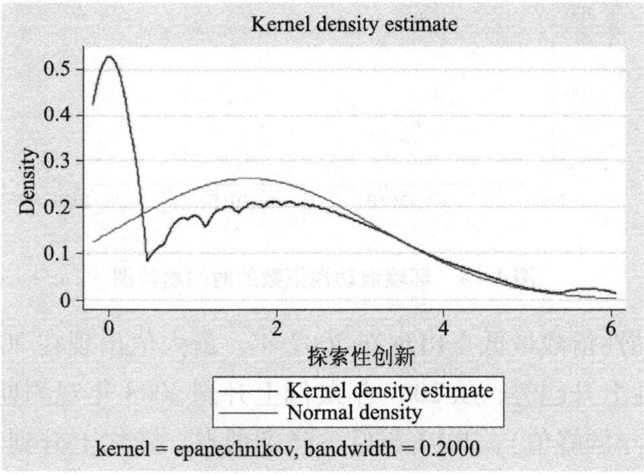

图 4－6　探索性创新的核密度函数图

布，但呈现出厚尾性的分布特征。

下面分析利用性创新的分布情况，其核密度分布状态如图 4－7 所示。利用性创新呈现出双峰对峙的现象，最低点出现在坐标（0.5，0.18）的位置，左峰出现在（0.1，0.55）处，右峰出现在（1.5，0.5）附近。双元创新平衡性是文章探讨的重点，也是双元创新理论与实践中的难点。该指标的核密度函数分布状况如图 4－8 所示。双元创新平衡性指标的核密度分布呈现右偏状态，最大值出现在坐标（0.75，1.2）附近。

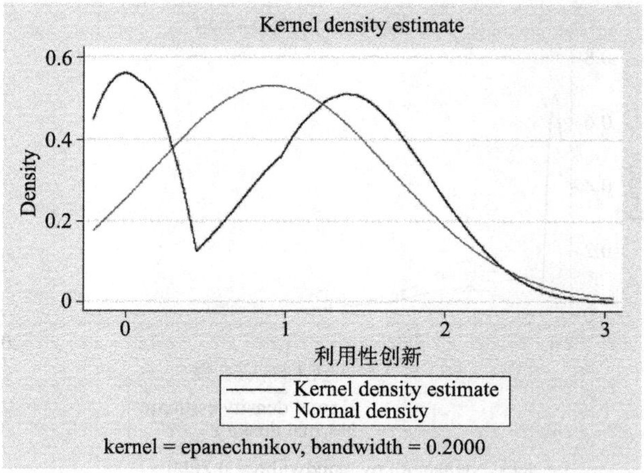

图4-7 利用性创新的核密度函数图

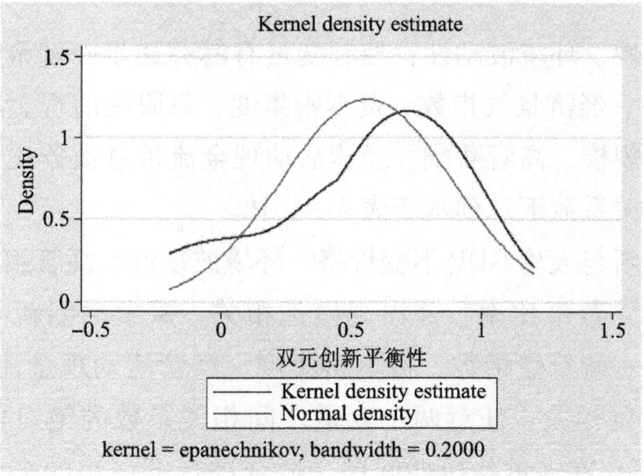

图4-8 双元创新平衡性指标的核密度函数图

双元创新联合性来自探索性创新与利用性创新乘积之后去中心化得到的数值。该指标的核密度函数如图4-9所示。双元创新联合性指标明显呈现出左偏高峰的特征，极值出现在（0.02，0.68）附近，随之急速下滑绵延到（17，0.05）处。主要是因为该指标是探索创新与利用性创新相乘得到的，如果两者都大于1，相乘之乘积将更大。如果两者中有一个为零，那么乘积就是零，导致极值出现在坐标为（0.02，0.68）处。

（4）相关性分析

本节涉及的主要变量有探索性创新、利用性创新、双元创新平衡性、

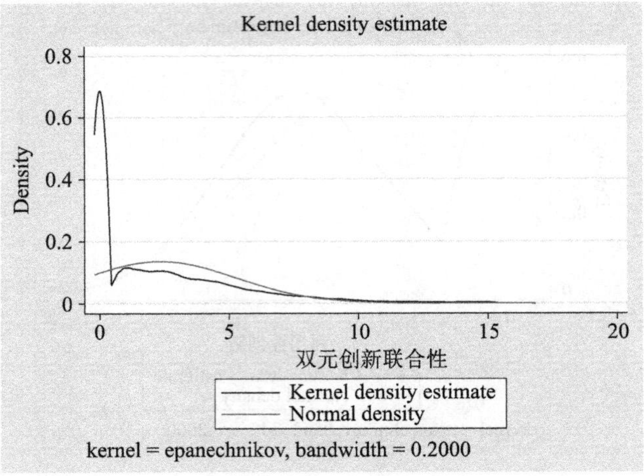

图 4－9　双元创新联合性指标的核密度函数图

双元创新联合性、环境波动性，控制变量有赫芬达尔—赫希曼指数、人均GDP不变价格、经济景气指数、资本密集度、每股税前现金股利、独立董事比率、公司规模、高管薪酬、经营活动现金流带息债务比、总资产增长率，它们的相关系数汇总列示于表 4－4 中。

探索性创新与人均 GDP 不变价格、环境波动性、高管薪酬、每股税前现金股利、独立董事比率、公司规模正相关。探索性创新与经济景气指数、赫芬达尔—赫希曼指数、资本密集度、经营活动现金流带息债务比、总资产增长率负相关。任意两个变量之间相关系数的绝对值都没有超过 0.753，变量不存在多重共线性问题，适合进行下一步的多元回归。由于篇幅所限，此处省略了利用性创新、双元创新平衡性指标、双元创新联合性指标的相关性分析的数据。

为了更稳健地反映各变量之间的多重共线性关系，下面进行膨胀因子检验，检验结果如表 4－5 所示。

表 4－5 显示，主要变量方差膨胀因子数据小于 10，各变量之间不存在多重共线性问题，可以进行下一步的实证检验。由于篇幅所限，此处省略了利用性创新、双元创新平衡性指标、双元创新联合性指标的方差膨胀因子分析数据。

表4-4 关键变量的相关性矩阵表

Variables	(1)	(2)	(3)	(4)	(5)	(6)	(7)	(8)	(9)	(10)	(11)	(12)
(1) prat	1.000											
(2) gdppercptcp	0.270	1.000										
(3) laggindex	-0.005	0.105	1.000									
(4) dsmsalary	0.156	0.148	0.035	1.000								
(5) capaccum	-0.025	-0.061	0.026	-0.033	1.000							
(6) csdvpshbtax	0.029	0.052	0.041	0.027	0.061	1.000						
(7) cfopibd	-0.007	0.005	0.005	0.002	-0.001	-0.001	1.000					
(8) indrcrat	0.069	-0.066	-0.126	0.318	0.002	-0.001	0.008	1.000				
(9) hhi_sale	-0.052	-0.019	-0.001	-0.035	-0.006	-0.035	-0.003	-0.019	1.000			
(10) sizeast	0.073	0.122	0.019	0.239	0.031	0.102	0.001	0.093	-0.049	1.000		
(11) astgrw	-0.020	-0.063	0.026	-0.034	0.308	0.081	-0.003	-0.007	-0.005	0.065	1.000	
(12) cbnepu	0.206	0.753	0.262	0.151	-0.056	0.058	0.002	-0.051	-0.016	0.109	-0.066	1.000

表4-5 主要变量方差膨胀因子表

Variable	cbnepu	gdppercptcp	astgrw	capaccum	dsmsalary	laggindex	indrcrat	csdvpshbtax	sizeast	cfopibd	hhi_sale
VIF	4.12	3.90	2.82	2.81	1.19	1.16	1.14	1.12	1.08	1.06	1.00
Mean VIF						1.95					

（5）基准检验

为了直观反映环境波定性与四维度指标的关系，本章利用 Lowess 修匀命令来展示反映环境波定性与四维度指标的关系，具体如图 4－10 到图 4－13 所示。这四幅图都显示环境波动性与四维度指标呈现倒 U 关系。

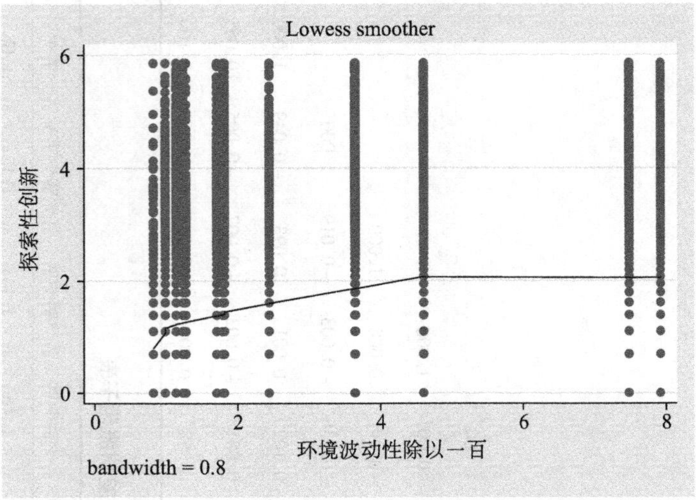

图 4－10　环境波动性与探索性创新的散点 Lowess 修匀图

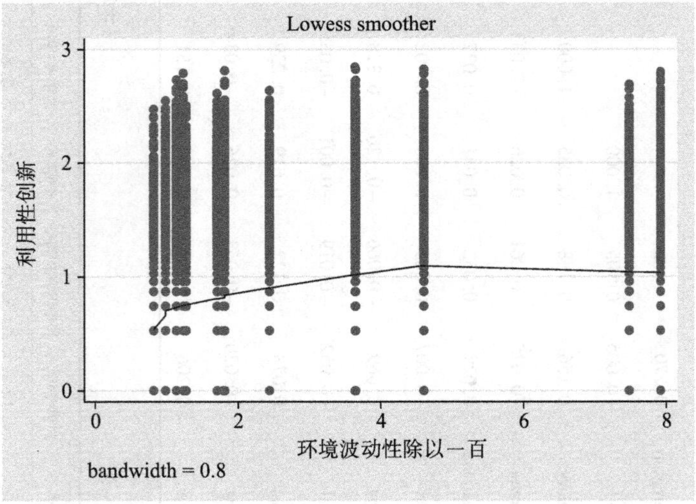

图 4－11　环境波动性与利用性创新的散点 Lowess 修匀图

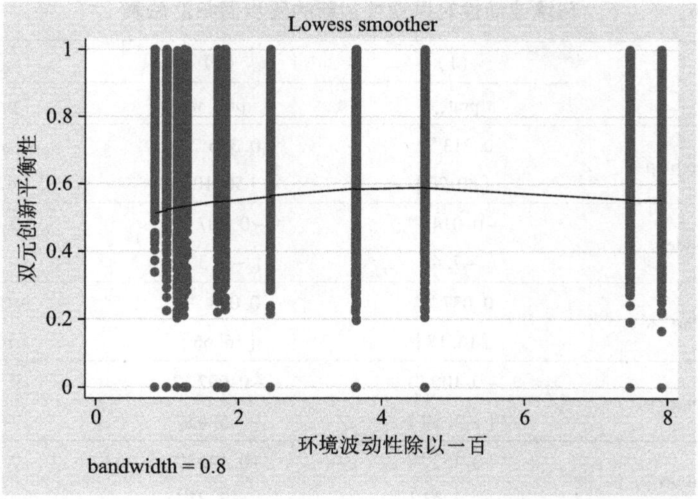

图4－12　环境波动性与双元创新平衡性的散点 Lowess 修匀图

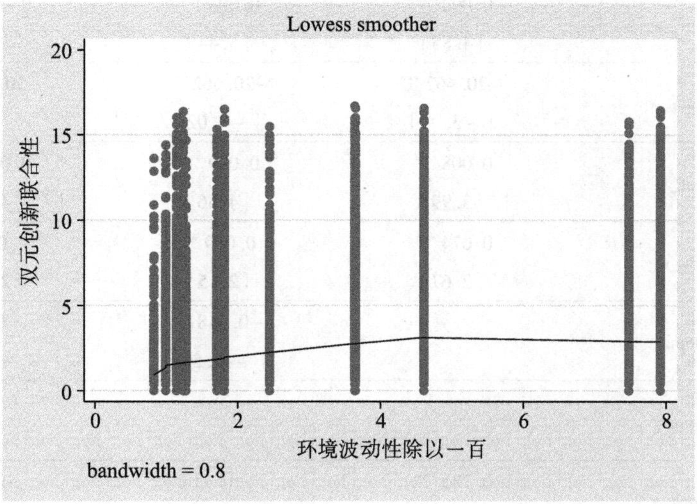

图4－13　环境波动性与双元创新联合性的散点 Lowess 修匀图

本节针对控制变量、被解释变量、解释变量的二次方关于探索性创新分步进行回归。鉴于被解释变量和解释变量的数据特征都不是正态分布，采用广义最小二乘法的随机模型进行检验，其实证结果如表4－6所示。

表 4-6　　环境波动性对探索性创新的逐步回归汇总表

	(1)	(2)	(3)
	prat_w	prat_w	prat_w
gdppercptcp	0.313 ***	0.376 ***	0.365 ***
	[80.20]	[56.10]	[42.32]
laggindex	-0.014 ***	-0.007 ***	-0.008 ***
	[-7.42]	[-3.30]	[-3.71]
dsmsalary_w	0.037 ***	0.038 ***	0.037 ***
	[16.18]	[16.66]	[16.57]
capaccum_w	-0.100 ***	-0.097 ***	-0.096 ***
	[-5.58]	[-5.43]	[-5.37]
csdvpshbtax_w	-0.152 ***	-0.142 ***	-0.142 ***
	[-3.41]	[-3.21]	[-3.19]
cfopibd_w	-0.001 *	-0.001 *	-0.001 *
	[-1.91]	[-1.70]	[-1.70]
indrcrat_w	0.002 ***	0.003 ***	0.003 ***
	[4.85]	[5.44]	[5.73]
hhi_sale_w	-20.462 ***	-20.662 ***	-20.670 ***
	[-3.98]	[-4.02]	[-4.03]
sizeast_w	0.008 ***	0.009 ***	0.009 ***
	[3.99]	[4.56]	[4.59]
astgrw_w	0.074 ***	0.059 **	0.058 **
	[2.67]	[2.15]	[2.12]
cbnepu		-0.048 ***	-0.016
		[-11.59]	[-0.97]
cbnepusq			-0.003 **
			[-2.04]
_cons	0.785 ***	-0.112	-0.022
	[4.13]	[-0.55]	[-0.10]
N	30532	30532	30532
r^2_w	0.260	0.263	0.263
r^2_b	0.005	0.006	0.006
r^2_o	0.094	0.096	0.096
N_g	3276.000	3276.000	3276.000
chi^2	9414.042	9593.296	9597.505

表4-6显示，在控制变量中，人均GDP不变价格、高管薪酬、独立董事比率、公司规模、总资产增长率与探索性创新正相关。经济景气指数、资本密集度、每股税前现金股利、经营活动现金流带息债务比、赫芬达尔—赫希曼指数与探索性创新负相关。加入解释变量之后，人均GDP不变价格、高管薪酬、独立董事比率、公司规模、总资产增长率与探索性创新正相关。经济景气指数、资本密集度、每股税前现金股利、经营活动现金流带息债务比、赫芬达尔—赫希曼指数与探索性创新负相关。解释变量与探索性创新负相关，加入解释变量的二次项之后的回归结果是一次项不显著，二次项负相关，用STATA软件的UTEST命令检验，可知统计显著，极值点位于解释变量的范围内，因此，环境波动性与探索性创新呈倒U关系。研究命题2a通过了检验。环境波动性与利用性创新、双元创新平衡性、双元创新联合性回归结果的对比情况汇总于表4-7中。

表4-7　　环境波动性对其他三类指标影响情况对比表

	(1)	(2)	(3)
	pita	dubln	ducmb
gdppercptcp	0.145***	0.034***	0.655***
	[31.44]	[9.88]	[39.93]
laggindex	-0.002*	-0.002**	-0.010***
	[-1.78]	[-2.07]	[-2.62]
dsmsalary_w	0.024***	-0.000	0.051***
	[19.79]	[-0.17]	[11.86]
capaccum_w	-0.048***	-0.016**	-0.111***
	[-5.01]	[-2.44]	[-3.28]
csdvpshbtax_w	-0.072***	-0.027*	-0.195**
	[-3.04]	[-1.80]	[-2.30]
cfopibd_w	-0.000	0.000	-0.003***
	[-1.54]	[0.75]	[-2.60]
indrcrat_w	0.001***	-0.000**	-0.001
	[3.45]	[-2.03]	[-0.95]
hhi_sale_w	-10.125***	-3.579***	-20.191**
	[-3.99]	[-3.33]	[-1.96]

续表

	(1)	(2)	(3)
	pita	dubln	ducmb
sizeast_w	0.004 ***	0.001	0.016 ***
	[3.52]	[1.60]	[4.05]
astgrw_w	0.036 **	0.018 *	0.083
	[2.45]	[1.75]	[1.58]
cbnepu	0.007	0.000	0.014
	[0.84]	[0.07]	[0.46]
cbnepusq	-0.004 ***	-0.001 **	-0.012 ***
	[-4.64]	[-2.42]	[-4.29]
_cons	0.030	0.575 ***	-0.662 *
	[0.26]	[6.96]	[-1.66]
N	30532	23125	30532
r^2_w	0.168	0.017	0.224
r^2_b	0.012	0.001	0.000
r^2_o	0.072	0.009	0.066
N_g	3276.000	3129.000	3276.000
chi^2	5491.465	341.162	7731.180
t statistics in brackets			

表4-7显示，环境波动性与利用性创新、双元创新平衡性、双元创新联合性都呈倒U关系，并且相关命令检验可知，统计显著，极值点位于解释变量的取值范围内，因此，研究命题2b、研究命题3a、研究命题3b都通过了检验。说明环境波动性指数对双元创新四维度指标存在一个最优区间问题，环境波动性过高将抑制企业的双元创新四维度指标。不能一概而论认为环境波动性指数对双元创新都是抑制作用。该结论不同于已有研究的论断。

（6）内生性检验与工具变量策略

由于实证检验过程中存在遗漏变量、测量不准确的问题，以及互为因果的关系，本节计划进行内生性检验。我们选取工具变量做内生性检验，采用澳大利亚2007年到2020年经济政策不确定性指数和加拿大的2007年到2020年环境波动性指数作为工具变量进行检验。

选取工具变量的理由如下：世界经济已经趋于全球化、一体化，不确定性指数存在相互感染的可能，与内生变量具有相关性。从国别来看，工具变量采用加拿大和澳大利亚两国的不确定性指数，内生变量是中国的不确定性指数，满足外生性。在进行工具变量检验之前，先进行内生性检验，只有存在内生性问题，才需要运用工具变量进行回归。如果不存在内生性问题，运用工具变量回归，将会使回归结果更无效、更不可靠。内生性问题存在检验结果如表4-8所示。

表4-8　内生性问题存在检验结果汇总表

Sargan statistic（overidentification test of all instruments）：	1.963
Chi-sq（1）P-val	0.1612
endog-option：	
Endogeneity test of endogenous regressors：	34.740
Chi-sq（1）P-val	0.0000
Regressors tested：	
Instrumented：	cbnepusq
Included instruments	gdppercptcp laggindex dsmsalary_w capaccum_w csdvpshbtax_w cfopibd_w indrcrat_w hhi_sale_w sizeast_w astgrw_w cbnepusqrb
Excluded instruments：	austepu cndpu

表4-8显示，Endogeneity test of endogenous regressors的F值是34.740，伴随概率是0.0000，表明以cbnepusqrb为解释变量、以prat为被解释变量的回归中存在内生性问题，有必要进行工具变量的检验。下面进行工具变量检验，其中过度识别检验的结果汇总于表4-9中。

表4-9　工具变量的过度识别检验表

Test of overidentifying restrictions			
Score chi^2（1）	1.9592	P	0.1616

表4-9显示，P值为0.1616，接受原假设，认为工具变量具有外生性，与扰动项不相关。

进一步考察工具变量的第二个条件，即工具变量与内生变量的相关性。从第一阶段回归结果可以看出，工具变量对内生变量具有较好的解释力，P值都小于0.01。相关参数的检验结果汇总列示于表4-10和表4-11中。

表4-10　　第一阶段回归的概要统计信息表

Variable	R-sq.	Adjusted R-sq.	Shea's partial R-sq.	Robust F (2,30518)	Prob > F
cbnepusq	0.8488	0.8488	0.3713	22008.1	0.0000

表4-10显示，第一阶段回归信息中R-sq. 与Adjusted R-sq. 相差不大；Shea's partial R-sq. 达到0.3713，F统计量为22008.1，而且F统计量的p值为0.0000，通过了检验。

表4-11　　Shea's partial R-squared 汇总表

Variable	Shea's partial R-sq.	Shea's Partial Adjusted R-sq.
cbnepusq	0.3713	0.3710

表4-11显示，Shea's partial R-sq. 和Shea's Partial Adjusted R-sq. 相差不大，通过了显著性检验。

表4-12　　弱工具变量检验汇总表

Minimum eigenvalue statistic = 29010.71					
Critical Values	#	of endogenous regressors:			1
Ho: Instruments are weak	#	of excluded instruments:			2
2SLS relative bias		5%	10%	20%	30% (not available)
2SLS Size of nominal 5% Wald test		10%	15%	20%	25%
		19.93	11.59	8.75	7.25
LIML Size of nominal 5% Wald test		8.68	5.33	4.42	3.92

表4-12显示，Minimum eigenvalue statistic 的检验值是29010.71，而15%水平对应的11.59，大于临界值，因此不存在弱工具变量的现象。通过工具变量的冗余检验发现，两个工具变量比较合适，加拿大和澳大利亚2007年到2020年的环境波动性指数作为工具变量比较合适。至此，模型的内生性问题检验完毕。

工具变量两阶段最小二乘法的第一阶段回归结果如表4－13所示（回归报告中不再报告控制变量的回归结果，特此说明）。

表4－13　　工具变量的第一阶段回归结果表

cbnepusq	Coef.	St. Err.	t－value	p－value	[95% Conf	Interval]
austep	0.005***	0.000	21.10	0.000	0.004	0.005
cndpu	0.0118***	0.000	89.07	0.000	0.012	0.012
Constant	－9.429***	0.189	－49.86	0.000	－9.799	－9.058
Adj R－squared		0.849	Root MSE		0.949	
r－squared		0.849	Number of obs		30532	
F(13,30518) =		34626.250	Prob > chi^2		0.000	

注：*** p<0.01，** p<0.05，* p<0.1。

表4－13显示，工具变量的回归结果与基准回归基本一致，都在1%水平下显著。

工具变量的回归结果如表4－14所示（回归报告中不再报告控制变量的回归结果，特此说明）。

表4－14　　工具变量的回归结果表

prat_w	Coef.	St. Err.	t－value	p－value	[95% Conf	Interval]
cbnepusq	－0.108***	0.011	－9.74	0.000	－0.130	－0.0866
Constant	－0.817***	0.3487	－2.34	0.019	－1.501	－0.134
			Root MSE		1.440	
r－squared		0.097	Number of obs		30532	
Wald chi^2 (12)		4124.12	Prob > chi^2		0.000	

注：*** p<0.01，** p<0.05，* p<0.1。

表4－14显示，工具变量的回归结果与基准回归基本一致，在1%水平下显著。使用工具变量后环境波动性与探索性创新——申请专利的回归系数为－0.108，与基准回归的系数－0.003差别较大，也间接地印证了工具变量的有效性。

（7）异质性检验

上面的实证检验是对全样本展开的，没有进行分组检验，为了详尽探讨探索性创新、利用性创新、双元创新平衡性、双元创新联合性受环境波动性的影响状况。下面从产权异质性、垄断异质性、专精特新异质性角度进行分组检验。都采用广义最小二乘法的随机模型进行数据回归。

产权异质性检验。公司属性一般分为地方国有企业、中央国有企业、集体企业、民营企业、外资企业、公众企业、其他企业等类型。为了便于实证分析，本节将企业属性划分为国有企业、民营企业与其他企业进行检验。环境波动性对探索性创新不同产权统计的影响如表 4-15 所示。

表 4-15　环境波动性对探索性创新影响的不同产权统计表

	soes	prts	oths
	prat_w	prat_w	prat_w
cbnepu	-0.010	0.000	-0.047
	[-0.37]	[0.01]	[-1.43]
cbnepusq	-0.003	-0.005**	-0.000
	[-1.20]	[-2.22]	[-0.00]
_cons	-0.776**	-0.148	0.879**
	[-2.20]	[-0.44]	[2.13]
N	9860	14970	5702
r^2_w	0.294	0.236	0.247
r^2_b	0.039	0.015	0.044
r^2_o	0.118	0.091	0.090
N_g	1079.000	2030.000	805.000
chi^2	3681.244	3956.653	1615.752
t statistics in brackets			
* p<0.1	** p<0.05	*** p<0.01	

表 4-15 显示，在民营企业中，环境波动性与探索性创新呈倒 U 关系，因此研究命题 2a 通过了检验。在国有企业和其他企业中不显著。产权异质性检验表明，虽然全样本的检验中环境波动性指数与探索性创新呈倒 U 关系，但是只有在民营企业中才呈倒 U 关系，在国有企业与其他产权属性的企业中不存在显著关系，说明环境波动性指数对国有企业和其他产权属性的企业来讲是没有影响的。环境波动性对利用性创新不同产权统计

的影响汇总列示于表4-16中。

表4-16　　环境波动性对利用性创新影响的不同产权统计表

	soes	prts	oths
	pita	pita	pita
cbnepu	0.008	0.011	0.006
	[0.54]	[0.81]	[0.31]
cbnepusq	-0.003**	-0.004***	-0.003
	[-2.43]	[-3.54]	[-1.62]
_cons	-0.230	0.062	0.068
	[-1.24]	[0.35]	[0.29]
N	9860	14970	5702
r^2_w	0.201	0.143	0.151
r^2_b	0.041	0.014	0.060
r^2_o	0.093	0.056	0.081
N_g	1079.000	2030.000	805.000
chi^2	2246.568	2157.383	910.989
t statistics in brackets			
* p<0.1	** p<0.05	*** p<0.01	

表4-16显示，在民营企业和国有企业中，环境波动性与利用性创新呈倒U关系，因此研究命题2b通过了检验。在其他企业中不显著。环境波动性对双元创新平衡性影响的不同产权统计汇总列示于表4-17中。

表4-17　　环境波动性对双元创新平衡性影响的不同产权统计表

	soes	prts	oths
cbnepu	0.005	0.005	-0.009
	[0.48]	[0.51]	[-0.68]
cbnepusq	-0.001	-0.002**	-0.001
	[-1.51]	[-1.99]	[-0.70]
_cons	0.417***	0.872***	0.337*
	[2.97]	[6.72]	[1.89]
N	6962	11957	4206

续表

	soes	prts	oths
r^2_w	0.015	0.017	0.023
r^2_b	0.005	0.002	0.017
r^2_o	0.008	0.009	0.016
N_g	989.000	1922.000	681.000
chi^2	92.119	167.917	95.271
	t statistics in brackets		
* p<0.1	** p<0.05	*** p<0.01	

表4－17显示，只有在民营企业中环境波动性与双元创新平衡性指标呈倒U关系，因此研究命题3a通过了检验。在国有企业和其他企业中经济政策不确定性指标与双元创新平衡性指标不存在显著关系。因此，民营企业对环境波动性的反应更为敏感，烫平环境波动性为民营企业保驾护航更为重要。环境波动性对双元创新联合性影响的不同产权统计汇总列示于表4－18中。

表4－18　　环境波动性对双元创新联合性影响的不同产权统计表

	soes	prts	oths
cbnepu	-0.008	0.066	-0.030
	[-0.15]	[1.40]	[-0.48]
cbnepusq	-0.009 *	-0.017 ***	-0.007
	[-1.94]	[-4.13]	[-1.19]
_cons	-1.917 ***	-0.611	0.278
	[-2.78]	[-0.98]	[0.35]
N	9860	14970	5702
r^2_w	0.255	0.197	0.209
r^2_b	0.021	0.003	0.024
r^2_o	0.092	0.056	0.071
N_g	1079.000	2030.000	805.000
chi^2	3003.006	3094.414	1292.839

续表

soes	prts	oths
t statistics in brackets		
* p < 0.1	** p < 0.05	*** p < 0.01

表4-18显示，在国有企业、民营企业中环境波动性与双元创新联合性指标呈倒U关系。因此研究命题3b通过了检验。在其他企业中环境波动性指标对双元创新联合性指标不存在显著关系。民营企业对环境波动性的反应系数的绝对数值比国有企业的系数大。因此，民营企业对环境波动性的反应更为敏感，烫平环境波动性为民营企业保驾护航更为重要。

垄断异质性检验。现根据行业的垄断程度不同，将行业划分为垄断行业和非垄断行业进行检验。参考已有学者的做法（黎文靖和郑曼妮，2016；童锦治、刘诗源、林志帆，2018），将运输业中的航空运输业、铁路运输业，将燃气、蒸汽、热水的生产与供应业中的电力、蒸汽、热水的生产和供应业等垄断程度与进入壁垒较高行业里的公司归为垄断行业，其余为非垄断企业。现在进行垄断行业和非垄断行业中环境波动性指数对指标影响的分析。环境波动性对探索性创新与利用性创新中垄断行业与非垄断行业的影响状况汇总列示于表4-19中。

表4-19 环境波动性对探索性创新与利用性创新中的垄断行业与非垄断行业影响表

	mnp	nomnp	mnp	nomnp
	prat_w	prat_w	pita	pita
cbnepu	-0.080	-0.014	0.081 *	0.005
	[-0.96]	[-0.83]	[1.80]	[0.59]
cbnepusq	-0.000	-0.003 **	-0.012 ***	-0.003 ***
	[-0.04]	[-2.06]	[-2.77]	[-4.26]
_cons	-0.754	0.020	-0.325	0.039
	[-0.72]	[0.09]	[-0.58]	[0.34]
N	954	29578	954	29578
r^2_w	0.344	0.261	0.298	0.164

续表

	mnp	nomnp	mnp	nomnp
	prat_w	prat_w	pita	pita
r^2_b	0.001	0.006	0.007	0.012
r^2_o	0.085	0.096	0.101	0.071
N_g	76.000	3201.000	76.000	3201.000
chi^2	441.423	9201.195	363.173	5175.552
t statistics in brackets				
* p<0.1	** p<0.05		*** p<0.01	

表4－19显示，在非垄断行业中环境波动性对探索性创新的影响呈倒U关系，因此研究命题2a通过了检验。在垄断行业中环境波动性对探索性创新不存在显著的影响。不管是在垄断行业还是非垄断行业中，环境波动性与利用性创新都呈倒U关系，因此研究命题2b通过了检验。环境波动性对双元创新平衡性和联合性影响的垄断异质性检验汇总于表4－20中。

表4－20　环境波动性对双元创新平衡性和联合性影响的垄断异质性检验统计表

	mnp	nomnp	mnp	nomnp
	dubln	dubln	ducmb	ducmb
cbnepu	－0.031	0.001	0.085	0.012
	[－0.75]	[0.22]	[0.53]	[0.37]
cbnepusq	0.001	－0.001 **	－0.021	－0.011 ***
	[0.18]	[－2.50]	[－1.42]	[－4.11]
_cons	0.191	0.585 ***	－2.769	－0.574
	[0.35]	[6.99]	[－1.37]	[－1.41]
N	565	22560	954	29578
r^2_w	0.049	0.016	0.300	0.224
r^2_b	0.009	0.002	0.002	0.000
r^2_o	0.020	0.009	0.066	0.065
N_g	68.000	3062.000	76.000	3201.000
chi^2	22.461	323.740	355.254	7442.275
t statistics in brackets				
* p<0.1	** p<0.05		*** p<0.01	

数据显示，在非垄断行业中，环境波动性对双元创新平衡性、双元创新联合性的影响呈现倒 U 关系，因此研究命题 3a 和 3b 通过了检验。在垄断行业中不存在显著关系。

专精特新异质性的考察。2021 年 1 月 23 日，财政部、工业和信息化部联合印发《关于支持"专精特新"中小企业高质量发展的通知》，启动中央财政支持"专精特新"中小企业高质量发展政策。"专"指专有技术或采用专有技术、专门工艺研制生产的，专用性强、专业特点明显的专门产品。"精"指采用先进适用技术或工艺，精心设计、精心制造，按照精益求精的理念完成生产过程的产品。"特"指人无我有的独特的工艺、技术、配方或特殊原料研制生产的，具有地域特点和企业特色的产品。"新"指依靠自主创新、集成创新或引进消化吸收再创新方式开发的，区别于其他传统产品的升级换代的全新产品。环境波动性对探索性创新和利用性创新的专精特新异质性影响状况如表 4－21 所示。

表 4－21　环境波动性对探索性创新和利用性创新的专精特新异质性影响状况表

	splz	nosplz	splz	nosplz
	prat_w	prat_w	pita	pita
cbnepu	－0. 012	－0. 015	0. 003	0. 008
	[－0. 28]	[－0. 87]	[0. 12]	[0. 83]
cbnepusq	－0. 002	－0. 003 **	－0. 003	－0. 004 ***
	[－0. 44]	[－2. 16]	[－1. 50]	[－4. 41]
_cons	0. 402	－0. 031	0. 008	0. 069
	[0. 70]	[－0. 14]	[0. 03]	[0. 57]
N	4455	25321	4455	25321
r^2_w	0. 239	0. 271	0. 163	0. 172
r^2_b	0. 022	0. 009	0. 021	0. 014
r^2_o	0. 111	0. 101	0. 085	0. 075
N_g	479. 000	2601. 000	479. 000	2601. 000
chi^2	1239. 956	8372. 358	774. 495	4718. 053
t statistics in brackets				
* p＜0. 1	** p＜0. 05	*** p＜0. 01		

数据显示，环境波动性与探索性创新在非专精特新公司中呈倒U关系，因此研究命题2a通过了检验；而在专精特新公司中不存在显著的关系。环境波动性对利用性创新的影响在非专精特新公司中呈倒U关系，因此研究命题2b通过了检验；而在专精特新公司中不存在显著的关系。环境波动性对双元创新平衡性和联合性的专精特新异质性影响状况如表4-22所示。

表4-22　环境波动性对双元创新平衡性、联合性的专精特新异质性影响状况表

	splz	nosplz	splz	nosplz
	dubln	dubln	ducmb	ducmb
cbnepu	0.024	-0.003	0.074	0.007
	[1.48]	[-0.51]	[0.88]	[0.21]
cbnepusq	-0.003**	-0.001*	-0.015**	-0.011***
	[-2.30]	[-1.66]	[-2.11]	[-3.87]
_cons	0.864***	0.515***	0.256	-0.758*
	[3.95]	[5.75]	[0.24]	[-1.74]
N	3352	19415	4455	25321
r^2_w	0.027	0.016	0.198	0.232
r^2_b	0.006	0.002	0.004	0.002
r^2_o	0.015	0.009	0.071	0.071
N_g	456.000	2507.000	479.000	2601.000
chi^2	80.170	278.080	961.986	6775.859
t statistics in brackets				
* $p<0.1$	** $p<0.05$	*** $p<0.01$		

数据显示，环境波动性对双元创新平衡性的影响不论在专精特新还是非专精特新公司中都呈倒U关系，因此研究命题3a通过了检验。说明环境波动性对双元创新平衡性影响存在最优区间。环境波动性对双元创新联合性不论在专精特新还是非专精特新公司中都呈倒U关系，因此研究命题3b通过了检验。说明环境波动性对双元创新的联合性影响存在最优区间。

（8）生命周期视角的考察

西方学者将生物学的生命周期理论扩展到企业领域中，认为生物学关于生命体成长的曲线与企业发展历程基本相符。企业是具有生命特征的组织，在每一个生命阶段中，企业面临的经济、环境有所变化，其发展动力和存在的问题不相同，如果企业不能克服自己的问题，就会衰败下去。

企业技术创新的能力是企业随着创新经验的积累，对知识的整合与再创造的一种动态能力。与产品一样，存在生命周期。一项技术从发明到投放市场，遵循相对固定的生命周期，即技术生命周期。随着企业生命周期简短的更替，企业技术创新的阶段也发生着变化。

以往关于公司规模对创新影响的检验中，将企业规模与原始创新置于同一个截面中进行考量，充其量把企业年龄作为一个控制变量来分析。本节以企业生命周期为时间维度来刻画公司规模变动对原始创新的影响。

企业生命周期理论一般将企业生命周期划分为初创期、成长期、成熟期和衰退期。为了便于分析，在技术创新方面已有文献一般将企业生命周期划分为成长期、成熟期和衰退期这三个阶段。在每个阶段中企业创新存在着不同的倾向。将环境波动性对双元创新影响问题放在生命周期维度中来探讨，更能说明两者之间的联动性和阶段性。

在成长期，企业的营业收入较少，研发投入少，也许研发投入占营业收入的比重较高。该阶段企业的主要目标是整合各种资源，满足快速发展。降低生产成本，获取高额利润，为形成差异化竞争战略奠定基础。在成熟期，企业的市场份额较大，具有稳定的客户群，具备高素质管理人才以及高水平的研发团队。虽然企业能够得到稳定的商业回报，业绩水平比较高，但是继续增加原始创新的难度加大。在衰退期，企业表现为组织结构僵化，抵制变革倾向，销售下降，利润减少，几乎陷入了停滞状态。伴随着经营风险上升，内外部融资渠道受阻，能用于创新的资金更为紧张，进行创新以及创新效率低下。

衡量企业生命周期的标准较多，主要有增长率分类法、综合指标法、单变量分析法和现金流模式法。而现金流模式法综合考虑经营活动、投资活动、筹资活动产生的现金流净额的正负号，来判断企业所处的生命周期阶段。该法能兼顾不同阶段的增长速度、盈利能力以及经营风险，兼具客观性，具有操作简单易行的特点。本节将按现金流模式法区分企业生命周期，并将其划分为成长期、成熟期和衰退期三个阶段。现金流模式法下生命周期的现金流量特征汇总于表4－23中。

表4－23　　现金流模式法下生命周期的现金流量特征汇总表

现金流	成长期		成熟期	衰退期				
	初创期	成长期	成熟期	衰退期	衰退期	衰退期	淘汰期	淘汰期
经营活动净现金流	−	+	+	−	+	+	−	−
投资活动净现金流	−	−	−	−	+	+	+	+
筹资活动净现金流	+	+	−	−	+	−	−	−

资料来源：作者根据文献整理而得。

根据生命周期的基本观点，不同生命周期企业具有不同的现金流特征，下面逐步探讨不同生命阶段公司规模对原始创新的影响问题。本部分采用广义最小二乘法的随机模型进行数据回归，首先分析环境波动性对探索性创新的影响，实证检验结果汇总于表4－24中。

表4－24　　不同生命周期下环境波动性对探索性创新的影响统计表

	grw	mtu	rcs
	prat_w	prat_w	prat_w
cbnepu	−0.044*	−0.011	−0.022
	[−1.76]	[−0.40]	[−0.54]
cbnepusq	−0.001	−0.003	−0.002
	[−0.61]	[−1.03]	[−0.61]
_cons	−0.157	0.769**	−0.846*
	[−0.50]	[2.00]	[−1.68]
N	13710	10453	6369
r^2_w	0.292	0.251	0.217
r^2_b	0.025	0.036	0.080
r^2_o	0.104	0.084	0.111
N_g	3165.000	2821.000	2301.000
chi^2	4316.255	2630.126	1323.333
t statistics in brackets			
* $p<0.1$	** $p<0.05$	*** $p<0.01$	

表4－24数据显示，成长期有3165家上市公司，观测值是13710，环境波动性与探索创新负相关，因此研究命题1通过了检验。成熟期和衰退期，环境波动性与探索创新不存在显著关系。不同生命周期下环境波动性对利用性创新的影响汇总列示于表4－25中。

表4－25　不同生命周期下环境波动性对利用性创新的影响统计表

	grw	mtu	rcs
	pita	pita	pita
cbnepu	0.005	0.002	0.003
	[0.34]	[0.16]	[0.12]
cbnepusq	−0.004***	−0.003**	−0.003*
	[−3.32]	[−2.10]	[−1.67]
_cons	0.102	0.386*	−0.423
	[0.61]	[1.86]	[−1.61]
N	13710	10453	6369
r^2_w	0.183	0.157	0.151
r^2_b	0.020	0.031	0.071
r^2_o	0.070	0.063	0.093
N_g	3165.000	2821.000	2301.000
chi^2	2373.066	1498.713	898.567
t statistics in brackets			
* p<0.1	** p<0.05	*** p<0.01	

表4－25数据显示，成长期、成熟期、衰退期，环境波动性与利用性创新都呈倒U关系，因此研究命题2a通过了检验。不同生命周期下环境波动性对双元创新平衡性的影响汇总列示于表4－26中。

表4－26　不同生命周期下环境波动性对双元创新平衡性的影响统计表

	grw	mtu	rcs
cbnepu	0.012	−0.002	−0.028*
	[1.32]	[−0.18]	[−1.67]
cbnepusq	−0.003***	−0.001	0.001
	[−3.18]	[−1.01]	[0.85]

续表

	grw	mtu	rcs
_cons	0.651 ***	0.276 *	0.836 ***
	[5.42]	[1.85]	[3.94]
N	10654	8038	4433
r^2_w	0.023	0.012	0.017
r^2_b	0.003	0.005	0.017
r^2_o	0.011	0.007	0.014
N_g	2798.000	2510.000	1903.000
chi^2	181.473	80.025	75.954
t statistics in brackets			
* p<0.1	** p<0.05	*** p<0.01	

表4－26数据显示，在成长期，环境波动性与双元创新平衡性呈倒U关系，因此研究命题3a通过了检验。在衰退期，环境波动性与双元创新平衡性呈负相关关系。在成熟期，两者不存在显著的关系，说明在成熟期环境波动性不影响双元创新平衡性。不同生命周期下环境波动性对双元创新联合性的影响汇总列示于表4－27中。

表4－27　不同生命周期下环境波动性对双元创新联合性的影响统计表

	grw	mtu	rcs
	ducmb	ducmb	ducmb
cbnepu	0.010	−0.028	−0.029
	[0.20]	[−0.51]	[−0.38]
cbnepusq	−0.013 ***	−0.007	−0.007
	[−3.11]	[−1.46]	[−1.12]
_cons	−0.682	−0.202	−1.355
	[−1.13]	[−0.27]	[−1.44]
N	13710	10453	6369
r^2_w	0.252	0.221	0.181
r^2_b	0.010	0.014	0.047
r^2_o	0.073	0.060	0.071

续表

	grw	mtu	rcs
	ducmb	ducmb	ducmb
N_g	3165.000	2821.000	2301.000
chi^2	3447.145	2144.023	1006.817
t statistics in brackets			
* p<0.1	** p<0.05	*** p<0.01	

表4-27数据显示，在成长期，环境波动性与双元创新联合性呈倒U关系，因此研究命题3b通过了检验。在成熟期和衰退期，两者不存在显著关系。

（9）稳健性检验

本部分采用四种稳健性检验的方式，第一种是采用替换解释变量的衡量方法进行稳健性检验，第二种是替换被解释变量进行检验。第一种方法是将cbnepu指数替换为tpu指数进行检验。tpu指数的计算方法是：Steven J. Davis，Dingqian Liu和Xuguang S. Sheng通过《人民日报》和《光明日报》来量化与不确定性相关的概念，从而构建指数。他们首先获得经济学、政策和不确定性中每个术语的月度文章计数。其次，他们根据同一份报纸和同一个月的文章总数来扩展原始的每月EPU数值。再次，将每份报纸每月系列的缩放频率计数进行标准化。复次，按月计算标准化系列报纸的简单平均值。最后，他们将每个时期的指标值标准化为平均100。本节将季度的不确定性指数采用加权平均方法得到年度数据，用其二次方项进行稳健性检验。被解释变量和控制变量的衡量方法不变。稳健性回归结果汇总于表4-28中。

表4-28　稳健性检验—回归统计表

prat_w	Coef.	St. Err.	t-value	p-value	[95% Conf	Interval]	Sig
gdppercptcp	0.302	0.006	51.34	0.000	0.291	0.314	***
laggindex	-0.016	0.002	-7.68	0.000	-0.020	-0.012	***
dsmsalary_w	0.036	0.002	15.98	0.000	0.032	0.041	***
capaccum_w	-0.100	0.018	-5.57	0.000	-0.135	-0.065	***

续表

prat_w	Coef.	St. Err.	t - value	p - value	[95% Conf	Interval]	Sig
csdvpshbtax_w	-0.154	0.044	-3.45	0.001	-0.241	-0.066	***
cfopibd_w	-0.001	0.001	-1.94	0.052	-0.002	0.000	*
indrcrat_w	0.003	0.001	5.04	0.000	0.002	0.004	***
hhi_sale_w	-20.412	5.140	-3.97	0.000	-30.487	-10.338	***
sizeast_w	0.008	0.002	3.87	0.000	0.004	0.012	***
astgrw_w	0.077	0.028	2.77	0.006	0.022	0.131	***
tpusqr	-0.009	0.004	2.31	0.021	-0.010	0.000	**
Constant	1.024	0.216	4.74	0.000	0.600	1.448	***
Mean dependent var		1.657		SD dependent var		1.515	
Overall r - squared		0.194		Number of obs		30532	
Chi - square		9420.666		Prob > chi^2		0.000	
R - squared within		0.260		R - squared between		0.005	

注：*** p < 0.01，** p < 0.05，* p < 0.1。

表4-28显示，人均GDP不变价格、高管薪酬、独立董事比率、公司规模与探索性创新正相关，经济景气指数、环境波动性、资本密集度、每股税前现金股利、经营活动现金流带息债务比、赫芬达尔—赫希曼指数与探索性创新负相关。解释变量二次方与探索性创新负相关。说明结论基本可靠。

第二种方法是采用探索性创新除以利用性创新的商再取反正切函数，其函数值作为被解释变量，解释变量与控制变量采用基准回归的衡量方法。检验的结果如表4-29所示。

表4-29　　稳健性检验二回归统计表

duatan	Coef.	St. Err.	t - value	p - value	[95% Conf	Interval]	Sig
gdppercptcp	0.026	0.001	22.96	0.000	0.023	0.028	***
laggindex	-0.002	0.000	-4.00	0.000	-0.002	-0.001	***
dsmsalary_w	0.002	0.000	5.22	0.000	0.001	0.003	***
capaccum_w	-0.011	0.003	-3.58	0.000	-0.017	-0.005	***
csdvpshbtax_w	-0.018	0.007	-2.54	0.011	-0.032	-0.004	**

续表

duatan	Coef.	St. Err.	t - value	p - value	[95% Conf	Interval]	Sig
cfopibd_w	0.000	0.000	-0.67	0.503	0.000	0.000	
indrcrat_w	0.001	0.000	6.33	0.000	0.000	0.001	***
hhi_sale_w	-2.203	0.589	-3.74	0.000	-3.357	-1.050	***
sizeast_w	0.001	0.000	2.29	0.022	0.000	0.001	**
astgrw_w	0.006	0.005	1.26	0.209	-0.003	0.015	
tpu	0.001	0.000	4.72	0.000	0.000	0.002	***
tpusqr	-0.001	0.000	-5.97	0.000	-0.002	0.001	***
Constant	0.863	0.040	21.83	0.000	0.785	0.940	***
Mean dependent var	0.894		SD dependent var			0.194	
Overall r - squared	0.143		Number of obs			30532	
Chi - square	2310.430		Prob > chi^2			0.000	
R - squared within	0.079		R - squared between			0.005	

注：*** $p<0.01$，** $p<0.05$，* $p<0.1$。

数据显示，环境波动性指数与双元创新平衡性的一次方正相关，与二次方负相关，经济政策不确定性指数与双元创新平衡性呈倒U关系。结论再次得到验证。第三种方式是改变时间窗口，将刨除金融危机与新冠疫情之后的时间范围作为稳健性检验的时间区间进行实证回归，结论稳定。第四种方式是采用负二项回归法进行回归，结论仍然稳定。由于版面所限，没有列出实证结果。

4.1.4 研究结论

环境波动性影响双元创新的问题，学术界已经展开了相关研究，为本书的探索奠定了基础，但是实证检验一直没有得到一致的结论。本章先利用环境波动性网站数据生成两种不同口径的环境波动性指数，再从探索性创新、利用性创新、双元创新平衡性、双元创新联合性四个维度来衡量双元创新，从而分析环境波动性对双元创新的影响机制。本章在基准检验的基础上，继续进行产权异质性、垄断异质性、专精特新与否、生命周期视角的检验。分别进行了替换被解释变量衡量方法和替换解释变量的衡量方法的稳健性检验，以及利用工具变量法来解决内生性问题，检验结果相对可靠、稳定。

基准研究结论是，烫平环境波动性，确保经济的稳定发展，行稳致远，不仅是宏观经济的目标，也是企业追求创新的必然诉求。环境波动性与探索性创新、利用性创新、双元创新平衡性、双元创新联合性呈倒U关系。概括起来就是，环境波动性与双元创新的四维度指标存在最优区间问题，不能一概而论认为环境波动性对双元创新都是抑制作用。在基准检验的基础上，本章又实施了异质性检验。产权异质性研究表明，在民营企业中环境波动性与探索性创新呈倒U关系，在国有企业和其他企业中不显著。虽然全样本的检验中环境波动性与探索性创新负相关，但是只有在民营企业中才呈现倒U关系，说明环境波动性对国有企业和其他产权属性的企业来讲是没有影响的。在国有、民营企业中与利用性创新呈倒U关系，在民营企业中与双元创新平衡性呈倒U关系，在国有、民营企业中与双元创新联合性呈倒U关系，其他情况下都不显著。

垄断异质性的检验结论是，在非垄断行业中，环境波动性与探索性创新的影响呈倒U关系，在垄断行业中不存在显著的影响。不管垄断与否，与利用性创新呈倒U关系。在非垄断行业中，对双元创新平衡性和联合性的影响呈倒U关系，在垄断行业中不存在显著关系。专精特新异质性的考察结论是，环境波动性对探索性创新和利用性创新在非专精特新公司中呈倒U关系，在专精特新公司中不存在显著的关系。环境波动性对双元创新平衡性、联合性的影响不论在专精特新还是非专精特新公司中都呈倒U关系，说明环境波动性对双元创新平衡性、联合性存在最优区间。

生命周期异质性检验结果是，在成长期内，与探索性创新负相关；在成熟期和衰退期内，与探索性创新不存在显著关系。在三个阶段中，与利用性创新都呈倒U关系；在成长期，与双元创新平衡性呈倒U关系；在衰退期，与双元创新平衡性呈负相关关系；在成熟期两者不存在显著关系，说明在成熟期环境波动性不影响双元创新平衡性。在成长期，与双元创新联合性呈倒U关系；在成熟期、衰退期两者不存在显著关系。

因此，对政府而言，保证经济政策的稳定性，是实现宏观经济的一个目标。从产权角度来讲，只有在民营企业中双元创新四个维度的指标对环境波动性反应比较敏感。因此，保持经济政策的稳定性，关注民营企业的双元创新倾向也是政府应予关注的问题。从行业垄断性出发，垄断行业对环境波动性的影响不敏感，政府支持非垄断行业的发展也具有重要的现实意义。从专精特新异质性考虑，支持专精特新企业发展的同时，需要支持非专精特新企业的发展。对企业而言，在不同生命周期阶段，企业应该采取不同的措施激发双元创新平衡性与联合性的发展。

4.2 环境波动性对主板公司双元创新的影响

4.2.1 理论分析与研究命题

该理论分析与研究假设的内容同4.1.1的理论分析与研究命题，在此不再赘述。

4.2.2 研究设计

本节主要考察主板公司的环境波动性对双元创新的影响，对2007—2020年主板上市公司的年度财务报告进行了全面、仔细的调查和统计筛选。本节剔除了金融业、房地产业、其他金融业的公司；剔除ST、*ST、PT公司，删除B股公司；删除连续上市不满两年的公司，删除数据缺失的公司；删除资产负债率大于1的公司；最终得到2376家公司14年的非平衡面板数据，公司—年度的观测个数是23102。双元创新数据主要是手工收集，其他数据均来自RESSET金融研究数据库、CNRDS数据库、CSMAR数据库、Wind数据库、公司官方网站。需要说明的是，变量选取和模型设定同4.1.2中的变量与模型的要求，在此不再赘述。

4.2.3 实证研究

(1) 关键变量的描述性统计

针对本研究的关键变量进行了描述性统计，如表4-30所示。

表4-30 关键变量的描述性统计表

Variables	Obs	Mean	Std. Dev.	Min	Max	Skew.	Kurt.
prat_w	23102	1.637	1.556	0.000	5.852	0.638	2.527
pita	23102	2.295	2.465	0.000	16.205	1.235	4.619
dubln	17075	0.560	0.322	0.000	1.000	-0.816	2.322
ducmb	23102	2.367	3.071	0.000	16.651	1.608	5.561
gdppercptcp	23102	4.536	1.527	1.825	6.446	-0.326	1.792
laggindex	23102	97.077	2.675	92.140	102.000	-0.271	2.399
dsmsalary	23102	14.491	3.402	0.000	18.945	-3.805	16.419
capaccum	23102	0.178	1.594	-190.383	57.456	-70.390	9032.425
csdvpshbtax	23102	0.121	0.326	0.000	19.293	26.358	1196.507
cfopibd	23102	17.052	970.872	-19700	113000	88.597	9143.365
indrcrat	23102	36.820	12.719	0.000	100.000	-1.048	5.536
hhi_sale	23102	0.003	0.006	0.001	0.250	15.496	495.566
sizeast	23102	21.068	4.982	0.000	28.636	-3.685	15.910
astgrw	23102	0.162	0.713	-1.000	72.521	55.241	4931.662
cbnepu	23102	342.555	242.435	82.245	791.874	0.809	2.252

表4-30显示，探索性创新在2007年到2020年均值是1.637，最小值是0.000，最大值是5.852，标准差是1.556，说明探索性创新在观测期间波动性较大。偏度和峰度数据显示探索性创新呈右偏厚尾状态。利用性创新的均值是2.295，最小值是0.000，最大值是16.205，标准差是2.465，其波动性较大。偏度和峰度数据显示利用性创新呈右偏高峰状态。双元创新平衡性在2007年到2020年，平均值是0.560，最小值是0.000，最大值是1.000，标准差是0.322，其波动性较大。偏度和峰度数据显示双元创新

平衡性呈左偏厚尾状态。双元创新联合性均值是2.367，最小值是0.000，最大值是16.651，标准差是3.071，其波动性较大。偏度和峰度数据显示双元创新联合性呈右偏高峰状态。环境波动性指数的均值是342.555，最小值是82.245，最大值是791.874。标准差是242.435，偏度和峰度显示该变量呈右偏略高峰状态分布。

公司规模的均值是21.068，最小值是0.000，最大值是28.636，标准差是4.982，说明公司规模存在较大差异。偏度和峰度数据显示公司规模呈非正态分布状态。人均GDP不变价格的均值是4.536，最小值是1.825，最大值是6.446，标准差是1.527，变异系数是0.963。说明人均GDP不变价格在观测期内具有一定的波动性。人均GDP不变价格的偏度和峰度数据显示，人均GDP不变价格呈左偏厚尾型分布。经济景气指数的均值是97.077，最小值是92.140，最大值是102.000，标准差是2.675，经济景气指数的均值小于100，说明观察期内整体宏观经济不景气，宏观经济状况有待提高。其变异系数是0.027，经济景气指数在观测期内波动性不大，宏观经济的弹性不大。经济景气指数的偏度和峰度数据显示其呈左偏厚尾型分布。

每股税前现金股利以及赫芬达尔—赫希曼指数的波动性较大，说明公司间存在明显的差异，并且都呈右偏高峰分布状态。资本密集度和独立董事比率的波动性较大，都呈左偏高峰分布状态。高管薪酬的均值是14.491，最小值是0.000，最大值是18.945，标准差是3.402，说明公司间存在差异较大。偏度和峰度数据显示高管薪酬呈现左偏高峰。经营活动现金流带息债务比的均值是17.052，最小值是－19700，最大值是113000，标准差是970.872，说明公司间存在差异较大。偏度和峰度数据显示公司规模呈现右偏高峰状态。总资产增长率的均值是0.162，最小值是－1.000，最大值是72.521，标准差是0.713。偏度和峰度显示该变量呈右偏高峰状态分布。

（2）面板数据的组间差异与组内差异分析

在描述性分析之后，本节继续探讨面板数据的组内差异和组间差异问题，主要变量的组内差异和组间差异汇总列示于表4－31中。

表4-31　　主要变量的组内差异与组间差异统计表

Variables		Mean	Std. Dev.	Min	Max	Observations
prat	overall	1. 637	1. 566	0. 000	5. 852	N = 23102
	between		1. 237	0. 000	5. 852	n = 2376
	within		0. 937	-3. 379	6. 654	T = 9. 723
pita	overall	2. 295	2. 465	0. 000	16. 205	N = 23102
	between		2. 042	0. 000	15. 266	n = 2376
	within		1. 386	-6. 925	11. 817	T = 9. 723
dubln	overall	0. 560	0. 322	0. 000	1. 000	N = 17075
	between		1. 015	0. 000	7. 480	n = 2245
	within		0. 252	-0. 274	1. 419	T = 7. 606
bucmb	overall	2. 367	3. 071	0. 000	16. 651	N = 23102
	between		2. 505	0. 000	16. 315	n = 2376
	within		1. 759	-9. 298	14. 877	T = 9. 723
cbnepu	overall	342. 555	242. 435	82. 245	342. 555	N = 23102
	between		142. 087	168. 648	769. 865	n = 2376
	within		221. 776	22. 851	900. 429	T = 9. 723

表4-31显示，探索性创新的组内差异即每个上市公司在14年间的时间差异的标准差是0. 937，组间差异即2376家上市公司在14年间的个体差异标准差是1. 237，说明2376家上市公司在14年间的年度波动（纵向波动）小于每个上市公司之间的波动（横向波动）。利用性创新组内差异即每个上市公司在14年间的时间差异的标准差是1. 386，组间差异即2376家上市公司在14年间的个体差异标准差是2. 042，说明2376家上市公司在14年间的年度波动（纵向波动）小于每个上市公司之间的波动（横向波动）。双元创新平衡性的组内差异即每个上市公司在14年间的时间差异的标准差是0. 252，组间差异即2245家上市公司在14年间的个体差异标准差是1. 015，说明2245家上市公司在14年间的年度波动（纵向波动）小于每个上市公司之间的波动（横向波动）。双元创新联合性的组内差异即每个上市公司在14年间的时间差异的标准差是1. 759，组间差异即2376家上市公司在14年间的个体差异标准差是2. 505，说明2376家上市公司

在14年间的年度波动（纵向波动）小于每个上市公司之间的波动（横向波动）。

环境波动性的组内差异即每个上市公司在14年间的时间差异的标准差是221.776，组间差异即2376家上市公司在14年间的个体差异标准差是142.087，说明2376家上市公司在14年间的年度波动（纵向波动）大于每个上市公司之间的波动（横向波动）。

（3）主要变量的进一步描述分析

本节的核心变量在描述性统计、组间差异与组内差异分析基础上，再次利用核密度函数图来展示它们的分布状况。探索性创新、利用性创新、双元创新平衡性、双元创新联合性的核密度函数图都呈右偏厚尾型分布（由于版面所限，四幅图省略）。

（4）相关性分析

本节涉及的主要被解释变量有探索性创新、利用性创新、双元创新平衡性、双元创新联合性，解释变量是环境波动性以及如下的控制变量：赫芬达尔—赫希曼指数、人均GDP不变价格、经济景气指数、资本密集度、每股税前现金股利，独立董事比率、公司规模、高管薪酬、经营活动现金流带息债务、总资产增长比率。它们的相关系数汇总列示于表4－32中。

探索性创新和人均GDP不变价格正相关，和经济景气指数负相关，和高管薪酬正相关，和资本密集度负相关，和每股税前现金股利正相关，和经营活动现金流带息债务比负相关，和独立董事比率正相关，和公司规模正相关，和总资产增长率负相关，和环境波动性正相关。其中任意两个变量之间相关系数的绝对值都没有超过0.752，变量不存在多重共线性问题，适合进行下一步的多元回归。

为了更稳健地反映各变量之间的多重共线性关系，现在进行单位根检验。检验结果如表4－33所示。

表4－33显示，主要变量方差膨胀因子数据小于10，各变量之间不存在多重共线性，可以进行下一步的实证检验。

（5）基准检验

本节针对控制变量、被解释变量、解释变量的二次方关于探索性创新

表 4-32　　　　关键变量的相关性矩阵表

Variables	(1)	(2)	(3)	(4)	(5)	(6)	(7)	(8)	(9)	(10)	(11)	(12)
(1) prat	1.000											
(2) gdppercptcp	0.265	1.000										
(3) laggindex	-0.009	0.085	1.000									
(4) dsmsalary	0.154	0.126	0.044	1.000								
(5) capaccum	-0.011	-0.046	0.015	-0.022	1.000							
(6) csdvpshbtax	0.041	0.059	0.039	0.026	0.037	1.000						
(7) cfopibd	-0.011	-0.019	-0.011	0.004	0.006	0.035	1.000					
(8) indrcrat	0.077	-0.074	-0.103	0.305	0.010	0.000	-0.002	1.000				
(9) hhi_sale	-0.051	-0.003	-0.001	-0.009	-0.000	-0.031	-0.003	-0.026	1.000			
(10) sizeast	0.069	0.075	0.028	0.244	0.007	0.042	-0.001	0.133	-0.003	1.000		
(11) astgrw	-0.007	-0.054	0.019	-0.026	0.215	0.051	0.008	-0.003	0.006	0.022	1.000	
(12) cbnepu	0.203	0.752	0.244	0.139	-0.043	0.065	-0.010	-0.056	-0.004	0.083	-0.052	1.000

表 4-33　　　　主要变量方差膨胀因子表

Variable	dsmsalary	astgrw	indrcrat	csdvpshbtax	capaccum	sizeast	gdppercptcp	cfopibd	laggindex	hhi_sale
VIF	1.49	1.48	1.47	1.27	1.26	1.25	1.21	1.19	1.17	1.16
Mean VIF					1.29					

分步进行回归。鉴于被解释变量和解释变量的数据特征都不是正态分布，采用广义最小二乘法的随机模型进行检验，其实证结果如表4-34所示。

表4-34　　环境波动性对探索性创新的逐步回归汇总表

	(1)	(2)	(3)
	prat_w	prat_w	prat_w
gdppercptcp	0.319***	0.382***	0.376***
	[73.43]	[50.94]	[39.34]
laggindex	-0.016***	-0.008***	-0.009***
	[-7.30]	[-3.70]	[-3.84]
dsmsalary_w	0.035***	0.036***	0.036***
	[13.80]	[14.33]	[14.29]
capaccum_w	-0.066***	-0.066***	-0.066***
	[-3.27]	[-3.32]	[-3.29]
csdvpshbtax_w	-0.077	-0.063	-0.063
	[-1.55]	[-1.27]	[-1.27]
cfopibd_w	-0.001	-0.000	-0.000
	[-0.74]	[-0.60]	[-0.61]
indrcrat_w	0.003***	0.003***	0.004***
	[5.54]	[5.94]	[6.03]
hhi_sale_w	-27.192***	-27.594***	-27.606***
	[-4.40]	[-4.47]	[-4.48]
sizeast_w	0.012***	0.013***	0.013***
	[4.83]	[5.37]	[5.38]
astgrw_w	0.080**	0.071**	0.071**
	[2.50]	[2.24]	[2.23]
cbnepu		-0.049***	-0.029
		[-10.25]	[-1.60]
cbnepusq			-0.002
			[-1.09]
_cons	0.808***	-0.071	-0.025
	[3.76]	[-0.31]	[-0.11]
N	23102	23102	23102

续表

	(1)	(2)	(3)
	prat_w	prat_w	prat_w
r^2_w	0.273	0.276	0.276
r^2_b	0.003	0.004	0.004
r^2_o	0.094	0.096	0.096
N_g	2376.000	2376.000	2376.000
chi^2	7655.653	7799.551	7799.166
t statistics in brackets			
* $p<0.1$	** $p<0.05$	*** $p<0.01$	

表4－34显示，在控制变量中，人均GDP不变价格、高管薪酬、独立董事比率、公司规模、总资产增长率与探索性创新正相关。经济景气指数、赫芬达尔—赫希曼指数与探索性创新负相关。加入解释变量之后，人均GDP不变价格、高管薪酬、独立董事比率、公司规模、总资产增长率与探索性创新正相关，经济景气指数、资本密集度、赫芬达尔—赫希曼系数与探索性创新负相关。解释变量与探索性创新负相关，加入解释变量的二次项之后的回归结果是，解释变量一次方与探索性创新不显著，解释变量的二次项也不显著。因此，环境波动性与探索性创新负相关，研究命题1通过了检验。环境波动性与其他三类指标之间的关系，如表4－35所示。

表4－35　环境波动性对其他三类指标影响情况对比表

	(1)	(2)	(3)
	pita	dubln	ducmb
gdppercptcp	0.146 ***	0.034 ***	0.678 ***
	[28.82]	[9.02]	[36.81]
laggindex	−0.002 *	−0.001	−0.011 **
	[−1.85]	[−1.47]	[−2.48]
dsmsalary_w	0.023 ***	−0.001	0.053 ***
	[17.37]	[−0.50]	[10.77]

续表

	(1)	(2)	(3)
	pita	dubln	ducmb
capaccum_w	-0.031 ***	-0.011	-0.077 **
	[-2.92]	[-1.41]	[-2.00]
csdvpshbtax_w	-0.036	-0.020	-0.128
	[-1.37]	[-1.18]	[-1.33]
cfopibd_w	-0.000	0.001 **	-0.002 *
	[-0.49]	[2.08]	[-1.67]
indrcrat_w	0.001 ***	-0.000	0.001
	[4.39]	[-1.49]	[0.79]
hhi_sale_w	-13.586 ***	-3.443 ***	-34.603 ***
	[-4.51]	[-2.75]	[-2.76]
sizeast_w	0.006 ***	0.001	0.022 ***
	[4.65]	[0.90]	[4.71]
astgrw_w	0.046 ***	0.015	0.103 *
	[2.71]	[1.24]	[1.67]
cbnepu	0.008	0.000	-0.006
	[0.86]	[0.03]	[-0.17]
cbnepusq	-0.004 ***	-0.001 **	-0.010 ***
	[-4.23]	[-2.22]	[-3.25]
_cons	-0.004	0.548 ***	-0.796 *
	[-0.04]	[5.88]	[-1.76]
N	23102	17075	23102
r^2_w	0.177	0.017	0.236
r^2_b	0.018	0.001	0.001
r^2_o	0.077	0.009	0.070
N_g	2376.000	2245.000	2376.000
chi^2	4473.620	254.741	6305.741
t statistics in brackets			
* $p<0.1$	** $p<0.05$	*** $p<0.01$	

表4-35显示，环境波动性与这三类指标都呈倒U关系。利用STATA软件的UTEST命令检验后可知，统计显著，极值点位于解释变量的取值范

围内，倒U关系成立，研究命题2b、研究命题3a、研究命题3b都通过了检验。

（6）内生性检验与工具变量策略

由于实证检验过程中存在遗漏变量、测量不准确，以及存在互为因果的关系，本节计划进行内生性检验。我们选取工具变量做内生性检验，采用新加坡2007年到2020年经济政策不确定性指数和英国的2007年到2020年环境波动性指数作为工具变量进行检验。

选取工具变量的理由如下：世界经济已经趋于全球化、一体化，不确定性指数存在相互感染的可能，与内生变量具有相关性。从国别来看，工具变量采用新加坡和英国的不确定性指数，新加坡是亚洲发展潜力大、发展较好的国家；英国属于发达国家。内生变量是中国的环境波动性指数，满足外生性。在进行工具变量检验之前，先进行内生性检验，只有存在内生性问题，才需要运用工具变量进行回归。如果不存在内生性问题，运用工具变量回归，将会使回归结果更无效、更不可靠。内生性问题存在的检验结果如表4-36所示。

表4-36　内生性问题存在检验结果汇总表

Sargan statistic (overidentification test of all instruments):	1.761
Chi-sq (1) P-val	0.185
endog-option:	
Endogeneity test of endogenous regressors:	13.563
Chi-sq (1) P-val	0.000
Regressors tested:	
Instrumented:	cbnepu
Included instruments	gdppercptcp laggindex dsmsalary_w capaccum_w csdvpshbtax_w cfopibd_w indrcrat_w hhi_sale_w sizeast_w astgrw_w cbnepusqrb
Excluded instruments:	sgpu ukpu

表4-36显示，Endogeneity test of endogenous regressors的F值是13.563，伴随概率是0.0000，表明以cbnepua为解释变量、以prat为被解

释变量的回归中存在内生性问题，有必要进行工具变量的检验。下面进行工具变量检验，其中过度识别检验的结果汇总于表4-37中。

表4-37　工具变量的过度识别检验表

Test of overidentifying restrictions			
Score chi^2 (1)	1.766	P	0.184

表4-37显示，P值为0.184，接受原假设，认为工具变量具有外生性，与扰动项不相关。

进一步考察工具变量的第二个条件，即工具变量与内生变量的相关性。从第一阶段回归结果可以看出，工具变量对内生变量具有较好的解释力，P值都小于0.01。相关参数的检验结果汇总列示于表4-38和表4-39中。

表4-38　第一阶段回归的概要统计信息表

Variable	R-sq.	Adjusted R-sq.	Shea's Partial R-sq.	Robust F (2,23088)	Prob > F
cbnepu	0.849	0.849	0.371	22008.100	0.000

表4-39　Shea's partial R-squared汇总表

Variable	Shea's Partial R-sq.	Shea's Partial Adjusted R-sq.
cbnepu	0.3713	0.371

表4-38显示，第一阶段回归信息中R-sq.与Adjusted R-sq.相差不大；Shea's partial R-sq.达到0.371，F统计量为22008.100，而且F统计量的p值为0.000，通过了检验。

表4-39显示，Shea's partial R-sq.和Shea's Partial Adjusted R-sq.相差不大，通过了显著性检验。

表4-40显示，Minimum eigenvalue statistic的检验值是28010.71，而15%水平对应的11.59，大于临界值，因此不存在弱工具变量的现象。通过工具变量的冗余检验发现，两个工具变量比较合适，新加坡和英国的2007年到2020年的环境波动性指数作为工具变量比较合适。至此，模型的内生性问题检验完毕。

表 4 - 40　　弱工具变量检验汇总表

Minimum eigenvalue statistic = 28010.71					
Critical Values	#	of endogenous regressors:			1
Ho: Instruments are weak	#	of excluded instruments:			2
2SLS relative bias		5%	10%	20%	30% (not available)
2SLS Size of nominal 5% Wald test		10%	15%	20%	25%
		19.93	11.59	8.75	7.25
LIML Size of nominal 5% Wald test		8.68	5.33	4.42	3.92

工具变量两阶段最小二乘法的第一阶段回归结果如表 4 - 41 所示（回归报告中不再报告控制变量的回归结果，特此说明）。

表 4 - 41　　工具变量的第一阶段回归结果表

cbnepu	Coef.	St. Err.	t - value	p - value	[95% Conf	Interval]
sgpu	0.005***	0.000	21.10	0.000	0.004	0.005
ukpu	0.012***	0.000	89.07	0.000	0.0115	0.012
Constant	-9.429***	0.189	-49.86	0.000	-9.799	-9.058
Adj R - squared		0.849	Root MSE		0.949	
r - squared		0.849	Number of obs		30532	
F(13, 23088) =		344188.53	Prob > chi^2		0.000	

注：*** $p < 0.01$，** $p < 0.05$，* $p < 0.1$。

表 4 - 41 显示，工具变量的回归结果与基准回归基本一致，都在 1% 水平下显著。

工具变量的回归结果如表 4 - 42 所示（回归报告中不再报告控制变量的回归结果，特此说明）。

表 4 - 42　　工具变量的回归结果表

prat_w	Coef.	St. Err.	t - value	p - value	[95% Conf	Interval]
cbnepu	-0.118***	0.011	-9.74	0.000	-0.130	-0.087
Constant	-0.817***	0.0349	-2.34	0.019	-1.501	-0.134
			Root MSE		1.440	
r - squared		0.097	Number of obs		30532	
Wald chi^2 (12)		3161.83	Prob > chi^2		0.000	

注：*** $p < 0.01$，** $p < 0.05$，* $p < 0.1$。

表4-42显示，工具变量的回归结果与基准回归基本一致，在1%水平下显著。使用工具变量后环境波动性与探索性创新——申请专利的回归系数为-0.118，与基准回归的系数-0.049差别较大，也间接地印证了工具变量的有效性。

（7）异质性检验

本节的所有异质性检验都采用广义最小二乘法的随机模型进行数据处理。为了便于实证分析，本节将企业属性划分为国有企业、民营企业与其他企业进行检验。环境波动性对探索性创新不同产权统计的影响如表4-43所示。

表4-43　环境波动性对探索性创新影响的不同产权统计表

	soes	prts	oths
	prat_w	prat_w	prat_w
cbnepu	-0.012	-0.002	-0.140***
	[-0.43]	[-0.08]	[-3.05]
cbnepusq	-0.003	-0.005*	0.007*
	[-1.15]	[-1.84]	[1.82]
_cons	-0.787**	0.245	0.545
	[-2.22]	[0.65]	[0.96]
N	9588	10291	3223
r^2_w	0.298	0.239	0.275
r^2_b	0.033	0.021	0.065
r^2_o	0.117	0.092	0.088
N_g	1007.000	1322.000	519.000
chi^2	3658.952	2803.891	1031.858
t statistics in brackets			
* p<0.1	** p<0.05	*** p<0.01	

数据显示，环境波动性在民营企业中与探索性创新呈倒U关系，研究命题1b通过了检验。在其他属性企业中呈现U形关系，研究命题都没有通过。在国有企业中环境波动性对探索性创新不存在显著的关系。环境波动性对利用性创新不同产权的影响情况如表4-44所示。

表 4－44　　环境波动性对利用性创新影响的不同产权统计表

	soes	prts	oths
	pita	pita	pita
cbnepu	0.008	0.014	-0.007
	[0.55]	[0.93]	[-0.26]
cbnepusq	-0.003 **	-0.005 ***	-0.001
	[-2.39]	[-3.48]	[-0.62]
_cons	-0.239	0.027	0.101
	[-1.28]	[0.13]	[0.33]
N	9588	10291	3223
r^2_w	0.204	0.137	0.175
r^2_b	0.042	0.026	0.092
r^2_o	0.094	0.059	0.095
N_g	1007.000	1322.000	519.000
chi^2	2231.688	1452.189	618.160
t statistics in brackets			
* $p<0.1$	** $p<0.05$	*** $p<0.01$	

数据显示，环境波动性在国有、民营企业中与利用性创新呈现倒 U 关系，研究命题 2b 通过了检验。在其他属性企业中存在显著的关系。环境波动性对双元创新平衡性不同产权的影响情况如表 4－45 所示。

表 4－45　　环境波动性对双元创新平衡性不同产权的影响对比表

	soes	prts	oths
	dubln	dubln	dubln
cbnepu	0.005	0.001	-0.017
	[0.49]	[0.13]	[-0.96]
cbnepusq	-0.001	-0.002 *	-0.000
	[-1.54]	[-1.70]	[-0.03]
_cons	0.412 ***	0.803 ***	0.345
	[2.90]	[5.31]	[1.50]
N	6721	7994	2360
r^2_w	0.015	0.017	0.027

续表

	soes	prts	oths
	dubln	dubln	dubln
r^2_b	0.009	0.005	0.018
r^2_o	0.009	0.011	0.017
N_g	918.000	1232.000	416.000
chi^2	93.965	121.180	59.964
t statistics in brackets			
* p < 0.1	** p < 0.05	*** p < 0.01	

数据显示，环境波动性只有在民营企业中与双元创新平衡性呈现倒U关系，研究命题3a通过了检验。在国有、其他属性企业中存在显著的关系。环境波动性对双元创新联合性不同产权的影响情况如表4-46所示。

表4-46　环境波动性对双元创新联合性不同产权的影响对比表

	soes	prts	oths
	ducmb	ducmb	ducmb
cbnepu	-0.011	0.062	-0.170*
	[-0.20]	[1.13]	[-1.89]
cbnepusq	-0.009*	-0.017***	0.005
	[-1.84]	[-3.57]	[0.57]
_cons	-1.960***	-0.442	-0.235
	[-2.83]	[-0.62]	[-0.21]
N	9588	10291	3223
r^2_w	0.258	0.203	0.225
r^2_b	0.020	0.006	0.050
r^2_o	0.093	0.061	0.071
N_g	1007.000	1322.000	519.000
chi^2	2987.415	2250.465	797.593
t statistics in brackets			
* p < 0.1	** p < 0.05	*** p < 0.01	

数据显示，环境波动性在国有、民营企业中与双元创新联合性呈现倒U关系，研究命题3b通过了检验。在其他属性企业中存在显著的关系。

垄断异质性检验。根据行业的垄断程度不同，将行业划分为垄断行业和非垄断行业。下面进行垄断行业和非垄断行业中环境波动性对四类指标的影响分析，其中环境波动性对探索性创新与利用性创新中垄断异质性影响状况汇总列示于表4－47中。

表4－47　环境波动性对探索性创新与利用性创新的垄断异质性影响表

	mnp	nomnp	mnp	nomnp
	prat_w	prat_w	pita	pita
cbnepu	−0.095 [−0.99]	−0.028 [−1.50]	0.068 [1.34]	0.006 [0.65]
cbnepusq	0.003 [0.30]	−0.002 [−1.11]	−0.009** [−2.04]	−0.003*** [−3.92]
_cons	−1.385 [−1.14]	0.042 [0.17]	−0.404 [−0.63]	0.010 [0.08]
N	768	22334	768	22334
r^2_w	0.387	0.273	0.317	0.173
r^2_b	0.006	0.004	0.002	0.017
r^2_o	0.085	0.095	0.097	0.076
N_g	62.000	2315.000	62.000	2315.000
chi^2	424.506	7423.880	315.533	4194.662
t statistics in brackets				
* p<0.1	** p<0.05	*** p<0.01		

表4－47显示，不论在垄断行业还是非垄断行业中，环境波动性与探索性创新都不存在显著的关系，所有命题都没通过检验。不论在垄断行业还是非垄断行业中，环境波动性与利用性创新都呈倒U关系，研究命题2b通过了检验。环境波动性对双元创新平衡性和联合性影响的垄断异质性检验情况如表4－48所示。

表4-48 环境波动性对双元创新平衡性和联合性影响的垄断异质性检验

	(1)	(2)	(3)	(4)
	dubln	dubln	ducmb	ducmb
cbnepu	0.016	-0.000	0.081	-0.010
	[0.33]	[-0.03]	[0.43]	[-0.28]
cbnepusq	-0.003	-0.001 **	-0.017	-0.010 ***
	[-0.62]	[-2.14]	[-1.00]	[-3.09]
_cons	0.455	0.548 ***	-4.170 *	-0.653
	[0.74]	[5.81]	[-1.74]	[-1.42]
N	427	16648	768	22334
r^2_w	0.044	0.017	0.333	0.235
r^2_b	0.021	0.000	0.003	0.000
r^2_o	0.032	0.009	0.062	0.069
N_g	54.000	2192.000	62.000	2315.000
chi^2	17.144	243.391	331.625	6047.686
t statistics in brackets				
* p<0.1	** p<0.05	*** p<0.01		

数据显示，环境波动性与非垄断行业中的双元创新平衡性存在倒U关系，研究命题3a通过了检验。在垄断行业中不存在显著的关系。环境波动性与非垄断行业中的双元创新联合性存在倒U关系，研究命题3b通过了检验。在垄断行业中不存在显著的关系。

专精特新异质性的考察。不论在专精特新还是非专精特新公司中，环境波动性与探索性创新都不存在显著的关系，所有研究命题都没有通过检验。在非专精特新公司中环境波动性与利用性创新呈现倒U关系，研究命题2b通过了检验。在专精特新公司中，环境波动性与利用性创新不存在显著的关系，所有研究命题都没有通过检验。环境波动性对双元创新平衡性和联合性的专精特新异质性检验汇总列示于表4-49中。

表 4 - 49　环境波动性对双元创新平衡性和联合性的专精特新异质性检验

	splz	nosplz	splz	nosplz
	dubln	dubln	ducmb	ducmb
cbnepu	0.018	-0.002	0.032	-0.008
	[0.93]	[-0.27]	[0.33]	[-0.21]
cbnepusq	-0.003	-0.001 *	-0.013	-0.010 ***
	[-1.58]	[-1.78]	[-1.47]	[-3.01]
_cons	0.842 ***	0.488 ***	0.715	-1.019 **
	[3.35]	[4.82]	[0.57]	[-2.05]
N	2234	14483	3043	19303
r^2_w	0.028	0.017	0.214	0.243
r^2_b	0.006	0.002	0.010	0.003
r^2_o	0.020	0.009	0.078	0.076
N_g	284.000	1795.000	302.000	1878.000
chi^2	56.580	212.186	741.283	5562.496

t statistics in brackets

* $p<0.1$　** $p<0.05$　*** $p<0.01$

在非专精特新公司中环境波动性与双元创新平衡性呈倒 U 关系，研究命题 3a 通过了检验。在专精特新公司中，环境波动性与双元创新平衡性不存在显著的关系，所有研究命题都没有通过检验。

在非专精特新公司中环境波动性与双元创新联合性呈倒 U 关系，研究命题 3b 通过了检验。在专精特新公司中，环境波动性与双元创新联合性不存在显著的关系，所有研究命题都没有通过检验。

（8）生命周期视角的考察

根据生命周期的基本观点，不同生命周期企业具有不同的现金流特征，下面逐步探讨不同生命阶段环境波动性对双元创新的影响问题。首先分析环境波动性对探索性创新的影响，实证检验结果汇总于表 4 - 50 中。

表 4-50　　不同生命周期下环境波动性对探索性创新影响统计表

	grw	mtn	rcs
	prat_w	prat_w	prat_w
cbnepu	-0.048 *	-0.031	-0.056
	[-1.70]	[-0.99]	[-1.22]
cbnepusq	-0.001	-0.001	0.001
	[-0.51]	[-0.20]	[0.35]
_cons	0.068	0.554	-1.139 **
	[0.19]	[1.30]	[-2.02]
N	10023	8167	4912
r^2_w	0.309	0.263	0.227
r^2_b	0.026	0.031	0.083
r^2_o	0.105	0.086	0.109
N_g	2273.000	2080.000	1714.000
chi^2	3438.782	2209.052	1087.534
	t statistics inbrackets		
* p<0.1	** p<0.05	*** p<0.01	

表 4-50 数据显示，只有在成长期环境波动性与探索性创新负相关，研究命题 1 通过了检验。其他阶段环境波动性与探索性创新不存在显著关系，其他研究命题都没有通过检验。不同生命周期下环境波动性对利用性创新的影响汇总列示于表 4-51 中。

表 4-51　　不同生命周期下环境波动性对利用性创新的影响表

	grw	mtn	rcs
	pita	pita	pita
cbnepu	0.015	-0.009	0.001
	[0.96]	[-0.53]	[0.05]
cbnepusq	-0.005 ***	-0.002	-0.003
	[-3.64]	[-1.22]	[-1.34]
_cons	0.224	0.239	-0.541 *
	[1.18]	[1.04]	[-1.86]

续表

	grw	mtn	rcs
	pita	pita	pita
N	10023	8167	4912
r^2_w	0.195	0.163	0.162
r^2_b	0.025	0.031	0.088
r^2_o	0.077	0.067	0.102
N_g	2273.000	2080.000	1714.000
chi^2	1897.669	1243.276	779.952
t statistics in brackets			
* p < 0.1	** p < 0.05	*** p < 0.01	

表 4－51 数据显示，只有在成长期环境波动性与利用性创新呈倒 U 关系，研究命题 2a 通过了检验。其他阶段都不显著，所有命题都没有通过检验。不同生命周期下环境波动性对双元创新平衡性的影响汇总列示于表 4－52 中。

表 4－52　不同生命周期下环境波动性对双元创新平衡性的影响表

	grw	mtn	rcs
	dubln	dubln	dubln
cbnepu	0.019 *	－0.006	－0.032 *
	[1.77]	[－0.50]	[－1.71]
cbnepusq	－0.003 ***	－0.001	0.001
	[－3.43]	[－0.57]	[0.89]
_cons	0.667 ***	0.339 **	0.692 ***
	[4.90]	[2.05]	[2.90]
N	7658	6163	3254
r^2_w	0.024	0.013	0.016
r^2_b	0.004	0.003	0.013
r^2_o	0.011	0.008	0.014
N_g	1977.000	1826.000	1373.000
chi^2	141.192	64.445	48.859
t statistics in brackets			
* p < 0.1	** p < 0.05	*** p < 0.01	

表4-52数据显示，只有在成长期环境波动性与双元创新平衡性呈倒U关系，研究命题3a通过了检验。在衰退期呈负相关关系，其他生命阶段都不存在显著的关系，其他研究命题都没有通过检验。不同生命周期下环境波动性对双元创新联合性的影响汇总列示于表4-53中。

表4-53　　不同生命周期下环境波动性对双元创新联合性的影响表

	grw	mtn	rcs
	ducmb	ducmb	ducmb
cbnepu	0.027	-0.070	-0.081
	[0.50]	[-1.14]	[-0.95]
cbnepusq	-0.016***	-0.003	-0.002
	[-3.14]	[-0.56]	[-0.25]
_cons	-0.662	-1.027	-1.666
	[-0.94]	[-1.23]	[-1.58]
N	10023	8167	4912
r^2_w	0.271	0.233	0.187
r^2_b	0.012	0.015	0.053
r^2_o	0.079	0.065	0.069
N_g	2273.000	2080.000	1714.000
chi^2	2824.271	1838.586	825.150

t statistics in brackets

* $p<0.1$　　** $p<0.05$　　*** $p<0.01$

表4-53数据显示，只有在成长期环境波动性与双元创新联合性呈倒U关系，研究命题3b通过了检验。其他生命阶段都不存在显著的关系，所有研究命题都没有通过检验。

(9) 稳健性检验

本节采用替换解释变量的衡量方法进行稳健性检验。将cbnepu指数替换为tpu指数进行检验。其结论比较稳健。回归结果汇总于表4-54中。

表 4 – 54　　稳健性检验汇总表

prat_w	Coef.	St. Err.	t – value	p – value	[95% Conf	Interval]	Sig
gdppercptcp	0.321	0.007	44.11	0.000	0.307	0.336	***
laggindex	–0.015	0.003	–5.69	0.000	–0.020	–0.010	***
dsmsalary_w	0.035	0.003	13.80	0.000	0.030	0.040	***
capaccum_w	–0.066	0.020	–3.30	0.001	–0.106	–0.027	***
csdvpshbtax_w	–0.075	0.050	–1.50	0.134	–0.172	0.023	
cfopibd_w	–0.001	0.001	–0.75	0.454	–0.002	0.001	
indrcrat_w	0.003	0.001	5.42	0.000	0.002	0.004	***
hhi_sale_w	–27.137	6.176	–4.39	0.000	–39.242	–15.032	***
sizeast_w	0.012	0.002	4.82	0.000	0.007	0.017	***
astgrw_w	0.082	0.032	2.56	0.010	0.019	0.145	**
tpu	–0.000	0.000	–2.78	0.057	–0.001	0.000	***
Constant	0.717	0.261	2.75	0.006	0.206	1.228	***
Mean dependent var	1.637			SD dependent var		1.556	
Overall r – squared	0.194			Number of obs		23102	
Chi – square	7664.658			Prob > chi^2		0.000	
R – squared within	0.273			R – squared between		0.003	

注：*** p<0.01，** p<0.05，* p<0.1。

表 4 – 54 显示，人均 GDP 不变价格和探索性创新正相关，经济景气指数与探索性创新负相关。高管薪酬与探索性创新正相关，资本密集度与探索性创新负相关，每股税前现金股利与探索性创新负相关，经营活动现金流带息债务比与探索性创新负相关，独立董事比率与探索性创新正相关，赫芬达尔—赫希曼系数与探索性创新负相关，公司规模与探索性创新正相关。解释变量一次方与探索性创新负相关，结论比较稳健。本节又进行了改变时间窗口、采用负二项回归法的检验。改变时间窗口法将刨除金融危机、新冠疫情后的时间段进行检验。鉴于被解释变量呈现聚集分布、过度离散，其方差大于均值的情形，采取负二项回归法进行研究，上述两种情况的结论可靠稳定。由于版面所限没有列出实证结果。

4.2.4　研究结论

环境波动性与探索性创新负相关，与利用性创新、双元创新平衡性、双元创新联合性这三类指标都呈倒 U 关系。产权异质性检验显示环境波动性在其他属性企业中与探索性创新呈 U 形关系，在民营企业中呈倒 U 关系，在国有企业中与探索性创新不存在显著的关系。环境波动性在国有、民营企业中与利用性创新呈现倒 U 关系；在其他属性企业中不存在显著的关系。环境波动性只有在民营企业中与双元创新平衡性呈倒 U 关系，在国有、其他属性企业中不存在显著关系。环境波动性在国有、民营企业与双元创新联合呈现倒 U 关系，在其他属性企业中不存在显著的关系。

垄断异质性检验的结论是，不论在垄断行业或者非垄断行业中，环境波动性与探索性创新都不存在显著关系。不论在垄断行业还是非垄断行业中，环境波动性与利用性创新都呈倒 U 关系。环境波动性与非垄断行业中的双元创新平衡性存在倒 U 关系；在垄断行业中不存在显著的关系。环境波动性与非垄断行业中的双元创新联合性存在倒 U 关系；在垄断行业中不存在显著的关系。

对专精特新异质性的考察后得到，不论在专精特新还是非专精特新公司中，环境波动性与探索性创新都不存在显著的关系。在非专精特新公司中环境波动性与利用性创新呈倒 U 关系；在专精特新公司中，环境波动性与利用性创新不存在显著的关系。在非专精特新公司中环境波动性与双元创新平衡性呈倒 U 关系；在专精特新公司中，环境波动性与双元创新平衡性不存在显著的关系。在非专精特新公司中环境波动性与双元创新联合性呈倒 U 关系；在专精特新公司中，环境波动性与双元创新联合性不存在显著的关系。

生命周期异质性的检验表明，只有在成长期环境波动性与探索性创新负相关，其他阶段与探索性创新不存在显著关系；只有在成长期与利用性创新呈倒 U 关系，其他阶段都不显著；只有在成长期与双元创新平衡性呈倒 U 关系，在衰退期与环境波动性负相关，其他生命阶段都不存在显著的关系；只有在成长期与双元创新联合性呈倒 U 关系，其他生命阶段都不存在显著的关系。

4.3 环境波动性对创业板公司双元创新的影响

4.3.1 理论分析与研究命题

此部分的理论分析与研究假设的内容同 4.1.1 的理论分析与研究命题，在此不再赘述。

4.3.2 研究设计

本节对 2007—2020 年创业板上市公司的年度财务报告进行了全面、仔细的调查和统计筛选。剔除了金融业、房地产业、其他金融业的公司；剔除 ST、*ST、PT 公司，删除 B 股公司；删除连续上市不满两年的公司，删除数据缺失的公司；删除资产负债率大于 1 的公司。最终得到 900 家创业板上市公司 14 年的非平衡面板数据，公司—年度的观测个数是 7430。双元创新数据主要是手工收集，其他数据均来自 RESSET 金融研究数据库、CNRDS 数据库、CSMAR 数据库、Wind 数据库、公司官方网站。变量选取与模型设定与 4.1.2 的内容一致，此处不再赘述。

4.3.3 实证研究

（1）关键变量的描述性统计

针对本研究的关键变量进行了描述性统计，如表 4 – 55 所示。

表 4 – 55 显示，公司探索性创新在 2007 年到 2020 年，平均值是 1.717，最小值是 0.000，最大值是 5.852，标准差是 1.379，其波动性较大。偏度和峰度数据显示探索性创新呈右偏厚尾状态。利用性创新的均值是 2.167，最小值是 0.000，最大值是 12.279，标准差是 2.049，利用性创

表 4-55 关键变量的描述性统计表

Variables	Obs	Mean	Std. Dev.	Min	Max	Skew.	Kurt.
prat_w	7430	1.717	1.379	0.000	5.852	0.363	2.318
pita	7430	2.167	2.049	0.000	12.279	0.804	13.174
dubln	6050	0.555	0.328	0.000	1.000	-0.766	2.183
ducmb	7430	2.208	2.494	0.000	15.135	1.213	4.265
gdppercptcp	7430	4.870	1.383	1.825	6.446	-0.585	2.186
laggindex	7430	97.068	2.516	92.140	102.000	-0.508	2.678
dsmsalary	7430	14.201	3.857	0.000	18.579	-3.292	12.296
capaccum	7430	0.285	0.892	-0.968	14.18	5.711	49.949
csdvpshbtax	7430	0.088	0.169	0.000	3.500	5.636	62.800
cfopibd	7430	519.885	44196.808	-9343.270	3810000	86.177	7427.632
indrcrat	7430	37.506	12.868	0.000	85.714	-1.021	5.314
hhi_sale	7430	0.003	0.005	0.001	0.083	6.197	58.025
sizeast	7430	14.936	9.763	0.000	25.912	-0.865	1.774
astgrw	7430	0.250	0.669	-0.929	13.374	6.664	75.746
cbnepu	7430	380.369	246.508	82.245	791.874	0.577	1.916

新在观测期间波动性较大。偏度和峰度数据显示利用性创新呈右偏高峰状态。双元创新平衡性在2007年到2020年，平均值是0.555，最小值是0.000，最大值是1.000，标准差是0.328，双元创新平衡性在观测期间波动性较大。偏度和峰度数据显示双元创新平衡性呈左偏高峰状态。双元创新联合性的均值是2.208，最小值是0.000，最大值是15.135，标准差是2.494，双元创新联合性在观测期间波动性较大。偏度和峰度数据显示双元创新联合性呈右偏高峰状态。环境波动性的均值是380.369，最小值是82.245，最大值是791.874，标准差是246.508。偏度和峰度显示该变量呈右偏略高峰状态分布。

公司规模的均值是14.936，最小值是0.000，最大值是25.912，标准差是9.763，说明公司规模存在较大差异。偏度和峰度数据显示公司规模呈现左偏厚尾型。人均GDP不变价格的均值是4.870，最小值是1.825，最大值是6.446，标准差是1.383，变异系数是0.963，在观测期内具有一定的波动性，偏度和峰度数据显示人均GDP不变价格呈左偏厚尾型分布。经济景气指数的均值是97.068，最小值是92.140，最大值是102.000，标准差是2.516，经济景气指数的均值小于100，说明观察期内整体宏观经济不景气，宏观经济状况有待提高。据测算，其变异系数是0.027，说明经济景气指数在观测期内波动性不大，宏观经济的弹性不大。经济景气指数的偏度和峰度数据显示其呈左偏厚尾型分布。高管薪酬、每股税前现金股利以及赫芬达尔—赫希曼指数的波动性较大，说明公司间存在明显的差异，并且都呈右偏高峰分布状态。资本密集度和独立董事比率的波动性较大，都呈左偏高峰分布状态。总资产增长率的均值是0.250，最小值是-0.929。最大值是13.374，标准差是0.669。偏度和峰度显示该变量呈右偏高峰状态分布。

（2）面板数据的组间差异与组内差异分析

在描述性分析之后，本节继续探讨面板数据的组内差异和组间差异问题，主要变量的组内差异和组间差异汇总列示于表4-56中。

表4-56　主要变量的组内差异与组间差异统计表

Variables		Mean	Std. Dev.	Min	Max	Observations
prat_w	overall	1.718	1.381	0.000	6.766	N=7430
	between		1.042	0.000	5.910	n=900
	within		0.885	-2.431	6.086	T=8.256
pita	overall	2.167	2.049	0.000	12.279	N=7430
	between		1.618	0.000	10.730	n=900
	within		1.280	-4.401	8.056	T=8.256
dubln	overall	0.555	0.328	0.000	1.000	N=6050
	between		0.240	0.000	5.088	n=884
	within		0.252	-0.270	1.380	T=6.844
ducmb	overall	2.208	2.494	0.000	15.135	N=7430
	between		1.945	0.000	13.792	n=900
	within		1.563	-6.433	11.943	T=8.256
cbnepu	overall	380.369	246.508	82.245	791.874	N=7430
	between		137.148	146.847	769.865	n=900
	within		222.189	70.600	918.189	T=8.256

表4-56显示，探索性创新的组内差异即每个上市公司在14年间的时间差异的标准差是0.885，组间差异即900家上市公司在14年间的个体差

异标准差是1.042，说明900家上市公司在14年间的年度波动（纵向波动）小于每个上市公司之间的波动（横向波动）。利用性创新的组内差异即每个上市公司在14年间的时间差异的标准差是1.280，组间差异即900家上市公司在14年间的个体差异标准差是1.618，说明900家上市公司在14年间的年度波动（纵向波动）小于每个上市公司之间的波动（横向波动）。双元创新平衡性的组内差异即每个上市公司在14年间的时间差异的标准差是0.252，组间差异即884家上市公司在14年间的个体差异标准差是0.240，说明884家上市公司在14年间的年度波动（纵向波动）大于每个上市公司之间的波动（横向波动）。双元创新联合性的组内差异即每个上市公司在14年间的时间差异的标准差是1.563，组间差异即900家上市公司在14年间的个体差异标准差是1.945，说明900家上市公司在14年间的年度波动（纵向波动）大于每个上市公司之间的波动（横向波动）。

环境波动性的组内差异即每个上市公司在14年间的时间差异的标准差是222.189，组间差异即900家上市公司在14年间的个体差异标准差是137.148，说明900家上市公司在14年间的年度波动（纵向波动）大于每个上市公司之间的波动（横向波动）。

（3）相关性分析

本节涉及的被解释变量是双元创新的四个维度的指标，解释变量是环境波动性，主要控制变量是赫芬达尔—赫希曼指数、人均GDP不变价格、经济景气指数等指标，它们的相关系数汇总列示于表4－57中。

表4－57显示，探索性创新和人均GDP不变价格正相关，和经济景气指数正相关，和高管薪酬正相关，和资本密集度负相关，和每股税前现金股利负相关，和经营活动现金流带息债务比负相关。探索性创新和独立董事比率正相关，和赫芬达尔—赫希曼指数负相关，和公司规模正相关，和总资产增长率负相关。探索性创新和环境波动性正相关。其中任意两个变量之间相关系数的绝对值都没有超过0.580，变量不存在多重共线性问题，适合进行下一步的多元回归。

为了更稳健地反映各变量之间的多重共线性关系。现在进行方差膨胀因子检验，检验结果如表4－58所示。

表 4-57　主要变量的相关性系数矩阵表

Variables	(1)	(2)	(3)	(4)	(5)	(6)	(7)	(8)	(9)	(10)	(11)	(12)
(1) prat	1.000											
(2) gdppercptcp	0.288	1.000										
(3) laggindex	0.012	0.182	1.000									
(4) dsmsalary	0.169	0.235	0.009	1.000								
(5) capaccum	-0.116	-0.180	0.094	-0.088	1.000							
(6) csdvpshbtax	-0.047	0.054	0.065	0.029	0.341	1.000						
(7) cfopibd	-0.014	0.009	0.011	0.004	-0.006	-0.006	1.000					
(8) indrcrat	0.039	-0.050	-0.203	0.361	-0.048	0.001	0.016	1.000				
(9) hhi_sale	-0.055	-0.074	-0.001	-0.122	-0.036	-0.075	-0.005	0.009	1.000			
(10) sizeast	0.137	0.372	0.010	0.265	0.190	0.302	0.006	0.087	-0.183	1.000		
(11) astgrw	-0.076	-0.124	0.052	-0.051	0.889	0.306	-0.008	-0.027	-0.043	0.225	1.000	
(12) cbnepu	0.217	0.580	0.327	0.196	-0.151	0.052	0.004	-0.042	-0.054	0.262	-0.127	1.000

表 4-58　主要变量方差膨胀因子表

Variable	dsmsalary	astgrw	indrcrat	csdvpshbta	capaccum	sizeast	gdppercptcp	cfopibd	laggindex	hhi_sale
VIF	1.49	1.48	1.47	1.27	1.26	1.25	1.21	1.19	1.17	1.16
Mean VIF					1.29					

表4-58显示，主要变量方差膨胀因子数据小于10，各变量之间不存在多重共线性，可以进行下一步的实证检验。

（4）基准检验

为了直观反映环境波定性与四维度指标的关系，本章利用Lowess修匀命令来展示反映环境波定性与四维度指标的关系，具体如图4-14到图4-17所示。这四幅图都显示环境波定性与四维度指标呈倒U关系。

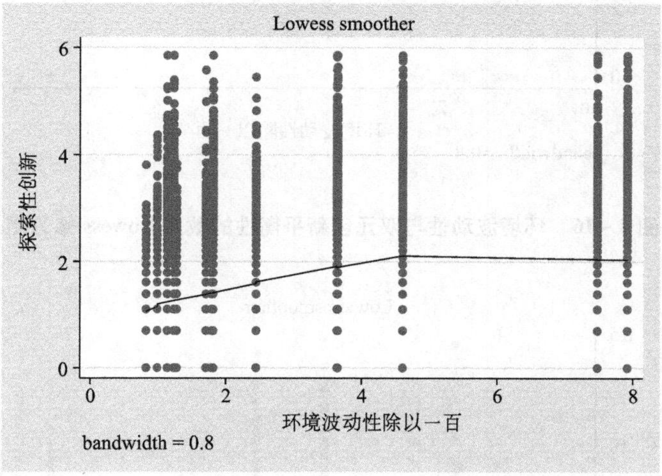

图4-14　环境波动性与探索性创新的散点Lowess修匀图

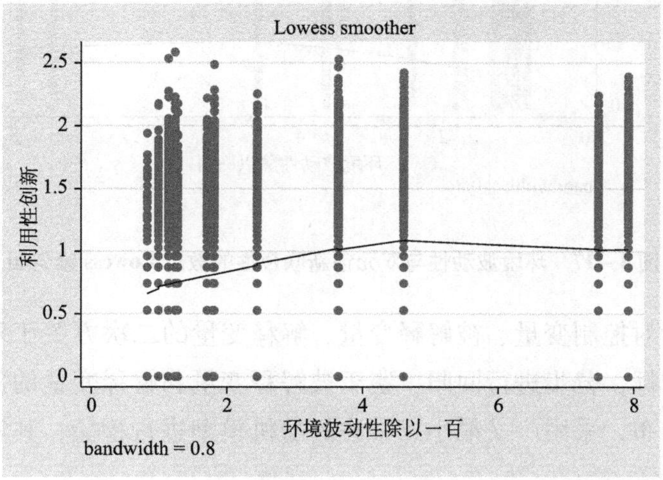

图4-15　环境波动性与利用性创新的散点Lowess修匀图

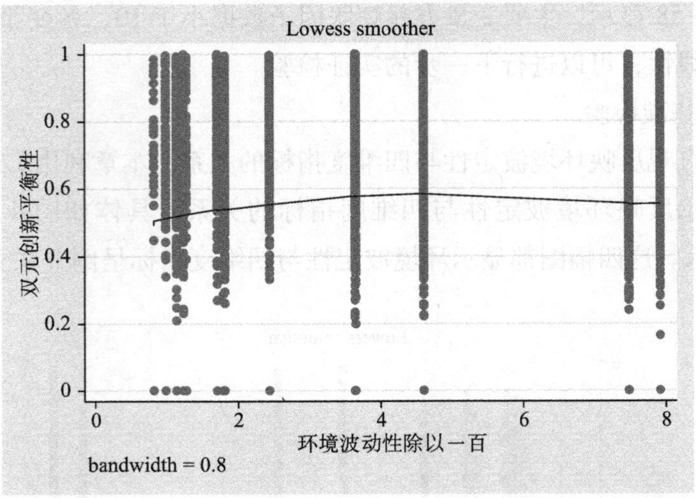

图 4－16　环境波动性与双元创新平衡性的散点 Lowess 修匀图

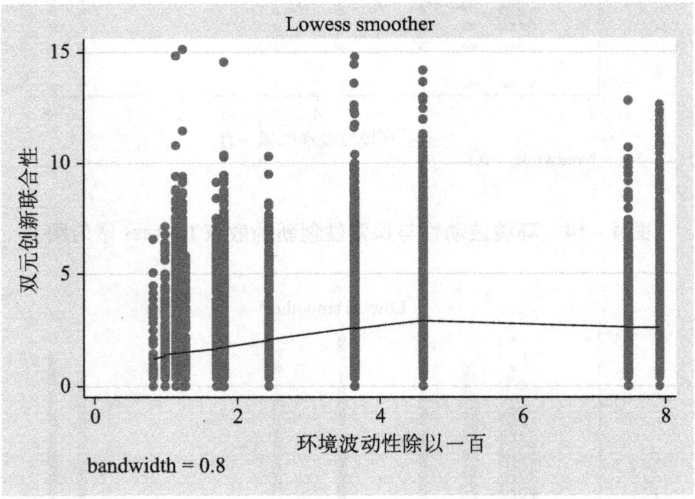

图 4－17　环境波动性与双元创新联合性的散点 Lowess 修匀图

本节针对控制变量、被解释变量、解释变量的二次方关于双元创新的四个维度指标，分步进行回归。鉴于被解释变量和解释变量的数据特征都不是正态分布，采用广义最小二乘法的随机模型进行检验，其实证结果如表4－59 所示。

表 4 - 59　　环境波动性对探索性创新的逐步回归汇总表

	(1)	(2)	(3)
	prat_w	prat_w	prat_w
gdppercptcp	0. 275 ***	0. 335 ***	0. 301 ***
	[30. 41]	[21. 84]	[14. 78]
laggindex	-0. 008 *	-0. 001	-0. 005
	[-1. 93]	[-0. 25]	[-1. 14]
dsmsalary_w	0. 039 ***	0. 039 ***	0. 039 ***
	[8. 02]	[8. 04]	[7. 91]
capaccum_w	-0. 219 ***	-0. 202 ***	-0. 200 ***
	[-5. 46]	[-5. 03]	[-4. 97]
csdvpshbtax_w	-0. 490 ***	-0. 488 ***	-0. 485 ***
	[-4. 89]	[-4. 88]	[-4. 84]
cfopibd_w	-0. 002 *	-0. 002 *	-0. 002 *
	[-1. 85]	[-1. 76]	[-1. 71]
indrcrat_w	-0. 000	0. 000	0. 000
	[-0. 41]	[0. 08]	[0. 48]
hhi_sale_w	-3. 519	-3. 262	-3. 246
	[-0. 38]	[-0. 36]	[-0. 35]
sizeast_w	0. 002	0. 002	0. 002
	[0. 42]	[0. 60]	[0. 64]
astgrw_w	0. 166 ***	0. 135 **	0. 131 **
	[2. 83]	[2. 29]	[2. 23]
cbnepu		-0. 041 ***	0. 047
		[-4. 86]	[1. 33]
cbnepusq			-0. 008 **
			[-2. 55]
_cons	0. 608	-0. 230	0. 165
	[1. 48]	[-0. 52]	[0. 35]
N	7430	7430	7430
r^2_w	0. 222	0. 225	0. 226
r^2_b	0. 012	0. 015	0. 015
r^2_o	0. 104	0. 107	0. 107
N_g	900. 000	900. 000	900. 000
chi^2	1857. 837	1885. 505	1893. 857

表4－59显示，在控制变量中，人均GDP不变价格、高管薪酬、总资产增长率与探索性创新正相关。经济景气指数、资本密集度、每股税前现金股利、经营活动现金流带息债务比与探索性创新负相关。独立董事比率、赫芬达尔—赫希曼指数、公司规模与探索性创新不显著。加入解释变量之后，人均GDP不变价格、高管薪酬、总资产增长率与探索性创新正相关。资本密集度、每股税前现金股利、经营活动现金流带息债务比与探索性创新负相关。经济景气指数、独立董事比率、赫芬达尔—赫希曼指数、公司规模与探索性创新不显著。解释变量与探索性创新负相关。加入解释变量的二次项之后的回归结果是，解释变量一次方与探索性创新不显著，解释变量的二次项与之负相关。使用STATA软件的UTEST命令进行检验可知，统计显著，且极值点位于解释变量的取值范围内，因此，环境波动性与探索性创新呈倒U关系，研究命题2a通过了检验。环境波动性与其他三类指标之间的关系，如表4－60所示。

表4－60　　环境波动性对其他三类指标影响情况对比表

	(1)	(2)	(3)
	pita	dubln	ducmb
gdppercptcp	0.129***	0.034***	0.522***
	[11.76]	[4.21]	[14.16]
laggindex	−0.002	−0.003	−0.012
	[−0.72]	[−1.62]	[−1.41]
dsmsalary_w	0.024***	0.001	0.043***
	[8.94]	[0.62]	[4.82]
capaccum_w	−0.102***	−0.033**	−0.261***
	[−4.68]	[−2.25]	[−3.58]
csdvpshbtax_w	−0.229***	−0.053	−0.610***
	[−4.24]	[−1.50]	[−3.34]
cfopibd_w	−0.001	−0.001*	−0.003*
	[−1.62]	[−1.77]	[−1.72]
indrcrat_w	−0.001	−0.000	−0.007***
	[−1.10]	[−1.30]	[−3.74]

续表

	(1)	(2)	(3)
	pita	dubln	ducmb
hhi_sale_w	−2.928	−3.845 *	2.613
	[−0.61]	[−1.81]	[0.15]
sizeast_w	−0.001	0.001	−0.008
	[−0.55]	[0.86]	[−1.16]
astgrw_w	0.069 **	0.036 *	0.194 *
	[2.18]	[1.74]	[1.82]
cbnepu	0.011	0.002	0.129 **
	[0.56]	[0.14]	[2.02]
cbnepusq	−0.004 **	−0.001	−0.020 ***
	[−2.22]	[−1.09]	[−3.58]
_cons	0.223	0.674 ***	0.476
	[0.88]	[3.67]	[0.56]
N	7430	6050	7430
r^2_w	0.146	0.018	0.187
r^2_b	0.008	0.012	0.001
r^2_o	0.067	0.011	0.072
N_g	900.000	884.000	900.000
chi^2	1111.692	102.518	1473.480
	t statistics in brackets		
* p<0.1	** p<0.05	*** p<0.01	

表4-60显示，环境波动性不与双元创新平衡性存在显著关系。却与利用性创新、双元创新联合性呈倒U关系。为证明倒U关系的成立，利用STATA软件的UTEST命令实施检验，结果统计显著，且极值点位于解释变量的取值范围内，因此，命题2a和3b通过了检验。

（5）内生性检验与工具变量策略

由于实证检验过程中存在遗漏变量、测量不准确的问题，以及存在互为因果的关系，本节计划进行内生性检验。我们选取工具变量做内生性检验，采用澳大利亚2007年到2020年经济政策不确定性指数和加拿大的

2007 年到 2020 年环境波动性指数作为工具变量进行检验。

选取工具变量的理由如下：世界经济已经趋于全球化、一体化，不确定性指数存在相互感染的可能，与内生变量具有相关性。从国别来看，工具变量采用加拿大和澳大利亚两国的不确定指数，内生变量是中国的不确定性指数，满足外生性。在进行工具变量检验之前，先进行内生性检验，只有存在内生性问题，才需要运用工具变量进行回归。如果不存在内生性问题，运用工具变量回归，将会使回归结果更无效、更不可靠。内生性问题存在检验结果如表 4 – 61 所示。

表 4 – 61　　　　内生性问题存在检验结果汇总表

Sargan statistic (overidentification test of all instruments):	1.963
Chi – sq (1) P – val	0.161
endog – option:	
Endogeneity test ofendogenous regressors:	34.740
Chi – sq (1) P – val	0.000
Regressors tested:	
Instrumented:	cbnepusq
Included instruments	gdppercptcp laggindex dsmsalary_w capaccum_w csdvpshbtax_w cfopibd_w indrcrat_w hhi_sale_w sizeast_w astgrw_w cbnepusqrb
Excluded instruments:	austepu cndpu

表 4 – 61 显示，Endogeneity test of endogenous regressors 的 F 值是 34.740，伴随概率是 0.000，表明以 cbnepua 为解释变量、以 prat 为被解释变量的回归中存在内生性问题，有必要进行工具变量的检验。下面进行工具变量检验，其中过度识别检验的结果汇总于表 4 – 62 中。

表 4 – 62　　　　工具变量的过度识别检验表

Test of overidentifying restrictions			
Score chi^2 (1)	1.959	P	0.162

表 4 – 62 显示，P 值为 0.162，接受原假设，认为工具变量具有外生

性，与扰动项不相关。

进一步考察工具变量的第二个条件，即工具变量与内生变量的相关性。从第一阶段回归结果可以看出，工具变量对内生变量具有较好的解释力，P值都小于0.01。相关参数的检验结果汇总列示于表4－63和表4－64中。

表4－63　　第一阶段回归的概要统计信息表

Variable	R－sq.	Adjusted R－sq.	Shea's Partial R－sq.	Robust F（27416）	Prob > F
cbnepusq	0.849	0.849	0.371	22008.100	0.000

表4－63显示，第一阶段回归信息中R－sq. 与Adjusted R－sq. 相差不大；Shea's partial R－sq. 达到0.371，F统计量为22008.100，而且F统计量的p值为0.000，通过了检验。

表4－64　　Shea's partial R－squared 汇总表

Variable	Shea's Partial R－sq.	Shea's Partial Adjusted R－sq.
cbnepusq	0.371	0.371

表4－64显示，Shea's partial R－sq. 和Shea's Partial Adjusted R－sq. 相差不大，通过了显著性检验。

表4－65　　弱工具变量检验汇总表

Minimum eigenvalue statistic = 29010.71						
Critical Values	#	of endogenous regressors：				1
Ho：Instruments are weak	#	of excluded instruments：				2
2SLS relative bias		5%	10%	20%	30%（not available）	
2SLS Size of nominal 5% Wald test		10%	15%	20%	25%	
		19.93	11.59	8.75	7.25	
LIML Size of nominal 5% Wald test		8.68	5.33	4.42	3.92	

表4－65显示，Minimum eigenvalue statistic的检验值是29010.71，而15%水平对应的11.59，大于临界值，因此不存在弱工具变量的现象。通过工具变量的冗余检验发现，两个工具变量比较合适，加拿大和澳大利亚

的2007年到2020年的环境波动性指数作为工具变量比较合适。至此，模型的内生性问题检验完毕。

工具变量两阶段最小二乘法的第一阶段的回归结果如表4－66所示（回归报告中不再报告控制变量的回归结果，特此说明）。

表4－66　　工具变量的第一阶段回归结果表

cbnepusq	Coef.	St. Err.	t－value	p－value	[95% Conf Interval]	
austep	0.005***	0.000	21.10	0.000	0.004	0.005
cndpu	0.012***	0.000	89.07	0.000	0.012	0.012
Constant	－9.429***	0.189	－49.86	0.000	－9.799	－9.058
Adj R－squared		0.849	Root MSE		0.949	
r－squared		0.849	Number of obs		30532	
F(13,7416)＝		34626.250	Prob＞chi^2		0.000	

注：*** p＜0.01，** p＜0.05，* p＜0.1。

表4－66显示，工具变量的回归结果与基准回归基本一致，都在1%水平下显著。工具变量的回归结果如表4－67所示（回归报告中不再报告控制变量的回归结果，特此说明）。

表4－67　　工具变量的回归结果表

prat_w	Coef.	St. Err.	t－value	p－value	[95% Conf Interval]	
cbnepusq	－0.138***	0.011	－9.74	0.000	－0.130	－0.087
Constant	－0.817***	0.349	－2.34	0.019	－1.50	－0.134
			Root MSE		1.440	
r－squared		0.097	Number of obs		30532	
Wald chi^2（9）		4124.120	Prob＞chi^2		0.000	

注：*** p＜0.01，** p＜0.05，* p＜0.1。

表4－67显示，工具变量的回归结果与基准回归基本一致，在1%水平下显著。使用工具变量后环境波动性与探索性创新——申请专利的回归系数为－0.138，与基准回归的系数－0.008差别较大，也间接地印证了工具变量的有效性。

（6）异质性检验

为了便于实证分析，本节将企业属性划分为国有企业、民营企业与其他企业，进行检验。环境波动性对探索性创新不同产权统计的影响如表4-68所示。

表4-68　　环境波动性对探索性创新影响的不同产权统计表

	soes	prts	oths
	prat_w	prat_w	prat_w
cbnepu	0.296	-0.035	0.031
	[0.93]	[-0.63]	[0.67]
cbnepusq	-0.023	-0.003	-0.007
	[-0.92]	[-0.56]	[-1.58]
_cons	0.986	-1.345*	1.658***
	[0.24]	[-1.79]	[2.73]
N	272	4679	2479
r^2_w	0.161	0.236	0.232
r^2_b	0.081	0.001	0.046
r^2_o	0.124	0.089	0.096
N_g	72.000	708.000	286.000
chi^2	42.649	1191.415	673.901

表4-68显示，在国有企业、民营企业、其他企业中环境波动性与探索性创新都不存在显著的关系。因此所有研究命题都没有通过检验。环境波动性对利用性创新影响的不同产权统计汇总列示于表4-69中。

表4-69　　环境波动性对利用性创新影响的不同产权统计表

	soes	prts	oths
	pita	pita	pita
cbnepu	0.120	0.007	0.012
	[0.79]	[0.24]	[0.41]
cbnepusq	-0.011	-0.003	-0.004
	[-0.90]	[-1.42]	[-1.50]
_cons	1.316	0.318	0.257
	[0.67]	[0.81]	[0.72]
N	272	4679	2479

续表

	soes	prts	oths
	pita	pita	pita
r^2_w	0.094	0.164	0.137
r^2_b	0.047	0.001	0.049
r^2_o	0.059	0.060	0.076
N_g	72.000	708.000	286.000
chi^2	22.694	761.021	360.467
t statistics in brackets			
* p<0.1	** p<0.05	*** p<0.01	

表4－69显示，在民营企业、国有企业和其他企业中环境波动性与利用性创新都不存在显著的关系。因此所有研究命题都没有通过检验。环境波动性对双元创新平衡性影响的不同产权统计汇总列示于表4－70中。

表4－70　环境波动性对双元创新平衡性影响的不同产权统计表

	soes	prts	oths
	dubln	dubln	dubln
cbnepu	0.045	0.019	-0.000
	[0.48]	[0.96]	[-0.02]
cbnepusq	-0.003	-0.002	-0.002
	[-0.41]	[-1.45]	[-0.92]
_cons	1.167	1.118***	0.301
	[0.84]	[4.18]	[1.07]
N	241	3963	1846
r^2_w	0.013	0.020	0.025
r^2_b	0.100	0.004	0.011
r^2_o	0.062	0.009	0.018
N_g	71.000	690.000	265.000
chi^2	8.549	67.053	43.469
t statistics in brackets			
* p<0.1	** p<0.05	*** p<0.01	

表4－70显示，在民营企业、国有企业和其他企业中环境波动性对双元创新平衡性都不存在显著的关系。因此所有研究命题都没有通过检验。环境波动性对双元创新联合性影响的不同产权统计汇总列示于表4－71中。

表4－71　环境波动性对双元创新联合性影响的不同产权统计表

	soes	prts	oths
	ducmb	ducmb	ducmb
cbnepu	0.663	0.077	0.083
	[1.12]	[0.76]	[0.97]
cbnepusq	－0.060	－0.017**	－0.017**
	[－1.28]	[－2.06]	[－2.15]
_cons	8.076	－0.591	1.626
	[1.05]	[－0.44]	[1.46]
N	272	4679	2479
r^2_w	0.144	0.183	0.206
r^2_b	0.045	0.001	0.014
r^2_o	0.086	0.058	0.073
N_g	72.000	708.000	286.000
chi^2	35.282	861.916	568.869

t statistics in brackets

* $p<0.1$　** $p<0.05$　*** $p<0.01$

表4－71显示，在民营企业、其他属性企业中环境波动性与双元创新联合性呈倒U关系，研究命题3b通过了检验。在国有企业中没有显著关系，其他研究命题都没有通过检验。

垄断异质性的检验。鉴于环境波动性对不同属性公司的四类数据存在不同的影响机制。本节继续探讨环境波动性对四类数据的影响。根据行业的垄断程度不同，将行业划分为垄断行业和非垄断行业。下面进行垄断行业和非垄断行业中环境波动性对四类数据的影响。环境波动性对双元创新垄断行业与非垄断行业的影响状况汇总列示于表4－72中。

表 4 – 72　　环境波动性对双元创新垄断异质性影响统计表

	mnp	nomnp	mnp	nomnp
	prat_w	prat_w	pita	pita
cbnepu	−0.060	0.049	0.130	0.009
	[−0.41]	[1.36]	[1.28]	[0.47]
cbnepusq	−0.007	−0.008 **	−0.019 **	−0.003 **
	[−0.53]	[−2.52]	[−1.97]	[−2.00]
_cons	1.000	0.147	−0.885	0.234
	[0.51]	[0.30]	[−0.68]	[0.90]
N	186	7244	186	7244
r^2_w	0.263	0.228	0.268	0.144
r^2_b	0.196	0.014	0.247	0.009
r^2_o	0.211	0.108	0.251	0.067
N_g	14.000	886.000	14.000	886.000
chi^2	60.637	1865.434	62.155	1067.078

t statistics in brackets

* p < 0.1　　** p < 0.05　　*** p < 0.01

表 4 – 72 显示，在非垄断行业中环境波动性与探索性创新呈倒 U 关系，研究命题 2a 通过了检验；在垄断行业不存在显著的关系，所有研究命题都没有通过检验。环境波动性与利用性创新不论是垄断行业还是非垄断行业都呈倒 U 关系，研究命题 2b 通过了检验。环境波动性双元创新的平衡性与联合性在垄断行业与非垄断行业的影响状况汇总列示于表 4 – 73 中。

表 4 – 73　　环境波动性对双元创新平衡性和联合性中垄断与否的影响

	mnp	nomnp	mnp	nomnp
	dubln	dubln	ducmb	ducmb
cbnepu	−0.144	0.008	0.071	0.130 **
	[−1.53]	[0.62]	[0.26]	[1.99]
cbnepusq	0.009	−0.002	−0.029	−0.019 ***
	[1.00]	[−1.47]	[−1.15]	[−3.47]

续表

	mnp	nomnp	mnp	nomnp
	dubln	dubln	ducmb	ducmb
_cons	-0.428	0.739***	1.273	0.421
	[-0.35]	[3.97]	[0.36]	[0.48]
N	138	5912	186	7244
r^2_w	0.125	0.017	0.270	0.187
r^2_b	0.002	0.016	0.239	0.001
r^2_o	0.116	0.011	0.244	0.071
N_g	14.000	870.000	14.000	886.000
chi^2	16.471	97.326	63.418	1435.415
t statistics in brackets				
* $p < 0.1$	** $p < 0.05$	*** $p < 0.01$		

表 4-73 显示，在非垄断行业中环境波动性与双元创新联合性呈倒 U 关系，研究命题 3b 通过了检验。在垄断行业中环境波动性的影响不显著，所有命题都没有通过检验。环境波动性与双元创新平衡性不存在显著的关系，所有命题都没有通过检验。

专精特新异质性的考察。环境波动性对探索性创新和利用性创新在专精特新异质性中的影响汇总列示于表 4-74 中。

表 4-74　环境波动性对探索性、利用性创新在专精特新异质性中的影响

	splz	nosplz	splz	nosplz
	prat_w	prat_w	pita	pita
cbnepu	0.126	0.030	0.027	0.007
	[1.34]	[0.80]	[0.58]	[0.31]
cbnepusq	-0.011	-0.007**	-0.004	-0.003*
	[-1.44]	[-2.15]	[-1.08]	[-1.92]
_cons	0.088	0.151	-0.125	0.286
	[0.07]	[0.30]	[-0.20]	[1.03]
N	1412	6018	1412	6018
r^2_w	0.195	0.236	0.166	0.143

续表

	splz	nosplz	splz	nosplz
	prat_w	prat_w	pita	pita
r^2_b	0.029	0.018	0.004	0.016
r^2_o	0.123	0.109	0.073	0.072
N_g	177.000	723.000	177.000	723.000
chi^2	297.665	1635.330	238.302	888.683
t statistics in brackets				
* p<0.1	** p<0.05	*** p<0.01		

在非专精特新公司中环境波动性与探索性创新和利用性创新都呈倒U关系，研究命题2a和2b通过了检验。在专精特新公司中环境波动性与探索性创新和利用性创新不存在显著的关系，所有研究命题都没有通过检验。环境波动性对双元创新的平衡性和联合性在专精特新异质性中的影响汇总列示于表4－75中。

表4－75　环境波动性对平衡性和联合性在专精特新异质性中的影响

	splz	nosplz	splz	nosplz
	dubln	dubln	ducmb	ducmb
cbnepu	0.041	-0.006	0.204	0.112
	[1.27]	[-0.43]	[1.22]	[1.63]
cbnepusq	-0.005 *	-0.000	-0.024 *	-0.019 ***
	[-1.77]	[-0.39]	[-1.70]	[-3.15]
_cons	1.053 **	0.600 ***	0.218	0.506
	[2.31]	[2.98]	[0.10]	[0.55]
N	1118	4932	1412	6018
r^2_w	0.032	0.018	0.166	0.193
r^2_b	0.003	0.013	0.007	0.004
r^2_o	0.011	0.012	0.081	0.075
N_g	172.000	712.000	177.000	723.000
chi^2	29.470	85.138	238.380	1254.336
t statistics in brackets				
* p<0.1	** p<0.05	*** p<0.01		

环境波动性对双元创新平衡性的影响，仅在专精特新行业中存在倒U关系，研究命题3a通过了检验。在非专精特新行业中不存在显著的关系，所有研究命题都没有通过检验。环境波动性对双元创新的联合性影响中，不管是专精特新还是非专精特新行业都呈倒U关系，研究命题3b通过了检验。

（7）生命周期视角的考察

根据生命周期的基本观点，不同生命周期企业具有不同的现金流特征，下面探讨不同生命阶段公司规模对双元创新的影响问题。首先分析环境波动性对探索性创新的影响，实证检验结果汇总于表4-76中。

表4-76　不同生命周期下环境波动性对探索性创新的影响统计表

	grw	mtu	rcs
	prat_w	prat_w	prat_w
cbnepu	-0.025	0.094	0.090
	[-0.47]	[1.47]	[1.04]
cbnepusq	-0.002	-0.012**	-0.014*
	[-0.35]	[-2.11]	[-1.87]
_cons	-1.019	1.616*	0.650
	[-1.49]	[1.74]	[0.57]
N	3687	2286	1457
r^2_w	0.249	0.211	0.189
r^2_b	0.032	0.068	0.075
r^2_o	0.113	0.089	0.140
N_g	892.000	741.000	587.000
chi^2	935.124	460.844	251.338

注：Standard errors in brackets, * p<0.10, ** p<0.50, *** p<0.01。

表4-76数据显示，在成熟期和衰退期，环境波动性与探索性创新呈倒U关系，研究命题2a通过了检验。在成长期，环境波动性与探索性创新不存在显著关系，所有研究命题都没有通过检验。不同生命周期下，环境波动性对利用性创新的影响汇总列示于表4-77中。

表 4 - 77　　不同生命周期下环境波动性对利用性创新的影响表

	grw	mtn	rcs
	pita	pita	pita
cbnepu	-0.029	0.064 *	-0.000
	[-0.98]	[1.85]	[-0.01]
cbnepusq	-0.001	-0.008 **	-0.004
	[-0.28]	[-2.56]	[-0.87]
_cons	-0.386	1.025 **	0.243
	[-1.03]	[2.04]	[0.40]
N	3687	2286	1457
r^2_w	0.159	0.140	0.129
r^2_b	0.022	0.044	0.046
r^2_o	0.067	0.070	0.090
N_g	892.000	741.000	587.000
chi^2	532.135	283.526	158.176
t statistics in brackets			
* $p<0.1$	** $p<0.05$	*** $p<0.01$	

表 4 - 77 数据显示，在成熟期，环境波动性与利用性创新呈倒 U 关系，研究命题 2a 通过了检验。在成长期与衰退期，环境波动性与利用性创新不存在显著关系，所有研究命题都没有通过检验。不同生命周期下环境波动性对双元创新平衡性的影响汇总列示于表 4 - 78 中。

表 4 - 78　　不同生命周期下环境波动性对双元创新平衡性的影响表

	grw	mtn	rcs
	dubln	dubln	dubln
cbnepu	-0.009	0.013	-0.012
	[-0.43]	[0.54]	[-0.34]
cbnepusq	-0.001	-0.002	0.000
	[-0.47]	[-1.00]	[0.01]
_cons	0.572 **	0.039	1.211 ***
	[2.16]	[0.11]	[2.60]

续表

	grw	mtn	rcs
	dubln	dubln	dubln
N	2996	1875	1179
r²_w	0.029	0.010	0.035
r²_b	0.005	0.022	0.043
r²_o	0.017	0.013	0.023
N_g	821.000	684.000	530.000
chi²	68.448	24.069	38.930
t statistics in brackets			
* $p < 0.1$	** $p < 0.05$	*** $p < 0.01$	

表4－78数据显示，在成长期、成熟期、衰退期，环境波动性与双元创新平衡性都不存在显著关系，所有研究命题都没有通过检验。不同生命周期下环境波动性对双元创新联合性的影响汇总列示于表4－79中。

表4－79　　不同生命周期下环境波动性对双元创新联合性的影响表

	grw	mtn	rcs
	ducmb	ducmb	ducmb
cbnepu	0.005	0.216*	0.140
	[0.05]	[1.83]	[0.87]
cbnepusq	−0.009	−0.027***	−0.025*
	[−1.09]	[−2.68]	[−1.81]
_cons	−0.872	3.030*	0.649
	[−0.70]	[1.76]	[0.31]
N	3687	2286	1457
r²_w	0.192	0.178	0.170
r²_b	0.015	0.027	0.057
r²_o	0.076	0.063	0.106
N_g	892.000	741.000	587.000
chi²	657.360	349.940	213.200
t statistics in brackets			
* $p < 0.1$	** $p < 0.05$	*** $p < 0.01$	

表4－79数据显示，在成熟期和衰退期，环境波动性与双元创新联合性呈倒U关系，研究命题3b通过了检验。在成长期，环境波动性与双元创新联合性不存在显著关系，所有研究命题都没有通过检验。

（8）稳健性检验

本节采用替换解释变量的衡量方法进行稳健性检验。将cbnepu指数替换为tpu指数进行检验，其结论比较稳健。回归结果汇总于表4－80中。

表4－80　稳健性检验汇总表

prat_w	Coef.	St. Err.	t－value	p－value	［95% Conf	Interval］	Sig
gdppercptcp	0.269	0.015	17.58	0.000	0.239	0.299	***
laggindex	－0.006	0.005	－1.17	0.243	－0.017	0.004	
dsmsalary_w	0.040	0.005	8.05	0.000	0.030	0.049	***
capaccum_w	－0.228	0.040	－5.68	0.000	－0.307	－0.150	***
csdvpshbtax_w	－0.482	0.1.000	－4.81	0.000	－0.679	－0.286	***
cfopibd_w	－0.002	0.001	－1.93	0.054	－0.004	0.000	*
indrcrat_w	0.000	0.001	－0.45	0.651	－0.002	0.002	
hhi_sale_w	－3.387	9.164	－0.37	0.712	－21.347	14.574	
sizeast_w	0.002	0.004	0.43	0.670	－0.006	0.009	
astgrw_w	0.186	0.059	3.15	0.002	0.070	0.301	***
tpu	0.001	0.000	2.20	0.028	0.000	0.002	**
tpusqr	－0.000	0.000	－3.19	0.001	0.000	0.000	***
Constant	0.490	0.532	0.92	0.358	－0.554	1.533	

Mean dependent var	1.717	SD dependent var	1.379
Overall r－squared	0.105	Number of obs	7430
Chi－square	1879.320	Prob > chi^2	0.000
R－squared within	0.225	R－squared between	0.011

注：*** $p<0.01$，** $p<0.05$，* $p<0.1$。

表4－80显示，人均GDP不变价格和探索性创新正相关，管理层薪酬与探索性创新正相关，资本密集度与探索性创新负相关，每股税前现金股利与探索性创新负相关，总资产增长率与探索性创新负相关解释变量一次方与探索性创新正相关，解释变量的二次项与探索性创新负相关。因此，

环境波动性与探索性创新之间的倒U关系得到了检验。本节又实施了改变时间窗口，采取负二项分布法进行稳健性检验。改变时间窗口法将时间范围界定在刨除金融危机和新冠疫情后时间段内进行检验。鉴于被解释变量出现聚集分布、过度离散，方差大于均值的情形，采用负二项分布法检验。上述两种检验比较稳定。由于版面所限没有列出实证结果。

4.3.4 研究结论

环境波动性与探索性创新呈倒U关系，环境波动性与利用性创新呈现倒U关系。环境波动性与双元创新联合性呈倒U关系，环境波动性与双元创新平衡性不存在显著的关系。

产权异质性检验表明在国有企业、民营企业、其他企业中，环境波动性与探索性创新都不存在显著的关系。在民营企业、国有企业、其他企业中，环境波动性与利用性创新都不存在显著的关系。在民营企业、国有企业和其他企业中环境波动性与双元创新平衡性都不存在显著的关系。在民营企业、其他属性企业中，环境波动性与双元创新联合性呈倒U关系，在国有企业中没有显著关系。

垄断异质性的检验结果是，在非垄断行业中环境波动性与探索性创新呈倒U关系；在垄断行业不存在显著关系。环境波动性与利用性创新不论是垄断行业还是非垄断行业都呈倒U关系。在非垄断行业中环境波动性与双元创新联合性呈倒U关系；在垄断行业中环境波动性的影响不显著。环境波动性与双元创新平衡性不存在显著关系。

专精特新异质性的考察结论是，在非专精特新公司中环境波动性与探索性创新和利用性创新都呈倒U关系；在专精特新公司中环境波动性与探索性创新和利用性创新都不存在显著关系。环境波动性对双元创新平衡性的影响是仅在专精特新行业中存在倒U关系，在非专精特新行业中不存在显著关系。环境波动性对双元创新的联合性影响中，不管是专精特新还是非专精特新行业都呈现倒U关系。

生命周期理论视角的探索发现，在成熟期和衰退期，环境波动性与探索性创新呈倒U关系。在成长期，环境波动性与探索性创新不存在显著关系。在成熟期，环境波动性与利用性创新呈倒U关系。在成长期与衰退期，环境波动性与利用性创新不存在显著关系。在成长期、成熟期、衰退期，环境波动性与双元创新平衡性不存在显著关系。在成熟期和衰退期，环境波动性与双元创新联合性呈倒U关系。在成长期，环境波动性与双元创新联合性不存在显著关系。

4.4 简短结论

本章从两个角度衡量解释变量——环境波动性，从四个维度衡量被解释变量——双元创新，构建了双元创新平衡性指标稳健性检验的指标——探索性创新除以利用性创新之商再取反正切函数，进行实证检验。分别从全板块公司、主板公司和创业板公司展开探讨。

4.4.1 全板块公司的研究结论

环境波动性与探索性创新、利用性创新、双元创新平衡性、双元创新联合性都呈倒U关系。本章又从产权异质性、垄断异质性、专精特新异质性以及生命周期视角进行实证检验。产权异质性检验表明，环境波动性在民营企业中与探索性创新呈倒U关系，在国有企业、民营企业中与利用性创新呈倒U关系，在民营企业中与双元创新平衡性呈倒U关系，在国有企业、民营企业中与双元创新联合性呈倒U关系；在其他情况下不存在显著关系。

垄断异质性检验的结论是，在非垄断行业中，环境波动性与探索性创新呈倒U关系；不论垄断与否，环境波动性与利用性创新都呈倒U关系。在非垄断行业中，与双元创新平衡性存在倒U关系；在垄断行业中不存在显著的关系。在非垄断行业中，与双元创新联合性存在倒U关系；在垄断行业中不存在显著的关系。专精特新异质性表明，在非专精特新企业中，环境波动性与探索性创新、利用性创新呈倒U关系。无论专精特新与否，与双元创新联合性、双元创新平衡性呈现倒U关系。

生命周期异质性表明，只有在成长期，环境波动性与探索性创新负相关；在三个阶段中，都与利用性创新呈倒U关系；在衰退期与双元创新平衡性负相关，在成长期，环境波动性与双元创新平衡性、双元创新联合性呈U形关系；其他生命阶段都不存在显著的关系。

4.4.2 主板公司的结论

环境波动性与探索性创新负相关，与利用性创新、双元创新平衡性、双元创新联合性都呈倒U关系。产权异质性检验认为，环境波动性在民营企业中与探索性创新呈倒U关系，在其他属性的企业中呈U形关系。在国有、民营企业中与利用性创新呈倒U关系。在民营企业中与双元创新平衡性呈倒U关系。在国有、民营企业中，与双元创新联性合呈倒U关系，在其他情况下都不存在显著关系。垄断异质性检验表明，不论垄断与否，与探索性创新都不存在显著关系。不论垄断与否，与利用性创新都呈倒U关系。环境波动性与非垄断行业中的双元创新平衡性呈倒U关系；环境波动性与非垄断行业的双元创新联合性存在倒U关系；在垄断行业中不存在显著的关系。

专精特新异质性表明，不论专精特新与否，环境波动性与探索性创新都不存在显著关系。在非专精特新公司中环境波动性与利用性创新呈倒U关系；在非专精特新公司中，与双元创新平衡性呈倒U关系；在专精特新公司中，与双元创新平衡性不存在显著的关系。在非专精特新公司中环境波动性与双元创新联合性呈倒U关系；在专精特新公司中，与双元创新联合性不存在显著的关系。生命周期异质性表明，只有在成长期环境波动性与探索性创新负相关，与利用性创新呈倒U关系，与双元创新平衡性呈倒U关系，在衰退期，与双元创新平衡性负相关；在成长期，与双元创新联合性呈倒U关系；其他生命阶段都不存在显著关系。

4.4.3 创业板公司的结论

环境波动性与探索性创新、利用性创新、双元创新联合性呈倒 U 关系，与双元创新平衡性不存在显著关系。产权异质性检验认为，不管在哪种产权的公司中，与探索性创新、利用性创新、双元创新平衡性都不存在显著的关系。在其他属性企业、民营企业中，环境波动性与双元创新联合性呈倒 U 关系。垄断异质性的检验结果是，在非垄断行业中，环境波动性与探索性创新呈倒 U 关系；不论是垄断与否，与利用性创新都呈倒 U 关系。在非垄断行业中，与双元创新联合性呈倒 U 关系；环境波动性与双元创新平衡性不存在显著关系。专精特新异质性表明，在非专精特新公司中，与探索性创新和利用性创新都呈倒 U 关系；环境波动性对双元创新平衡性的影响是仅在专精特新行业中存在倒 U 关系。不管专精特新与否，与双元创新的联合性呈倒 U 关系。生命周期异质性表明，在成熟期和衰退期，环境波动性与探索性创新呈倒 U 关系，在成熟期环境波动性与利用性创新呈倒 U 关系，在成熟期、衰退期，与双元创新联合性呈倒 U 关系。其他情况下都不存在显著关系。

第5章 双元创新的中介效应

本书第4章检验表明环境波动性对全样本公司、主板公司、创业板公司的双元创新存在着复杂的影响。那么，环境波动性是通过哪些途径影响双元创新的？本章利用中介效应探讨环境波动性通过企业家信心、管理层持股两个渠道影响双元创新的机制。

5.1　全板块公司企业家信心的中介效应

企业家是市场运行的驱动力（Mises，1949），企业家精神是技术进步的关键，也是经济增长的引擎（Blau，1987；Aghion & Howitt，1992；Baumol，1994）。改革开放40多年来，中国经济取得了举世瞩目的成就，而企业家在此过程中成为了攻坚力量。

2017年9月8日，中共中央国务院发布的《关于营造企业家健康成长环境　弘扬优秀企业家精神　更好发挥企业家作用的意见》是新中国成立以来首次以国家文件的形式强调企业家精神的地位和作用。党的十九届五中全会、2020年中央经济工作会议和2020年企业家座谈会都多次强调弘扬企业家精神，发挥企业家在创新中的重要作用；要求保护好市场主体，激发市场主体活力。2022年中央经济工作会议要求，从战略全局出发，从改善社会心理预期、提振发展信心入手，纲举目张做好工作。2023年年初，政府工作报告再次强调大力提振市场信心问题。但是，2019年年底暴发的新冠疫情席卷了整个世界，全球经济遭到重大创伤，环境波动性持续攀升，企业家信心备受打击，在此背景下，探讨提升企业家信心也是世界性的话题，更具有现实意义。

传统的创新决策分析是在管理者理性条件下展开的，采用效用最大化或期权博弈的思路，探讨不确定性对企业创新决策的影响。很遗憾，传统的创新决策理论忽略了不确定性对企业创新决策的主体——企业家信心及其决策行为的影响①。因此在分析环境波动性对企业双元创新的影响机制时，本节内容有必要将企业家信心这一变量囊括进去。

5.1.1 理论分析与研究命题

信心，心理学认为是一种积极预期，将支持未来的风险行为，是对经济前景的一种情绪化的心理感知。信心是企业家从事生产经营的理念支撑，必然会影响到企业家的经营决策。由于企业家的创新具有不确定性，因此企业家需要意念支撑（顾远东和彭纪生，2011）。有了信心，企业家才会进行创新的尝试，这为取得成功奠定基础。如果没有信心，将不会进行创新尝试（于海云、赵增耀、李晓钟，2013）。

企业家信心能降低企业家风险感知（Berden et al.，2001）和提高企业的风险接受程度，信心低的企业家具有夸大风险的倾向，不愿创新，选择保守或者防御战略。企业家信心可以改变企业获取资源的方式，改善资源分配的效率。信心高的企业家能向利益相关方传递积极的发展愿望，感动外部商业网络的支持者，获得更多的商业机会，突破现有资源匮乏的限制。信心高的企业家往往具有百折不挠的精神和奋发向上的意志，比如褚时健等企业家。企业家信心指数先行于经济走势，具有经济景气的先导作用，反映了企业家对未来经济形势的看法或者判断。因此本节提出第一个研究命题。

研究命题1：企业家信心正向影响双元创新，即存在下述四个分命题。

研究命题1a：企业家信心正向影响探索性创新。

① Sitkin，S. B.，Weingart，L. R，1995. Determinants of risky decisin - making behavior of the mediating role perceptions and propercity［J］. Academy of Management Journal，38（6）：1573 - 1592.

研究命题1b：企业家信心正向影响利用性创新。

研究命题1c：企业家信心正向影响双元创新平衡性。

研究命题1d：企业家信心正向影响双元创新联合性。

但是，企业家信心对双元创新的影响并非只是正向作用，企业家信心过高，对经济未来发展状况的过高估计会轻信双元创新的外部条件，盲目乐观，过高的主观信心会带来双元创新的负面发展。因此。企业家信心与双元创新也存在负向影响。因此，本节提出第二个研究命题。

研究命题2：企业家信心与双元创新负相关，即存在下述四个分命题。

研究命题2a：企业家信心负向影响探索性创新。

研究命题2b：企业家信心负向影响利用性创新。

研究命题2c：企业家信心负向影响双元创新平衡性。

研究命题2d：企业家信心负向影响双元创新联合性。

5.1.2　研究设计

(1) 变量选取

被解释变量。本节分别用探索性创新、利用性创新、双元创新平衡性、双元创新联合性四个指标来衡量企业的双元创新。具体衡量方法详见第4章，此处不再赘述。

中介变量。企业家信心指数是根据企业负责人对本企业综合生产经营情况的判断与预期而编制的指数，用以综合反映企业的生产经营状况，综合反映企业家对宏观经济的看法和信心。本节采用东方财富网站公布的历年企业家信心指数来衡量企业家信心。此处用季度数据的平均数来计算年度企业家信心指数，具体如公式（5－1）所示。

$$crpcfidx_i = \frac{crpcfidx_1 + crpcfidx_2 + crpcfidx_3 + crpcfidx_4}{4} \qquad (5-1)$$

公式（5－1）中：$crpcfidx_i$ 表示第 i 年的年度企业家信心指数，$crpcfidx_1$—$crpcfidx_4$ 表示某年份一年四季对应的企业家信心季度指数。

控制变量。本节主要从宏观、中观、微观层面三个角度来控制公司企业家信心对双元创新的影响，即从国家层面、行业层面和公司层面来选择控制变量。国家层面选用人均GDP不变价格，行业层面选用赫芬达尔—赫希曼指数来反映行业竞争状况，公司层面选用高管薪酬、资本密集度、每股税前现金股利、独立董事比率、公司规模、总资产增长率、经营活动现金流带息债务比作为控制变量。本节内容所涉及的被解释变量、解释变量以及控制变量的选取与衡量汇总在表5-1中。

表5-1　变量定义与衡量表

变量类型	变量符号	变量名称	变量说明
被解释变量	prat	探索性创新	申请发明专利加1取自然对数
	pita	利用性创新	申请实用新型、外观设计专利之和加1后取自然对数
	dubln	双元创新平衡性1	公式（4-1）计算方法
	duatan	双元创新平衡性2	公式（4-2）计算方法，稳健性检验用
	ducmb	双元创新联合性	公式（4-3）计算方法
解释变量	cbnepu	环境波动性	EPU指数
中介变量	crpcfidx	企业家信心	公式（5-1）的计算方法
控制变量	gdppercptcp	人均GDP不变价格	GDP的不变价格/人口总数
	hhi_sale	赫芬达尔—赫希曼指数	某公司销售额占本行业销售额之比的平方
	astgrw	总资产增长率	（期末总资产-期初总资产）/期初总资产
	capaccum	资本密集度	总资产/营业收入
	csdvpshbtax	每股税前现金股利	每股派息税前数额
	indrcrat	独立董事比率	独立董事占董事的比重
	sizeast	公司规模	总资产的自然对数
	dsmsalary	高管薪酬	高管薪酬
	cfopibd	经营活动现金流带息债务比	经营活动现金净流量/带息债务

表5-1中，公司申请的专利是综合考虑母公司、子公司专利数据后得到的集团公司数据，并且该数据已经涵盖本集团公司单独申请的以及与其他公司联合申请的专利。人均GDP不变价格是以1996年不变价格计算的2007年到2020年的每年人均GDP数据。

（2）模型设定

本节重在探讨企业家信心对双元创新的影响，在控制一些宏观指标如人均 GDP 不变价格后，构建的计量模型如公式（5-2）—公式（5-4）所示。

$$\begin{aligned} prat_{i,t} = {} & \alpha_0 + \alpha_1 gdppercptcp_t + \alpha_3 hhi\_sale_t + \alpha_3 astgrw_{i,t} \\ & + \alpha_4 capaccum_{i,t} + \alpha_5 csdvpshbtax_{i,t} + \alpha_6 indrcrat_{i,t} + \alpha_7 sizeast_{i,t} \\ & + \alpha_8 dsmsalary_{i,t} + \alpha_9 cfopibd_{i,t} + \alpha_{10} crpcfidx_t + \varepsilon \end{aligned} \tag{5-2}$$

$$\begin{aligned} crpcfidx_{i,t} = {} & \beta_0 + \beta_1 gdppercptcp_t + \beta_2 hhi\_sale_t + \beta_3 astgrw_{i,t} \\ & + \beta_4 capaccum_{i,t} + \beta_5 csdvpshbtax_{i,t} + \beta_6 indrcrat_{i,t} \\ & + \beta_7 sizeast_{i,t} + \beta_8 dsmsalary_{i,t} + \beta_9 cfopibd_{i,t} + \varepsilon \end{aligned} \tag{5-3}$$

$$\begin{aligned} prat_{i,t} = {} & \gamma_0 + \gamma_1 gdppercptcp_t + \gamma_3 hhi\_sale_t + \gamma_3 astgrw_{i,t} \\ & + \gamma_4 capaccum_{i,t} + \gamma_5 csdvpshbtax_{i,t} + \gamma_6 indrcrat_{i,t} + \gamma_7 sizeast_{i,t} \\ & + \gamma_8 dsmsalary_{i,t} + \gamma_9 cfopibd_{i,t} + \gamma_{10} crpcfidx_t + \varepsilon \end{aligned} \tag{5-4}$$

公式（5-2）到公式（5-4）各变量的含义与表5-1中变量的含义一致。需要说明的是，被解释变量在本节中采用不同的指标，在进行实证检验时，会采用探索性创新、利用性创新、双元创新平衡性、双元创新联合性进行替代。

（3）样本选择

本节主要考察主板公司和创业板公司的企业家信心对双元创新的影响，对2007—2020年两大板块上市公司的年度财务报告进行了全面、仔细的调查和统计，并进行筛选。本节剔除了金融业、房地产业、其他金融业的公司；剔除 ST、*ST、PT 公司，删除 B 股公司；删除连续上市不满两年的公司，删除数据缺失严重的公司；删除资产负债率大于 1 的公司；最终得到 3276 家公司 14 年的非平衡面板数据，公司—年度的观测个数是 30532。双元创新数据主要来自手工收集，其他数据均来自 RESSET 金融研究数据库、CNRDS 数据库、CSMAR 数据库、Wind 数据库、公司官方网站以及 2007—2021 年《中国统计年鉴》。

5.1.3 实证检验

（1）主要变量的描述性统计

本节涉及的主要变量的描述性统计汇总列示于表5－2中。样本公司的探索性创新在2007年到2020年，均值是1.666，最小值是0.000，最大值是9.038，标准差是1.546，其波动性较大。偏度和峰度数据显示探索性创新的总数呈右偏高峰状态。样本公司的利用性创新在2007年到2020年，均值是2.264，最小值是0.000，最大值是16.205，标准差是2.371，其波动性较大。偏度和峰度数据显示样本公司的利用性创新呈现出右偏高峰的状态。双元创新平衡性指数在2007年到2020年，平均值是0.559，最小值是0.000，最大值是1.000，标准差是0.323，其波动性较大。偏度和峰度数据显示双元创新平衡性呈左偏厚尾状态。双元创新联合性在2007年到2020年的均值是2.328，最小值是0.000，最大值是16.651，标准差是2.942，其波动性较大。偏度和峰度数据显示双元创新联合性指数呈右偏高峰状态。企业家信心指数的均值是121.237，最小值是110.225，最大值是141.925，标准差是7.715。偏度和峰度显示该变量呈右偏略高峰状态分布。

表5－2　　关键变量的描述性统计表

Variables	Obs	Mean	Std. Dev.	Min	Max	Skew.	Kurt.
prat	30532	1.666	1.546	0.000	9.038	0.725	3.163
pita	30532	2.264	2.371	0.000	16.205	1.186	4.55
dubln	23125	0.559	0.323	0.000	1.000	－0.803	2.284
ducmb	30532	2.328	2.942	0.000	16.651	1.575	5.579
gdppercptcp	30532	4.617	1.500	1.825	6.446	－0.393	1.870
laggindex	30532	97.075	2.637	92.140	102.000	－0.321	2.462
dsmsalary	30532	14.420	3.520	0.000	18.945	－3.664	15.210
capaccum	30532	0.204	1.455	－190.383	57.456	－69.690	9841.335
csdvpshbtax	30532	0.113	0.296	0.000	19.293	26.971	1337.597
cfopibd	30532	139.417	21818.877	－19650.893	3809612	174.332	30437.110

续表

Variables	Obs	Mean	Std. Dev.	Min	Max	Skew.	Kurt.
indrcrat	30532	36.987	12.759	0.000	100.000	-1.040	5.477
hhi_sale	30532	0.003	0.006	0.001	0.250	13.988	436.077
sizeast	30532	19.576	6.993	0.000	28.636	-2.343	6.807
astgrw	30532	0.183	0.704	-1.000	72.521	44.916	3949.693
crpcfidx	30532	121.237	7.715	110.225	141.925	0.586	3.185

公司规模的均值是 19.576，最小值是 0.000，最大值是 28.636，标准差是 6.993，说明公司规模存在较大差异。偏度和峰度数据显示公司规模呈现非正态分布状态。人均 GDP 不变价格的均值是 4.617，最小值是 1.825，最大值是 6.446，标准差是 1.500。说明人均 GDP 不变价格在观测期内具有一定的波动性。人均 GDP 不变价格的偏度和峰度数据显示其呈左偏厚尾型分布。经济景气指数的均值是 97.075，最小值是 92.140，最大值是 102.000，标准差是 2.637，经济景气指数的均值小于 100，说明观察期内整体宏观经济不景气，宏观经济状况有待提高。据测算变异系数是 0.027，说明经济景气指数在观测期内波动性不大，宏观经济的弹性不大。经济景气指数的偏度和峰度数据显示其呈左偏厚尾型分布。

每股税前现金股利以及赫芬达尔—赫希曼指数的波动性较大，说明公司间存在明显的差异，并且都呈右偏高峰分布状态。资本密集度和独立董事比率的波动性较大，都呈左偏高峰分布状态。高管薪酬的均值是 14.420，最小值是 0.000，最大值是 18.945，标准差是 3.520，说明公司间存在较大差异；偏度和峰度数据显示高管薪酬呈现左偏高峰。经营活动现金流带息债务比的均值是 139.417，最小值是 -19650.893，最大值是 3809612，标准差是 21818.877，公司间存在较大差异；偏度和峰度数据显示其呈现右偏高峰状态。总资产增长率的均值是 0.183，最小值是 -1.000，最大值是 72.521，标准差是 0.704，偏度和峰度显示该变量呈右偏高峰状态分布。

(2) 面板数据的组间差异与组内差异分析

在进行描述性分析之后，本节继续探讨面板数据的组内差异和组间差异问题，探索性创新、利用性创新、双元创新平衡性、双元创新联合性以及企业家信心指标的组内差异和组间差异汇总列示于表 5-3 中。

表 5－3　　　　主要变量的组内差异与组间差异统计表

Variables		Mean	Std. Dev.	Min	Max	Observations
prat	overall	1. 666	1. 546	0. 000	9. 038	N = 30532
	between		1. 215	0. 000	8. 136	n = 3276
	within		0. 933	－4. 430	7. 224	T = 9. 320
pita	overall	2. 264	2. 371	0. 000	16. 205	N = 30532
	between		1. 935	0. 000	15. 266	n = 3276
	within		1. 361	－6. 956	11. 786	T = 9. 320
dubln	overall	0. 559	0. 323	0. 000	1. 000	N = 23125
	between		0. 240	0. 000	0. 996	n = 3129
	within		0. 252	－0. 257	1. 418	T = 7. 320
ducmb	overall	2. 328	2. 942	0. 000	16. 651	N = 30532
	between		2. 365	0. 000	16. 315	n = 3276
	within		1. 713	－9. 337	14. 838	T = 9. 320
crpcfidx	overall	121. 237	7. 715	110. 225	141. 925	N = 30532
	between		1. 582	117. 609	127. 063	n = 3276
	within		7. 572	107. 423	142. 441	T = 9. 320

表 5－3 显示，探索性创新的组内差异即每个上市公司在 14 年间的时间差异的标准差是 0. 933，组间差异即 3276 家上市公司在 14 年间的个体差异标准差是 1. 215，说明 3276 家上市公司在 14 年间的年度波动（纵向波动）小于每个上市公司之间的波动（横向波动）。利用性创新的组内差异即每个上市公司在 14 年间的时间差异的标准差是 1. 361，组间差异即 3276 家上市公司在 14 年间的个体差异标准差是 1. 935，说明 3276 家上市公司在 14 年间的年度波动（纵向波动）小于每个上市公司之间的波动（横向波动）。双元创新平衡性指标的组内差异即每个上市公司在 14 年间的时间差异的标准差是 0. 252，组间差异即 3129 家上市公司在 14 年间的个体差异标准差是 0. 240，说明 3129 家上市公司在 14 年间的年度波动（纵向波动）大于每个上市公司之间的波动（横向波动）。双元创新联合性指标的组内差异即每个上市公司在 14 年间的时间差异的标准差是

1.713，组间差异即3276家上市公司在14年间的个体差异标准差是2.365，说明3276家上市公司在14年间的年度波动（纵向波动）小于每个上市公司之间的波动（横向波动）。

企业家信心指数的组内差异即每个上市公司在14年间的时间差异的标准差是7.572，组间差异即3276家上市公司在14年间的个体差异标准差是1.582，说明3276家上市公司在14年间的年度波动（纵向波动）大于每个上市公司之间的波动（横向波动）。

（3）主要变量的进一步描述分析

本节利用柱状图来展示企业家信心的时间趋势，具体如图5－1所示。从图5－1可知，企业家信心变化幅度不大，在2009年第一季度和2020年第一季度出现历史新低，其余变动不大，总体趋势是一路走低。

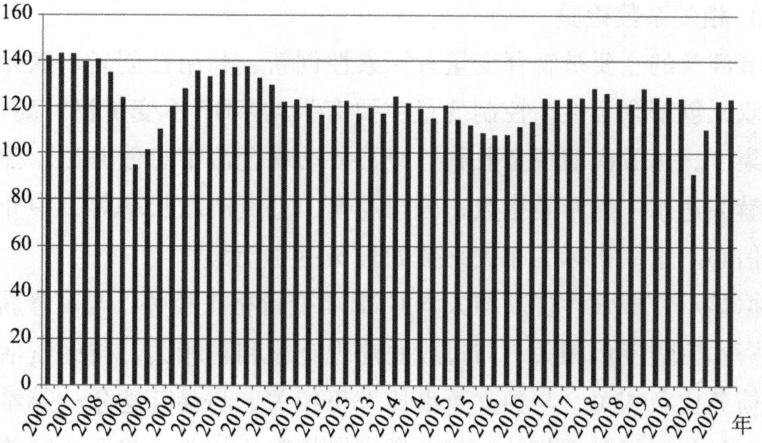

图5－1　企业家信心2007—2020年时间趋势图

除了利用时间趋势图分析企业家信心的走势外，本节继续采用核密度函数图来揭示企业家信心的分布状况。企业家信心的核密度函数分布情况如图5－2所示。

由图5－2可知，企业家信心呈现双峰并峙的现象，第一个高峰位于（112，0.42）处，第二个高峰位于（123，0.65）处，整体呈现高峰右偏分布局面。

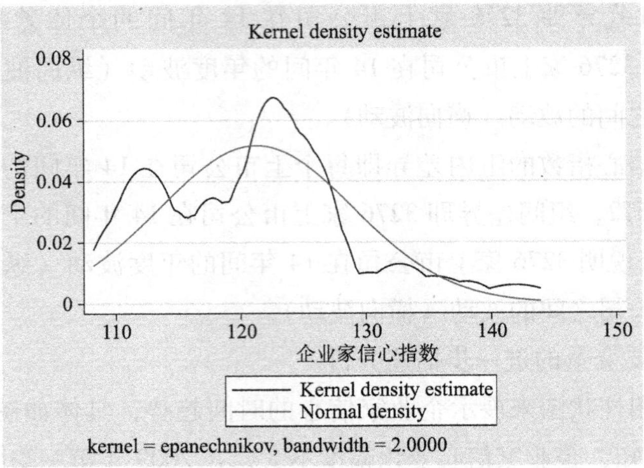

图 5－2　企业家信心核密度图

（4）相关系数检验

本节涉及的主要被解释变量有探索性创新、利用性创新、双元创新平衡性、双元创新联合性，控制变量主要有人均 GDP 不变价格、高管薪酬、资本密集度、每股税前现金股利、经营活动现金流带息债务比、独立董事比率、赫芬达尔—赫希曼指数、公司规模、总资产增长率等，中介变量是企业家信心。这些指标的相关系数如表 5－4 所示。

数据显示，探索性创新与人均 GDP 不变价格正相关，与高管薪酬正相关，与资本密集度负相关，与每股税前现金股利正相关，与经营活动现金流带息债务比负相关，与独立董事比率正相关，与赫芬达尔—赫希曼指数负相关，与公司规模正相关，与总资产增长率负相关，与企业家信心负相关。这些相关系数只是任意两个变量之间的相关系数（在增加控制变量之后，其相关系数的符号有可能发生改变），并且任意两个变量之间相关系数的绝对值没有高于 0.318。说明变量之间不存在多重共线性问题，可以进行下一步的实证检验。

为了稳健起见，现在进行各变量的方差膨胀因子检验，检验结果如表 5－5 所示。

表 5－5 显示，主要变量方差膨胀因子数据小于 10，各变量之间不存在多重共线性，可以进行下一步的实证检验。

表5-4　　主要变量相关系数矩阵表

Variables	(1)	(2)	(3)	(4)	(5)	(6)	(7)	(8)	(9)	(10)	(11)
(1) prat_w	1.000										
(2) gdppercptcp	0.270	1.000									
(3) dsmsalary	0.156	0.148	1.000								
(4) capaccum	-0.025	-0.061	-0.033	1.000							
(5) csdvpshbtax	0.029	0.052	0.027	0.061	1.000						
(6) cfopibd	-0.007	0.005	0.002	-0.001	-0.001	1.000					
(7) indrcrat	0.069	-0.066	0.318	0.002	-0.001	0.008	1.000				
(8) hhi_sale	-0.052	-0.019	-0.035	-0.006	-0.035	-0.003	-0.019	1.000			
(9) sizeast	0.073	0.122	0.239	0.031	0.102	0.001	0.093	-0.049	1.000		
(10) astgrw	-0.020	-0.063	-0.034	0.308	0.081	-0.003	-0.007	-0.005	0.065	1.000	
(11) crpcfidx	-0.105	-0.396	-0.044	0.036	-0.001	0.002	-0.081	0.008	-0.044	0.042	1.000

表5-5　　主要变量方差膨胀因子表

Variable	capaccum	astgrw	gdppercptcp	dsmsalary	crpcfidx	indrcrat	csdvpshbtax	sizeast	cfopibd	hhi_sale
VIF	3.58	3.57	1.28	1.21	1.21	1.15	1.15	1.11	1.05	1.01
Mean VIF					1.63					

（5）基准检验

本节控制了宏观因素的人均 GDP 不变价格，行业层面的行业垄断系数，以及公司层面的高管薪酬、资本密集度、每股税前现金股利、经营活动现金流带息债务比、总资产增长率、公司规模、独立董事比率指标后，采用广义最小二乘法随机模型进行检验，企业家信心对探索性创新的影响状况汇总于表 5－6 中。

表 5－6　　企业家信心对探索性创新的基准回归表

prat_w	Coef.	St. Err.	t－value	p－value	[95% Conf	Interval]	Sig
gdppercptcp	0.317	0.004	75.50	0.000	0.308	0.325	***
dsmsalary_w	0.035	0.002	15.42	0.000	0.030	0.039	***
capaccum_w	－0.109	0.018	－6.08	0.000	－0.144	－0.074	***
csdvpshbtax_w	－0.171	0.044	－3.83	0.000	－0.258	－0.083	***
cfopibd_w	－0.001	0.001	－1.81	0.071	－0.002	0.000	*
indrcrat_w	0.003	0.001	6.64	0.000	0.002	0.004	***
hhi_sale_w	－20.436	5.141	－3.97	0.000	－30.512	－10.359	***
sizeast_w	0.008	0.002	3.68	0.000	0.004	0.012	***
astgrw_w	0.077	0.028	2.79	0.005	0.023	0.131	***
crpcfidx	0.003	0.001	3.67	0.000	0.001	0.004	***
Constant	－0.910	0.105	－8.63	0.000	－1.116	－0.703	***
Mean dependent var	1.657			SD dependent var		1.515	
Overall r－squared	0.194			Number of obs		30532	
Chi－square	9358.337			Prob > chi^2		0.000	
R－squared within	0.259			R－squared between		0.005	

注：*** $p<0.01$，** $p<0.05$，* $p<0.1$。

表 5－6 显示，人均 GDP 不变价格、高管薪酬、公司规模、总资产增长率、企业家信心、独立董事比率与探索性创新正相关，且在 1% 水平下显著。资本密集度、每股税前现金股利、赫芬达尔—赫希曼指数与探索性创新负相关，且在 1% 水平下显著。经营活动现金流带息债务比与探索性创新负相关，在 10% 水平下显著。因此，研究命题 1a 得到了检验。

企业双元创新从探索性创新、利用性创新、双元创新平衡性、双元创新联合性四个维度进行考量。下面研究企业家信心对利用性创新、双元创新平衡性、双元创新联合性的影响，采用广义最小二乘法随机模型进行检验，其回归结果汇总于表5-7中。

表5-7　企业家信心对其他三类指标的影响汇总表

	(1)	(2)	(3)
	pita	dubln	ducmb
gdppercptcp	0.126 ***	0.021 ***	0.578 ***
	[56.65]	[13.31]	[72.41]
dsmsalary_w	0.022 ***	-0.001	0.044 ***
	[18.20]	[-0.94]	[10.27]
capaccum_w	-0.058 ***	-0.021 ***	-0.147 ***
	[-6.06]	[-3.11]	[-4.32]
csdvpshbtax_w	-0.093 ***	-0.037 **	-0.270 ***
	[-3.95]	[-2.42]	[-3.18]
cfopibd_w	-0.000	0.000	-0.003 ***
	[-1.59]	[0.63]	[-2.67]
indrcrat_w	0.001 ***	-0.000	0.000
	[4.83]	[-1.56]	[0.30]
hhi_sale_w	-9.929 ***	-3.536 ***	-19.514 *
	[-3.89]	[-3.28]	[-1.90]
sizeast_w	0.003 **	0.001	0.011 ***
	[2.36]	[1.44]	[2.82]
astgrw_w	0.050 ***	0.025 **	0.133 **
	[3.41]	[2.49]	[2.52]
crpcfidx	0.005 ***	0.001 ***	0.015 ***
	[13.04]	[5.42]	[11.16]
_cons	-0.669 ***	0.280 ***	-3.131 ***
	[-11.98]	[6.92]	[-15.56]
N	30532	23125	30532
r^2_w	0.166	0.014	0.221
r^2_b	0.008	0.000	0.000
r^2_o	0.069	0.006	0.063
N_g	3276.000	3129.000	3276.000
chi^2	5390.594	251.936	7543.695

t statistics in brackets

* $p < 0.1$　　** $p < 0.05$　　*** $p < 0.01$

数据显示，企业家信心与利用性创新、双元创新平衡性、双元创新联合性正相关，且在1%水平下显著。至此，研究命题1b、1c、1d都通过了检验，即研究命题1全部通过了检验。研究命题2没有通过检验。

（6）中介效应检验

环境波动性对四类指标存在不同的影响，企业家信心是否是影响四类数据的中介变量？下面进行企业家信心的中介效应检验。总效应的回归结果列示于表5-8中。

表5-8　　总效应检验表（即路径c的检验）

prat_w	Coef.	Std. Err.	t	P > t	[95% Conf.	Interval]
cbnepusq	-0.001	0.000	-9.520	0.000	-0.001	-0.000
gdppercptcp	0.344	0.011	32.570	0.000	0.324	0.365
dsmsalary_w	0.041	0.003	16.040	0.000	0.036	0.046
capaccum_w	-0.100	0.029	-3.430	0.001	-0.157	-0.043
csdvpshbtax_w	-0.032	0.052	-0.610	0.542	-0.134	0.070
cfopibd_w	-0.002	0.001	-3.010	0.003	-0.004	-0.001
indrcrat_w	0.006	0.001	9.130	0.000	0.005	0.008
hhi_sale_w	-24.591	1.977	-12.440	0.000	-28.466	-20.717
sizeast_w	0.002	0.001	1.760	0.078	-0.000	0.005
astgrw_w	0.051	0.044	1.160	0.246	-0.035	0.138
_cons	-0.496	0.051	-9.720	0.000	-0.595	-0.396

表5-8显示，人均GDP不变价格、高管薪酬、独立董事比率、公司规模与探索性创新正相关。资本密集度、赫芬达尔—赫希曼指数、环境波动性的二次方，经营活动现金流带息债务比与探索性创新负相关。中介效应中路径a的检验结果如表5-9所示。

表5-9　　中介效应中路径a的检验结果表

crpcfidx	Coef.	Std. Err.	t	P > t	[95% Conf.	Interval]
cbnepusq	0.011	0.000	34.280	0.000	0.010	0.011
gdppercptcp	-3.565	0.051	-70.500	0.000	-3.664	-3.466
dsmsalary_w	0.109	0.012	8.870	0.000	0.085	0.133

续表

crpcfidx	Coef.	Std. Err.	t	P > t	[95% Conf.	Interval]
capaccum_w	0. 739	0. 140	5. 290	0. 000	0. 465	1. 012
csdvpshbtax_w	0. 839	0. 249	3. 380	0. 001	0. 352	1. 327
cfopibd_w	-0. 009	0. 004	-2. 430	0. 015	-0. 017	-0. 002
indrcrat_w	-0. 076	0. 003	-23. 000	0. 000	-0. 083	-0. 070
hhi_sale_w	-3. 663	9. 458	-0. 390	0. 699	-22. 200	14. 874
sizeast_w	-0. 003	0. 006	-0. 490	0. 628	-0. 015	0. 009
astgrw_w	-0. 213	0. 211	-1. 010	0. 314	-0. 627	0. 201
_cons	135. 085	0. 244	554. 070	0. 000	134. 607	135. 563

数据显示，环境波动性的二次方与企业家信心正相关，在 1% 水平下显著。中介效应中路径 b 和中介效应 c′的检验结果如表 5 - 10 所示。

表 5 - 10　　中介效应中路径 b 和中介效应 c′的验结果表

prat_w	Coef.	Std. Err.	t	P > t	[95% Conf.	Interval]
crpcfidx	0. 004	0. 001	3. 390	0. 001	0. 002	0. 006
cbnepusq	-0. 011	0. 000	-10. 000	0. 000	-0. 001	-0. 001
gdppercptcp	0. 359	0. 011	31. 480	0. 000	0. 336	0. 381
dsmsalary_w	0. 041	0. 003	15. 850	0. 000	0. 036	0. 046
capaccum_w	-0. 103	0. 029	-3. 530	0. 000	-0. 160	-0. 046
csdvpshbtax_w	-0. 035	0. 052	-0. 680	0. 499	-0. 137	0. 067
cfopibd_w	-0. 002	0. 001	-2. 960	0. 003	-0. 004	-0. 001
indrcrat_w	0. 007	0. 001	9. 500	0. 000	0. 005	0. 008
hhi_sale_w	-24. 576	1. 977	-12. 430	0. 000	-28. 451	-20. 702
sizeast_w	0. 002	0. 001	1. 770	0. 077	-0. 000	0. 005
astgrw_w	0. 052	0. 044	1. 180	0. 238	-0. 034	0. 139
_cons	-1. 043	0. 169	-6. 160	0. 000	-1. 375	-0. 711

数据显示，环境波动性的二次方与探索性创新负相关，在 1% 水平下显著。企业家信心与探索性创新正相关，在 1% 水平下显著。下面进行中介效应的 Sobel 检验，其结果汇总于表 5 - 11 中。

表 5－11　　Sobel 中介效应检验统计表

	Coef	Std Err	Z	P>|Z|
Sobel	0.000***	0.000	3.374	0.001
Goodman－1（Aroian）	0.000***	0.000	3.373	0.001
Goodman－2	0.000***	0.000	3.375	0.0019
a coefficient	0.012***	0.000	34.285	0.000
b coefficient	0.004***	0.001	3.390	0.001
Indirect effect	0.000***	0.000	3.374	0.001
Direct effect	－0.001**	0.000	－9.998	0.000
Total effect	－0.001***	0.001	－9.522	0.000

注：Standard errors in parentheses，* p<0.05，** p<0.01，*** p<0.001。

表 5－11 显示，Sobel 中介效应显著，间接效应、直接效应、总效应都在 1% 水平下显著。其中总效应为－0.001，间接效应为 0.000，直接效应为－0.001。根据上面的数据可知 ab 与 c' 异号，且 $|c'|>|c|$，因此，企业家信心存在遮掩效应①，中介效应统计列示于表 5－12 中。

表 5－12　　Sobel 中介效应统计表

类别	数值
Proportion of total effect that is mediated	－0.070
Ratio of indirect to direct effect	－0.065
Ratio of total to direct effect	0.935

表 5－12 显示，中介效应是－0.070，直接效应是 0.935，间接效应是－0.065。需要说明的是，企业家信心分别对利用性创新、双元创新平衡性、双元创新联合性的中介效应检验在此省略，不再赘述。实证检验表明环境波动性通过企业家信心来影响双元创新，企业家信心存在遮掩效应。

（7）进一步的中介效应检验

企业家信心对四类指标的影响存在复杂的路径。企业家信心是通过哪

① 温忠麟，刘红云，2021. 中介效应和调节效应方法及应用［M］. 北京：教育科学出版社：83－106.

个途径来影响四类数据的？本节认为自由现金流是企业最重要的一种资源，是企业进行正常运营活动的必须资源和预测未来发展的基础因素。企业家信心是通过企业自由现金流来影响四类数据，企业自由现金流是企业家信心和四类数据的中介变量。企业自由现金流的计算公式是：（净利润 + 所得税费用 + 财务费用）×（净利润）/（净利润 + 所得税费用）+ 固定资产折旧、油气资产折耗、生产性生物资产折旧 + 无形资产摊销 + 长期待摊费用摊销 - 筹资活动产生的现金流量净额 -（流动资产合计 - 流动负债合计）本期变动额；或者简化为：息前税后利润 + 折旧与摊销 - 营运资本增加 - 资本支出。总效应的检验情况如表5-13所示。

表5-13　总效应检验表（即路径c的检验）

prat_w	Coef.	Std. Err.	t	P>t	[95% Conf.	Interval]
crpcfidx	0.003	0.001	2.410	0.016	0.001	0.006
gdppercptcp	0.270	0.007	40.990	0.000	0.257	0.283
dsmsalary_w	0.045	0.003	14.880	0.000	0.039	0.050
capaccum_w	-0.103	0.029	-3.530	0.000	-0.161	-0.046
csdvpshbtax_w	-0.028	0.052	-0.530	0.598	-0.130	0.075
cfopibd_w	-0.002	0.001	-2.180	0.029	-0.003	-0.000
indrcrat_w	0.006	0.001	8.240	0.000	0.005	0.008
hhi_sale_w	-26.429	2.154	-12.270	0.000	-30.651	-22.207
sizeast_w	0.023	0.002	10.610	0.000	0.019	0.028
astgrw_w	0.093	0.044	2.110	0.035	0.007	0.180
_cons	-1.254	0.179	-7.010	0.000	-1.605	-0.903
Number of obs	27260	F（1027249）	303.47		Prob > F	0.0000
R-squared	0.1002	Adj R-squared	0.0999		Root MSE	1.4396

表5-13显示，人均GDP不变价格、高管薪酬、独立董事比率、公司规模、总资产增长率与探索性创新正相关。资本密集度、赫芬达尔—赫希曼指数、经营活动现金流带息债务比与探索性创新负相关。企业家信心与探索性创新正相关，中介效应中路径a的检验结果如表5-14所示。

表 5-14　　中介效应中路径 a 的检验结果表

fcff	Coef.	Std. Err.	t	P>t	[95% Conf.	Interval]
crpcfidx	8013053	2949498	2.720	0.007	2231887	1.38e+07
gdppercptcp	2.95e+07	1.54e+07	1.910	0.056	-7.09e+05	5.98e+07
dsmsalary_w	-3277112	7013187	-0.470	0.640	-1.70e+07	1.05e+07
capaccum_w	-6.39e+08	6.84e+07	-9.340	0.000	-7.73e+08	-5.05e+08
csdvpshbtax_w	1.95e+09	1.23e+08	15.870	0.000	1.71e+09	2.19e+09
cfopibd_w	-2354174	1881334	-1.250	0.211	-6041685	1333337
indrcrat_w	-2777902	1726081	-1.610	0.108	-6161109	6.05e+05
hhi_sale_w	1.22e+09	5.04e+09	0.240	0.809	-8.66e+09	1.11e+10
sizeast_w	1.07e+07	5172957	2.070	0.039	5.59e+05	2.08e+07
astgrw_w	-6203493	1.04e+08	-0.060	0.952	-2.09e+08	1.97e+08
_cons	-1.15e+09	4.19e+08	-2.760	0.006	-1.98e+09	-3.33e+08
Number of obs	27260	F (1027249)	48.340		Prob > F	0.000
R - squared	0.017	Adj R - squared	0.017		Root MSE	3.4e+09

表 5-14 显示，人均 GDP 不变价格、公司规模、每股税前现金股利与公司自由现金流正相关，资本密集度与公司自由现金流负相关，在 1% 水平下显著。企业家信心与公司自由现金流正相关，在 1% 水平下显著。中介效应中路径 b 和中介效应 c′的检验结果如表 5-15 所示。

表 5-15　　中介效应中路径 b 和中介效应 c′的验结果表

prat_w	Coef.	Std. Err.	t	P>t	[95% Conf.	Interval]
fcff	0.000	0.000	2.640	0.008	0.000	0.000
crpcfidx	0.003	0.001	2.360	0.018	0.001	0.005
gdppercptcp	0.270	0.007	40.960	0.000	0.257	0.283
dsmsalary_w	0.045	0.003	14.890	0.000	0.039	0.050
capaccum_w	-0.099	0.029	-3.380	0.001	-0.156	-0.041
csdvpshbtax_w	-0.041	0.053	-0.780	0.436	-0.144	0.062
cfopibd_w	-0.002	0.001	-2.160	0.031	-0.003	-0.000
indrcrat_w	0.006	0.001	8.270	0.000	0.005	0.008
hhi_sale_w	-26.438	2.154	-12.280	0.000	-30.659	-22.216

续表

prat_w	Coef.	Std. Err.	t	P > t	[95% Conf.	Interval]
sizeast_w	0.023	0.002	10.580	0.000	0.019	0.028
astgrw_w	0.093	0.044	2.110	0.035	0.007	0.180
_cons	-1.246	0.179	-6.960	0.000	-1.597	-0.895
Number of obs	27260		F (1127248)	276.57	Prob > F	0.0000
R - squared	0.1004		Adj R - squared	0.1001	Root MSE	1.4395

表 5 - 15 显示，人均 GDP 不变价格、高管薪酬、独立董事比率、公司规模、总资产增长率与探索性创新正相关。资本密集度、赫芬达尔—赫希曼指数与探索性创新负相关，在 1% 水平下显著。经营活动现金流带息债务比与探索性创新负相关，在 5% 水平下显著。企业家信心与探索性创新正相关，在 1% 水平下显著。公司自由现金流与探索性创新正相关，在 1% 水平下显著。下面进行中介效应的 Sobel 检验，其结果汇总于表 5 - 16 中。

表 5 - 16　　Sobel 中介效应检验统计表

	Coef	StdErr	Z	P > |Z|
Sobel	0.000 **	0.000	1.895	0.058
Goodman - 1 (Aroian)	0.000 **	0.000	1.832	0.067
Goodman - 2	0.000 **	0.00002791	1.964	0.050
a coefficient	8.0e + 06 ***	2.9e + 06	2.717	0.007
b coefficient	6.8e - 12 ***	2.6e - 12	2.644	0.008
Indirect effect	0.000 ***	0.000	1.895	0.058
Direct effect	0.004 **	0.001	2.363	0.018
Total effect	0.003 ***	0.001	2.407	0.016

注：Standard errors in parentheses, * $p < 0.05$, ** $p < 0.01$, *** $p < 0.001$。

表 5 - 16 显示，Sobel 中介效应显著，间接效应、直接效应、总效应都在 1% 水平下显著。其中间接效应为 0.000，直接效应为 0.004，总效应为 0.003。根据上面的数据可知 ab 与 c' 同号，因此，此处企业自由现金流存在部分中介效应[①]。中介效应统计列示于表 5 - 17 中。

① 温忠麟，刘红云，2021. 中介效应和调节效应方法及应用 [M]. 北京：教育科学出版社：83 - 106.

表 5-17　　Sobel 中介效应统计表

类别	数值
Proportion of total effect that is mediated	0.018
Ratio of indirect to direct effect	0.018
Ratio of total to direct effect	1.018

表 5-17 显示，总效应是 0.018，直接效应是 1.018，间接效应是0.018。

（8）异质性检验

本节所有的异质性检验，都采用广义最小二乘法的随机模型进行数据处理，本节将企业属性划分为国有企业、民营企业与其他企业进行检验。企业家信心对利用性创新影响的不同产权统计如表 5-18 所示。

表 5-18　　企业家信心对利用性创新影响的不同产权统计表

	soes	prts	oths
	pita	pita	pita
crpcfidx	0.004 ***	0.007 ***	0.003 ***
	[6.60]	[11.59]	[4.26]
_cons	-0.838 ***	-0.902 ***	-0.389 ***
	[-8.05]	[-10.56]	[-3.30]
N	9860	14970	5702
r^2_w	0.200	0.143	0.149
r^2_b	0.036	0.009	0.064
r^2_o	0.091	0.053	0.081
N_g	1079.000	2030.000	805.000
chi^2	2231.048	2139.721	903.836
t statistics in brackets			
* p<0.1	** p<0.05	*** p<0.01	

数据显示，企业家信心对国有企业、民营企业以及其他属性企业的利用性创新都呈现出正相关关系，研究命题 1b 通过了检验。企业家信心对探索性创新影响的不同产权统计汇总列示于表 5-19 中。

表5-19　　企业家信心对探索性创新影响的不同产权统计表

	soes	prts	oths
	prat_w	prat_w	prat_w
crpcfidx	0.002 **	0.004 ***	-0.001
	[2.01]	[4.14]	[-0.61]
_cons	-1.526 ***	-1.222 ***	-0.104
	[-7.65]	[-7.57]	[-0.49]
N	9860	14970	5702
r^2_w	0.291	0.231	0.239
r^2_b	0.037	0.012	0.048
r^2_o	0.115	0.087	0.088
N_g	1079.000	2030.000	805.000
chi^2	3625.374	3838.378	1551.128
t statistics in brackets			
* p<0.1	** p<0.05	*** p<0.01	

数据显示，企业家信心对国有企业、民营企业的探索性创新呈现出正相关关系，研究命题1a通过了检验。对其他属性企业的探索性创新不存在显著关系。企业家信心对双元创新平衡性影响的不同产权统计汇总列示于表5-20中。

表5-20　　企业家信心对双元创新平衡性影响的不同产权统计表

	soes	prts	oths
	dubln	dubln	dubln
crpcfidx	0.002 ***	0.002 ***	0.001
	[3.39]	[4.71]	[0.89]
_cons	0.229 ***	0.316 ***	0.352 ***
	[2.94]	[5.05]	[4.01]
N	6962	11957	4206
r^2_w	0.014	0.014	0.017
r^2_b	0.006	0.000	0.013
r^2_o	0.007	0.006	0.010

续表

	soes	prts	oths
	dubln	dubln	dubln
N_g	989.000	1922.000	681.000
chi^2	84.844	124.207	67.280
t statistics in brackets			
* p<0.1	** p<0.05	*** p<0.01	

数据显示，企业家信心对国有企业、民营企业的双元创新平衡性呈现出正相关关系，研究命题1c通过了检验。对其他属性企业的探索性创新不存在显著关系。企业家信心对双元创新联合性影响的不同产权统计汇总列示于表5-21中。

表5-21　企业家信心对双元创新联合性影响的不同产权统计表

	(1)	(2)	(3)
	ducmb	ducmb	ducmb
crpcfidx	0.012***	0.021***	0.008***
	[5.30]	[10.48]	[3.06]
_cons	-4.040***	-3.871***	-1.736***
	[-10.33]	[-12.81]	[-4.31]
N	9860	14970	5702
r^2_w	0.252	0.195	0.203
r^2_b	0.017	0.001	0.025
r^2_o	0.088	0.054	0.069
N_g	1079.000	2030.000	805.000
chi^2	2947.900	3039.922	1248.114
t statistics in brackets			
* p<0.1	** p<0.05	*** p<0.01	

数据显示，企业家信心对国有企业、民营企业以及其他属性企业的双元创新的联合性都呈现出正相关关系，研究命题1d通过了检验。

本节继续探讨企业家信心对四类数据的影响。根据行业的垄断程度不同，将行业划分为垄断行业和非垄断行业。下面进行垄断行业和非垄断行业中企业家信心对专利的影响。企业家信心对双元创新中垄断行业与非垄断行业的影响状况汇总列示于下表5-22中。

表5-22 企业家信心对双元创新中垄断行业与非垄断行业的影响表

	mnp	nomnp	mnp	nomnp
	prat_w	prat_w	pita	pita
crpcfidx	0.001	0.003 ***	0.002	0.005 ***
	[0.31]	[3.63]	[0.83]	[13.14]
_cons	-1.110 *	-0.899 ***	-0.406	-0.678 ***
	[-1.95]	[-8.38]	[-1.34]	[-11.94]
N	954	29578	954	29578
r^2_w	0.332	0.257	0.284	0.163
r^2_b	0.001	0.004	0.010	0.008
r^2_o	0.082	0.093	0.095	0.068
N_g	76.000	3201.000	76.000	3201.000
chi^2	417.355	8976.911	339.054	5098.199
t statistics in brackets				
* p<0.1	** p<0.05	*** p<0.01		

数据显示，在非垄断行业中，企业家信心与探索性创新和利用性创新正相关，因此研究命题1a和1b都通过了检验。在垄断行业中，企业家信心与探索性创新和利用性创新不存在显著关系。企业家信心对双元创新平衡性和联合性在垄断行业与非垄断行业的影响状况汇总列示于表5-23中。

表5-23 企业家信心对双元创新平衡性和联合性中垄断与否的影响

	mnp	nomnp	mnp	nomnp
	dubln	dubln	ducmb	ducmb
crpcfidx	0.001	0.001 ***	0.008	0.015 ***
	[0.67]	[5.42]	[1.18]	[11.13]
_cons	0.188	0.283 ***	-3.367 ***	-3.121 ***
	[0.70]	[6.89]	[-3.07]	[-15.25]

续表

	mnp	nomnp	mnp	nomnp
	dubln	dubln	ducmb	ducmb
N	565	22560	954	29578
r^2_w	0.040	0.013	0.291	0.221
r^2_b	0.009	0.000	0.003	0.000
r^2_o	0.012	0.005	0.063	0.063
N_g	68.000	3062.000	76.000	3201.000
chi^2	17.399	240.038	339.211	7266.331
	t statistics in brackets			
* p<0.1	** p<0.05		*** p<0.01	

数据显示，在非垄断行业中，企业家信心与双元创新平衡性、联合性都呈现正相关关系，因此研究命题1c和1d都通过了检验。在垄断行业中不显著。

专精特新异质性的考察，专精特新公司的企业家信心对双元创新中专精特新异质性的影响状况列示于表5-24中。

表5-24　专精特新公司的企业家信心对双元创新中专精特新异质性的影响

	splz	nosplz	splz	nosplz
	prat_w	prat_w	pita	pita
crpcfidx	0.003	0.003 ***	0.006 ***	0.005 ***
	[1.63]	[3.81]	[5.69]	[11.80]
_cons	-0.861 ***	-0.891 ***	-0.680 ***	-0.642 ***
	[-2.99]	[-7.61]	[-4.52]	[-10.35]
N	4455	25321	4455	25321
r^2_w	0.237	0.266	0.163	0.169
r^2_b	0.021	0.008	0.020	0.012
r^2_o	0.109	0.099	0.084	0.073
N_g	479.000	2601.000	479.000	2601.000
chi^2	1225.483	8143.588	775.204	4615.938
		t statistics in brackets		
* p<0.1	** p<0.05		*** p<0.01	

数据显示，非专精特新公司中，企业家信心与探索性创新正相关，因此研究命题1a通过了检验，专精特新公司中，企业家信心与探索性创新不存在显著关系。

不论是专精特新还是非专精特新公司中，企业家信心与利用性创新正相关，因此研究命题1b通过了检验。企业家信心对双元创新平衡性与联合性中专精特新异质性的影响状况列示于表5-25中。

表5-25　企业家信心对双元创新平衡性与联合性中专精特新异质性的影响

	splz	nosplz	splz	nosplz
	dubln	dubln	ducmb	ducmb
crpcfidx	0.002**	0.001***	0.015***	0.015***
	[2.30]	[4.69]	[4.14]	[10.51]
_cons	0.251**	0.289***	-2.693***	-3.164***
	[2.37]	[6.50]	[-4.94]	[-14.03]
N	3352	19415	4455	25321
r^2_w	0.022	0.013	0.196	0.228
r^2_b	0.006	0.000	0.003	0.001
r^2_o	0.011	0.006	0.068	0.069
N_g	456.000	2507.000	479.000	2601.000
chi^2	62.810	205.716	945.727	6610.226
t statistics in brackets				
* p<0.1	** p<0.05	*** p<0.01		

数据显示，企业家信心对双元创新平衡性、联合性的影响，不论垄断行业还是非垄断行业，都呈现出正相关关系。因此研究命题1c和1d都通过了检验。

（9）生命周期视角的考察

根据生命周期的基本观点，不同生命周期企业具有不同的现金流特征，下面探讨不同生命阶段企业家信心对双元创新的影响问题。本部分采用广义最小二乘法的随机模型进行数据处理，首先分析企业家信心对探索性创新的影响，实证检验结果汇总于表5-26中。

表 5-26　不同生命阶段企业家信心对探索性创新的影响

	grw	mtn	rcs
	prat_w	prat_w	prat_w
crpcfidx	0.001	0.002	0.007 ***
	[1.20]	[1.18]	[4.34]
_cons	-0.694 ***	-0.617 ***	-1.555 ***
	[-4.20]	[-3.21]	[-6.61]
N	13710	10453	6369
r^2_w	0.286	0.246	0.216
r^2_b	0.024	0.035	0.081
r^2_o	0.100	0.081	0.112
N_g	3165.000	2821.000	2301.000
chi^2	4183.100	2557.172	1318.846
t statistics in brackets			
* p<0.1	** p<0.05	*** p<0.01	

数据显示，只有在衰退期，企业家信心与探索性创新呈正相关关系，因此研究命题 1a 通过了检验。其他阶段，企业家信心与探索性创新不存在显著的关系。不同生命阶段中企业家信心对利用性创新的影响情况与探索性创新是否存在差异，其实证检验结果汇总于表 5-27 中。

表 5-27　不同生命阶段企业家信心对利用性创新的影响

	grw	mtn	rcs
	pita	pita	pita
crpcfidx	0.003 ***	0.006 ***	0.007 ***
	[5.27]	[8.11]	[7.63]
_cons	-0.401 ***	-0.687 ***	-0.973 ***
	[-4.55]	[-6.68]	[-7.95]
N	13710	10453	6369
r^2_w	0.176	0.157	0.152
r^2_b	0.018	0.031	0.076
r^2_o	0.066	0.060	0.096

续表

	grw	mtn	rcs
	pita	pita	pita
N_g	3165.000	2821.000	2301.000
chi^2	2237.138	1490.068	919.642
t statistics in brackets			
* p<0.1	** p<0.05	*** p<0.01	

数据显示，企业家信心对利用性创新三个阶段都呈现出正相关关系。因此研究命题1b通过了检验。不同生命阶段中企业家信心对双元创新平衡性影响状况，其实证检验结果汇总于表5－28中。

表5－28　　不同生命阶段企业家信心对双元创新平衡性的影响

	grw	mtn	rcs
	dubln	dubln	dubln
crpcfidx	0.001 [1.45]	0.002 *** [5.13]	0.002 *** [2.69]
_cons	0.415 *** [6.80]	0.142 ** [1.98]	0.222 ** [2.39]
N	10654	8038	4433
r^2_w	0.015	0.013	0.011
r^2_b	0.003	0.006	0.016
r^2_o	0.006	0.006	0.009
N_g	2798.000	2510.000	1903.000
chi^2	112.301	82.378	52.816
t statistics in brackets			
* p<0.1	** p<0.05	*** p<0.01	

企业家信心对成熟期和衰退期的双元创新平衡性指标呈现出正相关关系，因此研究命题1c通过了检验。在成长期不存在显著的关系。不同生命阶段中企业家信心对双元创新联合性影响状况，其实证检验结果汇总于表5－29中。

表 5-29　不同生命阶段企业家信心对双元创新联合性的影响

	grw	mtn	rcs
	ducmb	ducmb	ducmb
crpcfidx	0.010***	0.017***	0.020***
	[4.64]	[6.90]	[6.21]
_cons	-2.452***	-3.396***	-3.763***
	[-7.70]	[-9.08]	[-8.53]
N	13710	10453	6369
r^2_w	0.245	0.219	0.180
r^2_b	0.009	0.014	0.049
r^2_o	0.069	0.057	0.072
N_g	3165.000	2821.000	2301.000
chi^2	3297.258	2113.129	1005.632
t statistics in brackets			
* p<0.1	** p<0.05	*** p<0.01	

数据显示，企业家信心在三个阶段的生命周期中，都与双元创新联合性呈现出正相关关系。因此研究命题 1d 通过了检验。

5.1.4　研究结论

企业家信心与探索性创新、利用性创新、双元创新平衡性、双元创新联合性正相关。企业家信心是环境波动性双元创新四维度指标的中介变量，存在遮掩效应。在此基础上，本节探讨了企业家信心是通过哪个变量来影响双元创新四个维度指标的，企业自由现金流是企业最重要的资源之一，是企业进行正常运营活动的必须资源和预测未来发展的基础因素。企业家信心是通过企业自由现金流来影响四类数据，企业自由现金流是企业家信心和四类专利数据的中介变量，存在部分中介效应。企业自由现金流用息前税后利润加上折旧与摊销减去营运资本的增加，再减去资本支出后的余额来衡量。

本节从产权异质性、垄断异质性、专精特新异质性以及企业生命周期视角进行了异质性检验。产权异质性的结论是，企业家信心与三类企业的利用性创新都呈正相关关系。企业家信心与国有企业、民营企业的探索性创新呈正相关关系。企业家信心与国有企业、民营企业的双元创新平衡性呈正相关关系，企业家信心与三类企业的双元创新联合性都呈正相关关系。垄断异质性的实证结果是，在非垄断行业中，企业家信心与探索性创新、利用性创新正相关。在垄断行业中，企业家信心与探索性创新、利用性创新不存在显著关系。在非垄断行业中，企业家信心与双元创新平衡性、联合性都呈正相关关系，在垄断行业中不显著。在非专精特新公司中，企业家信心与探索性创新正相关。在专精特新公司中，企业家信心与探索性创新不存在显著关系。不论专精特新与否，企业家信心都与利用性创新正相关。企业家信心对双元创新平衡性、双元创新联合性影响，不论专精特新与否，都呈正相关关系。

不同生命周期企业具有不同的现金流特征，生命周期视角的检验表明，只有在衰退期企业家信心与探索性创新呈正相关关系，其他阶段与探索性创新不存在显著关系。企业家信心与利用性创新在三个阶段都呈现出正相关关系。企业家信心与成熟期、衰退期的双元创新平衡性呈正相关关系，在成长期不存在显著关系。企业家信心在三个阶段中，都与双元创新联合性呈现出正相关关系。

5.2　主板公司企业家信心的中介效应

5.2.1　理论分析与研究命题

本部分理论归纳与命题提出的内容同 5.1.1 的理论分析与研究命题一致，在此不再赘述。

5.2.2 研究设计

变量选取和模型设定同5.1.2的内容，此处不再赘述。样本选择做出如下约定，主要考察主板公司企业家信心对双元创新的影响机制，对2007—2020年主板上市公司的年度财务报告进行了全面、仔细的调查和统计，并进行筛选。剔除了金融业、房地产业、其他金融业的公司；剔除ST、*ST、PT公司，删除B股公司；删除连续上市不满两年的公司，删除数据缺失严重的公司；删除资产负债率大于1的公司；最终得到2376家公司14年的非平衡面板数据，公司—年度的观测个数是23102。双元创新数据主要来自手工收集，其他数据均来自RESSET金融研究数据库、CNRDS数据库、CSMAR数据库、Wind数据库、公司官方网站以及2007—2021年《中国统计年鉴》。

5.2.3 实证研究

（1）主要变量的描述性统计

本节所涉及的主要变量以及公司规模、赫芬达尔—赫希曼指数、高管薪酬、资本密集度、每股税前现金股利、独立董事比率、总资产增长率等主要控制变量的描述性统计如表5-30所示。

表5-30　主要变量的描述性统计

Variables	Obs	Mean	Std. Dev.	Min	Max	Skew.	Kurt.
prat_w	23102	1.637	1.556	0.000	5.852	0.638	2.527
pita	23102	2.295	2.465	0.000	16.205	1.235	4.619
dubln	17075	0.560	0.322	0.000	1.000	-0.816	2.322
ducmb	23102	2.367	3.071	0.000	16.651	1.608	5.561
gdppercptcp	23102	4.536	1.527	1.825	6.446	-0.326	1.792
dsmsalary	23102	14.491	3.402	0.000	18.945	-3.805	16.419
capaccum	23102	0.178	1.594	-190.383	57.456	-70.390	9032.425

续表

Variables	Obs	Mean	Std. Dev.	Min	Max	Skew.	Kurt.
csdvpshbtax	23102	0. 121	0. 326	0. 000	19. 293	26. 358	1196. 507
cfopibd	23102	17. 052	970. 872	- 19700	113000	88. 597	9143. 365
indrcrat	23102	36. 82	12. 719	0. 000	100. 000	- 1. 048	5. 536
hhi_sale	23102	0. 003	0. 006	0. 001	0. 250	15. 496	495. 566
sizeast	23102	21. 068	4. 982	0. 000	28. 636	- 3. 685	15. 910
astgrw	23102	0. 162	0. 713	- 1. 000	72. 521	55. 241	4931. 662
crpcfidx	23102	121. 425	7. 852	110. 225	141. 925	0. 608	3. 156

探索性创新在2007年到2020年，均值是1. 637，最小值是0. 000，最大值是5. 852，标准差是1. 556，其波动性较大。偏度和峰度数据显示探索性创新呈右偏厚尾状态。利用性创新的均值是2. 295，最小值是0. 000，最大值是16. 205，标准差是2. 465，其波动性较大。偏度和峰度数据显示利用新创新呈右偏高峰状态。双元创新平衡性在2007年到2020年，平均值是0. 560，最小值是0. 000，最大值是1. 000，标准差是0. 322，其波动性较大。偏度和峰度数据显示双元创新平衡性呈左偏厚尾状态。双元创新联合性的均值是2. 367，最小值是0. 000，最大值是16. 651，标准差是3. 071，其波动性较大。偏度和峰度数据显示双元创新的联合性呈右偏高峰状态。企业家信心的均值是121. 425，最小值是110. 225，最大值是141. 925，标准差是7. 852。偏度和峰度显示该变量呈右偏高峰状态分布。

公司规模的均值是21. 068，最小值是0. 000，最大值是28. 636，标准差是4. 982，说明公司规模存在较大差异。偏度和峰度数据显示公司规模呈现非正态分布状态。人均GDP不变价格的均值是4. 536，最小值是1. 825，最大值是6. 446，标准差是1. 527，说明人均GDP不变价格在观测期内具有一定的波动性。人均GDP不变价格的偏度和峰度数据显示其呈左偏厚尾型分布。每股税前现金股利以及赫芬达尔—赫希曼指数的波动性较大，说明公司间存在明显的差异，并且都呈右偏高峰分布状态。资本密集度和独立董事比率的波动性较大，都呈左偏高峰分布状态。高管薪酬的均值是14. 491，最小值是0. 000，最大值是18. 945，标准差是3. 402，说明公司间存在较大差异。偏度和峰度数据显示高管薪酬呈现左偏高峰。经营活动现金流带息债务比的均值是 17.052，最小值是 -19700，最大值是 113000，标准差是 970.872，说明公司间存在较大差异。偏度和峰度数据显示公司规模呈现右偏高峰状态。总资产增长率的均值是 0.162，最小值是 -1.000，最大值是 72.521，标准差是 0.713。偏度和峰度显示该变量呈右偏高峰状态分布。

（2）面板数据的组间差异与组内差异分析

在描述性分析之后，本节继续探讨面板数据的组内差异和组间差异问题，主要变量的组内差异和组间差异汇总列示于表 5-31 中。

表 5-31　主要变量的组内差异与组间差异统计表

Variables		Mean	Std. Dev.	Min	Max	Observations
prat	overall	1.637	1.566	0.000	5.852	N = 23102
	between		1.237	0.000	5.852	n = 2376
	within		0.937	-3.379	6.654	T = 9.723
pita	overall	2.295	2.465	0.000	16.205	N = 23102
	between		2.042	0.000	15.266	n = 2376
	within		1.386	-6.925	11.817	T = 9.723
dubln	overall	0.560	0.322	0.000	1.000	N = 17075
	between		1.015	0.000	7.480	n = 2245
	within		0.252	-0.274	1.419	T = 7.606
bucmb	overall	2.367	3.071	0.000	16.651	N = 23102
	between		2.505	0.000	16.315	n = 2376
	within		1.759	-9.298	14.877	T = 9.723
crpcfidx	overall	121.425	7.852	110.225	141.925	N = 23102
	between		1.571	117.609	126.243	n = 2376
	within		7.723	107.612	142.630	T = 9.723

表 5-31 显示，探索性创新的组内差异即每个上市公司在 14 年间的时间差异的标准差是 0.937，组间差异即 2376 家上市公司在 14 年间的个体差异标准差是 1.237，说明 2376 家上市公司在 14 年间的年度波动（纵向波动）小于每个上市公司之间的波动（横向波动）。利用性创新组内差异即每个上市公司在 14 年间的时间差异的标准差是 1.386，组间差异即 2376

家上市公司在14年间的个体差异标准差是2.042，说明2376家上市公司在14年间的年度波动（纵向波动）小于每个上市公司之间的波动（横向波动）。

双元创新平衡性的组内差异即每个上市公司在14年间的时间差异的标准差是0.252，组间差异即2245家上市公司在14年间的个体差异标准差是1.015，说明2245家上市公司在14年间的年度波动（纵向波动）小于每个上市公司之间的波动（横向波动）。双元创新联合性的组内差异即每个上市公司在14年间的时间差异的标准差是1.759，组间差异即2376家上市公司在14年间的个体差异标准差是2.505，说明2376家上市公司在14年间的年度波动（纵向波动）小于每个上市公司之间的波动（横向波动）。

（3）相关系数检验

本节涉及的主要变量有探索性创新、人均GDP不变价格、高管薪酬、资本密集度、每股税前现金股利、经营活动现金流带息债务比、独立董事占比、赫芬达尔—赫希曼指数、公司规模、总资产增长率、企业家信心等。这些指标的相关系数和结论同表5-4所示。

为了稳健起见，现在进行各变量的方差膨胀因子检验，检验结果如表5-32所示。

表5-32　主要变量方差膨胀因子表

Variable	astgrw	capaccum	gdppercptcp	crpcfidx	dsmsalary	indrcrat	csdvpshbtax	sizeast	cfopibd	hhi_sale
VIF	2.81	2.81	1.27	1.22	1.19	1.14	1.12	1.08	1.06	1.00
Mean VIF					1.47					

表5-32显示，主要变量方差膨胀因子数据小于10，各变量之间不存在多重共线性，可以进行下一步的实证检验。

（4）基准回归

在基准检验过程中，本节采用广义最小二乘法的随机模型进行数据处理，在控制了宏观因素的人均GDP不变价格，行业层面的行业垄断系数以及公司层面的高管薪酬、资本密集度、每股税前现金股利、经营活动现金流带息债务比、总资产增长率、公司规模、独立董事比率后，企业家信心对探索性创新的影响状况汇总于表5－33中。

表5－33　企业家信心对探索性创新的基准回归表

prat_w	Coef.	St. Err.	t－value	p－value	[95% Conf	Interval]	Sig
gdppercptcp	0.321	0.005	68.06	0.000	0.312	0.330	***
dsmsalary_w	0.034	0.003	13.18	0.000	0.029	0.039	***
capaccum_w	－0.071	0.020	－3.53	0.000	－0.110	－0.032	***
csdvpshbtax_w	－0.097	0.050	－1.94	0.052	－0.194	0.001	*
cfopibd_w	0.000	0.001	－0.69	0.492	－0.002	0.001	
indrcrat_w	0.004	0.001	6.77	0.000	0.003	0.005	***
hhi_sale_w	－27.035	6.174	－4.38	0.000	－39.135	－14.934	***
sizeast_w	0.011	0.002	4.50	0.000	0.006	0.016	***
astgrw_w	0.076	0.032	2.36	0.018	0.013	0.138	**
crpcfidx	0.001	0.001	1.47	0.143	0.000	0.003	
Constant	－0.846	0.120	－7.03	0.000	－1.082	－0.610	***
Mean dependent var	1.637		SD dependent var			1.556	
Overall r－squared	0.194		Number of obs			23102	
Chi－square	7585.680		Prob > chi^2			0.000	
R－squared within	0.271		R－squared between			0.003	

注：*** p<0.01，** p<0.05，* p<0.1。

表5－33显示，人均GDP不变价格与探索性创新正相关，在1%水平下显著。高管薪酬与探索性创新正相关，在1%水平下显著。资本密集度与探索性创新负相关，在1%水平下显著。每股税前现金股利与探索性创新负相关，在10%水平下显著。经营活动现金流带息债务比与探索性创新不显著。独立董事占比与探索性创新正相关，在1%水平下显著。赫芬达尔—赫希曼指数与探索性创新负相关，在1%水平下显著。公司规模与探索性创新正相关，在1%水平下显著。总资产增长率与探索性创新正相关，在5%水平下显著。企业家信心与探索性创新不存在显著的关系。因此，研究命题1a没有得到检验。

企业双元创新从四个维度进行考量。下面研究企业家信心对其他三类指标的影响，其回归结果汇总于表5－34中。

表 5－34　　企业家信心对其他三类指标的回归结果

	(1)	(2)	(3)
	pita	dubln	ducmb
gdppercptcp	0.128***	0.020***	0.591***
	[51.20]	[11.63]	[64.90]
dsmsalary_w	0.021***	-0.001	0.046***
	[15.97]	[-1.23]	[9.30]
capaccum_w	-0.036***	-0.013*	-0.093**
	[-3.36]	[-1.66]	[-2.42]
csdvpshbtax_w	-0.060**	-0.030*	-0.214**
	[-2.27]	[-1.73]	[-2.23]
cfopibd_w	-0.000	0.000**	-0.002*
	[-0.48]	[1.97]	[-1.68]
indrcrat_w	0.002***	-0.000	0.002
	[5.16]	[-1.38]	[1.63]
hhi_sale_w	-13.153***	-3.354***	-32.997***
	[-4.35]	[-2.67]	[-2.63]
sizeast_w	0.004***	0.001	0.017***
	[3.47]	[0.70]	[3.49]
astgrw_w	0.050***	0.018	0.116*
	[2.93]	[1.49]	[1.88]
crpcfidx	0.004***	0.001***	0.012***
	[9.61]	[3.96]	[8.14]
_cons	-0.620***	0.322***	-3.004***
	[-9.75]	[6.84]	[-12.89]
N	23102	17075	23102
r^2_w	0.174	0.013	0.231
r^2_b	0.013	0.000	0.000
r^2_o	0.074	0.005	0.066
N_g	2376.000	2245.000	2376.000
chi^2	4347.930	175.033	6119.325

t statistics in brackets

* $p<0.1$　　** $p<0.05$　　*** $p<0.01$

数据显示，企业家信心对三类指标都呈正相关关系，在1%水平下显著。因此研究命题1b、1c和1d都通过了检验。

（5）异质性检验

在所有的异性检验中，都采用广义最小二乘法的随机模型进行数据处理。本节将企业属性划分为国有企业、民营企业与其他企业进行检验。企业家信心对探索性创新影响的不同产权统计如表5－35所示。

表5－35　企业家信心对探索性创新影响的不同产权统计表

	soes	prts	oths
	prat_w	prat_w	prat_w
crpcfidx	0.002 *	0.001	−0.000
	[1.79]	[0.62]	[−0.16]
_cons	−1.470 ***	−0.764 ***	−0.530 *
	[−7.31]	[−4.01]	[−1.90]
N	9588	10291	3223
r^2_w	0.295	0.232	0.261
r^2_b	0.030	0.018	0.069
r^2_o	0.115	0.088	0.087
N_g	1007.000	1322.000	519.000
chi^2	3602.335	2688.276	970.946
t statistics in brackets			
* p<0.1	** p<0.05	*** p<0.01	

数据显示，企业家信心只有在国有企业中才与探索性创新呈正相关关系，因此研究命题1a通过了检验。在民营企业和其他属性的企业中，不存在显著的关系。企业家信心对利用性创新影响的不同产权分析结果汇总于表5－36中。

表5－36　企业家信心对利用性创新影响的不同产权统计表

	soes	prts	oths
	pita	pita	pita
crpcfidx	0.004 ***	0.005 ***	0.004 ***
	[6.24]	[7.28]	[3.25]

续表

	soes	prts	oths
	pita	pita	pita
_cons	-0.809 ***	-0.708 ***	-0.546 ***
	[-7.69]	[-6.96]	[-3.62]
N	9588	10291	3223
r^2_w	0.203	0.132	0.174
r^2_b	0.038	0.018	0.094
r^2_o	0.092	0.054	0.095
N_g	1007.000	1322.000	519.000
chi^2	2214.682	1373.484	614.754
t statistics in brackets			
* p<0.1	** p<0.05	*** p<0.01	

数据显示，企业家信心在国有企业、民营企业和其他属性的企业中与利用性创新都呈现正相关关系，因此研究命题 1b 通过了检验。企业家信心对双元创新平衡性影响的产权异质性对比情况汇总于表 5-37 中。

表 5-37　企业家信心对双元创新平衡性影响的不同产权统计表

	soes	prts	oths
	dubln	dubln	dubln
crpcfidx	0.001 ***	0.001 ***	0.001
	[2.98]	[2.72]	[0.76]
_cons	0.252 ***	0.399 ***	0.360 ***
	[3.17]	[5.23]	[3.27]
N	6721	7994	2360
r^2_w	0.013	0.012	0.020
r^2_b	0.010	0.000	0.012
r^2_o	0.008	0.005	0.011
N_g	918.000	1232.000	416.000
chi^2	84.064	68.894	44.271
t statistics in brackets			
* p<0.1	** p<0.05	*** p<0.01	

数据显示，企业家信心在国有企业、民营企业中与双元创新平衡性都呈现正相关关系，因此研究命题 1c 通过了检验。企业家信心在其他属性的企业中不存在显著的关系。企业家信心对双元创新联合性影响的产权异质性对比情况汇总于表 5 - 38 中。

表 5 - 38　　企业家信心对双元创新联合性影响的不同产权统计表

	soes	prts	oths
	ducmb	ducmb	ducmb
crpcfidx	0.012 ***	0.015 ***	0.010 ***
	[5.11]	[6.27]	[2.59]
_cons	-3.936 ***	-3.162 ***	-2.554 ***
	[-9.98]	[-8.71]	[-4.64]
N	9588	10291	3223
r^2_w	0.255	0.197	0.217
r^2_b	0.016	0.004	0.050
r^2_o	0.089	0.057	0.069
N_g	1007.000	1322.000	519.000
chi^2	2935.526	2153.300	764.206
t statistics in brackets			
* p<0.1	** p<0.05	*** p<0.01	

数据显示，企业家信心在国有企业、民营企业和其他属性的企业中与双元创新的联合性都呈现正相关关系，因此研究命题 1d 通过了检验。

鉴于企业家信心对四类指标存在不同的影响。本节根据行业的垄断程度不同，将行业划分为垄断行业和非垄断行业。下面分析垄断行业和非垄断行业对四类指标的影响。企业家信心对双元创新中垄断行业与非垄断行业的影响状况汇总列示于表 5 - 39 中。

表 5 - 39　　企业家信心与双元创新中垄断行业与非垄断行业影响表

	mnp	nomnp	mnp	nomnp
	prat_w	prat_w	pita	pita
crpcfidx	0.002	0.001	0.001	0.004 ***
	[0.61]	[1.35]	[0.42]	[9.72]

续表

	mnp	nomnp	mnp	nomnp
	prat_w	prat_w	pita	pita
_cons	-2.001***	-0.801***	-0.617*	-0.620***
	[-2.87]	[-6.55]	[-1.71]	[-9.60]
N	768	22334	768	22334
r^2_w	0.380	0.268	0.306	0.170
r^2_b	0.005	0.003	0.003	0.012
r^2_o	0.084	0.092	0.094	0.073
N_g	62.000	2315.000	62.000	2315.000
chi^2	410.766	7220.209	300.720	4085.051
t statistics in brackets				
* $p<0.1$	** $p<0.05$	*** $p<0.01$		

数据显示，只有在非垄断企业中企业家信心与利用性创新正相关，研究命题1b通过了检验。在垄断企业中，企业家信心与利用性创新不存在显著关系。不论垄断与否，企业家信心与探索性创新都不存在显著关系。企业家信心对双元创新平衡性、联合性垄断异质性的影响状况汇总列示于表5-40中。

表5-40　企业家信心对双元创新平衡性与联合性中垄断与否的影响

	mnp	nomnp	mnp	nomnp
	dubln	dubln	ducmb	ducmb
crpcfidx	0.001	0.001***	0.011	0.012***
	[0.48]	[3.98]	[1.35]	[8.03]
_cons	0.159	0.325***	-4.818***	-2.936***
	[0.51]	[6.83]	[-3.53]	[-12.41]
N	427	16648	768	22334
r^2_w	0.041	0.013	0.329	0.230
r^2_b	0.013	0.001	0.002	0.000
r^2_o	0.029	0.005	0.062	0.065
N_g	54.000	2192.000	62.000	2315.000

续表

	mnp	nomnp	mnp	nomnp
	dubln	dubln	ducmb	ducmb
chi^2	15.675	166.086	325.245	5864.709
t statistics in brackets				
* p<0.1	** p<0.05	*** p<0.01		

数据显示，只有在非垄断企业中，企业家信心才分别与双元创新平衡性、联合性存在正相关关系，因此研究命题1c和1d通过了检验。其他情况下都不存在显著的关系。

专精特新异质性的考察。在非专精特新公司中，企业家信心与探索性创新、利用性创新正相关，因此研究命题1a和1b都通过了检验。在专精特新公司中，企业家信心与利用性创新正相关，因此研究命题1b通过了检验；与探索性创新不存在显著关系。不管在专精特新公司中还是在非专精特新公司中，企业家信心与双元创新平衡性、联合性都呈负相关关系，因此研究命题2c和2d通过了检验。

（6）生命周期视角的考察

本部分采用广义最小二乘法的随机模型进行数据处理。根据生命周期的基本观点，不同生命周期企业具有不同的现金流特征，下面探讨不同生命阶段企业家信心对双元创新的影响问题。首先分析企业家信心对探索性创新的影响，实证检验结果汇总于表5－41中。

表5－41　企业家信心对探索性创新的影响汇总表

	grw	mtn	rcs
	prat_w	prat_w	prat_w
crpcfidx	0.000	0.000	0.006***
	[0.07]	[0.20]	[3.39]
_cons	−0.647***	−0.640***	−1.633***
	[−3.31]	[−2.90]	[−6.18]
N	10023	8167	4912
r2_w	0.302	0.259	0.227

续表

	grw	mtn	rcs
	prat_w	prat_w	prat_w
r²_b	0.024	0.030	0.082
r²_o	0.101	0.084	0.108
N_g	2273.000	2080.000	1714.000
chi²	3311.379	2153.009	1086.705
t statistics in brackets			
* p<0.1	** p<0.05	*** p<0.01	

数据显示，只有在衰退期，企业家信心才与探索性创新呈现正相关关系，因此研究命题 1a 通过了检验；在成长期、成熟期都不存在显著的关系。企业家信心对利用性创新影响不同生命周期对比汇总情况列示于表 5－42 中。

表 5－42　企业家信心对利用性创新影响不同生命周期对比汇总表

	grw	mtn	rcs
	pita	pita	pita
crpcfidx	0.002 ***	0.005 ***	0.006 ***
	[2.93]	[6.42]	[5.81]
_cons	－0.296 ***	－0.666 ***	－0.956 ***
	[－2.86]	[－5.65]	[－7.02]
N	10023	8167	4912
r²_w	0.185	0.162	0.163
r²_b	0.021	0.029	0.090
r²_o	0.071	0.064	0.103
N_g	2273.000	2080.000	1714.000
chi²	1763.585	1226.538	788.903
t statistics in brackets			
* p<0.1	** p<0.05	*** p<0.01	

数据显示，在成长期、成熟期和衰退期，企业家信心与利用性创新都呈现正相关关系。因此研究命题 1b 通过了检验。企业家信心对双元创新平衡性影响不同生命周期对比汇总列示于表 5－43 中。

表 5－43　　企业家信心对双元创新平衡性的影响汇总表

	grw	mtn	rcs
	dubln	dubln	dubln
crpcfidx	0.001	0.002 ***	0.002 **
	[1.16]	[3.38]	[2.16]
_cons	0.445 ***	0.236 ***	0.259 **
	[6.22]	[2.86]	[2.43]
N	7658	6163	3254
r^2_w	0.016	0.013	0.007
r^2_b	0.003	0.002	0.012
r^2_o	0.007	0.005	0.008
N_g	1977.000	1826.000	1373.000
chi^2	87.741	56.761	30.019
t statistics in brackets			
* p<0.1	** p<0.05	*** p<0.01	

数据显示，只有在成长期企业家信心与双元创新平衡性不存在显著关系。在成熟期和衰退期，企业家信心与双元创新平衡性存在正相关关系，因此研究命题 1c 通过了检验。企业家信心对双元创新联合性影响不同生命周期对比汇总列示于表 5－44 中。

表 5－44　　企业家信心对双元创新联合性的影响汇总表

	grw	mtn	rcs
	ducmb	ducmb	ducmb
	[1.24]	[0.87]	[－0.75]
crpcfidx	0.008 ***	0.015 ***	0.017 ***
	[3.41]	[5.40]	[4.85]
_cons	－2.462 ***	－3.584 ***	－3.740 ***
	[－6.41]	[－8.26]	[－7.54]
N	10023	8167	4912
r^2_w	0.264	0.231	0.187
r^2_b	0.011	0.015	0.053

续表

	grw	mtn	rcs
	ducmb	ducmb	ducmb
r^2_o	0.074	0.063	0.069
N_g	2273.000	2080.000	1714.000
chi^2	2691.997	1811.412	823.958
t statistics in brackets			
* p<0.1	** p<0.05	*** p<0.01	

数据显示，在成长期、成熟期和衰退期，企业家信心与双元创新联合性都呈现正相关关系，因此研究命题 1d 通过了检验。

（7）中介效应检验

第 4 章主板公司基准检验表明，环境波动性与探索性创新负相关，此处实施企业家信心作为环境波动性与探索性创新的中介变量的检验，由于篇幅所限，本节省略了回归表，直接报出 Sobel 的回归系数表和各种效应的占比表。中介效应的 Sobel 检验，其结果汇总于表 5－45 中。

表 5－45　　Sobel 中介效应检验回归系数统计表

	Coef	Std Err	Z	P>|Z|
Sobel	0.000*	0.000	1.783	0.075
Goodman－1（Aroian）	0.000*	0.000	1.782	0.075
Goodman－2	0.000*	0.001	1.784	0.074
a coefficient	0.011***	0.000	28.770	0.000
b coefficient	0.002*	0.001	1.786	0.074
Indirect effect	0.000*	0.000	1.783	0.075
Directeffect	－0.001***	0.000	－8.558	0.000
Total effect	－0.001***	0.000	－8.372	0.000

注：Standard errors in parentheses，* p<0.05，** p<0.01，*** p<0.001。

表 5－45 显示，Sobel 中介效应显著，其中 Sobel 的系数是 0.000，a 的系数是 0.011，b 的系数是 0.002，直接效应的系数是－0.001，间接效应的系数为 0.000，总效应的系数是－0.001，Sobel 中介效应占比状况汇总

于表 5 - 46 中。

表 5 - 46　Sobel 中介效应占比统计表

类别	数值
Proportion of total effect that is mediated	- 0. 041
Ratio of indirect to direct effect	- 0. 039
Ratio of total to direct effect	0. 962

表 5 - 46 显示，总效应占比是 - 0. 041，直接效应占比是 0. 962，间接效应占比是 - 0. 039，说明企业家信心是环境波动性与探索性创新的中介变量。企业家信心存在部分中介效应，也即环境波动性一部分直接影响探索性创新，另一部分是通过企业家信心来影响探索性创新的。因此在环境波动性高涨的背景下，提振企业家信心是一个重要的抓手。

需要说明的是，企业家信心分别是利用性创新、双元创新平衡性、双元创新联合性的中介效应。在此省略，不再赘述。实证检验表明，环境波动性通过企业家信心会影响双元创新。

（8）进一步的中介效应检验

前面探讨了企业家信心的中介作用。那么，企业家信心是通过什么样的途径来影响四种不同的数据？本节探讨企业家信心与双元创新之间的中介效应。信心是看不见摸不着的东西，它是如何影响企业的双元创新的？企业家信心体现在企业家对未来经济状况的预测、把握和企业家对内部公司资源的合理配置过程中表现出来的一种心理倾向。从公司内部资源来看，什么资源让企业家具备一定的信心？我们认为公司可持续增长是企业家坚定其信心的基础。其实本节已经尝试了其他各种指标，都不能作为两者的中介变量。

可持续增长率（Sustainable Growth Rate，SGR）是罗伯特 · C. 希金斯（Robert C. Higgins）在 1977 年提出的观点，希金斯认为可持续增长率是在不需要耗尽财务资源的情况下，公司销售增长的最大比率。在此观点的基础上，詹姆斯 · 范霍恩（James C. Van Horne）于 1988 年提出稳态和动态模型来衡量可持续发展。

希金斯的理论假设是，以市场允许的增长率增长；不发售新股；维持目标资本结构和目标股利政策，其本质是所有者权益的增长，在“不增加新股”的情况下，企业增长所达到的最大值。

范霍恩稳态的理论假设是：资产负债表和经营效率方面相似；没有外部资本筹资；资本增长只通过留存收益；折旧维持营运；新增的利息费用包括在目标净利润中。稳态理论的假设过于严格，于是衍生出范霍恩动态的理论假设，该假设松动了“不增加新股”前提，推导了“稳态增长”和“动态增长”模型，认为可持续增长是个目标值，属于计划问题。由于篇幅所限，本节省略了回归表，直接报出Sobel中介效应的占比情况，汇总于表5－47中。

表5－47 Sobel中介效应占比统计表

类别	数值
Proportion of total effect that is mediated	0.103
Ratio of indirect to direct effect	0.114
Ratio of total to direct effect	1.115

表5－47显示，总效应占比是0.103，直接效应占比是1.115，间接效应占比是0.114，说明可持续增长率是企业家信心与探索性创新的中介变量。可持续增长率存在部分中介效应，也即企业家信心一部分直接影响探索性创新，另一部分是通过可持续增长率来影响探索性创新。因此提振企业家信心，促进企业的可持续发展才能提高企业的探索性创新。

5.2.4 研究结论

企业家信心与探索性创新不存在显著关系。企业家信心与其他三类指标都呈正相关关系。产权异质性的检验表明，企业家信心只有在国有企业中才与探索性创新呈正相关关系，在民营企业和其他属性的企业中，不存在显著的关系。企业家信心在三类企业中与利用性创新、双元创新联合性都呈正相关关系。企业家信心与国有、民营企业中双元创新平衡性正相关。垄断异质性的数据显示，只有在非垄断企业中企业家信心才与利用性创新呈现正相关关系，垄断企业中企业家信心与利用性创新不存在显著关系。不论垄断与否，企业家信心与探索性创新都不存在显著关系。只有在非垄断企业中，企业家信心与双元创新平衡性、联合性存在正相关关系，其他情况下都不存在显著的关系。专精特新异质性的考察是，在非专精特新公司中，企业家信心与探索性创新、利用性创新正相关，在专精特新公司中，企业家信心与利用性创新正相关，与探索性创新不存在显著关系。不管专精特新与否，企业家信心与双元创新的平衡性、联合性都呈负相关关系。生命周期视角的检验表明，只有在衰退期，企业家信心与探索性创新呈正相关关系。在三个阶段中，企业家信心与利用性创新都呈正相关关系。在成熟期和衰退期，企业家信心与双元创新平衡性正相关。在三个阶段中，企业家信心与双元创新联合性都呈现出正相关关系。

中介效应研究的结论是，企业家信心是环境波动性与探索性创新的中介变量。企业家信心存在部分中介效应，即环境波动性指数一部分直接影响探索性创新，另一部分是通过企业家信心来影响探索性创新的。因此在环境波动性高涨的背景下，提振企业家信心是一个重要的抓手。进一步的中介效应显示，可持续增长率是企业家信心与探索性创新的中介变量。可持续增长率存在部分中介效应，即企业家信心一部分直接影响探索性创新，另一部分是通过可持续增长率来影响探索性创新的。因此提振企业家信心，促进企业的可持续发展才能提高企业的探索性创新。

5.3 创业板公司企业家信心的中介效应

5.3.1 理论分析与研究命题

本节的理论分析与研究命题同 5.1.1 的内容，此处不再赘述。

5.3.2 研究设计

变量选取与模型设定同5.1.2的内容。本节主要考察创业板公司的规模对原始创新的影响，对2007—2020年创业板上市公司的年度财务报告进行了全面、仔细的调查和统计，并进行筛选。本节剔除了金融业、房地产业、其他金融业的公司；剔除ST、*ST、PT公司，删除B股公司；删除连续上市不满两年的公司，删除数据缺失严重的公司；删除资产负债率大于1的公司；最终得到900家公司14年的非平衡面板数据，公司—年度的观测个数是7430。双元创新数据主要来自手工收集，其他数据均来自RESSET金融研究数据库、CNRDS数据库、CSMAR数据库、Wind数据库、公司官方网站以及2007—2021年《中国统计年鉴》。

5.3.3 实证研究

(1) 主要变量描述性统计

本节所涉及的主要被解释变量有探索性创新、利用性创新、双元创新平衡性、双元创新联合性，解释变量是环境波动性，中介变量是企业家信心。它们的描述性统计如表5-48所示。此处省略了控制变量的描述性统计信息。

表5-48 主要变量的描述性统计

Variables	Obs	Mean	Std. Dev.	Min	Max	Skew.	Kurt.
prat_w	7430	1.717	1.379	0.000	5.852	0.363	2.318
pita	7430	2.167	2.049	0.000	12.279	0.804	13.174
dubln	6050	0.555	0.328	0.000	1.000	-0.766	2.183
ducmb	7430	2.208	2.494	0.000	15.135	1.213	4.265
cbnepu	7430	380.369	246.508	82.245	791.874	0.577	1.916
crpcfidx	7430	120.651	7.240	110.225	141.925	0.456	3.136

表5-48显示公司探索性创新在2007年到2020年，平均值是1.717，最小值是0.000，最大值是5.852，标准差是1.379，其波动性较大。偏度

和峰度数据显示探索性创新呈右偏厚尾状态。利用性创新的均值是2.167，最小值是0.000，最大值是12.279，标准差是2.049，其波动性较大。偏度和峰度数据显示利用性创新呈右偏高峰状态。双元创新平衡性在2007年到2020年，平均值是0.555，最小值是0.000，最大值是1.000，标准差是0.328，其波动性较大。偏度和峰度数据显示双元创新平衡性呈左偏高峰状态。双元创新联合性的均值是2.208，最小值是0.000，最大值是15.135，标准差是2.494，其波动性较大。偏度和峰度数据显示双元创新联合性呈右偏高峰状态。企业家信心的均值是120.651，最小值是110.225，最大值是141.925，标准差是7.240。偏度和峰度显示该变量呈右偏略高峰状态分布。

（2）面板数据的组间差异与组内差异分析

在描述性分析之后，本节继续探讨面板数据的组内差异和组间差异问题，主要变量的组内差异和组间差异汇总列示于表5-49中。

表5-49　　主要变量的组内差异与组间差异统计表

Variables		Mean	Std. Dev.	Min	Max	Observations
prat_w	overall	1.718	1.381	0.000	6.766	N = 7430
	between		1.042	0.000	5.910	n = 900
	within		0.885	-2.431	6.086	T = 8.256
pita	overall	2.167	2.049	0.000	12.279	N = 7430
	between		1.618	0.000	10.730	n = 900
	within		1.280	-4.401	8.056	T = 8.256
dubln	overall	0.555	0.328	0.000	1.000	N = 6050
	between		0.240	0.000	5.088	n = 884
	within		0.252	-0.270	1.380	T = 6.844
ducmb	overall	2.208	2.494	0.000	15.135	N = 7430
	between		1.945	0.000	13.792	n = 900
	within		1.563	-6.433	11.943	T = 8.256
crpcfidx	overall	120.650	7.240	110.225	141.925	N = 7430
	between		1.500	118.215	127.063	n = 900
	within		7.080	107.607	141.533	T = 8.256

探索性创新的组内差异即每个上市公司在14年间的时间差异的标准差是0.885，组间差异即900家上市公司在14年间的个体差异标准差是1.042，说明900家上市公司在14年间的年度波动（纵向波动）小于每个上市公司之间的波动（横向波动）。利用性创新的组内差异即每个上市公司在14年间的时间差异的标准差是1.280，组间差异即900家上市公司在14年间的个体差异标准差是1.618，说明900家上市公司在14年间的年度波动（纵向波动）小于每个上市公司之间的波动（横向波动）。双元创新平衡性的组内差异即每个上市公司在14年间的时间差异的标准差是0.252，组间差异即884家上市公司在14年间的个体差异标准差是0.240，说明884家上市公司在14年间的年度波动（纵向波动）大于每个上市公司之间的波动（横向波动）。双元创新联合性的组内差异即每个上市公司在14年间的时间差异的标准差是1.563，组间差异即900家上市公司在14年间的个体差异标准差是1.945，说明900家上市公司在14年间的年度波动（纵向波动）大于每个上市公司之间的波动（横向波动）。

企业家信心的组内差异即每个上市公司在14年间的时间差异的标准差是7.080，组间差异即900家创业板公司在14年间的个体差异标准差是1.500，说明900家创业板公司在14年间的年度波动（纵向波动）大于每个上市公司之间的波动（横向波动）。

（3）相关系数检验

本节涉及的主要变量有双元创新四个维度的变量、人均GDP不变价格、高管薪酬、资本密集度、每股税前现金股利、经营活动现金流带息债务比、独立董事比率、赫芬达尔—赫希曼指数、公司规模、总资产增长率、企业家信心等。这些指标的相关系数如表5-50所示。

表5-50　　主要变量相关系数表

Variables	(1)	(2)	(3)	(4)	(5)	(6)	(7)	(8)	(9)	(10)	(11)
(1) prat_w	1.000										
(2) gdppercptcp	0.265	1.000									
(3) dsmsalary	0.154	0.126	1.000								
(4) capaccum	-0.011	-0.046	-0.022	1.000							

续表

Variables	(1)	(2)	(3)	(4)	(5)	(6)	(7)	(8)	(9)	(10)	(11)
(5) csdvpshbtax	0.041	0.059	0.026	0.037	1.000						
(6) cfopibd	-0.011	-0.019	0.004	0.006	0.035	1.000					
(7) indrcrat	0.077	-0.074	0.305	0.010	0.000	-0.002	1.000				
(8) hhi_sale	-0.051	-0.003	-0.009	-0.000	-0.031	-0.003	-0.026	1.000			
(9) sizeast	0.069	0.075	0.244	0.007	0.042	-0.001	0.133	-0.003	1.000		
(10) astgrw	-0.007	-0.054	-0.026	0.215	0.051	0.008	-0.003	0.006	0.022	1.000	
(11) crpcfidx	-0.109	-0.407	-0.030	0.023	-0.005	-0.005	-0.057	0.000	-0.015	0.035	1.000

数据显示，探索性创新与人均 GDP 不变价格、每股税前现金股利、高管薪酬、独立董事比率、公司规模正相关，与资本密集度、经营活动现金流带息债务比、赫芬达尔—赫希曼指数、总资产增长率、企业家信心负相关。这些相关系数只是任意两个变量之间的相关系数（在增加控制变量之后，其相关系数的符号有可能发生改变）。并且任意两个变量之间相关系数的绝对值没有高于 0.305。说明变量之间不存在多重共线性，可以进行下一步的实证检验。

为了稳健起见，现在进行各变量的方差膨胀因子检验，检验结果如表 5-51 所示。

表 5-51　　主要变量方差膨胀因子表

Variable	capaccum	astgrw	sizeast	gdppercptcp	csdvpshbtax	dsmsalary	indrcrat	crpcfidx	hhi_sale	cfopibd
VIF	6.70	6.68	1.53	1.46	1.34	1.31	1.23	1.20	1.07	1.06
Mean VIF					2.36					

表 5-51 显示，主要变量方差膨胀因子数据小于 10，各变量之间不存在多重共线性，可以进行下一步的实证检验。

（4）基准回归

本节在控制了宏观因素，如人均 GDP 不变价格，行业因素如赫芬达尔—赫希曼指数，以及公司层面因素，如高管薪酬、资本密集度、每股税前现金股利、经营活动现金流带息债务比、总资产增长率、公司规模、独立董事比率等因素后，采用广义最小二乘法的随机模型进行检验，企业家信心对探索性创新的影响状况汇总于表 5 - 52 中。

表 5 - 52　　企业家信心对探索性创新的基准回归表

prat_w	Coef.	St. Err.	t - value	p - value	[95% Conf	Interval]	Sig
gdppercptcp	0.287	0.009	30.53	0.000	0.269	0.305	***
dsmsalary_w	0.037	0.005	7.50	0.000	0.027	0.047	***
capaccum_w	-0.246	0.040	-6.19	0.000	-0.324	-0.168	***
csdvpshbtax_w	-0.508	0.100	-5.07	0.000	-0.704	-0.312	***
cfopibd_w	-0.002	0.001	-1.74	0.082	-0.004	0.000	*
indrcrat_w	0.001	0.001	1.17	0.243	-0.001	0.003	
hhi_sale_w	-3.765	9.222	-0.41	0.683	-21.839	14.31	
sizeast_w	0.002	0.004	0.48	0.631	-0.006	0.009	
astgrw_w	0.198	0.058	3.40	0.001	0.084	0.313	***
crpcfidx	0.007	0.001	4.97	0.000	0.004	0.010	***
Constant	-1.146	0.220	-5.20	0.000	-1.578	-0.714	***
Mean dependent var	1.717			SD dependent var		1.379	
Overall r - squared	0.105			Number of obs		7430	
Chi - square	1885.248			Prob > chi²		0.000	
R - squared within	0.225			R - squared between		0.012	

注：*** p<0.01，** p<0.05，* p<0.10。

表 5 - 52 显示，人均 GDP 不变价格、高管薪酬、总资产增长率与探索性创新正相关，且在 1% 水平下显著。资本密集度、每股税前现金股利与探索性创新负相关，且在 1% 水平下显著。经营活动现金流带息债务比与探索性创新负相关，且在 10% 水平下显著。企业家信心与探索性创新正相关，且在 1% 水平下显著。因此，研究命题 1a 得到了检验。

企业双元创新从四个维度进行考量。下面研究企业家信心对利用性创新、双元创新平衡性、双元创新联合性其他三个指标的影响，其回归结果汇总于表 5 - 53 中。

表 5 - 53　　企业家信心对其他三类指标影响对比表

	(1)	(2)	(3)
	pita	dubln	ducmb
gdppercptcp	0.114 ***	0.022 ***	0.513 ***
	[22.58]	[6.33]	[30.11]

续表

	(1)	(2)	(3)
	pita	dubln	ducmb
dsmsalary_w	0.022 ***	0.001	0.037 ***
	[8.16]	[0.39]	[4.15]
capaccum_w	-0.139 ***	-0.049 ***	-0.381 ***
	[-6.50]	[-3.38]	[-5.29]
csdvpshbtax_w	-0.247 ***	-0.068 *	-0.670 ***
	[-4.61]	[-1.93]	[-3.68]
cfopibd_w	-0.001	-0.001 *	-0.003 *
	[-1.61]	[-1.75]	[-1.73]
indrcrat_w	0.000	-0.000	-0.005 **
	[0.56]	[-0.39]	[-2.49]
hhi_sale_w	-3.319	-3.906 *	1.281
	[-0.69]	[-1.83]	[0.07]
sizeast_w	-0.001	0.001	-0.009
	[-0.71]	[0.92]	[-1.35]
astgrw_w	0.123 ***	0.059 ***	0.365 ***
	[3.92]	[2.90]	[3.46]
crpcfidx	0.008 ***	0.002 ***	0.023 ***
	[9.59]	[4.19]	[8.65]
_cons	-0.842 ***	0.138 *	-3.347 ***
	[-7.11]	[1.66]	[-8.36]
N	7430	6050	7430
r^2_w	0.152	0.017	0.190
r^2_b	0.004	0.010	0.000
r^2_o	0.068	0.010	0.070
N_g	900.000	884.000	900.000
chi^2	1156.188	94.720	1499.586
	t statistics in brackets		
* p<0.1	** p<0.05		*** p<0.01

数据显示，企业家信心与利用性创新、双元创新平衡性、双元创新联合性指标都呈现出正相关关系，因此研究命题1b、1c和1d都通过了检验。说明企业家信心的提高促进了利用性创新、双元创新平衡性、双元创新联合性指标的提升。

（5）中介效应检验

第4章创业板公司的基准检验表明，环境波动性与探索性创新、利用性创新、双元创新联合性呈倒U关系。本节的实证表明企业家信心正向影响四维度指标，企业家信心是否是环境波动性二次方影响四类数据的中介变量呢？下面进行企业家信心的中介效应检验。Sobel检验得出的总效应回归结果如表5-54所示。

表5-54　总效应检验表（即路径c的检验）

prat_w	Coef.	Std. Err.	t	P > t	[95% Conf.	Interval]
cbnepusq	-0.001	0.000	-4.110	0.000	-0.001	-0.000
gdppercptcp	0.325	0.023	13.990	0.000	0.280	0.371
laggindex	-0.004	0.007	-0.530	0.594	-0.017	0.010
dsmsalary_w	0.032	0.004	7.210	0.000	0.024	0.041
capaccum_w	-0.170	0.060	-2.860	0.004	-0.287	-0.054
csdvpshbtax_w	-0.503	0.118	-4.260	0.000	-0.735	-0.272
cfopibd_w	-0.006	0.001	-4.490	0.000	-0.009	-0.003
indrcrat_w	0.001	0.001	0.880	0.380	-0.001	0.004
hhi_sale_w	-7.412	3.689	-2.010	0.045	-14.643	-0.182
sizeast_w	0.006	0.002	3.280	0.001	0.003	0.010
astgrw_w	0.075	0.086	0.870	0.386	-0.094	0.244
_cons	0.194	0.669	0.290	0.772	-1.119	1.506

表5-54显示，人均GDP不变价格、高管薪酬、公司规模与探索性创新正相关，在1%水平下显著。资本密集度、每股税前现金股利、赫芬达尔—赫希曼指数、经营活动现金流带息债务比与探索性创新负相关，总资产增长率与探索性创新不显著。环境波动性的二次方与探索性创新负相关，在1%水平下显著。下面进行中介效应中路径a的检验，其检验结果如表5-55所示。

表 5-55　　中介效应中路径 a 的检验结果表

crpcfidx	Coef.	Std. Err.	t	P>t	[95% Conf.	Interval]
cbnepusq	-0.001	0.000	-2.200	0.028	-0.002	-0.000
gdppercptcp	-2.366	0.089	-26.480	0.000	-2.542	-2.191
laggindex	1.836	0.026	71.110	0.000	1.786	1.887
dsmsalary_w	0.062	0.017	3.600	0.000	0.028	0.096
capaccum_w	-0.212	0.229	-0.920	0.355	-0.660	0.237
csdvpshbtax_w	0.175	0.454	0.380	0.701	-0.716	1.065
cfopibd_w	0.000	0.005	0.050	0.963	-0.010	0.010
indrcrat_w	-0.038	0.005	-7.550	0.000	-0.048	-0.028
hhi_sale_w	7.457	14.172	0.530	0.599	-20.324	35.237
sizeast_w	0.009	0.007	1.270	0.205	-0.005	0.024
astgrw_w	-0.104	0.332	-0.310	0.754	-0.755	0.547
_cons	-45.199	2.572	-17.570	0.000	-50.241	-40.157

数据显示，环境波动性的二次方与企业家信心负相关，在 5% 水平下显著。然后进行中介效应中路径 b 和中介效应的 c′检验，其检验结果如表 5-56 所示。

表 5-56　　中介效应中路径 b 和中介效应的 c′检验结果表

prat_w	Coef.	Std. Err.	t	P>t	[95% Conf.	Interval]
crpcfidx	0.016	0.003	5.160	0.000	0.010	0.021
cbnepusq	-0.001	0.000	-3.990	0.000	-0.001	-0.000
gdppercptcp	0.362	0.024	14.910	0.000	0.315	0.410
laggindex	-0.032	0.009	-3.700	0.000	-0.049	-0.015
dsmsalary_w	0.031	0.004	7.000	0.000	0.023	0.040
capaccum_w	-0.167	0.059	-2.810	0.005	-0.284	-0.051
csdvpshbtax_w	-0.506	0.118	-4.290	0.000	-0.738	-0.275
cfopibd_w	-0.006	0.001	-4.500	0.000	-0.009	-0.003
indrcrat_w	0.002	0.001	1.330	0.185	-0.001	0.004
hhi_sale_w	-7.528	3.682	-2.040	0.041	-14.747	-0.310
sizeast_w	0.006	0.002	3.210	0.001	0.002	0.010
astgrw_w	0.077	0.086	0.890	0.375	-0.093	0.246
_cons	0.898	0.682	1.320	0.188	-0.439	2.235

数据显示，环境波动性的二次方与探索性创新负相关，在 1% 水平下显著。企业家信心与探索性创新正相关，在 1% 水平下显著。再次进行中介效应的 Sobel 检验，其结果汇总于表 5－57 中。

表 5－57　　Sobel 中介效应检验回归系数统计表

	Coef	Std Err	Z	P>|Z|
Sobel	－0.000 **	8.363e－06	－2.020	0.043
Goodman－1（Aroian）	－0.000 **	8.495e－06	－1.989	0.047
Goodman－2	－0.000 **	8.229e－06	－2.053	0.040
a coefficient	－0.001 **	0.000	－2.195	0.028
b coefficient	0.002 **	8.4e－06	2.020	0.043
Indirect effect	－0.001 ***	0.000	－3.989	0.000
Direct effect	－0.001 ***	0.000	－9.998	0.000
Total effect	－0.001 ***	0.000	－4.115	0.000

注：Standard errors in parentheses，* $p<0.05$，** $p<0.01$，*** $p<0.001$。

表 5－57 显示，Sobel 中介效应显著，其中 Sobel 的系数是－0.000，a 的系数是－0.001，b 的系数是 0.002，直接效应的系数是－0.001，间接效应的系数是－0.001，总效应的系数是－0.001，说明企业家信心是环境波动性与探索性创新的中介变量，企业家信心存在部分中介效应①。中介效应占比情况汇总于表 5－58 中。

表 5－58　　Sobel 中介效应占比统计表

类别	数值
Proportion of total effect that is mediated	0.032
Ratio of indirect to direct effect	0.033
Ratio of total to direct effect	1.033

表 5－58 显示，总效应占比是 0.032，直接效应占比是 1.033，间接效应占比是 0.033。说明企业家信心是环境波动性的二次方与探索性创新的

① 温忠麟，刘红云，2021. 中介效应和调节效应方法及应用［M］. 北京：教育科学出版社：83－106.

中介变量。企业家信心存在部分中介效应，即环境波动性指数一部分直接影响探索性创新，另一部分通过企业家信心影响探索性创新。因此在环境波动性高涨的背景下，提振企业家信心是一个重要的抓手。

需要说明的是，企业家信心分别对利用性创新、双元创新平衡性、双元创新联合性的中介效应。在此省略，不再赘述。实证检验表明，环境波动性通过企业家信心会影响双元创新。

（6）进一步的中介效应检验

前面探讨了企业家信心的中介作用。那么，企业家信心是通过什么样的途径来影响四种不同的数据？本节探讨企业家信心与双元创新之间的中介效应。信心是看不见摸不着的东西，它是如何影响企业的双元创新的？企业家信心体现在企业家对未来经济状况的预测、把握和企业家对内部公司资源的合理配置过程中表现出来的一种心理倾向。从公司内部资源来看，什么资源让企业家具备一定的信心？我们认为公司可持续增长是企业家坚定其信心的基础。其实本节已经尝试了其他各种指标，都不能作为两者的中介变量。

可持续增长率（Sustainable Growth Rate，SGR）是罗伯特·C. 希金斯（Robert C. Higgins）在1977年提出的观点，希金斯认为可持续增长率是在不需要耗尽财务资源的情况下，公司销售增长的最大比率。在此观点的基础上，詹姆斯·范霍恩（James C. Van Horne）于1988年提出稳态和动态模型来衡量可持续发展。希金斯的理论假设是，以市场允许的增长率增长；不发售新股；维持目标资本结构和目标股利政策，其本质是所有者权益的增长，在“不增加新股”情况下，企业增长所达到的最大值。范霍恩稳态的理论假设是：资产负债表和经营效率方面相似；没有外部资本筹资；资本增长只通过留存收益；折旧维持营运；新增的利息费用包括在目标净利润中。稳态理论的假设过于严格，于是衍生出范霍恩动态的理论假设，该假设松动了“不增加新股”前提，推导了“稳态增长”和“动态增长”模型，认为可持续增长是个目标值，属于计划问题。本节根据公式（5－5）来测算可持续增长率，其计算方法如下。

$$SGR = \left\{ \frac{(E_{q0} + NewE_q - Div)\left(1 + \frac{D}{E_q}\right)\left(\frac{S}{A}\right)}{1 - \left[\left(\frac{NP}{S}\right)\left(1 + \frac{D}{E_q}\right)\left(\frac{S}{A}\right)\right]} \right\}\left(\frac{1}{S_0}\right) - 1 \qquad (5-5)$$

本节以可持续发展指标作为企业家信心与双元创新的中介变量进行检验。中介效应中路径 c 的检验结果汇总列示于表 5 - 59 中。

表 5 - 59　　中介效应中路径 c 的检验结果

prat_w	Coef.	Std. Err.	t	P > t	[95% Conf.	Interval]
crpcfidx	0.015	0.003	5.230	0.000	0.009	0.020
gdppercptcp	0.242	0.017	13.940	0.000	0.208	0.276
dsmsalary_w	0.044	0.007	6.360	0.000	0.030	0.057
capaccum_w	-0.235	0.058	-4.040	0.000	-0.349	-0.121
csdvpshbtax_w	-0.542	0.116	-4.680	0.000	-0.768	-0.315
cfopibd_w	-0.005	0.001	-4.030	0.000	-0.008	-0.003
indrcrat_w	0.002	0.001	1.670	0.094	-0.000	0.005
hhi_sale_w	-14.624	5.122	-2.860	0.004	-24.664	-4.583
sizeast_w	0.013	0.003	3.790	0.000	0.006	0.020
astgrw_w	0.159	0.084	1.900	0.058	-0.005	0.324
_cons	-2.052	0.392	-5.230	0.000	-2.821	-1.284

表 5 - 59 显示，企业家信心与探索性创新正相关，在 1% 水平下显著。人均 GDP 不变价格与探索性创新正相关，在 1% 水平下显著。高管薪酬与探索性创新正相关，在 1% 水平下显著。资本密集度与探索性创新负相关，在 1% 水平下显著。每股税前现金股利与探索性创新负相关，在 1% 水平下显著。经营活动现金流带息债务比与探索性创新负相关，在 1% 水平下显著。独立董事比率与探索性创新正相关，在 10% 水平下显著。赫芬达尔—赫希曼指数与探索性创新负相关，在 1% 水平下显著。公司规模与探索性创新正相关，在 1% 水平下显著，总资产增长率与探索性创新正相关，在 10% 水平下显著。该检验与前面的基准检验基本一致。下面进行中介效应中路径 a 的检验，其检验结果汇总列示于表 5 - 60 中。

表 5-60　　中介效应中路径 a 的检验结果汇总表

equgrw	Coef.	Std. Err.	t	P > t	[95% Conf.	Interval]
crpcfidx	0.004	0.001	4.970	0.000	0.003	0.006
gdppercptcp	0.000	0.006	0.020	0.983	-0.011	0.011
dsmsalary_w	-0.010	0.002	-4.510	0.000	-0.014	-0.006
capaccum_w	1.306	0.018	70.880	0.000	1.270	1.342
csdvpshbtax_w	-0.019	0.037	-0.510	0.609	-0.091	0.053
cfopibd_w	0.001	0.000	3.340	0.001	0.001	0.002
indrcrat_w	-0.000	0.000	-0.520	0.605	-0.001	0.001
hhi_sale_w	2.574	1.622	1.590	0.112	-0.604	5.753
sizeast_w	-0.013	0.001	-11.880	0.000	-0.015	-0.011
astgrw_w	-0.109	0.027	-4.100	0.000	-0.161	-0.057
_cons	-0.132	0.124	-1.060	0.289	-0.375	0.112

表 5-60 显示，企业家信心与可持续增长率正相关，在 1% 水平下显著。高管薪酬与可持续增长率负相关，在 1% 水平下显著。资本密集度与可持续增长率正相关，在 1% 水平下显著。经营活动现金流带息债务比与可持续增长率正相关，在 1% 水平下显著。公司规模与可持续增长率负相关，在 1% 水平下显著。总资产增长率与可持续增长率负相关，在 1% 水平下显著。每股税前现金股利不显著。然后进行中介效应中路径 b 和 c′的检验，其检验结果汇总列示于表 5-61 中。

表 5-61　　中介效应中路径 b 和 c′的检验结果表

prat_w	Coef.	Std. Err.	t	P > t	[95% Conf.	Interval]
equgrw	0.092	0.043	2.160	0.031	0.009	0.175
crpcfidx	0.014	0.003	5.080	0.000	0.009	0.020
gdppercptcp	0.242	0.017	13.940	0.000	0.208	0.276
dsmsalary_w	0.045	0.007	6.480	0.000	0.031	0.058
capaccum_w	-0.355	0.080	-4.420	0.000	-0.513	-0.198
csdvpshbtax_w	-0.540	0.116	-4.660	0.000	-0.767	-0.313
cfopibd_w	-0.006	0.001	-4.130	0.000	-0.008	-0.003
indrcrat_w	0.003	0.001	1.690	0.091	-0.000	0.005
hhi_sale_w	-14.860	5.121	-2.900	0.004	-24.900	-4.821

续表

prat_w	Coef.	Std. Err.	t	P>t	[95% Conf.	Interval]
sizeast_w	0.014	0.003	4.090	0.000	0.007	0.021
astgrw_w	0.169	0.084	2.020	0.044	0.005	0.334
_cons	-2.040	0.392	-5.210	0.000	-2.808	-1.272

表5-61显示，可持续增长率与探索性创新正相关，在5%水平下显著。企业家信心与探索性创新正相关，在1%水平下显著。人均GDP不变价格与探索性创新正相关，在1%水平下显著。高管薪酬与探索性创新正相关，在1%水平下显著。资本密集度与探索性创新负相关，在1%水平下显著。每股税前现金股利与探索性创新负相关，在1%水平下显著。经营活动现金流带息债务比与探索性创新负相关，在1%水平下显著。独立董事比率与探索性创新正相关，在10%水平下显著。赫芬达尔—赫希曼指数与探索性创新负相关，在1%水平下显著。公司规模与探索性创新正相关，在1%水平下显著。总资产增长率与探索性创新正相关，在5%水平下显著。回归结果基本稳健可靠。再次进行中介效应的Sobel系数检验，其回归结果汇总于表5-62中。

表5-62　　　　Sobel中介效应检验统计表

	Coef	Std Err	Z	P>|Z|
Sobel	0.000**	0.000	1.982	0.047
Goodman-1 (Aroian)	0.000*	0.000	1.949	0.051
Goodman-2	0.009**	0.000	2.017	0.044
a coefficient	0.004***	0.001	4.972	6.6e-07
b coefficient	0.092**	0.043	2.161	0.031
Indirect effect	0.002***	0.000	1.982	0.047
Direct effect	0.014**	0.003	5.076	3.8e-07
Total effect	0.015***	0.003	5.231	1.7e-07

注：Standard errors in parentheses, * $p<0.05$, ** $p<0.01$, *** $p<0.001$。

表5-62显示，Goodman-1、Goodman-2、a、b、Indirect effect、Direct effect、Total effect都通过了显著性水平检验。并且Sobel中介效应显

著。最后进行 Sobel 中介效应占比的统计分析，其数据如表 5－63 所示。

表 5－63　Sobel 中介效应统计表

类别	数值
Proportion of total effect that is mediated	0.028
Ratio of indirect to direct effect	0.028
Ratio of total to direct effect	1.028

表 5－63 显示，总效应占比是 0.028，直接效应占比是 1.028，间接效应占比是 0.028。说明可持续增长率是企业家信心与探索性创新的中介变量，可持续增长率存在部分中介效应①。企业家信心只有一部分直接影响探索性创新，另一部分通过可持续增长率影响探索性创新。因此在强调企业家信心的背景下，保持正常可持续增长率提升企业家信心是实现探索性创新的一个重要抓手。需要说明的是，可持续增长率分别对利用性创新、双元创新平衡性、双元创新联合性存在中介效应。在此省略，不再赘述。

（7）异质性检验

在异质性检验过程中，所有回归都采用广义最小二乘法随机模型的处理方法。本节将企业属性划分为国有企业、民营企业与其他企业进行检验。企业家信心对探索性创新不同产权统计的影响如表 5－64 所示。

表 5－64　企业家信心对不同产权属性企业探索性创新影响的对比统计表

	soes	prts	oths
	prat_w	prat_w	prat_w
crpcfidx	0.013	0.014 ***	－0.004 *
	[1.39]	[6.78]	[－1.69]
_cons	－5.192 ***	－2.411 ***	0.801 **
	[－2.98]	[－7.94]	[2.45]
N	272	4679	2479
r^2_w	0.165	0.239	0.226
r^2_b	0.076	0.001	0.043

① 温忠麟，王红云，2021. 中介效应和调节效应方法及应用［M］. 北京：教育科学出版社：83－106.

续表

	soes	prts	oths
	prat_w	prat_w	prat_w
r^2_o	0.124	0.090	0.092
N_g	72.000	708.000	286.000
chi^2	43.587	1210.989	648.070
t statistics in brackets			
* p<0.1	** p<0.05	*** p<0.01	

数据显示，企业家信心与民营企业的探索性创新正相关。与其他属性企业的探索性创新负相关，因此研究命题 1a 和 2a 通过了检验。在国有企业中不存在显著关系。企业家信心对利用性创新影响的不同产权统计汇总列示于表 5-65 中。

表 5-65　企业家信心对利用性创新影响的不同产权统计表

	soes	prts	oths
	pita	pita	pita
crpcfidx	0.012 ***	0.011 ***	0.003 **
	[2.76]	[10.34]	[2.10]
_cons	-2.376 ***	-1.379 ***	-0.039
	[-2.86]	[-8.72]	[-0.20]
N	272	4679	2479
r^2_w	0.124	0.178	0.133
r^2_b	0.037	0.002	0.048
r^2_o	0.063	0.067	0.072
N_g	72.000	708.000	286.000
chi^2	29.161	844.633	347.758
t statistics in brackets			
* p<0.1	** p<0.05	*** p<0.01	

数据显示，企业家信心对国有企业、民营企业以及其他属性企业的利用性创新都呈现出正相关关系。因此研究命题 1b 通过了检验。企业家信心对双元创新平衡性影响的不同产权统计汇总列示于表 5-66 中。

表 5－66　　企业家信心对双元创新平衡性影响的不同产权统计表

	soes	prts	oths
	dubln	dubln	dubln
crpcfidx	0.007 ***	0.003 ***	0.001
	[2.78]	[4.67]	[0.63]
_cons	−0.457	0.085	0.316 **
	[−0.60]	[0.77]	[2.21]
N	241	3963	1846
r^2_w	0.060	0.022	0.019
r^2_b	0.072	0.004	0.013
r^2_o	0.075	0.010	0.012
N_g	71.000	690.000	265.000
chi^2	15.782	74.027	31.495
t statistics in brackets			
* p＜0.1	** p＜0.05	*** p＜0.01	

数据显示，企业家信心对国有企业、民营企业的双元创新平衡性呈现出正相关关系，因此研究命题1c通过了检验。对其他属性企业的探索性创新不存在显著关系。企业家信心对双元创新联合性影响的不同产权统计汇总列示于表5－67中。

表 5－67　　企业家信心对双元创新联合性影响的不同产权统计表

	soes	prts	oths
	ducmb	ducmb	ducmb
crpcfidx	0.025	0.037 ***	0.003
	[1.42]	[10.07]	[0.77]
_cons	−8.654 **	−5.567 ***	−0.075
	[−2.55]	[−10.16]	[−0.13]
N	272	4679	2479
r^2_w	0.133	0.196	0.198
r^2_b	0.042	0.001	0.012
r^2_o	0.077	0.063	0.068

续表

	soes	prts	oths
	ducmb	ducmb	ducmb
N_g	72.000	708.000	286.000
chi^2	32.181	935.752	538.532
t statistics in brackets			
* p<0.1	** p<0.05	*** p<0.01	

数据显示，企业家信心与民营企业的双元创新联合性呈现正相关关系，因此研究命题1d通过了检验。在国有企业和其他属性的企业中不存在显著的关系。

鉴于企业家信心对四类被解释变量存在不同的影响。本节继续探讨企业家信心在垄断异质性方面对四类数据的影响。根据行业的垄断程度不同，将行业划分为垄断行业和非垄断行业。下面进行垄断行业和非垄断行业中企业家信心对专利的影响。企业家信心对双元创新中垄断行业与非垄断行业的影响状况汇总列示于表5-68中。

表5-68　企业家信心对双元创新中垄断行业与非垄断行业的影响

	mnp	nomnp	mnp	nomnp
	prat_w	prat_w	pita	pita
crpcfidx	-0.008	0.008***	0.003	0.008***
	[-1.16]	[5.07]	[0.72]	[9.58]
_cons	1.186	-1.225***	-0.489	-0.865***
	[1.09]	[-5.44]	[-0.72]	[-7.18]
N	186	7244	186	7244
r^2_w	0.213	0.228	0.234	0.151
r^2_b	0.239	0.011	0.253	0.005
r^2_o	0.229	0.106	0.234	0.068
N_g	14.000	886.000	14.000	886.000
chi^2	47.993	862.189	53.211	1119.069
t statistics in brackets				
* p<0.1	** p<0.05	*** p<0.01		

数据显示，在非垄断行业中，企业家信心与探索性创新和利用性创新正相关，研究命题 1a、1b 都通过了检验。在垄断行业中，企业家信心与探索性创新和利用性创新不存在显著关系。企业家信心对双元创新平衡性和联合性中垄断行业与非垄断行业的影响状况汇总列示于表 5 - 69 中。

表 5 - 69　企业家信心对双元创新平衡性和联合性中垄断与否的影响

	mnp	nomnp	mnp	nomnp
	dubln	dubln	ducmb	ducmb
crpcfidx	0. 001	0. 002 ***	-0. 008	0. 024 ***
	[0. 19]	[4. 17]	[-0. 65]	[8. 80]
_cons	0. 171	0. 141 *	0. 592	-3. 492 ***
	[0. 27]	[1. 66]	[0. 30]	[-8. 54]
N	138	5912	186	7244
r^2_w	0. 101	0. 016	0. 223	0. 191
r^2_b	0. 000	0. 014	0. 227	0. 000
r^2_o	0. 082	0. 010	0. 220	0. 070
N_g	14. 000	870. 000	14. 000	886. 000
chi^2	11. 297	92. 014	50. 230	1470. 230
t statistics in brackets				
* p < 0. 1	** p < 0. 05	*** p < 0. 01		

数据显示，在非垄断行业中，企业家信心与双元创新平衡性、联合性都呈现正相关关系，研究命题 1c、1d 都通过了检验。而在垄断行业中不显著。

专精特新异质性的考察。专精特新公司的企业家信心对双元创新中专精特新异质性的影响状况列示于表 5 - 70 中。

表 5 - 70　企业家信心对双元创新中专精特新异质性的影响

	splz	nosplz	splz	nosplz
	prat_w	prat_w	pita	pita
crpcfidx	0. 001	0. 002 ***	0. 008 ***	0. 008 ***
	[0. 19]	[4. 17]	[4. 29]	[8. 58]

续表

	splz	nosplz	splz	nosplz
	prat_w	prat_w	pita	pita
_cons	0.171	0.141 *	-1.063 ***	-0.806 ***
	[0.27]	[1.66]	[-3.71]	[-6.19]
N	138	5912	1412	6018
r^2_w	0.101	0.016	0.175	0.148
r^2_b	0.000	0.014	0.002	0.010
r^2_o	0.082	0.010	0.076	0.071
N_g	14.000	870.000	177.000	723.000
chi²	11.297	92.014	253.814	915.427
t statistics in brackets				
* $p < 0.1$	** $p < 0.05$	*** $p < 0.01$		

数据显示，非专精特新公司中企业家信心与探索性创新正相关，研究命题 1a 通过了检验。专精特新公司中企业家信心与探索性创新不存在显著关系。不论是专精特新还是非专精特新公司中，企业家信心都与利用性创新正相关，研究命题 2a 通过了检验。企业家信心对双元创新平衡性与联合性中专精特新异质性的影响状况列示于表 5－71 中。

表 5－71　企业家信心对双元创新平衡性与联合性中专精特新异质性的影响

	splz	nosplz	splz	nosplz
	dubln	dubln	ducmb	ducmb
crpcfidx	0.002 *	0.002 ***	0.020 ***	0.024 ***
	[1.74]	[3.82]	[3.02]	[8.16]
_cons	0.147	0.135	-3.324 ***	-3.370 ***
	[0.69]	[1.49]	[-3.28]	[-7.75]
N	1118	4932	1412	6018
r^2_w	0.028	0.018	0.169	0.197
r^2_b	0.000	0.013	0.004	0.002
r^2_o	0.006	0.011	0.080	0.074
N_g	172.000	712.000	177.000	723.000

续表

	splz	nosplz	splz	nosplz
	dubln	dubln	ducmb	ducmb
chi^2	22.500	81.821	241.609	1276.508
t statistics in brackets				
* p<0.1	** p<0.05	*** p<0.01		

数据显示，企业家信心对双元创新平衡性、联合性的影响，不论垄断行业还是非垄断行业都呈现出正相关关系。因此研究命题 1c、1d 都通过了检验。

（8）生命周期视角的检验

根据生命周期的基本观点，不同生命周期企业具有不同的现金流特征，下面探讨不同生命阶段企业家信心对双元创新的影响问题。在本部分的检验过程中，都采用广义最小二乘法的随机模型进行数据处理，下面分析企业家信心对探索性创新的影响，实证检验结果汇总于表 5－72 中。

表 5－72　不同生命阶段企业家信心对探索性创新的影响

	grw	mtn	rcs
	pita	pita	pita
crpcfidx	0.007 ***	0.009 ***	0.009 ***
	[5.51]	[5.45]	[4.63]
_cons	－0.740 ***	－0.953 ***	－0.992 ***
	[－4.21]	[－4.22]	[－3.47]
N	3687	2286	1457
r^2_w	0.161	0.144	0.130
r^2_b	0.019	0.056	0.055
r^2_o	0.066	0.071	0.094
N_g	892.000	741.000	587.000
chi^2	538.818	297.214	164.011
t statistics in brackets			
* p<0.1	** p<0.05	*** p<0.01	

数据显示，在三个阶段的生命周期中，企业家信心都与探索性创新呈正相关关系，研究命题1b通过了检验。企业家信心对利用性创新的影响，实证检验结果汇总于表5－73中。

表5－73　　不同生命阶段企业家信心对利用性创新的影响

	grw	mtn	rcs
	prat_w	prat_w	prat_w
crpcfidx	0.006**	0.007**	0.009**
	[2.56]	[2.36]	[2.36]
_cons	−0.971***	−1.014**	−1.189**
	[−3.03]	[−2.41]	[−2.22]
N	3687	2286	1457
r2_w	0.249	0.206	0.176
r2_b	0.030	0.069	0.080
r2_o	0.112	0.086	0.138
N_g	892.000	741.000	587.000
chi2	930.413	448.335	237.835
t statistics in brackets			
* p<0.1	** p<0.05	*** p<0.01	

数据显示，企业家信心对利用性创新在三个阶段都呈现出正相关关系，研究命题1a通过了检验。企业家信心对双元创新平衡性影响状况，其实证检验结果汇总于表5－74中。

表5－74　　不同生命阶段企业家信心对双元创新平衡性的影响

	grw	mtn	rcs
	dubln	dubln	dubln
crpcfidx	0.001	0.005***	0.002
	[1.00]	[4.82]	[1.63]
_cons	0.355***	−0.226	0.091
	[2.93]	[−1.46]	[0.46]
N	2996	1875	1179
r2_w	0.020	0.020	0.024

续表

	grw	mtn	rcs
	dubln	dubln	dubln
r²_b	0.008	0.032	0.047
r²_o	0.012	0.020	0.019
N_g	821.000	684.000	530.000
chi²	50.007	41.736	31.922
t statistics in brackets			
* p<0.1	** p<0.05	*** p<0.01	

数据显示，企业家信心在成熟期中与双元创新平衡性呈现正相关关系，研究命题1c通过了检验。在成长期和衰退期中不存在显著的关系。企业家信心对双元创新联合性的影响状况，其实证检验结果汇总于表5－75中。

表5－75　不同生命阶段企业家信心对双元创新联合性的影响

	grw	mtu	rcs
	ducmb	ducmb	ducmb
crpcfidx	0.016 ***	0.027 ***	0.025 ***
	[3.93]	[4.91]	[3.70]
_cons	－2.454 ***	－3.776 ***	－3.520 ***
	[－4.21]	[－4.85]	[－3.54]
N	3687	2286	1457
r²_w	0.192	0.178	0.163
r²_b	0.015	0.033	0.061
r²_o	0.075	0.063	0.104
N_g	892.000	741.000	587.000
chi²	654.574	350.530	206.036
t statistics in brackets			
* p<0.1	** p<0.05	*** p<0.01	

数据显示，企业家信心在三个阶段中，都与双元创新联合性呈现出正相关关系。研究命题1d和1a都通过了检验。

5.3.4 研究结论

企业家信心与探索性创新正相关，企业家信心与利用性创新、双元创新平衡性、双元创新联合性都呈正相关关系。企业家信心促进了双元创新四维度指标的提升。

企业家信心是环境波动性的二次方与探索性创新的中介变量。企业家信心存在部分中介效应，即环境波动性一部分直接影响探索性创新，另一部分通过企业家信心影响探索性创新。因此在环境波动性高涨的背景下，提振企业家信心是一个重要的抓手。需要说明的是，企业家信心分别对利用性创新、双元创新平衡性、双元创新联合性这三个指标也存在中介效应。

本节探讨了企业家信心与双元创新之间的中介效应。信心是看不见摸不着的东西，它是如何影响企业的双元创新的？企业家信心是企业家对未来经济状况的预测、把握和企业家对内部公司资源的合理配置过程中表现出来的一种心理倾向。从公司内部资源来看，什么资源让企业家具备一定的信心？本章认为公司可持续增长是企业家坚定其信心的基础。本章尝试了其他各种指标，都不能作为两者的中介变量，只有可持续增长率是企业家信心与探索性创新的中介变量，存在部分中介效应，即企业家信心一部分直接影响探索性创新，另一部分通过可持续增长率影响探索性创新。因此在强调企业家信心的背景下，保持正常可持续增长率是提升企业家信心从而实现探索性创新的一个重要抓手。可持续增长率对利用性创新、双元创新平衡性、双元创新联合性这三个指标也存在中介效应。

产权异质性检验表明，企业家信心与民营企业的探索性创新正相关，与其他属性企业的探索性创新负相关；企业家信心与三类企业的利用性创新呈正相关关系；企业家信心与国有企业、民营企业的双元创新平衡性呈正相关关系，与其他属性企业的探索性创新不存在显著关系；企业家信心与民营企业的双元创新联合性呈现正相关关系，在国有企业和其他属性的企业中不存在显著的关系。垄断异质性的检验结论是，在非垄断行业中，企业家信心与探索性创新、利用性创新正相关。在垄断行业中，企业家信心与探索性创新、利用性创新不存在显著关系。在非垄断行业中，企业家信心与双元创新平衡性、联合性都呈正相关关系，在垄断行业中不显著。专精特新异质性的实证检验发现，非专精特新公司中，企业家信心与探索性创新正相关，专精特新公司中，企业家信心与探索性创新不存在显著关系。不论专精特新与否，企业家信心与双元创新平衡性、联合性都呈正相关关系。

生命周期视角的数据显示，在三个阶段中，企业家信心与探索性创新、利用性创新都呈正相关关系。企业家信心在成熟期与双元创新平衡性呈正相关关系，在成长期、衰退期中，不存在显著关系。企业家信心在三个阶段中，都与双元创新联合性呈正相关关系。

5.4 全板块公司管理层持股的中介效应

本节首先构建管理层薪酬影响公司双元创新的数理模型，在放松假设条件下，进行数理推导，求解出管理层薪酬对双元创新的影响机制与路径。在此基础上，从国泰安数据库中筛选样本公司，获取相关数据，进行实证检验。不同于一般的实证分析，在实证模型中增加一些交乘项分析相关变量的调节作用，同时考虑经济景气指数、公司税负等变量对双元创新的影响，从微观宏观相结合的角度进行探讨。

5.4.1 数理分析

学术界对管理层由哪些成员构成还没有一个一致的认识。鉴于管理层相关数据的可获取性，借鉴上市公司年度报告中“董事、监事、高级管理人员和员工情况”的披露情况，本节将管理层界定为总经理、副总经理、董事会秘书、人力资源部总监、公司技术质量总监、公司研发总监、总经理助理兼总经理办公室主任，以及年度财务报告上公布的其他管理人员（包括董事中兼任的高管人员）①。

根据委托代理理论的思想，公司设立合理的薪酬制度以减轻管理层道德风险和逆向选择风险（Aggarwal & Samwick，2006）。Holmstrom 和 Milgrom（1987）的思路为后续关于薪酬激励方面的研究奠定了基础，在前人的基础上，本节构建最优契约理论模型进行分析。为了便于分析问题，本章做出如下假设。

（1）信息非对称性假设

管理层与所有者在关于企业进行双元创新的信息方面是非对称的，管理层处于信息优势，熟悉日常信息，能够预测股东的意愿。股东处于信息劣势，不能觉察管理层日常行为，通过管理层的经营效果才能推测管理层在双元创新方面的努力程度。本节假定所有者与管理层就薪酬问题能够签订有效的合同。如果创新提高了公司价值，公司可能会增加股利支付，管理层的收益会提高，其货币薪酬也随之增加。否则，反之。

（2）公司收益与外部因素的假设

管理层为持有股票而发生的交易费用是 φ，外部变量归一化处理采用 ξ 表示，ξ 服从正态分布。

（3）管理层薪酬函数假设与激励效用的假设

根据前面的假设条件，为了便于分析问题，将管理层的薪酬设定为线性函数，具体函数形式如公式（5-6）所示：

$$Salary = m + \beta \cdot profit \tag{5-6}$$

公式（5-6）中：

$Salary$ 代表管理层的薪酬；m 代表货币薪酬；$profit$ 代表企业当年的净利润；β 代表管理层的持股比例。

企业因为创新而取得的收益如公式（5-7）所示：

$$revenue_{com} = \alpha\varphi + \xi \tag{5-7}$$

公式（5-7）中：$revenue_{com}$ 为公司因双元创新行为而获取的收益（虽

① 李经路，苏杭，2016. 管理层薪酬对研发投入的影响——来自公司治理视角的解读［J］. 当代会计评论（2）：73-98.

然企业的收益中哪一部分是企业的创新行为带来的，在数值上无法确定，但是为了便于分析问题，本书暂时做出此项假定），α 为管理层的生产效率，ρ 为管理层在双元创新方面的工作辛勤程度，ξ 代表无法控制的、企业的外部因素。

假定 $revenue_{com}$ 代表的公司在双元创新方面获得的净利润，在数额上和公式中 $profit$ 数量相等。于是得到相应的解析表达式，如公式（5-8）所示[①]：

$$Salary = m + \beta \cdot \eta \cdot revenue_{com} \tag{5-8}$$

公式（5-8）中：m 为货币薪酬；η 为企业（上市公司）股利支付率。

管理层收益的解析式如公式（5-9）所示：

$$revenue_{mag} = salary - c(\rho) - \varphi = m + \beta\eta(\alpha\rho + \xi) - c(\rho) - \varphi \tag{5-9}$$

公式（5-9）中，管理层努力成本 $c(\rho)$ 是管理层努力性行为的代价，φ 代表管理层股票交易费用。

假定 ρ 是 η 的单调递增函数[②]，存在 $\eta'(\rho) > 0$，$\eta''(\rho) > 0$。

企业所有者受益的解析表达式，如公式（5-10）所示[③]：

$$revenue_{equity} = (1 - \beta\eta)(\alpha\rho + \xi) - m \tag{5-10}$$

根据风险中性等值定理，本书以指数形式构建管理层的效用函数，如公式（5-11）所示：

$$U(revenue_{mag}) = e^{-\varpi} \cdot e^{revenue_{mag}} \tag{5-11}$$

公式（5-11）中：ϖ 代表管理层的风险规避程度，$\varpi \geqslant 0$。$revenue_{mag}$

① 假设公司在创新方面的利润的 β 份额是管理层持股对应的薪酬激励部分，净利润中非发放的部分作为留存收益。为了简化问题，只考虑公司的股利支付部分对管理层薪酬的影响。

② 此处采用广义的股利支付率：股利支付率 =（每股现金分红 + 每股送股数 ×1）/每股收益，充分考虑创业板公司股利政策的特殊性，尽量包括创业板公司分红的代表性。创业板公司的股利政策受到多方因素的影响，与主板公司的股利政策存在较多差异，管理层的努力程度与创业板公司的股利支付率之间存在较多的间接因素；但是为了便于本章的数理分析，将其简化处理。现实情况的复杂性和经济研究假设的简单性在经济领域是经常存在的，这也许是经济类学科研究过程中面临的一个难题。判断一个假说能否成立的唯一标准是该假说的预测能力，不在于假说本身的现实性（米尔顿·弗里德曼，1953）。

③ 在公式中，管理层的努力成本以及管理层的股票交易费用这两项支出并没有让公司得到，因此在计算公司所有者在研发方面的收益时，扣除了这两项。

服从正态分布。

效用的期望值如公式（5－12）所示。

$$
\begin{aligned}
&U[CE(revenue_{mag})] = E[U(revenue_{mag})] \\
&CE = E(revenue_{mag}) - \frac{\varpi D(revenue_{mag})}{2} \\
&CE(\alpha,\rho) = E(revenue_{mag}) - \frac{\varpi D(revenue_{mag})}{2} \\
&CE = \beta \cdot \eta \cdot \alpha \cdot \rho + m - \frac{\varpi \cdot \beta^2 \cdot \eta^2 \cdot \delta^2}{2} - c(\rho) - (\varphi)
\end{aligned}
\tag{5-12}
$$

于是得到企业所有者与管理层的均衡条件，如公式（5－13）到公式（5－15）所示。

$$
\begin{cases}
\max\limits_{m,\eta}[(1-\beta \cdot \eta)\alpha \cdot \rho - m] & (5-13) \\
s.t.\ [\beta \cdot \eta \cdot \alpha \cdot \rho + m - \dfrac{\varpi \cdot \beta^2 \cdot \eta^2 \cdot \delta^2}{2} - c(\rho) - (\varphi)] \geqslant w_0 & (5-14) \\
\eta \in \underset{\eta}{\max\arg}[\beta \cdot \eta \cdot \alpha \cdot \rho + m - \dfrac{\varpi \cdot \beta^2 \cdot \eta^2 \cdot \delta^2}{2} - c(\rho) - (\varphi)] & (5-15)
\end{cases}
$$

假设公式（5－14）与公式（5－15）中双元创新的成本函数为 $c(\rho) = \kappa\rho^2$（κ 为参数）。代入公式（5－11）中，求一阶导数，得到 $\rho = \frac{\beta\alpha\eta}{2\kappa}$。

得到股利支付率和企业所有者的收益分别如公式（5－16）和公式（5－17）所示。构建拉格朗日函数，最终得到股利支付率和企业所有者的收益如公式（5－16）所示。

$$
\eta = \frac{\alpha^2}{2\kappa \cdot \beta \cdot \varpi^2 \cdot \delta^2 + \beta \cdot \alpha^2} \tag{5-16}
$$

将公式（5－16）代入公式（5－10）得到企业所有者的收益如公式（5－17）所示。

$$
revenue_{equity} = \frac{\alpha^4}{2\kappa(2\kappa \cdot \varpi \cdot \delta^2 + \alpha^2)} + \xi \tag{5-17}
$$

为了确定股利支付率和股东收益关于相关变量的变动程度，对公式（5－16）和公式（5－17）中的 η、$revenue_{equity}$ 分别求 α、ϖ、δ 的一阶偏导，得到相关变量的单调性情况，如公式（5－18）到公式（5－23）所示。

$$
\begin{cases}
\dfrac{\partial \eta}{\partial \alpha} = \dfrac{4\kappa \cdot \beta^3 \cdot \delta^2}{(2\kappa \cdot \beta^3 \cdot \delta^2 + \beta \cdot \alpha^2)} > 0 & (5-18) \\
\dfrac{\partial \eta}{\partial \varpi} = -\dfrac{4\kappa \cdot \beta^3 \varpi \cdot \delta^2}{(2\kappa \cdot \beta \cdot \varpi^2 \cdot \delta^2 + \beta \cdot \alpha^2)^2} < 0 & (5-19) \\
\dfrac{\partial \eta}{\partial \delta} = -\dfrac{4\kappa \cdot \beta \cdot \varpi^2 \cdot \alpha^2 \cdot \delta}{(2\kappa \cdot \beta \cdot \varpi^2 \cdot \delta^2 + \beta \cdot \alpha^2)^2} < 0 & (5-20) \\
\dfrac{\partial revenue_{equity}}{\partial \alpha} = \dfrac{4\kappa \cdot \alpha^3 (4\kappa \cdot \varpi \cdot \delta^2 + \alpha^2)}{[2\kappa(2\kappa \cdot \varpi \cdot \delta^2 + \alpha^2)]^2} > 0 & (5-21) \\
\dfrac{\partial revenue_{equity}}{\partial \varpi} = -\dfrac{16\kappa^2 \cdot \delta^2 \cdot \alpha^4}{[2\kappa(2\kappa \cdot \beta \cdot \varpi \cdot \delta^2 + \alpha^2)]^2} < 0 & (5-22) \\
\dfrac{\partial revenue_{equity}}{\partial \delta} = -\dfrac{8\kappa^2 \cdot \varpi \cdot \delta \cdot \alpha^4}{[2\kappa(2\kappa \cdot \beta \cdot \varpi \cdot \delta^2 + \alpha^2)]^2} < 0 & (5-23)
\end{cases}
$$

数理推导的结论是：股利支付率与管理层创新的努力程度呈单调增加关系，其持股行为起到激励作用。股利支付率分别与管理层的风险偏好、双元创新的标准差呈现单调减小关系。所有者收益与管理层创新的边际生产率呈单调增加关系，所有者创新的收益与管理层的风险规避程度以及创新的标准差呈单调减小关系。

5.4.2 理论分析与研究命题

数理分析以抽象模式探讨了管理层薪酬对双元创新影响的一般情形，但是理论的演绎最终是要经过实证检验的。最优契约模型强调的是有效市场假设和外部环境的简化处理假设①，中国资本市场是弱式有效，上市公司的代理问题较为复杂。中国环境波动性呈现出逐步攀升的态势。数理模型的结论告诉我们公司关于双元创新设置的契约能够实现利益趋同效应。中国实际情况怎样？需要相关数据进行检验。

（1）管理层持股与双元创新的关联性

企业薪酬体系一般包括货币性薪酬与非货币性薪酬两种，货币薪酬在

① 有效市场假设假定证券价格完全反映了所有可以获得的信息，这里的信息包括公开信息和私有信息（Malkiel & Fama，1970）。

企业员工的收入中占比高，从而会对企业资金占用造成挤压之势，可能影响双元创新的开展（Kim & Ouimet，2016）[①]。文献认为管理层持股比例越高，管理层与股东利益趋同性越强（Jensen & Meckling，1976），管理层持股能够促进公司的创新（Miller et al.，2002），两者呈正相关关系（Marianna et al.，2006）。在管理层持股条件下，创新收益的剩余索取权起到激励创新的作用（Dechow & Sloan，1991；Chang，2004）。

中国上市公司的代理问题较为复杂，管理层持股受到中国特殊制度的影响，公司实际控制权被垄断在管理层手中（赵晶和郭海，2014；刘美玉等，2015）。管理层持股提高公司的创新（赵国宇，2015），持股比例越大，创新就越多（介迎疆、扈文秀、马艳妮，2013）。

探索性创新和利用性创新在风险状况、利益导向以及资源需求等方面存在明显的差异（Lin C，Chang C C.，2015）[②]。探索性创新的研发周期长、需求资金多、承受风险大。有必要利用行为代理理论的思想，对这两类创新的取舍进行探讨。行为代理理论在激励相容模型中引入期望理论，行为代理理论认为代理人是风险回避型的，代理人为防止既有财富受损而拒绝承担超出一定限度的风险（徐宁等，2019）[③]。持股计划给企业带来的额外创新资源，秉持风险回避态度的管理者会为防止探索性创新的失败而影响自身收益，将企业获得的额外创新资源投入利用性创新中，从而达到保护自身利益的目的。同时，也能通过利用性创新的提升来获取更多收益（竺李乐、李雪、毛毅翀，2023）[④]。

根据委托代理理论的观点，高管与股东在目标上存在较大差异，高管为了获取短期收益、最小化职业风险，倾向投资于利用性创新，而忽视探

---

① KIM E H，OUIMET P，2016. Broad - based employee stock ownership：motives and outcomes [J]. The Journal of Finance，69（3）：1273 - 1319.

② Lin C，Chang C C.，2015. Patent - based study of the relationships among technological portfolio，ambidextrous innovation，and firm performance [J]. Technology Analysis & Strategic Management，27（10）：1193 - 1211.

③ 徐宁，姜楠楠，张晋，2019. 股权激励对中小企业双元创新战略的影响研究 [J]. 科研管理，40（7）：163 - 172.

④ 竺李乐，李雪，毛毅翀，2023. 员工持股计划、融资约束与国有企业双元创新产出 [J]. 42（2）：90 - 99.

索性创新，导致两种类型的创新活动无法平衡发展。另一个极端是高管为了标榜创新，迎合大股东而刻意求新，倾向于探索性创新。

管理层持股的实施会改变企业的融资约束而获得的额外创新资源，企业可以在探索性创新与利用性创新之间进行取舍，管理层持股对双元创新的提升具有一定的影响（竺李乐、李雪、毛毅翀，2023）①。因此，管理层持股可以促进双元创新平衡性与联合性，在时空上协调和整合两类活动，发挥两者的平衡性与联合性（赵洁、魏泽龙、李垣，2012）②。

然而，有研究表明，管理层持股并不使企业增加双元创新。Bebchuk（2003）认为，在内部人控制的背景下，管理者利用权力以谋求自身利益最大化，激励机制成为代理成本增加的根源而不是降低代理成本。我国企业存在行政干预、内部人控制严重的现象，从管理者权力论来看，管理层的权力越大，其获得私有收益的可能性就越大（夏芸，2014）。管理层持股比例与双元创新呈倒U关系（陈修德等，2015）。在国有公司中，管理层持股与双元创新正相关，在非国有公司中，则存在倒U关系（汤业国和徐向艺，2012）。据此，本节提出第一个假设（一组相互对立的假设）：

研究命题1a：管理层持股与探索性创新正相关。

研究命题1b：管理层持股与利用性创新正相关。

研究命题1c：管理层持股与双元创新平衡性正相关。

研究命题1d：管理层持股与双元创新联合性正相关。

研究命题1e：管理层持股与探索性创新负相关。

研究命题1f：管理层持股与利用性创新负相关。

研究命题1g：管理层持股与双元创新平衡性负相关。

研究命题1h：管理层持股与双元创新联合性负相关。

（2）管理层货币薪酬与双元创新的关联性

合理的货币激励可以抑制管理层道德风险和逆向风险（Coles et al.,

① 竺李乐，李雪，毛毅翀，2023. 员工持股计划、融资约束与国有企业双元创新产出［J］. 42（2）：90－99.

② 赵洁，魏泽龙，李垣，2012. 高管激励机制、组合能力对创新双元性的影响研究［J］. 中国科技论坛（2）：108－115.

2006），提高管理层创新的努力程度（Laursen & Foss 2003）。管理层的货币薪酬与创新正相关（Balkin et al.，2000）。遗憾的是，也有数据显示管理层货币薪酬并不能提高创新（赵国宇，2015）。中国公司高管人员财富水平较低，货币薪酬比管理层持股会有更好的激励效果（梁彤缨、孙晨曦、陈波，2015）。

高管为证明所得薪酬的合理性，会积极地推动利用性创新，凭借利用性创新能够快速提升企业收益来维持当前的薪资水平。因此，鉴于业绩考评、经理人市场和社会比较的压力，高管选择利用性创新来维持自身的薪酬水平（韩丹和郭淑娟，2023）[①]。据此，本节提出第二个假设：

研究命题2a：管理层货币薪酬与探索性创新正相关。

研究命题2b：管理层货币薪酬与利用性创新正相关。

研究命题2c：管理层货币薪酬与双元创新平衡性正相关。

研究命题2d：管理层货币薪酬与双元创新联合性正相关。

5.4.3 研究设计

（1）变量选取与样本选择

被解释变量。本节采用四类不同口径来衡量探索性创新、利用性创新、双元创新平衡性、双元创新联合性，具体的测度方法参见4.1.1的处理方法。

中介变量。管理层持股数量的衡量，借鉴Bergstresser和Philippon（2006）以及汝毅等（2016）的做法，采用高管持股比例来刻画。

控制变量。本节主要从宏观、中观、微观层面三个角度来控制相关因素对双元创新的影响，即从国家层面、行业层面和公司层面来选择控制变量。国家层面选用人均GDP不变价格、经济景气指数等指标，行业层面选用赫芬达尔—赫希曼指数来反映行业竞争状况，公司层面选用Z指数、S指数、董监高年薪总额、资本密集度、每股税前现金股利、独立董事比

① 韩丹，郭淑娟，2023. 高管薪酬黏性、管理层任期与企业双元创新［J/OL］. 财会月刊. https：//kns. cnki. net/kcms2/detail/42. 1290. F. 20230606. 1143. 004. html.

率、投资回报率作为控制变量。本节内容所涉及的被解释变量、解释变量与控制变量的选取与衡量汇总在表 5－76 中。

表 5－76　　　　变量定义与衡量表

变量类型	变量符号	变量名称	变量说明
被解释变量	prat	探索性创新	申请发明专利加 1 取自然对数
	pita	利用性创新	申请实用新型、外观设计专利之和加 1 后取自然对数
	dubln	双元创新平衡性 1	公式（4－1）计算方法
	duatan	双元创新平衡性 2	公式（4－2）计算方法，稳健性检验用
	ducmb	双元创新联合性	公式（4－3）计算方法
解释变量	cbnepu	环境波动性	EPU 指数
	Mngslry	高管薪酬	高管薪酬的自然对数
调节变量	gmslryshr	高管薪酬与持股的交乘项	高管薪酬与高管持股的乘积
中介变量	gmshrrat	高管持股比例	高管持股占比
控制变量	gdppercptcp	人均 GDP 不变价格	GDP 的不变价格/人口总数
	laggindex	经济景气指数	滞后经济景气指数，以 1996 年的指数为 100
	hhi_sale	赫芬达尔—赫希曼指数	某公司销售额占本行业销售额之比的平方
	capaccum	资本密集度	总资产/营业收入
	csdvpshbtax	每股税前现金股利	每股派息税前数额
	indrcrat	独立董事比率	独立董事占董事的比重
	sizeast	公司规模	总资产的自然对数
	cfopibd	经营活动现金流带息债务比	经营活动现金净流量/带息债务
	indexz	Z 指数	第一大股东与第二大股东持股比例的比值
	indexs	S 指数	第二大股东至第十大股东持股比例之和
	roic	投入资本回报率	净利润＋财务费用 资产总计－流动负债＋应付票据＋短期借款＋一年内到期的非流动负债

专利数据是综合考虑母公司、子公司专利数据后得到的集团公司数据，并且该数据已经涵盖本集团公司单独申请的以及与其他公司联合申请的专利。人均 GDP 不变价格是以 1996 年不变价格计算的 2007 年到 2020

年的每年人均GDP数据。

模型设定。本节重在探求管理层持股和货币薪酬对双元创新的影响，引入一些交乘项，在控制一些宏观指标如经济景气指数、人均GDP不变价格后构建的计量模型如公式（5-24）所示。

$$\begin{aligned} Patent_{i,t} &= \alpha_0 + \alpha_1 gdppercptcp_t + \alpha_2 laggindex_t + \alpha_3 hhi\_sale_t + \\ &\alpha_4 indexz_{i,t} + \alpha_5 indexs_{i,t} + \alpha_6 capaccum_{i,t} + \alpha_7 csdvpshbtax_{i,t} + \\ &\alpha_8 roic_{i,t} + \alpha_9 indrcrat_{i,t} + \alpha_{10} sizeast_{i,t} + \alpha_{11} patent_{i,t-1} + \\ &\alpha_{12} mngslry_{i,t} + \alpha_{13} gmshrrat_{i,t} + \alpha_{14} gmslryshr_{i,t} + \varepsilon \end{aligned} \quad (5-24)$$

公式（5-24）中各变量的含义与表5-77中变量的含义一致。需要说明的是，被解释变量在本节中采用不同的指标，在进行实证检验时，会采用探索性创新、利用性创新、双元创新平衡性、双元创新联合性。

（2）样本选择

本节主要考察主板和创业板公司的管理层薪酬对双元创新的影响（即全板块公司），对2007—2020年两大板块上市公司的年度财务报告进行了全面、仔细的调查和统计，并进行筛选。剔除了金融业、房地产业、其他金融业的公司，剔除ST、*ST、PT公司，删除B股公司，删除连续上市不满两年的公司，删除数据缺失严重的公司，删除资产负债率大于1的公司，最终得到3276家公司14年的非平衡面板数据，公司—年度的观测个数是30532。双元创新数据主要来自手工收集，其他数据均来自RESSET金融研究数据库、CNRDS数据库、CSMAR数据库、Wind数据库、公司官方网站以及2007—2021年《中国统计年鉴》。

5.4.4 实证研究

（1）关键变量的描述性统计

本节就关键变量进行了描述性统计，在前面章节已经描述过的变量此处不再赘述，主要变量的描述性统计如表5-77所示。

表 5－77　　关键变量的描述性统计表

	N	Mean	min	Median	max	Std. Dev.	skewness	kurtosis
mngslry	27808	14.741	0.000	14.758	18.416	0.944	－3.138	51.491
gmshrrat	30532	5.857	0.000	0.014	84.325	13.044	2.677	9.840

表 5－77 显示，高管薪酬的均值是 14.741，最小值是 0.000，最大值是 18.416，标准差是 0.944，公司间存在较大差异。中位数是 14.758，偏度和峰度数据显示高管薪酬呈现左偏高峰。高管持股比例的均值是 5.857，最小值是 0.000，最大值是 84.325，标准差是 13.044，公司间存在较大差异。中位数是 0.014，偏度和峰度数据显示其呈现右偏高峰状态。

（2）面板数据的组间差异与组内差异分析

在描述性分析之后，本节继续探讨面板数据的组内差异和组间差异问题，主要变量的组内差异和组间差异汇总列示于表 5－78 中。

表 5－78　　主要变量的组内差异与组间差异统计表

Variables		Mean	Std. Dev.	Min	Max	Observations
mngslry	overall	14.741	0.944	0.000	18.416	N＝30532
	between		0.747	0.000	18.240	n＝3276
	within		0.634	1.089	20.050	T＝9.320
gmshrrat	overall	5.857	13.044	0.000	84.325	N＝30532
	between		10.919	0.000	63.215	n＝3276
	within		8.064	－57.358	64.372	T＝9.312

表 5－78 显示，高管薪酬的组内差异即每个上市公司在 14 年间的时间差异的标准差是 0.634，组间差异即 3276 家上市公司在 14 年间的个体差异标准差是 0.747，说明 3276 家上市公司在 14 年间的年度波动（纵向波动）小于每个上市公司之间的波动（横向波动）。高管持股比例的组内差异即每个上市公司在 14 年间的时间差异的标准差是 8.064，组间差异即 3276 家上市公司在 14 年间的个体差异标准差是 10.919，说明 3276 家上市公司在 14 年间的年度波动（纵向波动）小于每个上市公司之间的波动（横向波动）。

（3）主要变量的进一步描述分析

本节的核心解释变量是高管薪酬与高管持股比例，在描述性统计、组间差异与组内差异分析基础上，本节再次利用核密度图来展示它们的分布状况，高管薪酬分布情况如图5－3所示。

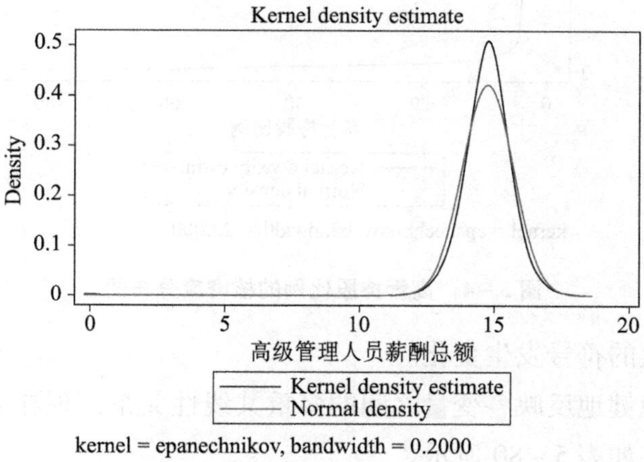

图5－3　高管薪酬的核密度分布图

图5－3显示，高管薪酬呈现左偏高峰状态分布，峰度高出1个单位，偏度向左偏出10个单位。

高管持股比例的核密度分布情况如图5－4所示。呈现右偏高峰状态分布，说明高管持股比率在5%以下所占的比重比较大，持股比例在5%以上所占比重较小。

（4）相关性分析

为了检验本节中几个变量是否存在多重共线性问题，对主要变量进行相关性分析，具体分析如表5－79所示。探索性创新和高管薪酬正相关，和高管持股比例负相关，和人均GDP不变价格正相关，和经济景气指数负相关，和Z指数负相关，和S指数正相关，和资本密集度负相关。与每股税前现金股利正相关，与投入资本回报率负相关，与独立董事比率正相关，与公司规模正相关，与赫芬达尔—赫希曼系数负相关。其他任意两个变量之间相关系数的绝对值没有大于0.422。说明任意变量之间不存在多重共线性问题。但在实证回归中，因为加入了其他控制变量，会导致变量

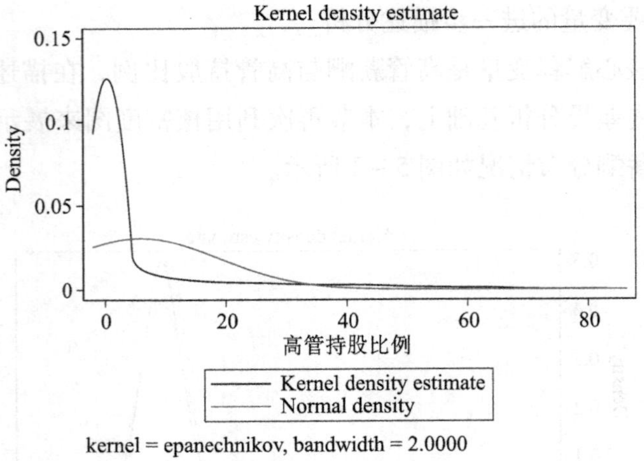

图 5 - 4　高管持股比例的核密度分布图

之间相关系数的符号发生变化。

为了更稳健地反映各变量之间的多重共线性关系，现在方差膨胀因子检验，其结果如表 5 - 80 所示。

表 5 - 80 显示，主要变量方差膨胀因子数据小于 10，各变量之间不存在多重共线性问题，可以进行下一步的实证检验。

（5）基准检验

下面探讨高管薪酬对探索性创新的影响，本节分别加入控制变量、滞后一期的被解释变量以及高管薪酬进行逐步回归。鉴于被解释变量和解释变量的数据特征都不是正态分布，在实证回归的时候，采用广义最小二乘法的随机模型进行检验，其回归结果如表 5 - 81 所示。

表 5 - 81 显示，在仅有控制变量的回归中，R - square 仅有 8.42%。在增加被解释变量滞后一期之后，R - square 变为 56.54%。增加高管薪酬后，R - square 变为 58.07%，回归模型的解释力度在增加。表 5 - 81 第 3 列显示，管理层薪酬和探索性创新呈现正相关关系，在 5% 水平下显著。人均 GDP 不变价格、S 指数、资本密集度和探索性创新正相关，且在 1% 水平下显著。投入资本回报率和探索性创新正相关，且在 5% 水平下显著。独立董事比率、赫芬达尔—赫希曼指数和探索性创新负相关，在 1% 水平下显著。研究命题 2a 通过了检验。

表5-79　主要变量的相关性分析

Variables	(1)	(2)	(3)	(4)	(5)	(6)	(7)	(8)	(9)	(10)	(11)	(12)	(13)
(1) prat_w	1.000												
(2) mngslry	0.139	1.000											
(3) gmshrrat	-0.014	-0.019	1.000										
(4) gdppercptcp	0.271	0.363	0.010	1.000									
(5) laggindex	-0.008	0.024	-0.012	0.112	1.000								
(6) indexz	-0.015	-0.058	-0.083	-0.133	-0.018	1.000							
(7) indexs	0.036	0.031	0.172	0.147	0.057	-0.422	1.000						
(8) capaccum	-0.027	-0.031	0.057	-0.068	0.026	-0.030	0.049	1.000					
(9) csdvpshbtax	0.027	0.039	0.028	0.041	0.040	-0.021	0.057	0.056	1.000				
(10) roic	-0.003	-0.001	0.013	-0.022	0.019	-0.005	0.016	0.049	0.086	1.000			
(11) indrcrat	0.055	-0.017	0.112	-0.082	-0.155	0.031	0.055	0.000	-0.011	0.001	1.000		
(12) sizeast	0.078	0.022	-0.021	0.090	0.006	-0.013	0.016	0.004	0.042	0.004	0.038	1.000	
(13) hhi_sale	-0.055	-0.029	-0.027	-0.017	-0.000	0.021	-0.026	-0.005	-0.032	-0.004	-0.016	-0.035	1.000

表5-80　主要变量方差膨胀因子表

Variable	indexs	indexz	csdvpshbtax	roic	gdppercptcp	dsmsalary	capaccum	indrcrat	mngslry_	gmshrrat	laggindex	sizeast	hhi_sale
VIF	1.49	1.48	1.47	1.27	1.26	1.25	1.21	1.20	1.19	1.17	1.16	1.15	1.13
Mean VIF							1.26						

表 5 - 81　　高管薪酬对探索性创新影响统计结果表

	(1)	(2)	(3)
	prat_w	prat_w	prat_w
gdppercptcp	0. 362 ***	0. 085 ***	0. 082 ***
	[81. 01]	[16. 59]	[14. 43]
laggindex	-0. 014 ***	0. 000	-0. 001
	[-6. 35]	[0. 14]	[-0. 44]
indexz_w	0. 003 ***	0. 001	0. 000
	[5. 24]	[1. 42]	[0. 32]
indexs_w	0. 725 ***	0. 437 ***	0. 415 ***
	[10. 30]	[6. 38]	[5. 67]
capaccum_w	-0. 104 ***	0. 047 ***	0. 050 ***
	[-8. 66]	[2. 69]	[2. 81]
csdvpshbtax_w	-0. 213 ***	-0. 026	-0. 018
	[-4. 02]	[-0. 51]	[-0. 35]
roic_w	0. 100	0. 163 *	0. 203 **
	[1. 10]	[1. 80]	[2. 10]
indrcrat_w	0. 005 ***	-0. 003 ***	-0. 003 ***
	[8. 70]	[-4. 26]	[-5. 07]
hhi_sale_w	-25. 875 ***	-19. 112 ***	-21. 729 ***
	[-4. 29]	[-6. 36]	[-6. 69]
sizeast_w	0. 016 ***	0. 005 ***	0. 010 ***
	[6. 98]	[3. 09]	[4. 07]
L. prat_w		0. 622 ***	0. 612 ***
		[105. 15]	[99. 00]
mngslry			0. 000 **
			[2. 01]
_cons	1. 314 ***	0. 912 ***	1. 009 ***
	[5. 91]	[3. 78]	[3. 92]
Number of obs	30532	27023	24716
Number of groups	3276	3276	3118
R - sq: within	0. 2423	0. 2594	0. 2578

续表

	(1)	(2)	(3)
	prat_w	prat_w	prat_w
R - sq：between	0.0032	0.7600	0.7425
R - sq：overall	0.0842	0.5654	0.5807
Wald chi^2	8527.99	16479.95	14773.58
Prob > chi^2	0.0000	0.0000	0.0000

在上述检验的基础上，继续加入管理层持股，以及管理层持股与管理层薪酬的交乘项来检验管理层持股对探索性创新的调节作用，回归结果如表5－82所示。

表5－82　高管薪酬与高管持股对探索性创新影响统计结果表

	(1)	(2)	(3)	(4)	(5)
	prat_w	prat_w	prat_w	prat_w	prat_w
mngslry_w			0.000 *	0.000 *	0.000 ***
			[1.69]	[1.73]	[3.30]
gmshrrat_w				0.001	0.006 ***
				[1.58]	[5.62]
gmslryshr_w					-0.000 ***
					[-5.79]
_cons	1.314 ***	0.912 ***	1.008 ***	1.004 ***	0.965 ***
	[5.91]	[3.78]	[3.91]	[3.90]	[3.75]
Number of obs	30532	27023	24716	24716	24716
Number of groups	3276	3276	3118	3118	3118
R - sq：within	0.2423	0.2594	0.2578	0.2576	0.2588
R - sq：between	0.0032	0.7600	0.7426	0.7423	0.7419
R - sq：overall	0.0842	0.5854	0.5807	0.5809	0.5810
Wald chi^2	8527.99	16479.95	14773.65	14778.47	14799.51
Prob > chi^2	0.0000	0.0000	0.0000	0.0000	0.0000

注：t statistics in brackets。

表 5－82 显示，管理层薪酬与管理层持股两个变量都与探索性创新正相关，研究命题 1a 和 2a 都通过了检验。但是，管理层薪酬与管理层持股的交乘项却与探索性创新负相关。说明管理层持股对管理层薪酬有负向调节作用。该结论不同于西方理论强调的管理层持股正向影响创新的观点。

为了全面反映管理层薪酬以及管理层持股对双元创新的影响。本节继续探讨管理层薪酬、管理层持股以及管理层薪酬和管理层持股的交乘项对其他三类指标的影响。它们对这三类的影响对比分析状况如表 5－83 所示。

表 5－83　管理层薪酬、管理层持股及其交乘项对其他三类指标的影响对比表

	(1)	(2)	(3)
	pita	dubln	ducmb
mngslry_w	0.000 ***	0.000 ***	0.000 ***
	[4.05]	[5.64]	[5.92]
gmshrrat_w	0.004 ***	0.003 ***	0.003 ***
	[4.70]	[4.63]	[2.78]
gmslryshr_w	－0.000 ***	－0.000 ***	－0.000
	[－4.34]	[－3.87]	[－0.78]
_cons	0.394 *	0.671 ***	－0.624 ***
	[1.80]	[3.70]	[－2.76]
N	24716	24716	24716
Number of groups	3118	3118	3118
R－sq：within	0.3007	0.3205	0.3750
R－sq：between	0.8611	0.8818	0.8757
R－sq：overall	0.6838	0.6821	0.7223
Wald chi^2	14772.43	14776.51	14796.32
Prob > chi^2	0.0000	0.0000	0.0000

表 5－83 显示，管理层薪酬与管理层持股两个解释变量都与利用性创新正相关，因此研究命题 1b 和 2b 都通过了检验。但是，管理层薪酬与管理层持股的交乘项却与利用性创新负相关。说明管理层持股对管理层薪酬有负向调节作用。管理层薪酬与管理层持股两个解释变量都与双元创新平

衡性正相关。但是，管理层薪酬与管理层持股的交乘项却与双元创新平衡性负相关。说明管理层持股对管理层薪酬有负向调节作用。管理层薪酬与管理层持股两个解释变量都与双元创新联合性正相关。但是，管理层薪酬与管理层持股的交乘项却与双元创新联合性不存在显著关系。说明管理层持股对管理层薪酬没有调节作用。以上三种结论与西方委托代理理论的观点不一致，值得继续探讨。

（6）异质性检验

本节所有的异质性检验都采用广义最小二乘法的随机模型进行数据处理。管理层薪酬、管理层持股及其交乘项对双元创新的影响存在不同的结论，那么不同属性的公司，其管理层薪酬、管理层持股及其交乘项对双元创新是否也存在异质性，下面进行深入检验。根据万得数据可知，公司属性一般分为地方国有企业、中央国有企业、集体企业、民营企业、外资企业、公众企业、其他企业等类型。为了便于实证分析，本节将企业属性划分为国有企业、民营企业与其他企业进行检验。以下的实证检验表中不再报告控制变量的回归信息，主要是为了节省版面，特此声明。不同属性的管理层薪酬、管理层持股及其交乘项对探索性创新的影响如表5-84所示。

表5-84 不同属性的管理层薪酬、管理层持股及其交乘项对探索性创新影响统计表

	soes	prts	oths
	prat_w	prat_w	prat_w
mngslry_w	0.000 ***	0.000	0.000 **
	[4.49]	[0.54]	[2.21]
gmshrrat_w	0.006 **	0.003 ***	0.003
	[2.47]	[2.74]	[1.24]
gmslryshr_w	-0.000 ***	-0.000 **	-0.000
	[-3.03]	[-2.20]	[-1.16]
_cons	-0.703 **	0.972 ***	1.228 **
	[-2.05]	[2.88]	[2.20]
Number of obs	8675	12760	3281
Number of groups	1060	1970	571

续表

	soes	prts	oths
	prat_w	prat_w	prat_w
R - sq：within	0.3748	0.2105	0.2721
R - sq：between	0.9164	0.8024	0.8473
R - sq：overall	0.7587	0.6149	0.7088
Wald chi^2	18889.014	10944.224	8000.510
Prob > chi^2	0.000	0.000	0.000

表 5 - 84 显示，在国有企业和其他企业中，管理层薪酬与探索性创新正相关，因此，研究命题 2a 通过了检验。在民营企业中不显著，所有命题都没有通过检验。在国有企业和民营企业中，管理层持股与探索性创新正相关，研究命题 1a 通过了检验；在其他企业中，管理层持股不显著，所有命题都没有通过检验。在国有企业和民营企业中，管理层薪酬与管理层持股的交乘项与探索性创新负相关；在其他行业企业中不显著，说明在国有企业和民营企业中，管理层持股对管理层薪酬存在负向调节作用。不同属性的管理层薪酬、管理层持股及其交乘项对利用性创新的影响如表 5 - 85 所示。

表 5 - 85　不同属性的管理层薪酬、管理层持股及其交乘项对利用性创新影响表

	soes	prts	oths
	pita	pita	pita
mngslry_w	0.000 ***	0.000	0.000 **
	[4.49]	[0.54]	[2.21]
gmshrrat_w	0.010 ***	0.005 ***	0.003
	[3.75]	[3.61]	[1.08]
gmslryshr_w	-0.000 ***	-0.000 ***	-0.000
	[-4.73]	[-3.41]	[-1.17]
_cons	-0.375	1.502 ***	2.315 ***
	[-0.92]	[3.91]	[3.60]
Number of obs	8675	12760	3281
Number of groups	1060	1970	571

续表

	soes	prts	oths
	pita	pita	pita
R - sq：within	0. 3368	0. 1756	0. 2510
R - sq：between	0. 9050	0. 8073	0. 8095
R - sq：overall	0. 7448	0. 6110	0. 6932
Wald chi^2	16562. 19	10944. 224	3127. 93
Prob > chi^2	0. 000	0. 000	0. 000

表 5 - 85 显示，在国有企业和其他企业中，管理层薪酬与利用性创新正相关；因此，研究命题 2b 通过了检验。在民营企业中不显著，所有命题都没有通过检验。在国有企业和民营企业中，管理层持股与利用性创新正相关，研究命题 1b 通过了检验。在其他企业中，管理层持股不显著，所有命题都没有通过检验。在国有企业和民营企业中，管理层薪酬与管理层持股的交乘项与利用性创新负相关；其他行业企业中不显著，说明所有命题都没有通过检验。在国有企业和民营企业中，管理层持股对管理层薪酬存在负向调节作用。不同属性的管理层薪酬、管理层持股及其交乘项对双元创新平衡性影响情况如表 5 - 86 所示。

表 5 - 86　不同属性的管理层薪酬、管理层持股及其交乘项对双元创新平衡性影响表

	soes	prts	oths
	dubln	dubln	dubln
mngslry_w	0. 000 ***	0. 000 *	0. 000 ***
	[3. 93]	[1. 81]	[3. 20]
gmshrrat_w	0. 003 *	0. 003 ***	0. 003
	[1. 81]	[3. 41]	[1. 47]
gmslryshr_w	-0. 000	-0. 000 ***	-0. 000
	[-1. 38]	[-2. 71]	[-1. 10]
_cons	0. 403	0. 950 ***	-0. 031
	[1. 41]	[3. 42]	[-0. 06]
Number of obs	8675	12760	3281
Number of groups	1060	1970	571

续表

	soes	prts	oths
	dubln	dubln	dubln
R - sq：within	0.3954	0.232	0.2672
R - sq：between	0.9259	0.8506	0.8306
R - sq：overall	0.7485	0.6286	0.6826
Wald chi^2	16562.19	10944.224	3734.21
Prob > chi^2	0.000	0.000	0.000

表5-86显示，在三类企业中，管理层薪酬与双元创新平衡性正相关，研究命题2c通过了检验。在国有企业和民营企业中，管理层持股与双元创新平衡性正相关，研究命题1c通过了检验；在其他企业中，管理层持股不显著，所有命题都没有通过检验。在民营企业中，管理层薪酬与管理层持股的交乘项与双元创新平衡性负相关；在国有企业和其他企业中不显著，所有命题都没有通过检验。说明在民营企业中，管理层持股对管理层薪酬存在负向调节作用。不同属性的管理层薪酬、管理层持股及其交乘项对双元创新联合性影响情况如表5-87所示。

表5-87　不同属性的管理层薪酬、管理层持股及其交乘项对双元创新联合性影响表

	soes	prts	oths
	ducmb	ducmb	ducmb
mngslry_w	0.000 ***	0.000 ***	0.000 **
	[3.94]	[2.66]	[2.04]
gmshrrat_w	0.003	0.003 **	0.000
	[1.16]	[2.29]	[0.11]
gmslryshr_w	0.000	-0.000	0.000
	[0.41]	[-0.90]	[0.54]
_cons	-1.491 ***	-0.098	-0.498
	[-4.07]	[-0.29]	[-0.83]
Number of obs	8675	12760	3281
Number of groups	1060	1970	571
R - sq：within	0.4365	0.29017	0.3271

续表

	soes	prts	oths
	ducmb	ducmb	ducmb
R－sq：between	0.9253	0.8372	0.8346
R－sq：overall	0.7791	0.6735	0.7169
Wald chi²	16562.19	10944.224	3879.26
Prob > chi²	0.000	0.000	0.000

表 5－87 显示，在国有企业、民营企业和其他企业中，管理层薪酬与双元创新联合性正相关，研究命题 2d 通过了检验。在民营企业中，管理层持股与双元创新联合性正相关，研究命题 1d 通过了检验。在国有企业和其他企业中不显著，所有命题都没有通过检验。管理层薪酬与管理层持股的交乘项与双元创新联合性不存在显著关系。

垄断异质性检验。下面继续进行垄断行业与非垄断行业关于管理层薪酬、管理层持股，以及管理层薪酬与管理层持股的交乘项对四类指标的影响状况分析。管理层薪酬、管理层持股以及两者的交乘项对探索性创新、利用性创新的影响结果如表 5－88 所示。

表 5－88　管理层薪酬、管理层持股以及两者的交乘项对双元创新影响表

	mnp	nomnp	mnp	nomnp
	prat_w	prat_w	pita	pita
mngslry_w	0.000	0.000***	0.000	0.000***
	[1.18]	[3.82]	[1.09]	[4.56]
gmshrrat_w	0.078*	0.004***	0.109**	0.006***
	[1.69]	[4.46]	[1.99]	[6.16]
gmslryshr_w	－0.000	－0.000***	－0.000	－0.000***
	[－0.79]	[－4.25]	[－1.05]	[－6.10]
_cons	－0.037	0.391*	0.305	0.934***
	[－0.03]	[1.74]	[0.21]	[3.57]
Number of obs	700	24016	700	24016
Number of groups	65	3054	65	3054
R－sq：within	0.4095	0.2968	0.4256	0.2571

续表

	mnp	nomnp	mnp	nomnp
	prat_w	prat_w	pita	pita
R - sq：between	0.9770	0.8577	0.9398	0.8617
R - sq：overall	0.7400	0.6809	0.7409	0.6730
Wald chi^2	1946.30	2384.50	1956.39	2486.17
Prob > chi^2	0.0000	0.0000	0.0000	0.0000

表5-89显示，管理层薪酬与非垄断行业的探索性创新、利用性创新呈正相关关系，因此研究命题2a和2b都通过了检验。不管是在垄断行业还是非垄断行业中，管理层持股与探索性创新、利用性创新都呈现正相关关系，因此研究命题1a和1b都通过了检验。在非垄断行业中，管理层薪酬与管理层持股的交乘项与探索性创新负相关，也就是说，管理层持股负向调节管理层薪酬对探索性创新的影响。在非垄断行业中，管理层薪酬与管理层持股的交乘项与利用性创新呈负相关关系，也就是说，管理层持股负向调节管理层薪酬与利用性创新的关系。在垄断行业中，探索性创新、利用性创新对应的调节效应均无显著关系。本节继续探讨管理层薪酬、管理层持股以及两者的交乘项分别对双元创新平衡性和联合性的影响，其回归结果如表5-89所示。

表5-89　管理层薪酬、管理层持股以及两者的交乘项对双元创新平衡性和联合性影响表

	mnp	nomnp	mnp	nomnp
	dubln	dubln	ducmb	ducmb
mngslry_w	0.000	0.000***	-0.000	0.000***
	[1.25]	[5.53]	[-0.06]	[6.05]
gmshrrat_w	0.077**	0.003***	0.057	0.003***
	[2.14]	[4.47]	[1.17]	[2.68]
gmslryshr_w	-0.000	-0.000***	-0.000	-0.000
	[-1.07]	[-3.84]	[-0.72]	[-0.80]
_cons	0.564	0.660***	-1.555	-0.656***
	[0.60]	[3.55]	[-1.23]	[-2.83]

续表

	mnp	nomnp	mnp	nomnp
	dubln	dubln	ducmb	ducmb
Number of obs	700	24016	700	24016
Number of groups	65	3054	65	3054
R - sq：within	0.4043	0.3180	0.5045	0.3705
R - sq：between	0.9764	0.8791	0.9765	0.8320
R - sq：overall	0.7310	0.6801	0.7770	0.7192
Wald chi^2	1858.50	2383.67	1956.39	2487.29
Prob > chi^2	0.0000	0.0000	0.0000	0.0000

表5－89显示，在非垄断行业中，管理层薪酬与双元创新平衡性、双元创新联合性都呈正相关关系，因此研究命题1c和1d都通过了检验。管理层持股在垄断行业和非垄断行业中与双元创新平衡性都呈正相关关系。在非垄断行业中，管理层持股与双元创新联合性正相关，但是在非垄断行业中，管理层薪酬与管理层持股的交乘项和双元创新平衡性呈负相关关系。说明管理层持股负向调节了管理层薪酬对双元创新平衡性的关系。而在垄断行业内，调节效应不显著。

专精特新异质性检验。在专精特新与非专精特新行业中，管理层薪酬与探索性创新、利用性创新都呈正相关关系，因此研究命题1a和1b都通过了检验。管理层持股在专精特新与非专精特新行业中与探索性创新、利用性创新都呈正相关关系，因此研究命题1a和1b都通过了检验。但是，管理层薪酬与管理层持股的交乘项在专精特新与非专精特新行业中，与探索性创新、利用性创新都呈负相关关系。说明管理层持股负向调节了管理层薪酬对探索性创新、利用性创新的关系。

在专精特新与非专精特新行业中，管理层薪酬与双元创新平衡性、双元创新联合性都呈正相关关系，因此研究命题2c和2d都通过了检验。管理层持股在专精特新与非专精特新行业中与双元创新平衡性、双元创新联合性都呈正相关关系，因此研究命题1c和1d都通过了检验。但是，管理层薪酬与管理层持股的交乘项在专精特新与非专精特新行业中，与双元创新平衡性、双元创新联合性都呈负相关关系。说明管理层持股负向调节了管理层薪酬对双元创新平衡性、双元创新联合性的关系。

（7）生命周期视角的考察

下面从生命周期视角继续分析不同生命周期阶段下，管理层薪酬、管理层持股以及管理层薪酬和管理层持股的交乘项对四类数据的影响机制。本部分仍然采用广义最小二乘法的随机模型进行数据处理，管理层薪酬、管理层持股以及两者的交乘项对探索性创新的影响状况如表5－90所示。

表5－90　管理层薪酬、管理层持股以及两者的交乘项对探索性创新影响表

	grw	mtu	rcs
	prat_w	prat_w	prat_w
mngslry_w	0.000 ***	0.000 **	0.000
	[3.61]	[2.12]	[1.56]
gmshrrat_w	0.004 ***	0.005 ***	0.005 **
	[2.84]	[3.14]	[2.36]
gmslryshr_w	－0.000 **	－0.000 ***	－0.000 **
	[－2.48]	[－3.00]	[－2.50]
_cons	0.876 ***	0.252	－0.645
	[2.66]	[0.68]	[－1.29]
Number of obs	10630	9023	5063
Number of groups	2746	2592	2016
R－sq：within	0.2697	0.3256	0.3050
R－sq：between	0.7658	0.7591	0.7738
R－sq：overall	0.6590	0.7059	0.7003
Wald chi^2	25571.02	23294.81	31397.94
Prob > chi^2	0.0000	0.0000	0.0000

表5－90显示，管理层薪酬在成长阶段、成熟阶段和探索性创新正相关，因此研究命题2a通过了检验。在衰退阶段不显著。管理层持股在成长阶段、成熟阶段、衰退阶段都和探索性创新呈正相关关系，因此研究命题1a通过了检验。管理层薪酬和管理层持股的交乘项与探索性创新在成长阶段、成熟阶段、衰退阶段都呈负相关关系，说明管理层持股负向调节

了管理层薪酬对探索性创新的关系。管理层薪酬、管理层持股以及两者的交乘项对利用性创新的影响汇总如表5-91所示。

表5-91　管理层薪酬、管理层持股以及两者的交乘项对利用性创新影响表

	grw	mtu	rcs
	pita	pita	pita
mngslry_w	0.000***	0.000**	0.000*
	[4.02]	[2.33]	[1.66]
gmshrrat_w	0.006***	0.008***	0.006**
	[3.60]	[4.68]	[2.34]
gmslryshr_w	-0.000***	-0.000***	-0.000***
	[-3.06]	[-4.85]	[-3.12]
_cons	1.626***	1.025**	-0.587
	[4.28]	[2.38]	[-1.01]
Number of obs	10630	9023	5063
Number of groups	2746	2592	2016
R-sq：within	0.2257	0.2959	0.2873
R-sq：between	0.7546	0.7545	0.7592
R-sq：overall	0.6442	0.6992	0.7030
Wald chi^2	25571.02	23294.81	31397.94
Prob > chi^2	0.0000	0.0000	0.0000

表5-92显示，管理层薪酬在成长阶段、成熟阶段、衰退阶段与利用性创新都呈正相关关系，因此研究命题2b通过了检验。管理层持股在成长阶段、成熟阶段、衰退阶段也与利用性创新呈正相关关系，因此研究命题1b通过了检验。管理层薪酬与管理层持股的交乘项在成长阶段、成熟阶段、衰退阶段与利用性创新呈负相关关系，管理层持股负向调节管理层薪酬对利用性创新的影响效应。

管理层薪酬、管理层持股以及两者的交乘项对双元创新平衡性、双元创新联合性都存在一样的结论。管理层薪酬在成长阶段、成熟阶段、衰退阶段与双元创新平衡性呈正相关关系，因此研究命题通过了检验。管理层持股在成长阶段、成熟阶段、衰退阶段也与双元创新平衡性呈正相关关系。管理层薪酬与管理层持股的交乘项在成长阶段、成熟阶段、衰退阶段与双元创新平衡性呈负相关关系，管理层持股负向调节管理层薪酬对双元创新平衡性的影响效应。管理层薪酬在成长阶段、成熟阶段、衰退阶段与双元创新联合性呈正相关关系，管理层持股在成长阶段、成熟阶段、衰退阶段也与双元创新联合性呈正相关关系。管理层薪酬与管理层持股的交乘项在成长阶段、成熟阶段、衰退阶段与双元创新联合性呈负相关关系，管理层持股负向调节管理层薪酬对双元创新联合性的影响效应。

（8）中介效应的考察

第4章全板块的基准检验表明，环境波动性与四维度指标呈倒U关系，（前面章节已经检验过），管理层薪酬、管理成持股对双元创新的四个维度指标也存在不同的影响。那么，环境波动性二次方是否通过管理层持股来影响双元创新的四个维度指标呢？本节进行管理层持股的中介效应检验。由于篇幅所限，本节不再报告总效应的回归结果、直接效应的回归结果和中介效应的回归结果。而是直接报告 Sobel 中介效应检验统计表以及各种效应占比统计表，如表5－92和表5－93所示。

表5－92　　Sobel－Goodman Mediation 中介效应检验统计表

	Coef	Std Err	Z	P>|Z|
Sobel	0.000***	6.499e－06	5.674	1.393e－08
Goodman－1（Aroian）	0.000***	6.513e－06	5.662	1.499e－08
Goodman－2	0.000***	6.484e－06	5.687	1.292e－08
a coefficient	1021.780***	163.549	6.248	4.2e－10
bcoefficient	3.6e－08***	2.7e－09	13.560	0.0000
Indirect effect	0.000037***	6.5e－06	5.6740	1.4e－08
Direct effect	－0.001**	0.000	－9.5810	0.000
Total effect	－0.001***	0.000	－9.050	0.000

注：Standard errors in parentheses，* $p<0.05$，** $p<0.01$，*** $p<0.001$。

表5－92显示，Sobel 中介效应显著，中介效应的系数为0.000，直接效应的系数为－0.001，总效应的系数为－0.001。

表5－93 Sobel中介效应统计表

类别	数值
Proportion of total effect that is mediated	－0.056
Ratio of indirect to direct effect	－0.053
Ratio of total to direct effect	0.947

数据显示，中介效应为－0.056，中介变量对直接变量的影响为－0.053，直接效应为0.947。Sobel中介效应检验表明，管理层持股是环境波动性与探索性创新的中介变量，存在部分中介效应。即环境波动性二次方一方面直接影响探索性创新，另一方面环境波动性二次方通过管理层持股影响探索性创新。其实，管理层持股对双元创新的其他三类变量也存在部分中介效应，此处没有报告结果。

（9）中介效应的进一步考察

上述检验表明，管理层持股是环境波动性二次方与双元创新四个指标的中介变量，存在部分中介效应。那么管理层持股这个变量又是通过哪个途径传递到双元创新呢？本节进行中介效应的进一步考察。从管理层持股的直接动机来看，管理层持股是管理层想获取高额的每股收益。因此，本节以每股收益为中介变量来探讨管理层薪酬、管理层持股对双元创新的影响机制。中介效应的回归结果如表5－94所示。

表5－94 中介回归的路径c统计表

prat_w	Coef.	Std. Err.	t	P>t	[95% Conf.	Interval]
mngslry_w	0.000	0.000	14.770	0.000	0.000	0.000
gdppercptcp	0.257	0.006	39.710	0.000	0.244	0.270
laggindex	－0.014	0.003	－4.060	0.000	－0.021	－0.007
indexz_w	0.001	0.001	2.040	0.042	0.000	0.003
indexs_w	0.020	0.077	0.250	0.800	－0.132	0.171
capaccum_w	－0.055	0.017	－3.300	0.001	－0.088	－0.022
csdvpshbtax_w	－0.072	0.056	－1.290	0.199	－0.183	0.038
roic_w	0.167	0.125	1.340	0.179	－0.077	0.411

续表

prat_w	Coef.	Std. Err.	t	P > t	[95% Conf.	Interval]
indrcrat_w	0.008	0.001	10.830	0.000	0.007	0.010
hhi_sale_w	-28.785	2.206	-13.050	0.000	-33.110	-24.460
sizeast_w	0.036	0.003	12.700	0.000	0.030	0.041
gmshrrat_w	0.005	0.001	3.780	0.000	0.002	0.007
gmslryshr_w	-0.000	0.000	-5.710	0.000	-0.000	-0.000
_cons	0.714	0.347	2.060	0.039	0.035	1.393

表5-94显示，管理层薪酬与探索性创新正相关，在1%水平下显著。管理层持股与探索性创新正相关，在1%水平下显著。管理层薪酬与管理层持股的交乘项与探索性创新负相关，在1%水平下显著。说明管理层持股负向调节管理层薪酬对探索性创新的影响。中介变量的回归结果即路径a和路径c′统计结果如表5-95所示。

表5-95　　中介效应中路径a的回归结果表

eps	Coef.	Std. Err.	t	P > t	[95% Conf.	Interval]
mngslry_w	0.000	0.000	3.660	0.000	0.000	0.000
gdppercptcp	0.027	0.003	9.040	0.000	0.021	0.033
laggindex	0.003	0.002	1.910	0.057	-0.000	0.006
indexz_w	0.000	0.000	0.130	0.899	-0.001	0.001
indexs_w	-0.101	0.036	-2.820	0.005	-0.171	-0.031
capaccum_w	0.065	0.008	8.410	0.000	0.050	0.080
csdvpshbtax_w	1.610	0.026	61.700	0.000	1.558	1.661
roic_w	5.235	0.058	90.740	0.000	5.122	5.348
indrcrat_w	0.001	0.000	2.470	0.014	0.000	0.002
hhi_sale_w	-0.387	1.022	-0.380	0.705	-2.390	1.615
sizeast_w	-0.004	0.001	-3.100	0.002	-0.007	-0.001
gmshrrat_w	0.001	0.001	2.290	0.022	0.000	0.002
gmslryshr_w	-0.000	0.000	-0.470	0.637	-0.000	0.000
_cons	-0.459	0.160	-2.860	0.004	-0.774	-0.145

表 5 - 95 显示，管理层薪酬和每股收益正相关，在 1% 水平下显著。管理层持股与每股收益正相关，在 1% 水平下显著。管理层薪酬与管理层持股的交乘项与每股收益不存在显著关系。中介变量的回归结果即路径 b 和路径 c′统计结果列示于表 5 - 96 中。

表 5 - 96　　中介效应中路径 b 和 c′的回归结果汇总表

prat_w	Coef.	Std. Err.	t	P > t	[95% Conf.	Interval]
eps	0. 062	0. 013	4. 660	0. 000	0. 036	0. 088
mngslry_w	0. 000	0. 000	14. 670	0. 000	0. 000	0. 000
gdppercptcp	0. 255	0. 006	39. 410	0. 000	0. 243	0. 268
laggindex	-0. 014	0. 003	-4. 120	0. 000	-0. 021	-0. 008
indexz_w	0. 001	0. 001	2. 030	0. 042	0. 000	0. 003
indexs_w	0. 026	0. 077	0. 330	0. 738	-0. 125	0. 177
capaccum_w	-0. 059	0. 017	-3. 540	0. 000	-0. 092	-0. 026
csdvpshbtax_w	-0. 172	0. 060	-2. 850	0. 004	-0. 290	-0. 054
roic_w	-0. 156	0. 143	-1. 100	0. 273	-0. 436	0. 123
indrcrat_w	0. 008	0. 001	10. 760	0. 000	0. 007	0. 009
hhi_sale_w	-28. 761	2. 206	-13. 040	0. 000	-33. 084	-24. 438
sizeast_w	0. 036	0. 003	12. 790	0. 000	0. 030	0. 041
gmshrrat_w	0. 005	0. 001	3. 840	0. 000	0. 002	0. 007
gmslryshr_w	-0. 000	0. 000	-5. 700	0. 000	-0. 000	-0. 000
_cons	0. 742	0. 346	2. 140	0. 032	0. 063	1. 421

表 5 - 96 显示，中介变量每股收益和探索性创新正相关，在 1% 水平下显著。管理层薪酬与探索性创新正相关，在 1% 水平下显著。管理层持股与探索性创新正相关，在 1% 水平下显著。管理层薪酬与管理层持股与探索性创新负相关，在 1% 水平下显著。说明管理层持股负向调节管理层薪酬对探索性创新的影响。说明每股收益是管理层薪酬、管理层持股以及两者交乘项关于探索性创新的中介变量，其中介效应汇总列示于表 5 - 97 中。

表 5 - 97　　Sobel 中介效应检验统计表

	Coef	Std Err	Z	P > |Z|
Sobel	3.066e - 10 ***	1.064e - 10	2.881	0.004
Goodman - 1 (Aroian)	3.066e - 10	1.080e - 10	2.840	0.005
Goodman - 2	3.066e - 10 ***	1.049e - 10	2.922	0.003
a coefficient	5.0e - 09 ***	1.4e - 09	3.663	0.000
b coefficient	0.061773 ***	0.013249	4.663	3.1e - 06
Indirect effect	3.1e - 10 ***	1.1e - 10	2.881	0.004
Direct effect	4.3e - 08 **	2.9e - 09	14.671	0.000
Total effect	4.3e - 08 ***	2.9e - 09	14.774	0.000

注：Standard errors in parentheses, * $p<0.05$, ** $p<0.01$, *** $p<0.001$。

表 5 - 98 显示，Sobel 中介效应显著，其中调节效应为 0.001，间接效应为 0.001，直接效应为 1.001。中介效应统计表列示于表 5 - 98 中。

表 5 - 98　　Sobel 中介效应统计表

类别	数值
Proportion of total effect that is mediated	0.001
Ratio of indirect to direct effect	0.001
Ratio of total to direct effect	1.001

数据显示，每股收益是管理层持股与探索性创新的中介变量，存在部分中介效应。其实每股收益也是管理层持股与被解释变量其他三个变量的中介变量，都存在部分中介效应。

5.4.5　研究结论

数理分析认为，股利支付与管理层创新的努力程度呈单调增加关系，管理层持股起到激励作用。股利支付分别与管理层的风险规避程度、双元创新的标准差呈单调减小关系。所有者的收益与管理层创新的边际生产率呈单调增加关系，所有者的收益与管理层的风险规避以及研发的不确定性呈单调减小关系。最优契约理论让利益激励与风险承担达到均衡状态。

实证检验表明，管理层薪酬、管理层持股两个变量都与双元创新四维度指标正相关，管理层薪酬与管理层持股的交乘项却和探索性创新、利用性创新、双元创新平衡性负相关，说明管理层持股对管理层薪酬有负向调节作用。该结论不同于西方理论强调的管理层持股正向影响创新的观点。管理层薪酬与管理层持股两个变量与双元创新联合性正相关，但是，管理层薪酬与管理层持股的交乘项却和双元创新联合性不存在显著关系，不存在调节作用。

在国有、其他属性等企业中，管理层薪酬与探索性创新正相关，在国有企业和民营企业中，管理层持股与探索性创新正相关；在其他类别企业中，管理层持股不显著。在国有、民营企业中，管理层薪酬与管理层持股的交乘项和探索性创新负相关；在其他类别企业中不显著，说明在国有、民营企业中，管理层持股对管理层薪酬存在负向调节作用。在国有企业和其他企业中，管理层薪酬与利用性创新正相关；在民营企业中不显著。在国有企业和民营企业中，管理层持股与利用性创新正相关。在其他企业中，管理层持股不显著。在国有企业和民营企业中，管理层薪酬与管理层持股的交乘项和利用性创新负相关；在其他企业中不显著。在国有企业和民营企业中，管理层持股对管理层薪酬存在负向调节作用；管理层薪酬与双元创新平衡性正相关，在国有企业和民营企业中，管理层持股与双元创新平衡性正相关，在其他企业中，管理层持股不显著；在民营企业中，管理层薪酬与管理层持股的交乘项和双元创新平衡性负相关；在其他企业中不显著，在民营企业中，管理层持股对管理层薪酬存在负向调节作用。在三类企业中，管理层薪酬与双元创新联合性正相关；在民营企业中，管理层持股与双元创新联合性正相关。在国有企业和其他企业中不显著。管理层薪酬与管理层持股的交乘项与双元创新联合性不存在显著关系，不存在调节作用。

垄断异质性的检验。管理层薪酬与非垄断行业的探索性创新、利用性创新呈正相关关系；无论垄断与否，管理层持股与探索性创新、利用性创新都呈正相关关系；在非垄断行业中，管理层薪酬与管理层持股的交乘项和探索性创新负相关，存在负向调节作用。在非垄断行业中，管理层薪酬与管理层持股的交乘项和利用性创新呈负相关关系，管理层持股负向调节管理层薪酬与利用性创新的关系。在垄断行业中，探索性创新、利用性创新均无显著调节关系。在非垄断行业中，管理层薪酬与双元创新平衡性、双元创新联合性呈正相关关系；管理层持股在垄断行业和非垄断行业中都与双元创新平衡性呈正相关关系；在非垄断行业中，管理层持股与双元创新联合性正相关，但是在非垄断行业中，管理层薪酬与管理层持股的交乘项和双元创新平衡性呈负相关关系；说明管理层持股负向调节了管理层薪酬对双元创新平衡性的关系。而在垄断行业内，调节效应不显著。

专精特新异质性检验。无论专精特新与否，管理层薪酬与探索性创新、利用性创新呈正相关关系，管理层持股与探索性创新、利用性创新呈正相关关系；但是，管理层薪酬与管理层持股的交乘项与探索性创新、利用性创新呈负相关关系。管理层持股负向调节了管理层薪酬对探索性创新、利用性创新的关系。无论专精特新与否，管理层薪酬与双元创新平衡性、双元创新联合性呈正相关关系；管理层持股与双元创新平衡性、双元创新联合性也都呈正相关关系。但是，管理层薪酬与管理层持股的交乘项与双元创新平衡性、双元创新联合性都呈负相关关系，存在负向调节作用。

生命周期的考察。管理层薪酬在成长阶段、成熟阶段促进探索性创新；在衰退阶段不显著。管理层持股在三个阶段与双元创新四维度指标都呈正相关关系。管理层薪酬在三个阶段也与利用性创新、双元创新平衡性、双元创新联合性呈正相关关系，管理层持股负向调节管理层薪酬对双元创新四维度指标的影响效应。中介效应检验。管理层持股是环境波动性二次方与探索性创新的中介变量，存在部分中介效应。即环境波动性二次方一方面直接影响探索性创新，另一方面环境波动性二次方通过管理层持股影响探索性创新。管理层持股也是被解释变量其他三个变量的中介变量。中介效应的进一步考察，从管理层持股的直接动机来看，管理层持股是管理层想获取高额的每股收益。本节以每股收益为中介变量来探讨管理层薪酬、管理层持股对双元创新的影响机制。说明每股收益是管理层持股与探索性创新的中介变量，存在部分中介效应。其实每股收益也是管理层持股与被解释变量其他三个变量的中介变量，都存在部分中介效应。

5.5　主板公司管理层持股的中介效应

5.5.1　理论分析与研究命题

本部分内容与 5.4.1 中的理论分析、文献回顾、假设推演基本一致。此处不再重复。

5.5.2　研究设计

变量选取方面与 5.4.3 的选取口径一致，模型设定也遵循 5.4.3 的模型设计思路，使前后研究具有可比性。在确定样本的时候，本节对 2007—2020 年主板上市公司的年度财务报告进行了全面、仔细的调查和统计，并进行筛选。剔除了金融业、房地产业、其他金融业的公司；剔除 ST、*ST、PT 公司，删除 B 股公司；删除连续上市不满两年的公司，删除数据缺失严重的公司；删除资产负债率大于 1 的公司；最终得到 2376 家公司 14 年的非平衡面板数据，公司—年度的观测个数是 23102。双元创新数据主要来自手工收集，其他数据均来自 RESSET 金融研究数据库、CNRDS 数据库、CSMAR 数据库、Wind 数据库、公司官方网站以及 2007—2021 年《中国统计年鉴》。

5.5.3　实证研究

(1) 主要变量的描述性统计

本节的主要变量是管理层薪酬、管理层持股。其他被解释变量、控制变量已经在前面章节中进行了描述性统计，此处不再重复。这两个变量主要描述性统计如表 5 - 99 所示。主板样本公司管理层薪酬的均值是 14.742，最大值是 18.416，最小值是 0.000，中位数是 14.746，标准差是 0.994。偏度峰度数据显示，管理层薪酬呈左偏高峰状态分布。

表 5 - 99　　主要变量描述性统计汇总表

	N	Mean	min	Median	max	Std. Dev.	skewness	kurtosis
mngslry	22234	14.742	0.000	14.768	18.416	0.994	-3.387	52.324
gmshrrat	23102	4.600	0.000	0.005	81.002	11.681	3.201	13.386

主板样本公司的管理层持股的均值是 4.600，最小值是 0.000，最大值是 81.002，中位数是 0.005，标准差是 11.681。管理层持股差异较大。偏度和峰值数据显示管理层持股呈右偏高峰状态分布。

（2）面板数据的组间差异与组内差异分析

在描述性分析之后，本节继续探讨面板数据的组内差异和组间差异问题，主要变量的组内差异与组间差异汇总列示于表 5 - 100 中。

表 5 - 100　　主要变量的组内差异与组间差异统计表

Variables		Mean	Std. Dev.	Min	Max	23102
mngslry	overall	14.742	0.994	0.000	18.416	N = 22234
	between		0.785	0.000	17.729	n = 2345
	within		0.680	1.090	20.051	T = 9.481
gmshrrat	overall	4.600	11.681	0.000	81.002	N = 23102
	between		9.905	0.000	60.351	n = 2376
	within		7.243	-55.751	63.114	T = 9.723

表 5 - 100 显示，高管薪酬的组内差异即每个上市公司在 14 年间的时间差异的标准差是 0.680，组间差异即 2345 家上市公司在 14 年间的个体差异标准差是 0.785，说明 2345 家上市公司在 14 年间的年度波动（纵向波动）小于每个上市公司之间的波动（横向波动）。

高管持股比例的组内差异即每个上市公司在 14 年间的时间差异的标准差是 7.243，组间差异即 2376 家上市公司在 14 年间的个体差异标准差是 9.905，说明 2376 家上市公司在 14 年间的年度波动（纵向波动）小于每个上市公司之间的波动（横向波动）。

（3）主要变量的进一步描述分析

本节的核心变量是高管薪酬与高管持股比例，在描述性统计、组间差异与组内差异分析基础上，本节再次利用核密度图来展示它们的分布状况，高管薪酬分布情况如图 5－5 所示。高管薪酬呈现偏左高峰状态的分布，峰度高出 0.1 个单位，偏度向左偏出 10 个单位。高管持股比例的核密度函数图如图 5－6 所示。

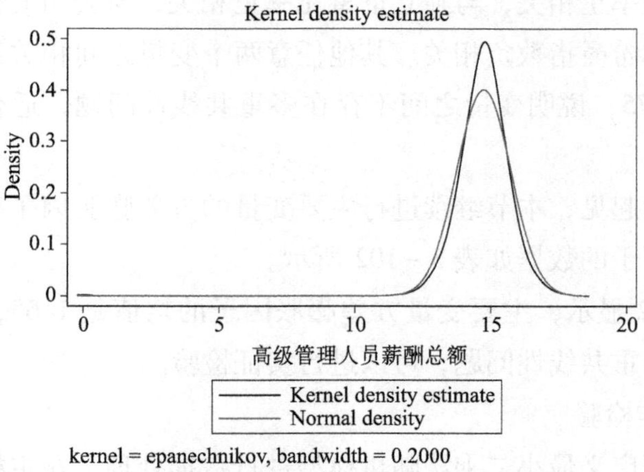

图 5－5　高管薪酬核密度分布情况

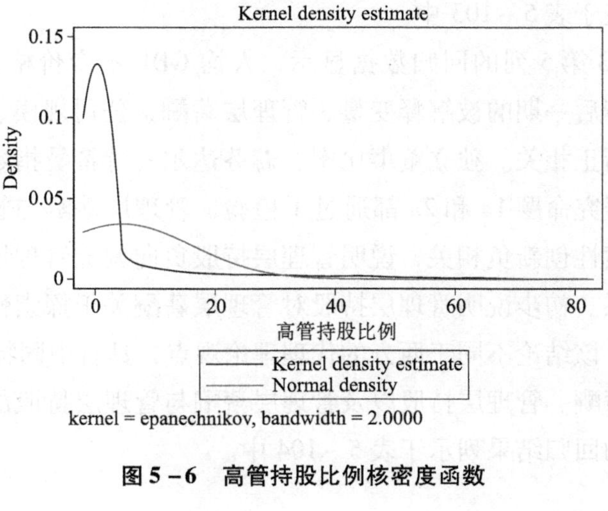

图 5－6　高管持股比例核密度函数

图形显示高管持股比例的最大值处于（0.2，0.107）处，呈现右偏高峰状态。

（4）关键变量的相关性分析

为了检验主要变量是否存在多重共线性问题，对主要变量进行相关性分析汇总于表 5－101 中。

数据显示，探索性创新与管理层薪酬正相关，与管理层持股负相关，与人均 GDP 不变价格正相关，与经济景气指数负相关，与 Z 指数负相关，与 S 指数正相关，与资本密集度负相关，与每股税前现金股利正相关，与投入资本回报率正相关，与独立董事比率正相关，与公司规模正相关，与赫芬达尔—赫希曼指数负相关。其他任意两个变量之间相关系数的绝对值没有大于 0.375，说明变量之间不存在多重共线性问题，适合做下一步的实证检验。

为了稳健起见，本节继续进行主要变量的方差膨胀因子检验。主要变量方差膨胀因子的数据如表 5－102 所示。

表 5－102 显示，主要变量方差膨胀因子的均值是 1.65，表明各变量之间不存在多重共线性问题，可以进行实证检验。

（5）基准检验

本节采用广义最小二乘法随机模型进行数据处理。在主板公司中管理层薪酬、管理层持股、管理层薪酬与管理层持股的交乘项对探索性创新的检验结果列报于表 5－103 中。

表 5－103 第 5 列的回归数据显示，人均 GDP 不变价格、S 指数、资本密集度、滞后一期的被解释变量、管理层薪酬、公司规模、管理层持股和探索性创新正相关。独立董事比率、赫芬达尔—赫希曼指数和探索性创新负相关，研究命题 1a 和 2a 都通过了检验。管理层薪酬与管理层持股的交乘项和探索性创新负相关，说明管理层持股负向调节管理层薪酬和探索性创新的关系。初步说明管理层持股对管理层薪酬关于探索性创新存在负向调节作用，该结论不同于西方的代理理论观点，具有中国特色。

管理层薪酬、管理层持股以及管理层薪酬与管理层持股的交乘项对其他三类指标的回归结果列示于表 5－104 中。

表5-101　　主要变量相关系数矩阵表

Variables	(1)	(2)	(3)	(4)	(5)	(6)	(7)	(8)	(9)	(10)	(11)	(12)	(13)
(1) prat_w	1.000												
(2) mngslry	0.152	1.000											
(3) gmshrrat	-0.016	-0.002	1.000										
(4) gdppercptcp	0.267	0.375	0.009	1.000									
(5) laggindex	-0.016	0.015	0.003	0.082	1.000								
(6) indexz	-0.008	-0.071	-0.069	-0.120	-0.019	1.000							
(7) indexs	0.035	0.056	0.146	0.142	0.063	-0.421	1.000						
(8) capaccum	-0.011	-0.016	0.042	-0.047	0.014	-0.023	0.040	1.000					
(9) csdvpshbtax	0.043	0.051	0.029	0.055	0.036	-0.020	0.053	0.035	1.000				
(10) roic	0.001	0.002	0.015	-0.018	0.024	-0.006	0.017	0.043	0.076	1.000			
(11) indrcrat	0.063	-0.014	0.096	-0.081	-0.131	0.036	0.042	0.011	-0.007	-0.001	1.000		
(12) sizeast	0.088	0.050	-0.057	0.085	0.003	0.011	0.005	0.002	0.028	0.002	0.057	1.000	
(13) hhi_sale	-0.050	-0.041	0.005	-0.001	-0.001	0.006	-0.003	-0.001	-0.032	-0.005	-0.023	-0.018	1.000

表5-102　　主要变量的方差膨胀因子汇总表

Variable	mngslry	gmshrrat	indexs	indexz	roic	gdppercptcp	csdvpshbtax	indrcrat	laggindex	sizeast	capaccum	hhi_sale
Vif	3.69	3.59	1.44	1.42	1.35	1.31	1.28	1.27	1.18	1.11	1.09	1.08
Mean VIF						1.65						

表 5-103　管理层薪酬、管理层持股、管理层薪酬与管理层持股交乘项对探索性创新的影响

	(1)	(2)	(3)	(4)	(5)
	prat_w	prat_w	prat_w	prat_w	prat_w
gdppercptcp	0.368 ***	0.089 ***	0.084 ***	0.084 ***	0.085 ***
	[73.36]	[15.40]	[13.61]	[13.69]	[13.76]
laggindex	-0.015 ***	0.004	0.003	0.003	0.003
	[-6.09]	[1.51]	[1.22]	[1.19]	[1.22]
indexz_w	0.002 ***	0.000	0.000	0.000	0.000
	[3.48]	[0.48]	[0.14]	[0.14]	[0.16]
indexs_w	0.663 ***	0.329 ***	0.302 ***	0.293 ***	0.285 ***
	[8.14]	[4.17]	[3.70]	[3.58]	[3.48]
capaccum_w	-0.053 ***	0.051 **	0.057 ***	0.057 ***	0.057 ***
	[-3.51]	[2.53]	[2.80]	[2.79]	[2.80]
csdvpshbtax_w	-0.102 *	0.003	0.008	0.006	0.002
	[-1.71]	[0.05]	[0.15]	[0.10]	[0.03]
roic_w	0.192 *	0.168	0.160	0.160	0.153
	[1.76]	[1.54]	[1.45]	[1.44]	[1.39]
indrcrat_w	0.006 ***	-0.001 *	-0.002 **	-0.002 ***	-0.002 ***
	[8.70]	[-1.73]	[-2.57]	[-2.66]	[-2.59]
hhi_sale_w	-35.083 ***	-22.089 ***	-21.941 ***	-21.949 ***	-21.661 ***
	[-4.81]	[-6.23]	[-6.06]	[-6.06]	[-5.98]
sizeast_w	0.022 ***	0.009 ***	0.013 ***	0.013 ***	0.013 ***
	[7.98]	[3.51]	[4.52]	[4.57]	[4.61]
L. prat_w		0.649 ***	0.641 ***	0.641 ***	0.641 ***
		[95.80]	[92.90]	[92.89]	[92.90]
mngslry_w			0.000	0.000	0.000 **
			[1.11]	[1.13]	[2.45]
gmshrrat_w				0.001	0.008 ***
				[1.48]	[5.06]
gmslryshr_w					-0.000 ***
					[-5.15]

续表

	(1)	(2)	(3)	(4)	(5)
	prat_w	prat_w	prat_w	prat_w	prat_w
_cons	1.271 ***	0.387	0.424	0.423	0.399
	[5.02]	[1.43]	[1.53]	[1.52]	[1.44]
Number of obs	23102	20518	19887	19887	19887
Number of groups	2376	2376	2343	2343	2343
R - sq：within	0.2516	0.2912	0.2865	0.2865	0.2877
R - sq：between	0.0036	0.7754	0.7638	0.7633	0.7637
R - sq：overall	0.0863	0.6112	0.6108	0.6109	0.6109
Wald chi^2	6850.62	13924.67	13184.65	13185.04	
Prob > chi^2	0.0000	0.0000	0.0000	0.0000	0.0000

表5-104　管理层薪酬、管理层持股及其交乘项对其他三类指标的影响对比

	(1)	(2)	(3)
	pita	dubln	ducmb
gdppercptcp	0.038 ***	0.028 ***	0.084 ***
	[7.80]	[7.18]	[16.28]
laggindex	0.002	-0.005 ***	0.009 ***
	[0.73]	[-2.77]	[3.75]
indexz_w	0.000	-0.000	-0.001
	[0.33]	[-0.65]	[-1.08]
indexs_w	0.063	-0.045	0.063
	[1.00]	[-0.91]	[0.95]
capaccum_w	0.039 **	0.033 **	0.027
	[2.30]	[2.36]	[1.49]
csdvpshbtax_w	0.011	0.060 *	0.065
	[0.25]	[1.70]	[1.40]
roic_w	0.066	-0.017	0.112
	[0.72]	[-0.23]	[1.17]
indrcrat_w	-0.001	0.002 ***	0.003 ***
	[-1.12]	[3.67]	[5.36]

续表

	(1)	(2)	(3)
	pita	dubln	ducmb
hhi_sale_w	-10.906 ***	-6.201 ***	-12.074 ***
	[-4.96]	[-3.87]	[-5.22]
sizeast_w	0.006 ***	0.004 **	0.007 ***
	[3.03]	[2.33]	[3.19]
L. pita	0.711 ***		
	[139.65]		
L. dubln		0.765 ***	
		[156.35]	
L. ducmb			0.724 ***
			[148.62]
mngslry_w	0.000 ***	0.000 ***	0.000 ***
	[3.71]	[5.49]	[5.36]
gmshrrat_w	0.004 ***	0.003 ***	0.002 *
	[3.26]	[3.14]	[1.67]
gmslryshr_w	-0.000 ***	-0.000 ***	-0.000
	[-3.50]	[-3.58]	[-0.36]
_cons	0.104	0.588 ***	-0.836 ***
	[0.45]	[3.06]	[-3.40]
N	19887	19887	19887
Number of groups	2343	2343	2343
R-sq: within	0.3388	0.3605	0.4001
R-sq: between	0.8747	0.8916	0.8986
R-sq: overall	07142	0.7105	0.7424
Wald chi^2	14772.43	14776.51	14796.32
Prob > chi^2	0.0000	0.0000	0.0000

表5-104显示，管理层薪酬与管理层持股两个解释变量都与利用性创新利正相关。因此，研究命题1b和2b都通过了检验。但是，管理层薪酬与管理层持股的交乘项却与利用性创新负相关。说明管理层持股对管理层薪酬有负向调节作用。

管理层薪酬与管理层持股两个解释变量都与双元创新平衡性正相关。

因此，研究命题 1c 和 2c 都通过了检验。但是，管理层薪酬与管理层持股的交乘项却与双元创新平衡性负相关。说明管理层持股对管理层薪酬有负向调节作用。管理层薪酬与管理层持股两个解释变量都与双元创新联合性正相关。因此，研究命题 1d 和 2d 都通过了检验，但是，管理层薪酬与管理层持股的交乘项却与双元创新联合性不存在显著关系。说明管理层持股对管理层薪酬没有调节作用。以上三种结论与西方的委托代理理论的观点不一致，值得继续探讨。

（6）异质性检验

本节检验表明，管理层薪酬、管理层持股及其交乘项对双元创新的四个维度指标的影响存在不同实证的结论；那么不同属性的公司，其管理层薪酬、管理层持股及其交乘项对四类指标是否也存在异质性，下面进行深入检验。在所有的异质性检验中，都采用广义最小二乘法的随机模型进行数据处理。根据万得数据库可知，公司属性一般分为地方国有企业、中央国有企业、集体企业、民营企业、外资企业、公众企业、其他企业等类型。为了便于实证分析，本节将企业属性划分为国有企业、民营企业与其他企业进行检验。本节以下的实证检验表中不再报告控制变量的回归信息，主要是为了节省版面，特此声明。不同属性的管理层薪酬、管理层持股及其交乘项对探索性创新的影响如表 5－105 所示。

表 5－105　不同属性的管理层薪酬、管理层持股及其交乘项对探索性创新影响结果

	soes	prts	oths
	prat_w	prat_w	prat_w
mngslry_w	0.000 ***	0.000	0.000 ***
	[2.97]	[0.30]	[2.92]
gmshrrat_w	0.006 **	0.003 **	0.001
	[2.46]	[2.32]	[0.25]
gmslryshr_w	－0.000 ***	－0.000 *	－0.000
	[－2.77]	[－1.90]	[－1.06]
_cons	－0.753 **	0.702 *	0.867
	[－2.20]	[1.86]	[1.41]

续表

	soes	prts	oths
	prat_w	prat_w	prat_w
N	8442	8931	2514
Number of groups	990	1302	426
R - sq：within	0. 3827	0. 2518	0. 2870
R - sq：between	0. 9246	0. 8052	0. 8613
R - sq：overall	0. 7645	0. 6534	0. 7348
Wald chi^2	19600. 39	10944. 224	3312. 55
Prob > chi^2	0. 000	0. 000	0. 000

表 5 - 105 显示，在国有企业和其他企业中，管理层薪酬与探索性创新正相关因此研究命题 2a 通过了检验；在民营企业中不显著，所有命题都没有通过检验。在国有企业和民营企业中，管理层持股与探索性创新正相关，因此研究命题 1a 通过了检验。在其他企业中，管理层持股不显著，所有命题没有通过检验。在国有企业和民营企业中，管理层薪酬与管理层持股的交乘项与探索性创新负相关；在其他企业中不显著，说明在国有企业和民营企业中，管理层持股对管理层薪酬存在负向调节作用。不同属性的管理层薪酬、管理层持股及其交乘项对利用性创新的影响如表 5 - 106 所示。

表 5 - 106　不同属性的管理层薪酬、管理层持股及其交乘项对利用性创新的影响

	soes	prts	oths
	pita	pita	pita
mngslry_w	0. 000 ***	0. 000	0. 000 ***
	[3. 96]	[0. 40]	[2. 67]
gmshrrat_w	0. 012 ***	0. 005 ***	0. 001
	[3. 81]	[3. 10]	[0. 14]
gmslryshr_w	- 0. 000 ***	- 0. 000 ***	- 0. 000
	[- 4. 44]	[- 2. 92]	[- 0. 90]
_cons	- 0. 464	1. 101 **	1. 893 ***
	[- 1. 13]	[2. 52]	[2. 68]

续表

	soes	prts	oths
	pita	pita	pita
N	8442	8931	2514
Number of groups	990	1302	426
R - sq：within	0. 3431	0. 2035	0. 2628
R - sq：between	0. 9150	0. 8101	0. 8211
R - sq：overall	0. 7500	0. 6444	0. 7197
Wald chi^2	16768. 43	10933. 51	2410. 04
Prob > chi^2	0. 000	0. 000	0. 000

表 5 - 106 显示，在国有企业和其他企业中，管理层薪酬与利用性创新正相关，因此研究命题 2b 通过了检验；在民营企业中不显著。在国有企业和民营企业中，管理层持股与利用性创新正相关，因此研究命题 1b 通过了检验，在其他企业中，管理层持股不显著。在国有企业和民营企业中，管理层薪酬与管理层持股的交乘项和利用性创新负相关；在其他企业中不显著，说明在国有企业和民营企业中，管理层持股对管理层薪酬存在负向调节作用。不同属性的管理层薪酬、管理层持股及其交乘项对双元创新平衡性的影响情况如表 5 - 107 所示。

表 5 - 107　　不同属性的管理层薪酬、管理层持股及其交乘项对双元创新平衡性的影响对比表

	soes	prts	oths
	dubln	dubln	dubln
mngslry_w	0. 000 ***	0. 000 **	0. 000 ***
	[3. 53]	[2. 48]	[3. 06]
gmshrrat_w	0. 002	0. 004 ***	0. 002
	[0. 80]	[3. 06]	[0. 78]
gmslryshr_w	- 0. 000	- 0. 000 ***	- 0. 000
	[- 0. 77]	[- 3. 27]	[- 1. 04]
_cons	0. 382	0. 760 **	0. 124
	[1. 34]	[2. 46]	[0. 23]

续表

	soes	prts	oths
	dubln	dubln	dubln
N	8442	8931	2514
Number of groups	990	1302	426
R - sq：within	0. 4018	0. 2826	0. 2903
R - sq：between	0. 9366	0. 8486	0. 8407
R - sq：overall	0. 7532	0. 6655	0. 7087
Wald chi^2	16562. 19	10944. 224	2967. 40
Prob > chi^2	0. 000	0. 000	0. 000

表5－107显示，在国有、民营和其他企业中，管理层薪酬都与双元创新平衡性正相关，因此研究命题2c通过了检验。在民营企业中，管理层持股与双元创新平衡性正相关，在国有企业和其他属性的企业中，管理层持股不显著。在民营企业中，管理层薪酬与管理层持股的交乘项与双元创新平衡性负相关；在国有企业和其他属性的企业中不显著。说明在民营企业中，管理层持股对管理层薪酬存在负向调节作用。不同属性的管理层薪酬、管理层持股及其交乘项对双元创新联合性的影响情况如表5－108所示。

表5－108　　不同属性的管理层薪酬、管理层持股及其交乘项对双元创新联合性的影响

	soes	prts	oths
	ducmb	ducmb	ducmb
mngslry_w	0. 000 ***	0. 000 **	0. 000 **
	[3. 59]	[2. 50]	[2. 36]
gmshrrat_w	0. 003	0. 003 *	-0. 002
	[0. 98]	[1. 88]	[-0. 49]
gmslryshr_w	0. 000	-0. 000	0. 000
	[0. 30]	[-0. 93]	[0. 52]
_cons	-1. 558 ***	-0. 412	-0. 425
	[-4. 24]	[-1. 06]	[-0. 64]
N	8442	8931	2514

续表

	soes	prts	oths
	ducmb	ducmb	ducmb
Number of groups	990	1302	426
R - sq：within	0. 4419	0. 3155	0. 3371
R - sq：between	0. 9352	0. 8380	0. 8471
R - sq：overall	0. 7840	0. 6953	0. 7396
Wald chi^2	24135. 47	10944. 224	3086. 30
Prob > chi^2	0. 000	0. 000	0. 000

表 5 - 108 显示，在国有企业、民营企业和其他企业中，管理层薪酬与双元创新联合性正相关。因此，研究命题 2d 通过检验。在民营企业中，管理层持股与双元创新联合性正相关。因此，研究命题 1d 通过检验，在国有企业和其他企业中不显著。管理层薪酬与管理层持股的交乘项与双元创新联合性不存在显著关系。

垄断异质性检验。下面进行垄断行业与非垄断行业关于管理层薪酬、管理层持股，以及管理层薪酬与管理层持股的交乘项对四类指标数据影响状况的分析。管理层薪酬、管理层持股以及两者的交乘项对探索性创新、利用性创新的影响如表 5 - 109 所示。

表 5 - 109　　管理层薪酬、管理层持股以及两者的交乘项对探索性创新、利用性创新的影响

	mnp	nomnp	mnp	nomnp
	prat_w	prat_w	pita	pita
mngslry_w	0. 000	0. 000 ***	0. 000	0. 000 ***
	[1. 17]	[3. 49]	[1. 03]	[4. 07]
gmshrrat_w	0. 078 *	0. 004 ***	0. 109 **	0. 006 ***
	[1. 68]	[3. 09]	[1. 97]	[4. 60]
gmslryshr_w	- 0. 000	- 0. 000 ***	- 0. 000	- 0. 000 ***
	[- 0. 81]	[- 3. 44]	[- 1. 05]	[- 5. 03]
_cons	- 0. 217	0. 111	0. 191	0. 568 **
	[- 0. 18]	[0. 47]	[0. 13]	[2. 02]

续表

	mnp	nomnp	mnp	nomnp
	prat_w	prat_w	pita	pita
N	684	19203	684	19203
Number of groups	61	2283	61	2283
R - sq：within	0.4143	0.3352	0.4297	0.2876
R - sq：between	0.9769	0.8713	0.9622	0.8571
R - sq：overall	0.7426	0.7124	0.7445	0.7008
Wald chi^2	1926.84	1975.18	1946.70	10960.24
Prob > chi^2	0.0000	0.0000	0.0000	0.0000

表5－109显示，管理层薪酬与非垄断行业的探索性创新、利用性创新呈正相关关系。因此，研究命题2a和2b都通过了检验。不论在垄断与非垄断行业中，管理层持股与探索性创新、利用性创新都呈正相关关系。因此研究命题1a和1b都通过了检验。在非垄断行业中，管理层薪酬与管理层持股的交乘项与探索性创新负相关，也就是说，管理层持股负向调节管理层薪酬对探索性创新的影响。在非垄断行业中，管理层薪酬与管理层持股的交乘项与利用性创新呈负相关关系，也就是说管理层持股负向调节管理层薪酬与利用性创新的关系。在垄断行业中，探索性创新、利用性创新对应的调节效应均无显著关系。下面继续探讨管理层薪酬、管理层持股以及两者的交乘项对双元创新平衡性与联合性的影响，其回归结果如表5－110所示。

表5－110　管理层薪酬、管理层持股以及两者的交乘项对双元创新平衡性与联合性的影响

	mnp	nomnp	mnp	nomnp
	dubln	dubln	ducmb	ducmb
mngslry_w	0.000	0.000***	-0.000	0.000***
	[1.22]	[5.37]	[-0.05]	[5.51]
gmshrrat_w	0.078**	0.003***	0.056	0.002
	[2.13]	[3.04]	[1.15]	[1.62]
gmslryshr_w	-0.000	-0.000***	-0.000	-0.000
	[-1.08]	[-3.56]	[-0.74]	[-0.40]

续表

	mnp	nomnp	mnp	nomnp
	dubln	dubln	ducmb	ducmb
_cons	0. 437	0. 579 ***	-1. 629	-0. 854 ***
	[0. 46]	[2. 94]	[-1. 27]	[-3. 40]
N	684	19203	684	19203
Number of groups	61	2283	61	2283
R - sq：within	0. 4050	0. 3588	0. 5066	0. 3957
R - sq：between	0. 9816	0. 8887	0. 9897	0. 8847
R - sq：overall	0. 7324	0. 7092	0. 7792	0. 7398
Wald chi^2	1828. 23	1977. 65	2357. 54	1996. 27
Prob > chi^2	0. 0000	0. 0000	0. 0000	0. 0000

表 5 - 110 显示，在非垄断行业中，管理层薪酬与双元创新平衡性以及双元创新联合性呈正相关关系。因此研究命题 2c 和 2d 都通过了检验。管理层持股在垄断行业和非垄断行业中都与双元创新平衡性正相关。但是，管理层薪酬与管理层持股的交乘项在非垄断行业中，与双元创新平衡性呈负相关关系。说明管理层持股负向调节管理层薪酬对双元创新平衡性的关系。而在垄断行业内，调节效应不显著。

专精特新异质性检验。在专精特新行业中，管理层持股与双元创新平衡性正相关，因此研究命题 1c 通过了检验。管理层薪酬、管理层薪酬与管理层持股的交乘项与双元创新平衡性不存在显著关系。在专精特新行业中，管理层薪酬、管理层持股以及管理层薪酬与管理层持股的交乘项与双元创新联合性都不存在显著关系。在非专精特新行业中，管理层薪酬与双元创新平衡性正相关，因此研究命题 2c 通过了检验。管理层持股与双元创新平衡性正相关，管理层持股与管理层薪酬的交乘项与双元创新平衡性负相关。说明管理层持股负向调节管理层薪酬与双元创新平衡性之间的关系。在非专精特新行业中，管理层薪酬、管理层持股以及两者交乘项对双元创新联合性不存在显著关系。

在专精特新行业中，管理层持股与探索性创新正相关。因此研究命题 1a 通过了检验。管理层持股与探索性创新呈正相关关系，但是交乘项不显著，说明不存在调节作用。在非专精特新行业中，管理层薪酬与探索性创新正相关，因此研究命题2a通过了检验。管理层持股与探索性创新正相关，管理层持股与管理层薪酬的交乘项与探索性创新负相关。说明管理层持股负向调节了管理层薪酬与探索性创新之间的关系。在专精特新行业和非专精特新行业中，管理层薪酬与利用性创新正相关，管理层持股与利用性创新正相关，研究命题1b和2b都通过了检验。管理层持股与管理层薪酬的交乘项与利用性创新负相关，说明管理层持股负向调节了管理层薪酬与利用性创新之间的关系。

（7）生命周期视角的考察

既然管理层薪酬、管理层持股以及两者的交乘项对四类数据存在不同的影响。本节继续从生命周期视角分析不同生命周期阶段下管理层薪酬、管理层持股以及管理薪酬与管理层持股的交乘项对四类数据的影响机制。本部分继续采用广义最小二乘法的随机模型进行数据处理，管理层薪酬、管理层持股以及两者的交乘项对探索性创新的影响状况如表5－111所示。

表5－111　管理层薪酬、管理层持股以及两者的交乘项对探索性创新的影响

	grw	mtu	rcs
	prat_w	prat_w	prat_w
mngslry_w	0.000***	0.000*	0.000
	[3.40]	[1.92]	[1.02]
gmshrrat_w	0.003	0.005***	0.002
	[1.44]	[2.92]	[0.85]
gmslryshr_w	－0.000*	－0.000***	－0.000
	[－1.75]	[－3.02]	[－0.89]
_cons	0.670*	－0.007	－0.958*
	[1.88]	[－0.02]	[－1.83]
N	8341	7422	4124
Number of groups	2077	1991	1549
R－sq：within	0.3098	0.3499	0.3355
R－sq：between	0.7881	0.7953	0.8131
R－sq：overall	0.6926	0.7327	0.7292
Wald chi^2	31287.10	3345064	8866.96
Prob > chi^2	0.0000	0.0000	0.0000

表5－111显示，管理层薪酬在成长阶段、成熟阶段和探索性创新正相关，研究命题2a通过了检验。在衰退阶段不显著。管理层持股在成熟阶段和探索性创新呈正相关关系。管理层薪酬和管理层持股的交乘项与探索性创新在成长阶段、成熟阶段呈负相关关系，说明管理层持股负向调节了管理层薪酬对探索性创新的效应。管理层薪酬、管理层持股以及两者的交乘项对利用性创新的影响如表5－112所示。

表5－112　管理层薪酬、管理层持股以及两者的交乘项对利用性创新的影响

	grw	mtu	rcs
	pita	pita	pita
mngslry_w	0.000***	0.000**	0.000
	[3.43]	[2.19]	[1.49]
gmshrrat_w	0.004**	0.010***	0.003
	[2.04]	[4.60]	[0.87]
gmslryshr_w	−0.000*	−0.000***	−0.000*
	[−1.80]	[−4.93]	[−1.88]
_cons	1.227***	0.911**	−1.080*
	[2.95]	[1.99]	[−1.75]
N	8341	7422	4124
Number of groups	2077	1991	1549
R－sq：within	0.2577	0.3150	0.3140
R－sq：between	0.7745	0.7802	0.7875
R－sq：overall	0.6767	0.7206	0.7568
Wald chi^2	10071.53	10065.47	7564.89
Prob > chi^2	0.0000	0.0000	0.0000

表5－112显示，管理层薪酬在成长阶段、成熟阶段与利用性创新呈正相关关系，研究命题2b通过了检验。管理层持股在成长阶段、成熟阶段与利用性创新呈正相关关系，研究命题1b通过了检验。管理层薪酬与管理层持股的交乘项在成长阶段、成熟阶段、衰退阶段与利用性创新呈负相关关系，说明管理层持股负向调节管理层薪酬对利用性创新的影响效应。

管理层薪酬在成长阶段、成熟阶段和双元创新平衡性正相关，研究命题2c通过了检验，在衰退阶段不显著。管理层持股在成熟阶段与双元创新平衡性呈正相关关系，研究命题1c通过了检验。管理层薪酬和管理层持股的交乘项与双元创新平衡性在成熟阶段呈负相关关系，说明管理层持股负向调节了管理层薪酬对双元创新平衡性的效应。管理层薪酬在成长阶段、成熟阶段与双元创新联合性呈正相关关系，管理层持股在成长阶段、成熟阶段也与双元创新联合性呈正相关关系。管理层薪酬与管理层持股的交乘项在成长阶段、成熟阶段、衰退阶段与双元创新联合性呈负相关关系，说明管理层持股负向调节管理层薪酬对双元创新联合性的影响效应。

（8）中介效应检验

第4章主板公司的基准检验表明，环境波动性与探索性创新负相关，与其他三类指标呈倒U关系（前面章节已经检验过），本节实证研究表明，管理层薪酬、管理层持股对双元创新的四个维度指标也存在不同的影响。那么，环境波动性是否通过管理层薪酬、管理层持股来影响双元创新的四个维度指标呢？本节进行管理层持股的中介效应检验。由于篇幅所限，本节不再报告总效应的回归结果、直接效应的回归结果和中介效应的回归结果。而是直接报告Sobel中介效应检验统计表以及各种效应占比统计表。具体如表5－113和表5－114所示。

表5－113　　Sobel－Goodman Mediation中介效应检验统计表

	Coef	Std Err	Z	P>|Z|
Sobel	0.000***	9.726e－06	4.303	0.000
Goodman－1（Aroian）	0.000***	9.741e－06	4.297	0.000
Goodman－2	0.000***	9.711e－06	4.310	0.000
a coefficient	－0.004***	0.000615	－17.6414	0.000
b coefficient	0.000***	0.000869	－4.437	9.1e－06
Indirect effect	－0.001***	9.7e－06	4.30299	0.000
Direct effect	－0.001**	0.000	－7.64724	2.0e－14
Total effect	－0.001***	0.000	－7.18058	6.9e－13

注：Standard errors in parentheses，* $p<0.05$，** $p<0.01$，*** $p<0.001$。

表 5-114 Sobel 中介效应统计表

类别	数值
Proportion of total effectthat is mediated	-0.072
Ratio of indirect to direct effect	-0.067
Ratio of total to direct effect	0.934

表5-113显示，Sobel中介效应显著，中介效应的系数为-0.001，直接效应的系数为-0.001，总效应的系数为-0.001。

数据显示，中介效应为-0.072，中介变量对直接变量的影响为-0.067，直接效应为0.934。Sobel中介效应检验表明，管理层持股是环境波动性与探索性创新的中介变量，存在部分中介效应。即环境波动性一方面直接影响探索性创新，另一方面环境波动性通过管理层持股影响探索性创新。其实，管理层持股对双元创新的其他三类变量也存在部分中介效应，此处不再报告结果。

(9) 中介效应的进一步考察

上市公司兼用管理层货币性薪酬与管理层持股计划来激发管理层对公司长远考虑，将管理层个人利益与公司的长远发展联系在一起，实现趋同效应。从管理层持股的直接动机来看，管理层持股是管理层想通过持股行为获取高额的每股收益。因此，本节以每股收益为中介变量来探讨管理层薪酬对双元创新的影响机制。此处以探索性创新为例，其中介效应的回归结果如表5-115所示。

表 5-115 中介回归的路径 c 统计表

prat_w	Coef.	Std. Err.	t	P>t	[95% Conf.	Interval]
mngslry_w	0.000	0.000	15.040	0.000	0.000	0.000
gdppercptcp	0.249	0.007	34.720	0.000	0.235	0.263
laggindex	-0.016	0.004	-4.130	0.000	-0.024	-0.008
indexz_w	0.001	0.001	1.880	0.061	-0.000	0.003
indexs_w	-0.014	0.089	-0.160	0.877	-0.189	0.161
capaccum_w	-0.010	0.021	-0.470	0.639	-0.052	0.032
csdvpshbtax_w	0.047	0.063	0.740	0.458	-0.077	0.171

续表

prat_w	Coef.	Std. Err.	t	P > t	[95% Conf.	Interval]
roic_w	0.156	0.146	1.070	0.286	-0.131	0.442
indrcrat_w	0.009	0.001	10.490	0.000	0.007	0.011
hhi_sale_w	-28.993	2.423	-11.970	0.000	-33.742	-24.244
sizeast_w	0.041	0.003	12.540	0.000	0.034	0.047
gmshrrat_w	0.004	0.002	2.520	0.012	0.001	0.007
gmslryshr_w	-0.000	0.000	-4.200	0.000	-0.000	-0.000
_cons	0.746	0.386	1.930	0.053	-0.010	1.502

表5-115显示，管理层薪酬与探索性创新正相关，在1%水平下显著。管理层持股与探索性创新正相关，在5%水平下显著。管理层薪酬与管理层持股的交乘项与探索性创新负相关，在1%水平下显著。说明管理层持股负向调节管理层薪酬对探索性创新的影响。解释变量与中介变量的回归结果即路径a统计结果如表5-116所示。

表5-116　　中介效应中路径a的检验结果表

eps	Coef.	Std. Err.	t	P > t	[95% Conf.	Interval]
mngslry_w	0.000	0.000	3.030	0.002	0.000	0.000
gdppercptcp	0.029	0.003	8.470	0.000	0.023	0.036
laggindex	0.004	0.002	1.940	0.052	-0.000	0.007
indexz_w	0.000	0.000	0.030	0.978	-0.001	0.001
indexs_w	-0.089	0.043	-2.070	0.038	-0.173	-0.005
capaccum_w	0.068	0.010	6.610	0.000	0.048	0.089
csdvpshbtax_w	1.647	0.031	53.910	0.000	1.587	1.707
roic_w	5.284	0.070	75.110	0.000	5.146	5.422
indrcrat_w	0.001	0.000	1.920	0.054	-0.000	0.002
hhi_sale_w	-0.645	1.167	-0.550	0.580	-2.933	1.643
sizeast_w	-0.003	0.002	-2.210	0.027	-0.007	-0.000
gmshrrat_w	0.002	0.001	2.080	0.038	0.000	0.003
gmslryshr_w	-0.000	0.000	-0.730	0.468	-0.000	0.000
_cons	-0.535	0.186	-2.880	0.004	-0.899	-0.171

表 5－116 显示，管理层薪酬和每股收益正相关，在 1% 水平下显著。管理层持股与每股收益正相关，在 5% 水平下显著。管理层薪酬与管理层持股的交乘项与每股收益不存在显著关系。解释变量与中介变量的回归结果即路径 b 和路径 c′统计结果列示于表 5－117 中。

表 5－117　　中介效应中路径 b 和 c′的检验结果表

prat_w	Coef.	Std. Err.	t	P > t	[95% Conf.	Interval]
eps	0.068	0.014	4.810	0.000	0.040	0.096
mngslry_w	0.000	0.000	14.950	0.000	0.000	0.000
gdppercptcp	0.247	0.007	34.400	0.000	0.233	0.261
laggindex	－0.016	0.004	－4.200	0.000	－0.024	－0.009
indexz_w	0.001	0.001	1.880	0.061	－0.000	0.003
indexs_w	－0.008	0.089	－0.090	0.931	－0.182	0.167
capaccum_w	－0.015	0.022	－0.690	0.493	－0.057	0.027
csdvpshbtax_w	－0.066	0.068	－0.970	0.332	－0.198	0.067
roic_w	－0.205	0.164	－1.250	0.211	－0.527	0.116
indrcrat_w	0.009	0.001	10.430	0.000	0.007	0.011
hhi_sale_w	－28.949	2.422	－11.950	0.000	－33.695	－24.202
sizeast_w	0.041	0.003	12.620	0.000	0.035	0.047
gmshrrat_w	0.004	0.002	2.590	0.010	0.001	0.007
gmslryshr_w	－0.000	0.000	－4.180	0.000	－0.000	－0.000
_cons	0.782	0.386	2.030	0.043	0.026	1.538

表 5－117 显示，中介变量每股收益和探索性创新正相关，在 1% 水平下显著。解释变量管理层薪酬与探索性创新正相关，在 1% 水平下显著。管理层持股与探索性创新正相关，在 1% 水平下显著。管理层薪酬与管理层持股的交乘项与探索性创新负相关，在 1% 水平下显著，说明管理层持股负向调节管理层薪酬对探索性创新的影响，说明每股收益是管理层持股关于探索性创新的中介变量，其中介效应汇总列示于表 5－118 中。

表 5 - 118　　Sobel 中介效应检验统计表

	Coef	Std Err	Z	P > |Z|
Sobel	3.183e - 10 ***	1.242e - 10	2.564	0.010
Goodman - 1 （Aroian）	3.183e - 10 ***	1.261e - 10	2.525	0.012
Goodman - 2	3.183e - 10 ***	1.222e - 10	2.604	0.009
a coefficient	4.7e - 09 ***	1.5e - 09	3.030	0.002
b coefficient	0.068346 ***	0.014215	4.808	1.5e - 06
Indirect effect	3.2e - 10 ***	1.2e - 10	2.564	0.0104
Direct effect	4.8e - 08 **	3.2e - 09	14.949	0.000
Total effect	4.8e - 08 ***	3.2e - 09	15.044	0.000

注：Standard errors in parentheses, * $p < 0.05$, ** $p < 0.01$, *** $p < 0.001$。

表 5 - 118 显示，Sobel 检验系数显著，Goodman - 1 （Aroian） 检验系数显著，Goodman - 2 检验系数显著，b coefficient 检验系数显著，Indirect effect、Direct effect 以及 Total effect 显著。Sobel 中介效应的调节效应、直接效应、间接效应汇总列示于表 5 - 119 中。

表 5 - 119　　Sobel 中介效应统计表

类别	数值
Proportion of total effect that is mediated	0.007
Ratio of indirect to direct effect	0.007
Ratio of total to direct effect	1.007

表 5 - 119 显示，Sobel 中介效应显著，其中调节效应为 0.007，间接效应为 0.007，直接效应为 1.007。中介检验的数据表明，每股收益是管理层持股与企业双元创新的四个指标的中介变量，存在部分中介效应。

5.5.4　研究结论

管理层薪酬、管理层持股和探索性创新正相关，管理层薪酬与管理层持股的交乘项和探索性创新负相关，说明管理层持股对管理层薪酬关于探索性创新存在负向调节作用，该结论不同于西方的代理理论观点，具有中国特色。管理层薪酬、管理层持股与利用性创新、双元创新平衡性正相关，管理层薪酬与管理层持股的交乘项与利用性创新、双元创新平衡性负相关，说明管理层持股对管理层薪酬有负向调节作用。管理层薪酬、管理层持股两个变量与双元创新联合性正相关，管理层薪酬与管理层持股的交乘项与双元创新联合性不存在显著关系，说明管理层持股对管理层薪酬没有调节作用。

异质性检验的结论是，在国有企业和民营企业中，管理层薪酬与探索性创新正相关；管理层持股与探索性创新正相关；管理层薪酬与管理层持股的交乘项和探索性创新负相关，说明管理层持股对管理层薪酬存在负向调节作用。在国有企业和其他企业中，管理层薪酬与利用性创新正相关；在国有企业和民营企业中，管理层持股与利用性创新正相关；在其他企业中，管理层持股不显著。在国有企业和民营企业中，管理层薪酬与管理层持股的交乘项和利用性创新负相关；在其他企业中不显著，说明在国有企业和民营企业中，管理层持股对管理层薪酬存在负向调节作用。在国有、民营和其他企业中，管理层薪酬都与双元创新平衡性正相关。在民营企业中，管理层持股与双元创新平衡性正相关；在国有企业和其他属性的企业中，管理层持股不显著。在民营企业中，管理层薪酬与管理层持股的交乘项与双元创新平衡性负相关；在国有企业和其他属性的企业中不显著。说明在民营企业中，管理层持股对管理层薪酬存在负向调节作用。在国有企业、民营企业和其他企业中，管理层薪酬与双元创新联合性正相关；在民营企业中，管理层持股与双元创新联合性正相关；在国有企业和其他企业中不显著。管理层薪酬与管理层持股的交乘项与双元创新联合性不存在显著关系。

垄断异质性检验显示，管理层薪酬与非垄断行业的探索性创新、利用性创新呈正相关关系。无论垄断与否，管理层持股与探索性创新、利用性创新都呈正相关关系。在非垄断行业中，管理层薪酬与管理层持股的交乘项和探索性创新负相关，说明管理层持股负向调节管理层薪酬对探索性创新的影响。在非垄断行业中，管理层薪酬与管理层持股的交乘项和利用性创新呈负相关关系，说明管理层持股负向调节管理层薪酬与利用性创新的关系。在垄断行业中，探索性创新、利用性创新对应的调节效应均无显著关系。在非垄断行业中，管理层薪酬与双元创新平衡性、双元创新联合性呈正相关关系，无论垄断与否，管理层持股与双元创新平衡性正相关，管理层薪酬与管理层持股的交乘项在非垄断行业中，与双元创新平衡性呈负相关关系，管理层持股负向调节了管理层薪酬对双元创新平衡性的关系。而在垄断行业内，调节效应不显著。

专精特新异质性检验显示，在专精特新行业中，管理层持股与双元创新平衡性正相关。管理层薪酬、管理层薪酬与管理层持股的交乘项与双元创新平衡性不存在显著关系。在专精特新行业中，管理层薪酬、管理层持股以及管理层薪酬与管理层持股的交乘项与双元创新联合性都不存在显著关系。在非专精特新行业中，管理层薪酬与双元创新平衡性正相关，管理层持股与双元创新平衡性正相关，管理层持股和管理层薪酬的交乘项与双元创新平衡性负相关，说明管理层持股负向调节了管理层薪酬与双元创新的平衡性之间的关系。在非专精特新行业中，管理层薪酬、管理层持股以及两者交乘项与双元创新联合性不存在显著关系。在专精特新行业中，管理层持股与探索性创新正相关，管理层持股与探索性创新呈正相关关系，但是交乘项不显著，不存在调节作用。在非专精特新行业中，管理层薪酬与探索性创新正相关，管理层持股与探索性创新正相关，管理层持股与管理层薪酬的交乘项与探索性创新负相关，说明管理层持股负向调节了管理层薪酬与探索性创新之间的关系。无论专精特新与否，管理层薪酬都与利用性创新正相关，管理层持股与利用性创新正相关，管理层持股与管理层薪酬的交乘项和利用性创新负相关，说明管理层持股负向调节了管理层薪酬与利用性创新之间的关系。

生命周期视角的考察结果是，管理层薪酬在成长阶段、成熟阶段和探索性创新正相关，管理层持股在成熟阶段与探索性创新呈正相关关系。管理层薪酬和管理层持股的交乘项与探索性创新在成长阶段、成熟阶段呈负相关关系，说明管理层持股负向调节了管理层薪酬对探索性创新的效应。管理层薪酬在成长阶段、成熟阶段与利用性创新呈正相关关系，管理层持股在成长阶段、成熟阶段也与利用性创新呈正相关关系。管理层薪酬与管理层持股的交乘项在成长阶段、成熟阶段、衰退阶段与利用性创新呈负相关关系，说明管理层持股负向调节管理层薪酬对利用性创新的影响效应。管理层薪酬在成长阶段、成熟阶段和双元创新平衡性正相关。管理层持股在成熟阶段与双元创新平衡性呈正相关关系；管理层薪酬和管理层持股的交乘项和双元创新平衡性在成熟阶段呈负相关关系，说明管理层持股负向调节了管理层薪酬对双元创新平衡性的效应。管理层薪酬在成长阶段、成熟阶段与双元创新联合性呈正相关关系，管理层持股在成长阶段、成熟阶段也与双元创新联合性呈正相关关系。管理层薪酬与管理层持股的交乘项在成长阶段、成熟阶段、衰退阶段与双元创新联合性呈负相关关系，说明管理层持股负向调节管理层薪酬对联合性的影响效应。

中介效应检验的结论是，管理层持股是环境波动性与探索性创新的中介变量，存在部分中介效应。环境波动性一方面直接影响探索性创新，另一方面环境波动性通过管理层持股影响探索性创新。其实，管理层持股对双元创新的其他三类变量也存在部分中介效应，进一步中介检验的数据表明，每股收益是管理层持股与企业双元创新的四个指标的中介变量，存在部分中介效应。

5.6 创业板公司管理层持股的中介效应

5.6.1 理论分析与研究命题

本部分的理论分析、假设推演以及研究命题的提出与5.4.2的逻辑一致，此处不再赘述。

5.6.2 研究设计

变量选取和模型设定遵循5.4.3的思想，以使实证检验具有可比性和统一性。样本选择方面依然按照第4章创业板公司样本的选取方法，使选取的口径一致。本书的实证检验前后呼应。

5.6.3 实证研究

（1）主要变量的描述性统计

本节进行创业板公司两个主要变量，即管理层薪酬与管理层持股的描述性统计，其他变量的描述性统计可以参见前面有关章节的描述性信息。主要变量描述性统计如表5-120所示。

表5-120　主要变量描述性统计汇总表

	N	Mean	min	Median	max	Std. Dev.	skewness	kurtosis
mngslry	5574	14.739	11.572	14.721	18.319	0.715	0.168	3.678
gmshrrat	7430	9.768	0.000	0.571	84.325	15.960	1.749	5.189

由表5-120的结果可知，创业板公司管理层薪酬的均值是14.739，最大值是18.319，最小值是11.572，中位数是14.721，标准差是0.715，偏度峰度数据显示，管理层薪酬呈右偏厚尾的分布状态。创业板公司管理层持股的均值是9.768，最小值是0.000，最大值是84.325，中位数是0.571，标准差是15.960，管理层持股差异较大，偏度和峰值数据显示管理层持股呈右偏高峰状态分布。

（2）主要变量面板数据的组间差异与组内差异分析

在描述性分析之后，本节继续探讨主要变量面板数据的组内差异和组间差异问题，其组内差异和组间差异汇总列示于表5-121中。

表5-121　主要变量面板数据的组内差异与组间差异统计表

Variables		Mean	Std. Dev.	Min	Max	23102
mngslry	overall	14.739	0.715	11.572	18.319	N = 5574
	between		0.617	13.287	18.240	n = 775
	within		0.404	12.130	16.558	T = 7.192

续表

Variables		Mean	Std. Dev.	Min	Max	23102
gmshrrat	overall	9.768	15.960	0.000	84.325	N = 7430
	between		12.399	0.000	63.215	n = 900
	within		10.204	-53.447	67.627	T = 8.256

表5-121显示，高管薪酬的组内差异即每个上市公司在14年间的时间差异的标准差是0.404，组间差异即775家上市公司在14年间的个体差异标准差是0.617，说明775家上市公司在14年间的年度波动（纵向波动）小于每个上市公司之间的波动（横向波动）。高管持股比例的组内差异即每个上市公司在14年间的时间差异的标准差是10.204，组间差异即900家上市公司在14年间的个体差异标准差是12.399，说明900家上市公司在14年间的年度波动（纵向波动）小于每个上市公司之间的波动（横向波动）。

（3）主要变量的进一步描述分析

本节的核心解释变量是高管薪酬与高管持股比例，在描述性统计、组间差异与组内差异分析基础上，本节再次利用核密度图来展示它们的分布状况，高管薪酬分布情况如图5-7所示。高管薪酬呈现偏左高峰状态的分布，峰度高出0.1个单位，偏度向左偏出0.1个单位。

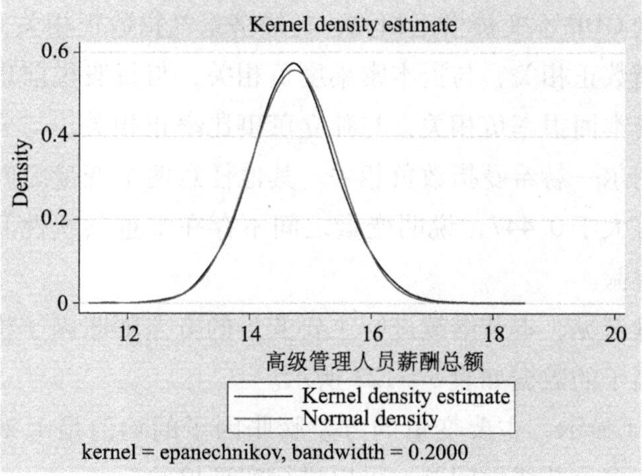

图5-7　高管薪酬总额的核密度函数图

图5-8显示，高管持股比例的最大值处于（0.1，0.12）处，呈现右偏高峰状态。

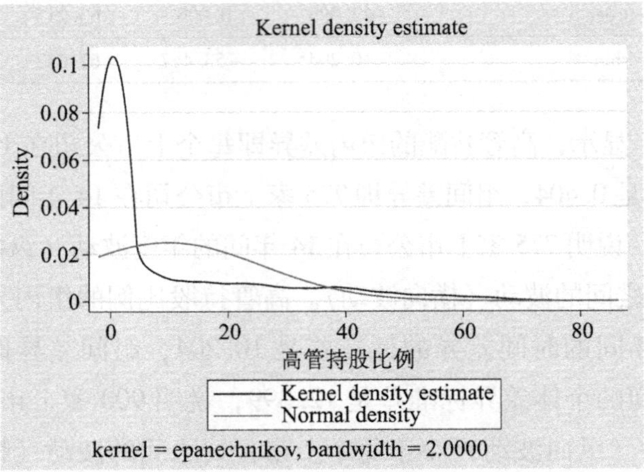

图5-8　高管持股比例核密度函数图

（4）关键变量的相关性分析

为了检验本章中几个变量是否存在多重共线性问题，对主要变量（探索性创新与主要的控制变量）进行的相关性分析汇总于表5-122中。

表5-122显示，探索性创新与管理层薪酬正相关，与管理层持股负相关，与人均GDP不变价格正相关，与经济景气指数正相关，与Z指数负相关，与S指数正相关，与资本密集度负相关，与每股税前现金股利负相关，与投入资本回报率负相关，与独立董事比率正相关，与公司规模正相关、与赫芬达尔—赫希曼指数负相关。其他任意两个变量之间的相关系数的绝对值没有大于0.447，说明变量之间不存在多重共线性问题，适合做下面的实证检验。

为了稳健起见，本节继续进行主要变量的方差膨胀因子检验。主要变量方差膨胀因子的数据如表5-123所示。

表5-123显示，主要变量的方差膨胀因子的均值是1.28，表明各变量之间不存在多重共线性问题，可以进行实证检验。

表 5-122　　主要变量相关系数矩阵表

Variables	(1)	(2)	(3)	(4)	(5)	(6)	(7)	(8)	(9)	(10)	(11)	(12)	(13)
(1) prat_w	1.000												
(2) mngslry	0.052	1.000											
(3) gmshrrat	-0.053	-0.089	1.000										
(4) gdppercptcp	0.272	0.324	-0.168	1.000									
(5) laggindex	0.036	0.082	-0.055	0.298	1.000								
(6) indexz	-0.050	0.095	-0.049	-0.129	-0.025	1.000							
(7) indexs	0.002	-0.111	0.092	0.002	0.044	-0.447	1.000						
(8) capaccum	-0.167	-0.164	0.077	-0.317	0.115	-0.061	0.035	1.000					
(9) csdvpshbtax	-0.105	-0.072	0.058	-0.065	0.081	-0.059	0.119	0.310	1.000				
(10) roic	-0.053	-0.031	0.052	-0.044	-0.037	-0.024	0.056	0.171	0.284	1.000			
(11) indrcrat	0.015	-0.035	0.144	-0.126	-0.257	0.027	0.081	-0.078	-0.039	0.021	1.000		
(12) sizeast	0.082	-0.088	0.166	0.250	0.016	-0.302	0.180	0.067	0.123	-0.001	0.007	1.000	
(13) hhi_sale	-0.071	0.052	-0.081	-0.055	0.001	0.134	-0.086	-0.012	-0.045	-0.000	0.027	-0.141	1.000

表 5-123　　主要变量的方差膨胀因子汇总表

Variables	gdppercptcp	indexz	capaccum	Indexs	sizeast	laggindex	csdvpshbtax	mngslry	indrcrat	roic	gmshrrat	hhi_sale
Vif	1.65	1.37	1.34	1.30	1.30	1.25	1.21	1.18	1.11	1.11	1.11	1.11
Mean VIF						1.28						

（5）基准检验

本节先对创业板公司中管理层薪酬、管理层持股、管理层薪酬与管理层持股的交乘项对探索性创新的影响进行实证检验。采用广义最小二乘法随机模型进行数据处理，其检验结果列报于表 5 - 124 中。

表 5 - 124　管理层薪酬、管理层持股、管理层薪酬与管理层持股交乘项对探索性创新的影响结果

	(1)	(2)	(3)	(4)	(5)
	prat_w	prat_w	prat_w	prat_w	prat_w
gdppercptcp	0. 330 ***	0. 061 ***	0. 047 ***	0. 040 **	0. 042 **
	[31. 08]	[5. 03]	[2. 61]	[2. 16]	[2. 23]
laggindex	-0. 011 **	-0. 012 **	-0. 019 ***	-0. 019 **	-0. 018 **
	[-2. 37]	[-2. 18]	[-2. 66]	[-2. 55]	[-2. 54]
indexz_w	0. 005 ***	0. 002	-0. 003	-0. 003	-0. 003
	[4. 29]	[1. 50]	[-1. 40]	[-1. 44]	[-1. 45]
indexs_w	0. 996 ***	0. 655 ***	0. 344 *	0. 344 *	0. 334 *
	[7. 01]	[4. 56]	[1. 92]	[1. 92]	[1. 87]
capaccum_w	-0. 184 ***	0. 028	0. 023	0. 024	0. 024
	[-8. 97]	[0. 80]	[0. 65]	[0. 67]	[0. 68]
csdvpshbtax_w	-0. 732 ***	-0. 366 ***	-0. 333 **	-0. 330 **	-0. 332 **
	[-6. 19]	[-2. 90]	[-2. 47]	[-2. 45]	[-2. 47]
roic_w	-0. 031	0. 364 **	0. 319	0. 332 *	0. 329 *
	[-0. 18]	[2. 20]	[1. 63]	[1. 70]	[1. 68]
indrcrat_w	0. 002	-0. 008 ***	-0. 010 ***	-0. 010 ***	-0. 010 ***
	[1. 39]	[-6. 69]	[-7. 62]	[-7. 55]	[-7. 56]
hhi_sale_w	-6. 734	-8. 458	-19. 558 **	-20. 177 ***	-20. 273 ***
	[-0. 64]	[-1. 46]	[-2. 53]	[-2. 61]	[-2. 63]
sizeast_w	0. 002	0. 007 ***	0. 002	0. 003	0. 004
	[0. 35]	[2. 66]	[0. 43]	[0. 59]	[0. 66]

续表

	(1)	(2)	(3)	(4)	(5)
	prat_w	prat_w	prat_w	prat_w	prat_w
L. prat_w		0.516***	0.480***	0.479***	0.479***
		[42.49]	[34.34]	[34.25]	[34.25]
mngslry_w			0.000	0.000	0.000
			[0.25]	[0.24]	[0.80]
gmshrrat_w				-0.002	0.001
				[-1.41]	[0.31]
gmslryshr_w					-0.000
					[-1.41]
_cons	1.547***	2.535***	3.735***	3.698***	3.666***
	[3.29]	[4.79]	[5.36]	[5.31]	[5.26]
N	7430	6505	4829	4829	4829
Number of groups	900	900	775	775	775
R-sq：within	0.2206	0.1601	0.1439	0.1450	0.1452
R-sq：between	0.0048	0.6999	0.6537	0.6505	0.6487
R-sq：overall	0.0979	0.4873	0.4237	0.4228	0.4230
Wald chi^2	1815.86	3640.33	1692.94	1698.06	
Prob > chi^2	0.0000	0.0000	0.0000	0.0000	0.0000

表5-124第5列的回归数据显示，管理层薪酬和探索性创新不存在显著关系，管理层持股和探索性创新也不存在显著关系。管理层薪酬与管理层持股的交乘项与探索性创新也不存在显著关系。创业板公司的管理层薪酬、管理层持股以及管理层薪酬与管理层持股的交乘项对探索性创新的影响不符合西方代理理论的观点。

下面探讨管理层薪酬、管理层持股以及管理层薪酬与管理层持股的交乘项对其他三类指标存在什么样的影响，回归数据汇总列示于表5-125中。

表 5－125　管理层薪酬、管理层持股及其交乘项对其他三类指标的影响对比

	(1)	(2)	(3)
	pita	dubln	ducmb
gdppercptcp	0.006	0.015	0.119 ***
	[0.35]	[1.22]	[7.64]
laggindex	-0.006	-0.004	-0.000
	[-0.89]	[-0.67]	[-0.06]
indexz_w	-0.001	-0.001	-0.001
	[-0.29]	[-0.98]	[-0.78]
indexs_w	0.359 **	0.018	0.101
	[2.48]	[0.16]	[0.69]
capaccum_w	0.038	0.066 **	0.014
	[1.18]	[2.48]	[0.46]
csdvpshbtax_w	-0.125	-0.088	-0.090
	[-1.10]	[-0.97]	[-0.80]
roic_w	0.092	0.063	0.265
	[0.53]	[0.44]	[1.59]
indrcrat_w	-0.006 ***	-0.000	0.001
	[-5.35]	[-0.19]	[0.57]
hhi_sale_w	-11.362 **	-6.652 *	-14.606 **
	[-2.25]	[-1.92]	[-2.57]
sizeast_w	0.005	-0.000	-0.001
	[1.28]	[-0.12]	[-0.34]
L. pita	0.595 ***		
	[51.86]		
L. dubln		0.696 ***	
		[63.24]	
L. ducmb			0.570 ***
			[52.32]
mngslry_w	-0.000	-0.000	0.000
	[-0.02]	[-0.12]	[1.01]

续表

	(1)	(2)	(3)
	pita	dubln	ducmb
gmshrrat_w	0.001	0.002	0.001
	[0.70]	[1.62]	[0.75]
gmslryshr_w	-0.000	-0.000	0.000
	[-0.87]	[-0.50]	[0.34]
_cons	1.520**	0.768	0.588
	[2.38]	[1.44]	[0.98]
N	4829	4829	4829
Number of groups	775	775	775
R-sq：within	0.1450	0.1532	0.2555
R-sq：between	0.7952	0.8373	0.8133
R-sq：overall	0.5195	0.5275	0.5993
Wald chi^2	14772.43	14776.51	14796.32
Prob > chi^2	0.0000	0.0000	0.0000

表 5-125 显示，管理层薪酬与管理层持股两个解释变量与利用性创新、双元创新平衡性、联合性指标都不存在显著关系。管理层薪酬与管理层持股的交乘项与利用性创新、双元创新平衡性、联合性指标都不存在显著关系。以上三种结论与西方委托代理理论的观点不一致，值得继续探讨。

（6）异质性检验

不同属性的公司，其管理层薪酬、管理层持股及其交乘项对双元创新的四个指标是否也存在异质性，下面进行深入检验。在所有的异质性检验中，都采用广义最小二乘法随机模型进行数据处理。为了便于实证分析，本节将企业属性划分为国有企业、民营与其他企业进行检验。本节以下的实证检验表中不再报告控制变量的回归信息，主要是为了节省版面，特此声明。不同属性的管理层薪酬、管理层持股及其交乘项对探索性创新的影响如表 5-126 所示。

表 5－126　　不同属性的管理层薪酬、管理层持股及其交乘项对探索性创新影响结果统计表

	soes	prts	oths
	prat_w	prat_w	prat_w
mngslry_w	0.000***	－0.000	－0.000
	[4.43]	[－0.68]	[－1.30]
gmshrrat_w	0.013*	－0.000	0.004
	[1.77]	[－0.06]	[1.05]
gmslryshr_w	－0.000***	－0.000	0.000
	[－2.62]	[－0.44]	[0.22]
_cons	2.257	1.038	2.316*
	[0.53]	[1.37]	[1.75]
N	233	3829	767
Number of groups	70	668	145
R－sq：within	0.1299	0.1223	0.2361
R－sq：between	0.7937	0.7895	0.8098
R－sq：overall	0.5186	0.5034	0.6115
Wald chi^2	234.88	10944.224	1183.56
Prob > chi^2	0.000	0.000	0.000

表 5－126 显示，在国有企业中，管理层薪酬与探索性创新正相关，研究命题 2a 通过了检验。在其他企业中不显著。在国有企业中，管理层持股与探索性创新正相关，研究命题 1a 通过了检验。在其他两类企业中，管理层持股不显著。在国有企业中，管理层薪酬与管理层持股的交乘项与探索性创新负相关；在其他企业中不显著，说明在国有企业中，管理层持股对管理层薪酬存在负向调节作用。不同属性的管理层薪酬、管理层持股及其交乘项对利用性创新的影响如表 5－127 所示。

表5-127　　不同属性的管理层薪酬、管理层持股及其交乘项对利用性创新的影响

	soes	prts	oths
	pita	pita	pita
mngslry_w	0.000 ***	0.000	0.000 ***
	[3.96]	[0.40]	[2.67]
gmshrrat_w	0.012 ***	0.005 ***	0.001
	[3.81]	[3.10]	[0.14]
gmslryshr_w	-0.000 ***	-0.000 ***	-0.000
	[-4.44]	[-2.92]	[-0.90]
_cons	-0.464	1.101 **	1.893 ***
	[-1.13]	[2.52]	[2.68]
N	8442	8931	2514
Number of groups	990	1302	426
R-sq：within	0.3431	0.2035	0.2628
R-sq：between	0.9150	0.8101	0.8211
R-sq：overall	0.7500	0.6444	0.7197
Wald chi^2	16768.43	3640.37	2410.04
Prob > chi^2	0.000	0.000	0.000

表5-127显示，在国有企业和其他企业中，管理层薪酬与利用性创新正相关，研究命题2b通过了检验。在民营企业中不显著。在国有企业和民营企业中，管理层持股与利用性创新正相关；在其他企业中，管理层持股不显著。在国有企业和民营企业中，管理层薪酬与管理层持股的交乘项与利用性创新负相关；在其他企业中不显著。说明在国有企业和民营企业中，管理层持股对管理层薪酬存在负向调节作用。不同属性的管理层薪酬、管理层持股及其交乘项对双元创新平衡性的影响情况如表5-128所示。

表 5-128　　不同属性的管理层薪酬、管理层持股及其交乘项对双元创新平衡性影响表

	soes	prts	oths
	dubln	dubln	dubln
mngslry_w	0.000 ***	-0.000	-0.000
	[2.76]	[-0.68]	[-1.30]
gmshrrat_w	0.018 ***	-0.000	0.004
	[2.75]	[-0.06]	[1.05]
gmslryshr_w	-0.000 **	-0.000	0.000
	[-2.20]	[-0.44]	[0.22]
_cons	4.425	1.038	2.316 *
	[1.25]	[1.37]	[1.75]
N	233	3829	767
Number of groups	70	668	145
R-sq：within	0.097	0.120	0.193
R-sq：between	0.801	0.857	0.790
R-sq：overall	0.560	0.521	0.558
Wald chi^2	240.970	2525.160	807.890
Prob > chi^2	0.000	0.000	0.000

表 5-128 显示，在国有企业中，管理层薪酬与双元创新平衡性正相关，研究命题 2c 通过了检验，管理层持股与双元创新平衡性正相关，管理层薪酬与管理层持股的交乘项对双元创新平衡性存在负向影响；其他企业中都不显著。说明在国有企业中，管理层持股对管理层薪酬存在负向调节作用。不同属性的管理层薪酬、管理层持股及其交乘项对双元创新联合性的影响情况如表 5-129 所示。

表 5 - 129　　不同属性的管理层薪酬、管理层持股及其交乘项对双元创新联合性影响表

	soes	prts	oths
	ducmb	ducmb	ducmb
mngslry_w	0.000**	0.000	-0.000
	[2.51]	[0.46]	[-0.26]
gmshrrat_w	0.009	0.001	0.002
	[1.15]	[0.58]	[0.41]
gmslryshr_w	-0.000	0.000	0.000
	[-0.87]	[0.17]	[0.74]
_cons	4.983	0.703	-0.711
	[1.13]	[1.00]	[-0.51]
N	233	3829	767
Number of groups	70	668	145
R - sq：within	0.1080	0.2300	0.3026
R - sq：between	0.7489	0.8374	0.7845
R - sq：overall	0.5263	0.6034	0.6221
Wald chi^2	207.31	10944.224	798.920
Prob > chi^2	0.000	0.000	0.000

表 5 - 129 显示，在国有企业中，管理层薪酬与双元创新联合性正相关，研究命题 2d 通过了检验。在国有、民营、其他企业中，管理层持股与双元创新联合性不存在显著关系，在国有、民营、其他企业中，管理层薪酬与管理层持股的交乘项对双元创新联合性不存在显著关系。

垄断异质性检验。下面继续进行垄断行业与非垄断行业中关于管理层薪酬、管理层持股，以及管理层薪酬与管理层持股的交乘项对四类指标的影响状况分析。管理层薪酬、管理层持股以及两者的交乘项对探索性创新、利用性创新的影响如表 5 - 130 所示。

表 5 - 130　　管理层薪酬、管理层持股以及两者的交乘项对探索性创新与利用性创新的影响

	mnp	nomnp	mnp	nomnp
	prat_w	prat_w	pita	pita
mngslry_w	-0.000	-0.000	0.000	0.000
	[-0.19]	[-0.10]	[0.15]	[0.76]
gmshrrat_w	0.000	0.001	0.000	0.002
	[.]	[0.67]	[.]	[1.12]
gmslryshr_w	0.000	-0.000	0.000	-0.000 *
	[.]	[-0.87]	[.]	[-1.72]
_cons	0.841	1.629 **	31.685	2.529 ***
	[0.02]	[2.45]	[0.49]	[3.44]
N	16	4813	16	4813
Number of groups	61	2283	61	2283
R - sq：within	0.4143	0.3352	0.4297	0.2876
R - sq：between	0.9769	0.8713	0.9622	0.8571
R - sq：overall	0.7426	0.7124	0.7445	0.7008
Wald chi^2	1926.84		1946.70	
Prob > chi^2	0.0000	0.0000	0.0000	0.0000

表 5 - 130 显示，不管是垄断行业还是非垄断行业，管理层薪酬与探索性创新、利用性创新都不存在显著关系。管理层持股与探索性创新、利用性创新不存在显著关系。管理层薪酬与管理层持股的交乘项与非垄断行业中的利用性创新负相关。另外，不管是垄断行业还是非垄断行业，管理层薪酬与双元创新平衡性、双元创新联合性都不存在显著关系。管理层持股与双元创新平衡性、双元创新联合性不存在显著关系。管理层薪酬与管理层持股都与双元创新平衡性、双元创新联合性不存在显著关系（此处的检验结果没有报告出来）。

专精特新异质性检验。在非专精特新行业中，管理层持股和管理层薪酬的交乘项与探索性创新负相关。说明管理层持股负向调节了管理层薪酬与探索性创新之间的关系。其他情况下都不显著。在专精特新行业中，管理层薪酬与双元创新平衡性正相关，其他情况都不显著。

在专精特新行业中，管理层持股与双元创新平衡性正相关，研究命题1c通过了检验。管理层薪酬、管理层薪酬与管理层持股的交乘项和双元创新平衡性不存在显著关系。在专精特新行业中，管理层薪酬、管理层持股以及管理层薪酬与管理层持股的交乘项都和双元创新联合性不存在显著关系。在非专精特新行业中，管理层薪酬与双元创新平衡性正相关；管理层持股与双元创新平衡性正相关，管理层持股和管理层薪酬的交乘项与双元创新平衡性负相关。说明管理层持股负向调节了管理层薪酬与双元创新平衡性之间的关系。在非专精特新行业中，管理层薪酬、管理层持股以及两者交乘项对双元创新联合性不存在显著关系。

（7）生命周期视角的考察

既然管理层薪酬、管理层持股以及两者的交乘项对被解释变量四类指标存在不同的影响。本节继续从生命周期视角分析不同生命周期阶段下管理层薪酬、管理层持股以及管理薪酬与管理层持股的交乘项对被解释变量四类指标的影响状况。本部分继续使用广义最小二乘法的随机模型进行数据处理，管理层薪酬、管理层持股以及两者的交乘项对探索性创新的影响状况如表5-131所示。

表5-131　管理层薪酬、管理层持股以及两者的交乘项对探索性创新的影响

	grw	mtu	rcs
	prat_w	prat_w	prat_w
mngslry_w	0.000***	0.000*	0.000
	[3.40]	[1.92]	[1.02]
gmshrrat_w	0.003	0.005***	0.002
	[1.44]	[2.92]	[0.85]
gmslryshr_w	-0.000*	-0.000***	-0.000
	[-1.75]	[-3.02]	[-0.89]
_cons	0.670*	-0.007	-0.958*
	[1.88]	[-0.02]	[-1.83]
N	8341	7422	4124
Number of groups	2077	1991	1549
R-sq：within	0.310	0.350	0.336

续表

	grw	mtu	rcs
	prat_w	prat_w	prat_w
R－sq：between	0.788	0.795	0.8131
R－sq：overall	0.693	0.733	0.729
Wald chi^2			8866.960
Prob > chi^2	0.000	0.000	0.000

表5－131显示，管理层薪酬在成长阶段、成熟阶段和探索性创新正相关，研究命题2a通过了检验，在衰退阶段不显著。管理层持股在成熟阶段与探索性创新呈正相关关系。管理层薪酬与管理层持股的交乘项和探索性创新在成长阶段、成熟阶段呈负相关关系，说明管理层持股负向调节了管理层薪酬对探索性创新的效应。管理层薪酬、管理层持股以及两者的交乘项对利用性创新的影响汇总如表5－132所示。

表5－132　管理层薪酬、管理层持股以及两者的交乘项对利用性创新的影响

	grw	mtu	rcs
	pita	pita	pita
mngslry_w	0.000	0.000	0.000
	[0.10]	[0.53]	[0.32]
gmshrrat_w	0.002	－0.000	0.005
	[0.81]	[－0.16]	[1.32]
gmslryshr_w	－0.000	－0.000	－0.000*
	[－0.64]	[－0.20]	[－1.67]
_cons	1.114	1.624	0.998
	[1.26]	[1.40]	[0.63]
N	2289	1601	939
Number of groups	669	601	467
R－sq：within	0.126	0.209	0.176
R－sq：between	0.6720	0.5866	0.6043
R－sq：overall	0.504	0.541	0.537
Wald chi^2	1370.010	1092.490	772.850
Prob > chi^2	0.000	0.000	0.000

表5-132显示，在所有阶段内管理层薪酬、管理层持股对利用性创新不存在显著影响，在衰退期，交乘项与利用性创新负相关。在所有阶段内管理层薪酬、管理层持股以及两者的交乘项对双元创新平衡性不存在显著的关系。在所有阶段内管理层薪酬、管理层持股对双元创新联合性不存在显著的关系。本节在此省略了实证的报告结果。

（8）中介效应检验

本书第4章创业板公司的基准研究表明，环境波动与双元创新平衡性不存在显著的关系；而与其他三类指标呈倒U关系。本节探讨了管理层薪酬以及管理层持股对被解释变量四类指标的影响状况。那么管理层持股是否是环境波动性对被解释变量四类指标的中介变量呢？下面进行管理层持股的中介效应检验。此处先进行管理层持股是否是环境波动性二次方与探索性创新的中介变量的检验，随之进行管理层持股对其他三类被解释变量的中介效应检验。

Sobel中介效应研究表明，管理层持股是中介变量，存在部分中介效应。鉴于版面所限，本节只报告Sobel中介效应的回归系数表和Sobel中介效应占比表。具体如表5-133和表5-134所示。

表5-133　Sobel中介效应系数统计表

	Coef	Std Err	Z	P>|Z|
Sobel	0.000***	0.000	2.451	0.014
Goodman-1（Aroian）	0.000***	0.000	2.447	0.014
Goodman-2	0.000***	0.000	2.455	0.0141
a coefficient	-0.024***	0.001	-17.871	0.013
b coefficient	-0.003***	0.001	-2.475	0.014
Indirect effect	0.000***	0.000	2.451	5.8e-06
Direct effect	-0.001***	0.000	-4.533	0.000
Total effect	-0.001***	0.000	-4.115	0.000

注：Standard errors in parentheses, * p<0.05, ** p<0.01, *** p<0.001。

表5-133显示，Sobel检验系数、Goodman-1（Aroian）检验系数、Goodman-2检验系数、b coefficient检验系数、Indirect effect、Direct effect

以及 Total effect 都显著。Sobel 中介效应的调节效应、直接效应、间接效应汇总列示于表 5－134 中。

表 5－134　　　　Sobel 中介效应占比统计表

类别	数值
Proportion of total effect that is mediated	－0.125
Ratio of indirect to direct effect	－0.111
Ratio of total to direct effect	0.890

表 5－134 显示，Sobel 中介效应中调节效应为－0.125，中介变量对直接变量的效应为－0.111，直接效应为 0.890。中介效应检验表明，环境波动性二次方一方面直接影响被解释变量，另一方面环境波动性二次方通过管理层持股来影响被解释变量。管理层持股对其他三类被解释变量的中介检验，验证了管理层持股也是利用性创新、双元创新联合性的中介变量。

5.6.4　研究结论

管理层薪酬和探索性创新不存在显著关系，管理层持股和探索性创新也不存在显著关系。管理层薪酬与管理层持股的交乘项与探索性创新也不存在显著关系。创业板公司的管理层薪酬、管理层持股以及管理层薪酬与管理层持股的交乘项对探索性创新的影响不符合西方代理理论的观点。管理层薪酬与管理层持股两个变量都与利用性创新、双元创新平衡性、双元创新联合性指标不存在显著关系。管理层薪酬与管理层持股的交乘项都与利用性创新、双元创新平衡性、双元创新联合性指标不存在显著关系。以上三种结论与西方的委托代理论的观点不一致，值得继续探讨。

异质性检验。在国有企业中，管理层薪酬与探索性创新正相关；在其他类别的企业中不显著。在国有企业中，管理层持股与探索性创新正相关；在其他类别的企业中，管理层持股不显著。在国有企业中，管理层薪酬与管理层持股的交乘项与探索性创新负相关；在其他类别的企业中不显著，说明在国有企业中，管理层持股对管理层薪酬存在负向调节作用。在国有企业和其他企业中，管理层薪酬与利用性创新正相关。在国有企业和民营企业中，管理层持股与利用性创新正相关；在其他类别的企业中，管理层持股不显著。在国有企业和民营企业中，管理层薪酬与管理层持股的交乘项与利用性创新负相关；在其他类别的企业中不显著。说明在国有企业和民营企业中，管理层持股对管理层薪酬存在负向调节作用。在国有企业中，管理层薪酬与双元创新平衡性正相关，管理层持股与双元创新平衡性正相关，交乘项与双元创新负相关，说明管理层薪酬与管理层持股的交乘项对双元创新平衡性存在负向影响；在其他类别的企业中都不显著。说明在国有企业中，管理层持股对管理层薪酬存在负向调节作用。在国有企业中，管理层薪酬与双元创新联合性正相关。在三类企业中，管理层持股与双元创新联合性不存在显著关系，在三类企业中，管理层薪酬与管理层持股的交乘项对双元创新联合性不存在显著关系。

垄断异质性检验。无论垄断与否，管理层薪酬与探索性创新、利用性创新都不存在显著关系；管理层持股与探索性创新、利用性创新都不存在显著关系；管理层薪酬与管理层持股的交乘项与非垄断行业的利用性创新负相关。无论垄断与否，管理层薪酬与双元创新平衡性、双元创新联合性不存在显著关系；管理层持股与两者也不存在显著关系；管理层薪酬与管理层持股的交乘项与两者都不存在显著关系。

专精特新异质性检验。在非专精特新行业中，管理层持股负向调节了管理层薪酬与探索性创新之间的关系，其他情况下都不显著。在专精特新行业中，管理层薪酬与双元创新平衡性正相关，其他情况都不显著。在专精特新行业中，管理层持股与双元创新平衡性正相关。管理层薪酬、管理层薪酬与管理层持股的交乘项和双元创新平衡性、双元创新联合性不存在显著关系。在非专精特性行业中，管理层薪酬与双元创新平衡性正相关；管理层持股与双元创新平衡性正相关，管理层持股和管理层薪酬的交乘项与双元创新平衡性负相关。说明管理层持股负向调节了管理层薪酬与双元创新平衡性之间的关系。在非专精特新行业中，管理层薪酬、管理层持股以及两者交乘项对双元创新联合性不存在显著关系。

生命周期视角的考察。管理层薪酬在成长阶段、成熟阶段和探索性创新正相关，在衰退阶段不显著。管理层持股在成长阶段、成熟阶段与探索性创新呈正相关关系。在成长阶段、成熟阶段，管理层持股负向调节了管理层薪酬对探索性创新的效应。在所有阶段内，管理层薪酬、管理层持股对利用性创新不存在显著关系；在衰退期，交乘项与利用性创新负相关。管理层薪酬、管理层持股对双元创新联合性不存在显著的关系。

中介效应检验表明，环境波动性二次方一方面直接影响被解释变量，另一方面环境波动性二次方通过管理层持股来影响被解释变量。管理层持股对其他三类被解释变量的中介检验，验证了管理层持股也是利用性创新、双元创新联合性的中介变量。

5.7 简短结论

本章在前面章节探讨环境波动性对双元创新四个指标的影响基础上，继续探索中介效应。首先从企业家信心出发，然后从管理层薪酬展开。分析企业家信心的影响时，分别研究全板块公司、主板公司和创业板公司的企业家信心对双元创新四个指标的复杂影响。在全板块上市公司中，企业家信心存在遮掩效应，企业自由现金流量是企业家信心与被解释变量之间的中介变量，存在部分中介效应。在主板公司中，企业家信心存在部分中介效应，可持续发展是企业家信心与被解释变量之间的中介变量，存在部分中介效应。在创业板公司中，企业家信心存在部分中介效应，可持续发展是企业家信心与被解释变量之间的中介变量，也存在部分中介效应。

本章探讨了管理层薪酬的中介作用，第一步分析全板块公司、主板公司和创业板公司的管理层薪酬对双元创新四个指标的复杂影响。第二步探讨管理层持股的中介效应，管理层薪酬在全板块公司、主板公司和创业板公司中都存在部分中介效应。第三步在明确管理层持股的中介作用基础上，继续探讨管理层薪酬与被解释变量四指标的中介变量。从管理层持股的直接动机来看，管理层持股是管理层通过持股行为想获取高额的每股收益。本章检验表明全板块公司中和主板公司中每股收益是管理层持股和被解释变量四维度指标的中介变量，并存在部分中介效应。而在创业板公司中每股收益还不是管理层持股和被解释变量四维度指标的中介变量。本章中介效应检验完成后将进行下一章的调节效应检验。

第6章 双元创新的调节效应

企业对创新一般采取消极的态度，不愿意主动研发，其主要原因在于企业的创新面临着三方面的约束，第一是资金的限制，第二是外部性的障碍，第三是风险的规避意识。由于创新具有外部性特征，具有公共物品的性质，单靠市场的价格机制无法提高企业双元创新的投入力度，因此需要政府的财政政策、税收政策以及产业政策支持，形成政策组合拳，才可能会提高企业双元创新的水平。因此，本章从政府减税、政府补助两个外部因素探讨双元创新的调节作用。

企业创新受“看不见的手”——市场和“看得见的手”——政府的双重影响，税收政策不能只停留在宏观层面，要善于发现微观机制的撬动原理（何代欣，2017）。① 在全球经济“低增长陷阱”背景下，我国实施大规模减税降费，以提振市场信心、激发市场活力。国家统计局发布的2022年国民经济和社会发展统计公报显示，2022年全年新增减税降费及退税缓税缓费超4.2万亿元②。这对帮助企业渡过疫情、减轻负担、轻装上阵、提高创新等方面提供了财政支持。近两年来，新冠疫情全球流行，世界经济雪上加霜，为提振经济，各国继续加大减税力度来缓解企业压力（李经路、刘笛、詹亮，2021），以稳预期、注活力。

中国的减税政策有其复杂性，西方一些国家对企业收取的费用较少，只需实施单一的“减税”措施，而我国企业除了要缴纳税款，还要支付其他费用。面临税费同在的现象，我国创新性地将“减税”和“降费”结

---

① 何代欣，2017. 中国税制转型与促进社会公平［J］. 税务研究（4）：15 – 19.

② https：//baijiahao. baidu. com/s？id = 1759041039891351898&wfr = spider&for = pc.

合在一起（邓力平，2019）。中国减税降费的起步较早，党的十六届三中全会要求以“减税制、宽税基、低税率、严征管”的原则，分步实施税制改革，2003 年开始了增值税转型的部署，将生产型增值税转变为消费型增值税作为目标，开启了中国减税降费的征程（李经路、刘笛、詹亮，2021）。减税降费的目的在于为市场主体松绑，激发活力，提升创新性。那么，减税降费的实施效果怎样？促进了企业的双元创新吗？本章试图解决该问题。

为了反映中国减税降费的历程与效果，本节借鉴李经路、刘笛、詹亮（2021）做法，计算 2003 年以来一般预算收入的弹性系数来揭示税收收入对 GDP 的反应程度，如果税收弹性系数大于 1，说明该国税收收入变化率大于国内生产总值变化率；反之，则税收收入变化率小于国内生产总值变化率。一般预算收入主要包括工商税收、关税、农牧业税、耕地占用税、企业所得税、罚没收入、行政性收费等 13 类项目，不仅包括税收项目也包括非税项目，能涵盖税费所有的项目，2003—2019 年税收弹性系数如图 6－1 所示。

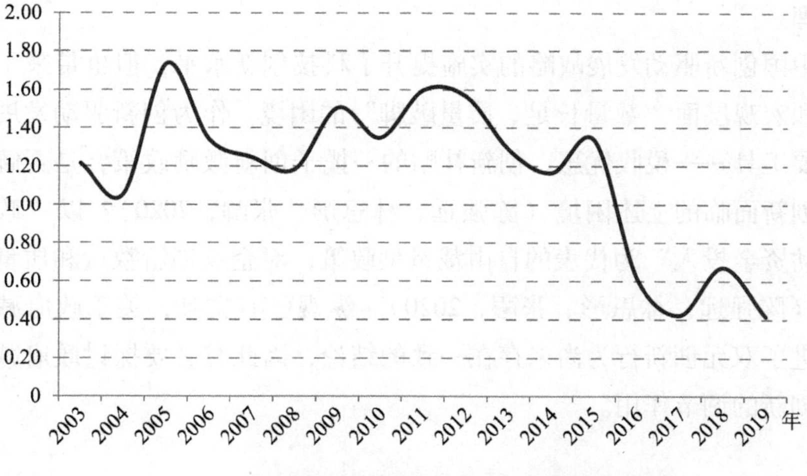

图 6－1　2003—2019 年中国税收弹性系数变化趋势

资料来源：根据《中国统计年鉴》整理而得。

2003—2019年税收弹性系数总体趋势是下降的，2015年之前的税收弹性系数均大于1，其后系数均小于1，但出现攀升与下降交替变换的现象。2005年达到最大值；虽然2008年有明显下降，但是2009年又出现回升，2011年达到第二个峰值，直至2011年才出现下降趋势。2012—2017年，税收弹性系数逐步下降，2017年降至新低，但2017年明显回升，2018年和2019年直线下降。

降税、税收减免、营改增能降低企业成本（胡凯和吴清，2018；Bloom et al.，2002）、分担创新风险，激发创新意愿，提高创新强度（沈小燕等，2021）。"营改增"在民营企业、竞争性行业中的激励作用显著（师博和张瀚禹，2018），并且中小企业和营商环境好的企业比较突出。但是营改增使企业更依赖于技术引进，降低了创新的意愿（王桂军和曹平，2018）。

增值税优惠比企业所得税优惠的促进作用大，但不具普适性，对成长期企业的影响不显著。若无创新机会，单靠税收优惠不能促进创新。公司预期获得税收优惠时，存在"寻扶持"而创新的现象（黎文靖和郑曼妮，2016；杨国超和芮萌，2020），偏离了减税降费的本意，需客观分析其作用机理。

中国创新驱动发展战略的实施提升了科技创新水平，但也带来了微观层面和宏观层面"数量长足、质量跛脚"的困境。作为创新驱动发展战略的重要工具——税收优惠、创新补贴的一揽子创新激励政策，是否解决了中国创新面临的上述困境（陈强远、林思彤、张醒，2020）？以"政府科技活动资金投入"为代表的自由裁量型政策，对企业创新数量和质量都无影响（陈强远、林思彤、张醒，2020）。纵观已有文献，关于政府减税是否促进了双元创新行为尚未存在一致的结论，因此有必要探讨政府减税对双元创新的调节作用。

6.1 政府减税对全板块公司的调节效应

6.1.1 理论分析与研究命题

风险承担是企业家追求利润、实现价值的前提，而税收政策通过影响企业内部的资源配置行为来左右企业家承担风险的意愿。由于创新的正外部性特点，企业家难以获得其全部收益，其创新积极性受挫，很多国家采取减税政策来缓解市场失灵的问题（Cropper & Oates，1992；Greenwald & Stiglitz，1986），政府的减税行为能减轻企业家创新的不确定性。一方面，税收减免为企业分担一部分创新风险；另一方面，税收减免会让政府将部分税收收入让渡给企业，激励了企业家创新（杨旭东等，2021）。因为在较高税负条件下，企业家不会改变安全项目的预期利润，但会调低风险项目的预期利润，降低其风险承担水平（Ljungqvist，2017）。

（1）减税降费对企业家承担冒险的影响

具体而言，营改增提高了企业家风险承担意愿，企业家愿意创新（栗晓云、吕文栋、赵杨，2019），增值税中的即征即退、免征增值税进项税额加计抵减、重大技术装备进口免征增值税、税率下调等税收优惠，降低了各个环节成本，增加了预期收益，提高了企业家的创新意愿（邓力平、何巧、王智烜，2020；吴倩、潘爱玲、刘昕，2019）。

（2）减税降费对创新行为的影响

从投入角度分析，税收优惠和抵免能降低企业成本，激励创新（Guceri et al.，2019；陈远燕等，2017）。从产出角度分析，税收抵免能刺激创新产出、开发新工艺（Czarnitzki et al.，2011），税收优惠提升了企业的专利、新产品数量（高正斌等，2020）。但税收优惠政策存在规模异质性、产权异质性、行业异质性、税种异质性等影响（Freitas et al.，2015；

李林木等，2014）。对倾向于固定资产投资的创新型“僵尸企业”和倾向基础科学研究的效率型“僵尸企业”，减税也能激发其创新活力（孙文浩等，2021）。企业所得税税负的下调，也能激发小微企业的创新（王伟同等，2020）。“营改增”提升了企业家的创新（毛捷等，2020）。增值税具有易于转嫁的特点，议价能力强的企业在税率下调后获得减税红利较多，促进了创新（谷成和王巍，2021）。

但是，减税的促进效应仍存在较大的争议。它会降低创新水平（庞兰心和官建成，2018），不同的减税方式，对企业的影响各异（Elschner et al.，2011）；存在局限性和阶段性（Chiang et al.，2012），甚至是无效的（Tassey，2007）。

税收优惠促进策略性创新，不是实质性创新（黎文靖和郑曼妮，2016），强化了企业的避税意向，导致虚报研发强度（吴祖光等，2013），成为研发操纵的手段（杨国超等，2017；张子余等，2019），最终成为企业规避税收的“税盾”（韩凤芹和陈亚平，2020）。

（3）减税降费对新产品的影响

减税政策发挥了税收的协调功能，提高了产业增加值、出口额和出口增加值（杨灿明，2017），鼓励企业回归国内市场，聚集创新动力，但同时会抑制“走出去”的积极性，弱化 OFDI 的创新溢出效应。国内税负下降提高了企业利润空间，但也会带来安逸惰性，致使企业放弃 OFDI，不利于创新（李勃昕等，2019），影响国内跟进企业的创新活动。

（4）减税降费对创新人员的影响

减税降费有利于降低技能型和研发型企业的人力资本集聚的成本，吸收创新人才（李真和李茂林，2021；刘蓉和汤云鹏，2020）。扩大民营企业员工规模（姚维保，2021）。社保费的降低能减轻企业负担，激发创新活力（赵健宇和陆正飞，2018）。

根据上述的理论分析，本节提出第一组研究命题，政府减税能促进企业的双元创新，具体命题如下。

研究命题 1a：企业税负增长率与探索性创新负相关，即减税能够促进探索性创新。

研究命题1b：企业税负增长率与利用性创新负相关，即减税能够促进利用性创新。

研究命题1c：企业税负增长率与双元创新平衡性负相关，即减税能够促进双元创新平衡性。

研究命题1d：企业税负增长率与双元创新联合性负相关，即减税能够促进双元创新联合性平衡。

根据上述的理论分析，鉴于第4章全板块公司基准检验表明，环境波动性与四维度指标呈倒U关系，本节提出第二组研究命题，政府减税能抑制环境波动性二次方对双元创新的冲击，具体命题如下。

研究命题2a：流转税减税能抑制环境波动性二次方对探索性创新的冲击。

研究命题2b：流转税减税能抑制环境波动性二次方对利用性创新的冲击。

研究命题2c：流转税减税能抑制环境波动性二次方对双元创新平衡性的冲击。

研究命题2d：流转税减税能抑制环境波动性二次方对双元创新联合性的冲击。

需要说明的是，直接税与间接税在对企业双元创新的效果、机制上存在着差异。间接税的税收归宿最终会由消费者和企业共同承担，具体承担比重取决于商品的供给与需求弹性。企业负担了流转税的部分税负，流转税的税负降低可以起到与所得税类似的作用。鉴于第4章全板块公司基准检验表明，环境波动性与四维度指标呈倒U关系，因此本节提出第三组和第四组研究命题，流转税增长率与所得税增长率对双元创新的影响存在差异性。

研究命题3a：企业所得税增长率与探索性创新负相关，即减税能够促进探索性创新。

研究命题3b：企业所得税增长率与利用性创新负相关，即减税能够促进利用性创新。

研究命题3c：企业所得税增长率与双元创新平衡性负相关，即减税能够促进双元创新平衡性。

研究命题3d：企业所得税增长率与双元创新联合性负相关，即减税能够促进双元创新联合性。

研究命题4a：企业所得税减税抑制环境波动性二次方对探索性创新的冲击。

研究命题4b：企业所得税减税抑制环境波动性二次方对利用性创新的冲击。

研究命题4c：企业所得税减税抑制环境波动性二次方对双元创新平衡性冲击。

研究命题4d：公司所得税减税抑制环境波动性二次方对双元创新联合性的冲击。

6.1.2 研究设计

（1）变量选取

被解释变量。本节从探索性创新、利用性创新、双元创新平衡性、双元创新联合性四个维度来衡量双元创新。

调节变量。在减税的衡量过程中，现有文献有不同的处理方法，有的采用税负来反面反映减税的效果；有的采用减税指标，比如税费增速来衡量。本节采用税费增长率来反面衡量减税的效果。本节借鉴李真、李茂林（2021）的做法，运用税费增长率来反面反映减税力度，假定企业税费与GDP存在一定的依存关系，该测量思路如公式（6-1）和公式（6-2）所示。

$$rate_{tfc} = \frac{tax_1 - tax_0}{tax_0} = \frac{(gdp_0 + \Delta gdp)(\tau_0 - \Delta\tau) - (gdp_0 \cdot \tau_0)}{gdp_0 \cdot \tau_0} \tag{6-1}$$

$$rate_{tfc} = \frac{\Delta gdp}{gdp_0}\left(1 - \frac{\Delta\tau}{\tau_0}\right) - \frac{\Delta\tau}{\tau_0} \tag{6-2}$$

公式（6-1）和公式（6-2）中：$rate_{tfc}$为企业税费的增速；tax_0和tax_1是基期与本期的税费金额；gdp_0为基期国内生产总值，Δgdp为基期国内生产总值的增加值，τ_0为基期税费率；$\Delta\tau$为企业税费的削减率。公式（6-2）表明企业税费的增长比率不仅受到税费削减比率、期初税费比率的影响，而且还受到国内生产总值增速的影响。为了有效地刻画企业税费减税的影响效果，不仅要测算企业税费的增速，还要在实证回归中控制国内生产总值的增速。于是得到企业减税的衡量公式（6-3）。

$$citxgrw_{i,t} = \frac{citx_{i,t} - citx_{i,t-1}}{citax_{i,t-1}} \tag{6-3}$$

公式（6-3）中：$citxgrw_{i,t}$表示 i 公司第 t 年的税费增长率，$citx_{i,t}$表示 i 公司第 t 年的税费数值，$citx_{i,t-1}$表示 i 公司第 $t-1$ 年的税费数值。本节的税费增长率划分为流转税增长率和企业所得税增长率。

控制变量。本节主要从宏观、中观、微观层面三个角度控制相关因素对双元创新的影响，即从国家层面、行业层面和公司层面来选择控制变量。国家层面选用人均 GDP 不变价格、经济景气指数，行业层面选用赫芬达尔—赫希曼指数来反应行业竞争状况，公司层面选用 S 指数、董监高年薪总额、资本密集度、每股税前现金股利、独立董事比率、投资回报率等作为控制变量。本节内容所涉及的被解释变量、解释变量（第 4 章已经界定过）、调节变量以及控制变量的选取与衡量汇总在表 6-1 中。

表 6-1　变量定义与衡量表

变量类型	变量符号	变量名称	变量计算方法
被解释变量	prat	探索性创新	见表 4-1
	pita	利用性创新	见表 4-1
	dubln	双元创新平衡性	见表 4-1
	ducmb	双元创新联合性	见表 4-1
解释变量	cbnepu	环境波动性	见表 4-1
调节变量	tuovtx	流转税增长率	流转税增长率
	crpintx	企业所得税增长率	企业所得税增长率
控制变量	gdppercptcp	人均 GDP 不变价格	GDP 的不变价格/人口总数
	laggindex	滞后经济景气指数	滞后经济景气指数，以 1996 年的指数为 100
	leadindex	领先经济景气指数	领先经济景气指数，以 1996 年的指数为 100 滞后指数和领先指数分别用在不同的模型中
	hhi_sale	赫芬达尔—赫希曼指数	某公司销售额占本行业销售额之比的平方
	exfctprindx	工业品出厂价格指数	工业品出厂价格指数
	sizeast	公司规模	总资产的自然对数
	astgrw	总资产增长率	总资产的增长比率

续表

变量类型	变量符号	变量名称	变量计算方法
控制变量	indexs	S 指数	第二大股东至第十大股东持股比例之和
	mshrrat	管理层持股比率	管理层持股占总股数比例
	dsmsalary	董监高年薪总额	董事、监事和高管的年薪总额
	capaccum	资本密集度	总资产/营业收入
	csdvpshbtax	每股税前现金股利	每股派息税前数额
	roic	投入资本回报率	（净利润＋财务费用）/（资产总计－流动负债＋应付票据＋短期借款＋一年内到期的非流动负债）
	rtnyld	留存收益率	留存收益占净利润的比率
	indrcrat	独立董事比率	独立董事占董事的比重

表6－1中，探索性创新和利用性创新两类数据是综合考虑母公司、子公司专利数据后得到的集团公司数据，并且该数据已经涵盖本集团公司单独申请的以及与其他公司联合申请的专利。人均 GDP 不变价格是以1996年不变价格计算的2007—2020年的每年人均 GDP 数据。

（2）模型设计

本节以2007—2020年全板块上市公司的数据为样本，建立多元回归模型，研究减税降费的影响。鉴于第4章全板块公司基准检验的结果，环境波动性与四维度指标呈倒 U 关系，构建模型如公式（6－4）至公式（6－9）所示，其中公式（6－4）至公式（6－6）探讨流转税减税对双元创新的影响，公式（6－7）至公式（6－9）探讨企业所得税减税对双元创新的影响。

$$\begin{aligned} Patent_{i,t} = {} & \alpha_0 + \alpha_1 gdppercptcp_t + \alpha_2 laggindex_t + \alpha_3 hhi\_sale_t \\ & + \alpha_4 indexs_{i,t} + \alpha_5 dsmsalary_{i,t} + \alpha_6 capaccum_{i,t} + \alpha_7 csdvpshbtax_{i,t} \\ & + \alpha_8 cfopibd_{i,t} + \alpha_9 sizeast_{i,t} + \alpha_{10} tuovtx_{i,t} + \varepsilon \end{aligned} \quad (6-4)$$

$$\begin{aligned} Patent_{i,t} = {} & \alpha_0 + \alpha_1 gdppercptcp_t + \alpha_2 laggindex_t + \alpha_3 hhi\_sale_t \\ & + \alpha_4 indexs_{i,t} + \alpha_5 dsmsalary_{i,t} + \alpha_6 capaccum_{i,t} + \alpha_7 csdvpshbtax_{i,t} \end{aligned}$$

$$+ \alpha_8 cfopibd_{i,t} + \alpha_9 sizeast_{i,t} + \alpha_{10} tuovtx_{i,t} + \alpha_{11} cbnepu + \varepsilon \quad (6-5)$$

$$Patent_{i,t} = \alpha_0 + \alpha_1 gdppercptcp_t + \alpha_2 laggindex_t + \alpha_3 hhi\_sale_t + \alpha_4 indexs_{i,t} + \alpha_5 dsmsalary_{i,t} + \alpha_6 capaccum_{i,t} + \alpha_7 csdvpshbtax_{i,t} + \alpha_8 cfopibd_{i,t} + \alpha_9 sizeast_{i,t} + \alpha_{10} tuovtx_{i,t} + \alpha_{11} cbnepu_{i,t} + \alpha_{12} tuvtpusq_{i,t} + \varepsilon \quad (6-6)$$

$$Patent_{i,t} = \alpha_0 + \alpha_1 gdppercptcp_t + \alpha_2 leadindex_t + \alpha_3 hhi\_sale_t + \alpha_4 exfctpindx_t + \alpha_5 indexs_{i,t} + \alpha_6 dsmsalary_{i,t} + \alpha_7 mshrrat_{i,t} + \alpha_8 astgrw_{i,t} + \alpha_9 rtnyld_{i,t} + \alpha_{10} crpintx_{i,t} + \varepsilon \quad (6-7)$$

$$Patent_{i,t} = \alpha_0 + \alpha_1 gdppercptcp_t + \alpha_2 leadindex_t + \alpha_3 hhi\_sale_t + \alpha_4 exfctpindx_t + \alpha_5 indexs_{i,t} + \alpha_6 dsmsalary_{i,t} + \alpha_7 mshrrat_{i,t} + \alpha_8 astgrw_{i,t} + \alpha_9 rtnyld_{i,t} + \alpha_{10} crpintx_{i,t} + \alpha_{11} cbnepu_{i,t} + \varepsilon \quad (6-8)$$

$$Patent_{i,t} = \alpha_0 + \alpha_1 gdppercptcp_t + \alpha_2 leadindex_t + \alpha_3 hhi\_sale_t + \alpha_4 exfctpindx_t + \alpha_5 indexs_{i,t} + \alpha_6 dsmsalary_{i,t} + \alpha_7 mshrrat_{i,t} + \alpha_8 astgrw_{i,t} + \alpha_9 rtnyld_{i,t} + \alpha_{10} crpintx_{i,t} + \alpha_{11} cbnepu_{i,t} + \alpha_{12} crptpusq_{i,t} + \varepsilon \quad (6-9)$$

公式（6－4）至公式（6－9）中，各变量的含义与表 6－1 中变量的含义一致。需要说明的是，被解释变量在本节中采用不同的指标，即探索性创新、利用性创新、双元创新平衡性以及双元创新联合性；在进行实证检验时，会采用滞后一期的变量。模型中的 *tuvtpusq*、*crptpusq* 表示环境波动性二次方与税费增长率相乘之后去中心化的指标。

（3）样本选择

本节对 2007—2020 年全板块上市公司的年度财务报告进行了全面、仔细的调查和统计，并进行筛选。本节剔除了金融业、房地产业、其他金融业的公司；剔除 ST、*ST、PT 公司，删除 B 股公司；删除连续上市不满两年的公司，删除数据缺失严重的公司；删除资产负债率大于 1 的公司；最终得到 3276 家公司 14 年的非平衡面板数据，公司—年度的观测个数是 30532。双元创新数据主要是手工收集，其他数据均来自 RESSET 金融研究数据库、CNRDS 数据库、CSMAR 数据库、Wind 数据库、公司官方网站。

6.1.3 实证研究

（1）描述性统计

本节所涉及的被解释变量、解释变量以及主要控制变量的描述性统计已经在前面章节描述过了，此处不再赘述，主要列示调节变量的具体信息，如表 6－2 所示。

表 6－2 主要变量的描述性统计

Variables	Obs	Mean	Std. Dev.	Min	Max	Skew.	Kurt.
tuovtx	30532	0.010	0.019	－0.544	0.850	9.833	305.011
crpintx	27621	0.122	3.244	－426.291	91.810	－98.694	11922.008

由表 6－2 的结果可知，流转税增长率的均值是 0.010，最小值是 －0.544，最大值是 0.850，标准差是 0.019，流转税增长率的偏度和峰度数据显示其呈右偏高峰型分布。企业所得税增长率的均值是 0.122，最小值是 －426.291，最大值是 91.810，标准差是 3.244，企业所得税增长率的偏度和峰度数据显示其呈左偏高峰型分布。

（2）面板数据的组间差异与组内差异分析

在描述性分析之后，本节继续探讨两个调节变量面板数据的组内差异与组间差异问题，主要变量的组内差异与组间差异汇总列示于表 6－3 中。

表 6－3 主要变量的组内差异与组间差异统计表

Variables		Mean	Std. Dev.	Min	Max	Observations
tuovtx	overall	0.010	0.019	－0.544	0.850	N＝30532
	between		0.014	0.00	0.192	n＝3276
	within		0.012	－0.546	0.706	T＝9.320
crpintx	overall	0.122	3.244	－426.291	91.810	N＝27621
	between		1.063	－53.027	13.248	n＝3273
	within		3.062	－373.142	78.684	T＝8.439

流转税增长率的组内差异即每个上市公司在 14 年间的时间差异的标

准差是 0. 012，组间差异即 3276 家上市公司在 14 年间的个体差异标准差是 0. 014，说明 3276 家上市公司在 14 年间的年度波动（纵向波动）小于每个上市公司之间的波动（横向波动）。企业所得税增长率的组内差异即每个上市公司在 14 年间的时间差异的标准差是 3. 062，组间差异即 3273 家上市公司在 14 年间的个体差异标准差是 1. 063，说明 3273 家上市公司在 14 年间的年度波动（纵向波动）大于每个上市公司之间的波动（横向波动）。

（3）主要变量的进一步描述性分析

流转税增长率和企业所得税增长率是本节的主要变量，流转税增长率在描述性统计、组间差异与组内差异分析基础上，再次利用核密度图来展示公司规模的分布状况，具体如图 6 - 2 所示。

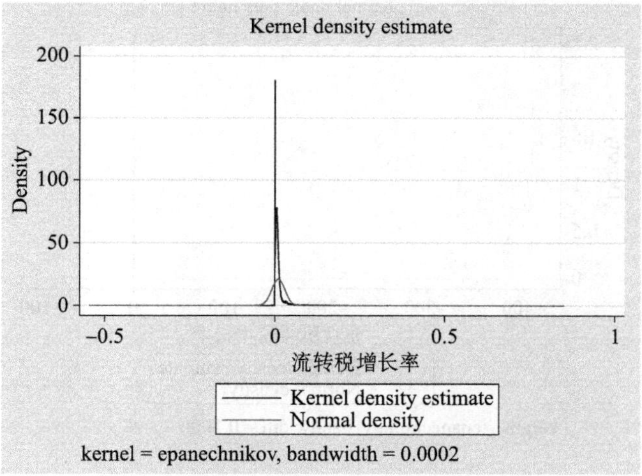

图 6 - 2　流转税增长率的核密度函数分布图

和正态分布的密度线相比，流转税增长率呈高峰状态分布，在坐标（0，175）处出现峰值，整体呈右偏高峰状态。流转税增长率的时间趋势状况如图 6 - 3 所示。图形显示 2007—2020 年，流转税增长率呈整体下降趋势，只有在 2013 年和 2019 年出现极大值。

企业所得税增长率在描述性统计、组间差异与组内差异分析基础上，本节再次利用核密度图来展示公司规模的分布状况，具体如图 6 - 4 所示。

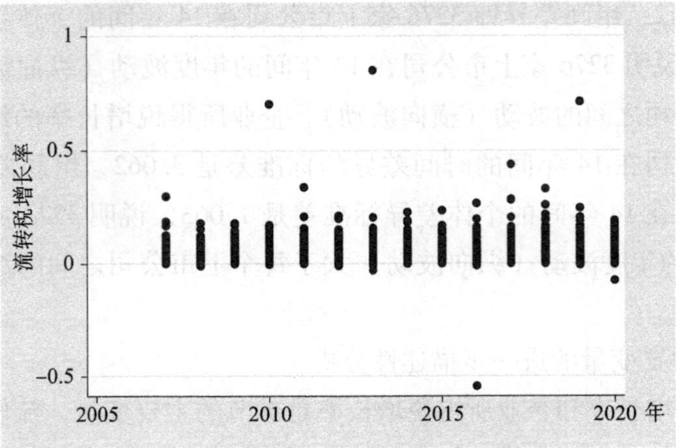

图 6－3　流转税增长率的年度趋势图

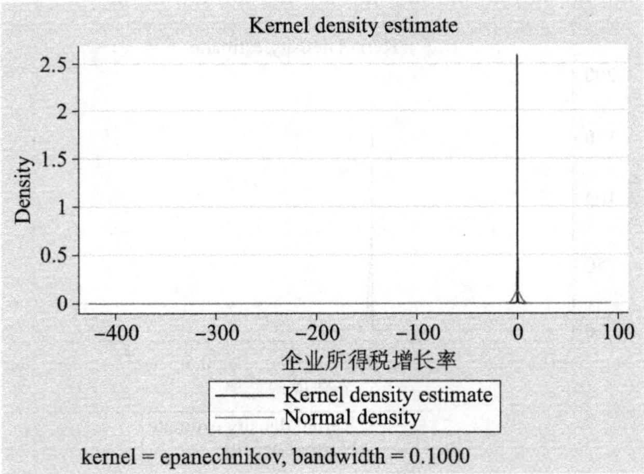

图 6－4　企业所得税增长率的核密度图

图 6－4 显示，企业所得税增长率的核密度线在（0，2.6）处出现一个峰值，核密度线呈现左偏高峰分布状况。企业所得税增长率的时间趋势状况如图 6－5 所示。2007—2020 年，企业所得税增长率呈整体下降趋势，从 2012 年开始出现负值现象，并且在之后的年度里其值逐步扩大。

（4）相关性分析

为了检查参与回归的主要变量之间是否存在多重共线性问题，需对其相关性进行考察，在考察流转税增长率对双元创新的影响时，涉及的变量

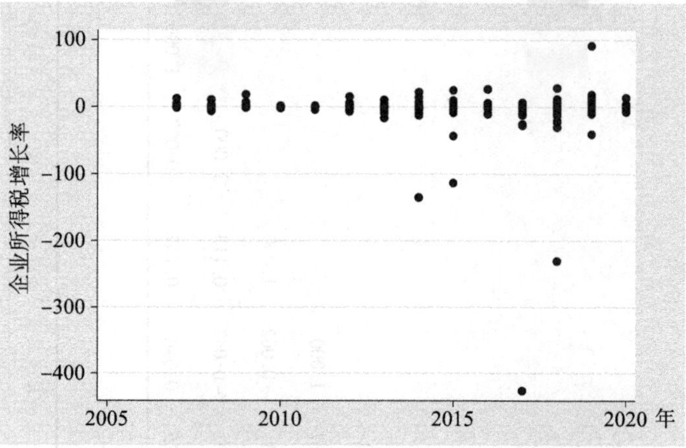

图6－5　企业所得税增长率的年度趋势

相关性汇总在表6－4中。

数据显示，探索性创新和人均GDP不变价格、领先经济景气指数、董监高薪酬、每股税前现金股利、独立董事比率、公司规模正相关。探索性创新和资本密集度、经营活动现金流带息债务比、赫芬达尔—赫希曼指数、总资产增长率、流转税增长率负相关。任意两个变量之间相关系数的绝对值没有超过75%。说明不存在多重共线性问题，适合做下一步的检验。在考察企业所得税增长率对探索性创新的影响时，涉及的变量相关性汇总在表6－5中。

数据显示，探索性创新和人均GDP不变价格、领先经济景气指数、董监高薪酬、管理层持股比率、S指数等正相关。探索性创新和赫芬达尔—赫希曼指数、总资产增长率、企业所得税增长率等负相关。任意两个变量之间相关系数的绝对值没有超过0.273。说明不存在多重共线性问题，适合做下一步的检验。

为了稳健起见，本节再从方差膨胀因子方面分析主要变量之间是否存在多重共线性现象，流转税增长率为解释变量的检验结果如表6－6所示。

表6－6显示，流转税增长率为解释变量的变量中，从方差膨胀因子检验来看，主要变量的膨胀因子小于10，再次证明任意变量之间不存在多重共线性问题，适合做下一步的实证检验。企业所得税增长率的检验结果如表6－7所示。从方差膨胀因子检验来看，主要变量的膨胀因子小于10，再

表 6-4　流转税增长率及主要变量相关系数矩阵表

Variables	(1)	(2)	(3)	(4)	(5)	(6)	(7)	(8)	(9)	(10)	(11)	(12)
(1) prat_w	1.000											
(2) gdppercptcp	0.273	1.000										
(3) leadindex	0.082	0.480	1.000									
(4) dsmsalary	0.155	0.147	0.066	1.000								
(5) capaccum	-0.063	-0.134	-0.008	-0.063	1.000							
(6) csdvpshbtax	0.011	0.060	0.054	0.045	0.229	1.000						
(7) cfopibd	-0.011	0.030	0.027	-0.005	0.035	0.222	1.000					
(8) indrcrat	0.069	-0.066	-0.093	0.320	-0.012	-0.007	-0.003	1.000				
(9) hhi_sale	-0.082	-0.032	-0.014	-0.049	-0.029	-0.059	-0.016	-0.027	1.000			
(10) sizeast	0.070	0.121	0.055	0.239	0.084	0.164	0.010	0.093	-0.062	1.000		
(11) astgrw	-0.046	-0.113	-0.002	-0.041	0.746	0.233	0.053	0.000	-0.042	0.113	1.000	
(12) tuovtx	-0.032	0.008	0.010	0.004	-0.006	0.090	0.086	-0.025	0.048	0.137	-0.007	1.000

表 6-5　企业所得税增长率及主要变量相关系数表

Variables	(1)	(2)	(3)	(4)	(5)	(6)	(7)	(8)	(9)	(10)	(11)
(1) prat_w	1.000										
(2) gdppercptcp	0.273	1.000									
(3) leadindex	0.082	0.480	1.000								

续表

Variables	(1)	(2)	(3)	(4)	(5)	(6)	(7)	(8)	(9)	(10)	(11)
(4) exfctprindx	-0.032	-0.086	0.018	1.000							
(5) hhi_sale	-0.082	-0.032	-0.014	0.002	1.000						
(6) mshrrat	0.020	0.057	0.014	0.028	-0.081	1.000					
(7) dsmsalary	0.155	0.147	0.066	-0.005	-0.049	-0.003	1.000				
(8) astgrw	-0.046	-0.113	-0.002	0.061	-0.042	0.204	-0.041	1.000			
(9) indexs	0.060	0.160	0.080	0.036	-0.063	0.246	0.256	0.124	1.000		
(10) rtnyld	-0.005	0.003	0.012	0.013	0.012	-0.032	-0.012	0.007	-0.014	1.000	
(11) crpintx	-0.005	-0.007	-0.001	-0.008	0.004	-0.001	-0.003	0.003	0.000	-0.012	1.000

表6-6　　流转税增长率及主要变量的方差膨胀因子汇总表

Variables	capaccum	astgrw	gdppercptcp	leadindex	dsmsalary	csdvpshbtax	indrcrat	sizeast	cfopibd	tuovtx	hhi_sale
Vif	3.58	3.57	1.38	1.31	1.21	1.15	1.14	1.13	1.06	1.04	1.01
Mean vif	1.62										

表6-7　　企业所得税增长率及主要变量的方差膨胀因子汇总表

Variables	gdppercptcp	leadindex	indexs	mshrrat	astgrw	dsmsalary	exfctprindx	hhi_sale	rtnyld	crpintx
Vif	1.41	1.35	1.10	1.10	1.09	1.05	1.03	1.03	1.02	1.01
Meanvif	1.20									

次证明任意变量之间不存在多重共线性问题，适合做下一步的实证检验。

（5）基准回归

为了直观反映流转税增长率与双元创新的关系，本节绘制了流转税增长率与探索性创新、利用性创新、双元创新平衡性、双元创新联合性的散点图。具体如图6－6至图6－9所示。

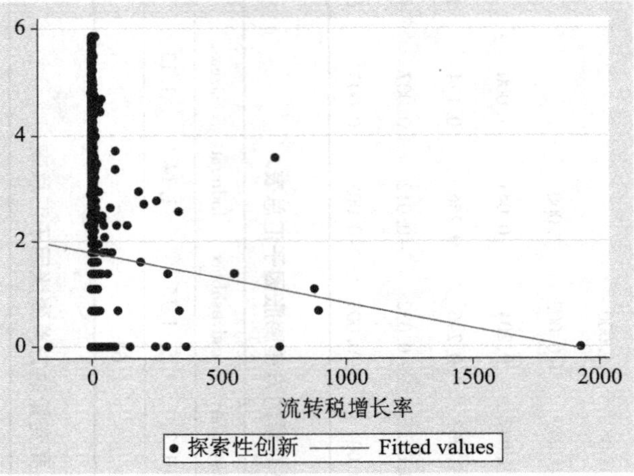

图6－6　流转税增长率与探索性创新的散点图

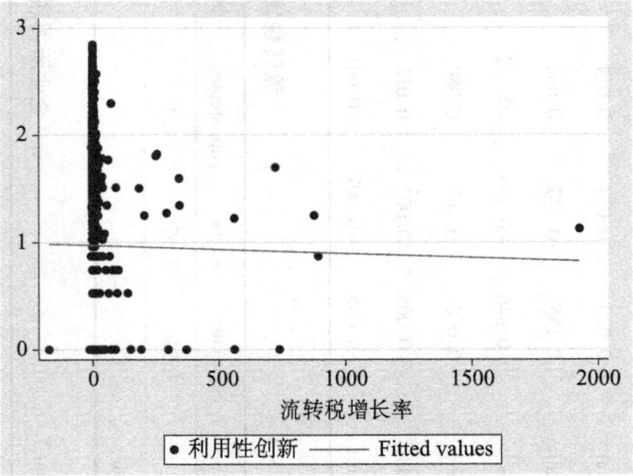

图6－7　流转税增长率与利用性创新的散点图

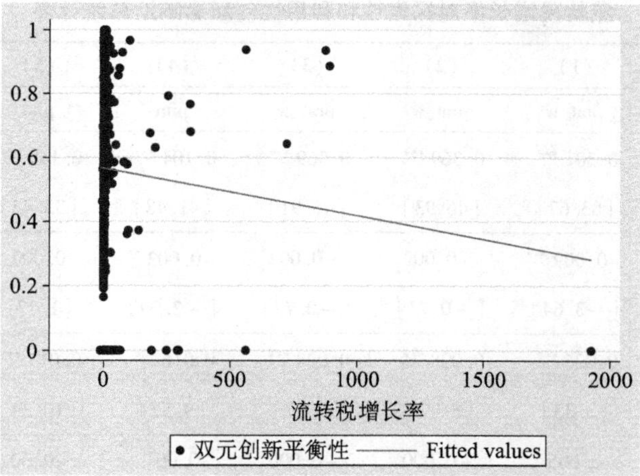

图6-8 流转税增长率与双元创新平衡性的散点图

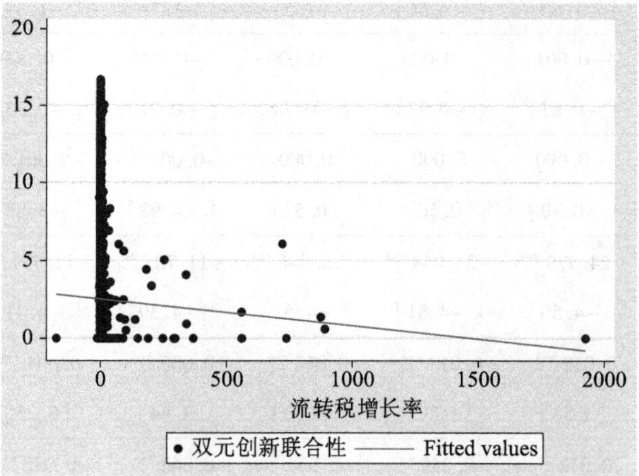

图6-9 流转税增长率与双元创新联合性的散点图

这四幅图能为后续的实证检验线性模型提供借鉴意义。本节采用广义最小二乘法的随机模型进行数据处理，流转税增长率对探索性和利用性创新的影响列示于表6-8中。

表 6－8　　流转税增长率对探索性和利用性创新影响汇总统计表

	(1)	(2)	(3)	(4)	(5)	(6)
	prat_w	prat_w	prat_w	pita	pita	pita
gdppercptcp	0.301 ***	0.369 ***	0.369 ***	0.104 ***	0.149 ***	0.148 ***
	[63.67]	[46.93]	[46.91]	[41.48]	[35.43]	[35.40]
laggindex	-0.009 ***	-0.002	-0.002	-0.003 **	0.002	0.002
	[-3.64]	[-0.73]	[-0.73]	[-2.09]	[1.37]	[1.38]
dsmsalary_w	0.026 ***	0.028 ***	0.028 ***	0.016 ***	0.017 ***	0.017 ***
	[8.33]	[8.97]	[8.97]	[9.57]	[10.36]	[10.37]
capaccum_w	0.005	-0.000	-0.000	0.001	-0.002	-0.002
	[0.21]	[-0.01]	[-0.01]	[0.08]	[-0.19]	[-0.19]
csdvpshbtax_w	-0.079	-0.077	-0.077	-0.045 *	-0.044 *	-0.044 *
	[-1.60]	[-1.56]	[-1.56]	[-1.74]	[-1.68]	[-1.68]
cfopibd_w	-0.001	-0.000	-0.000	-0.000	-0.000	-0.000
	[-0.87]	[-0.73]	[-0.73]	[-0.91]	[-0.73]	[-0.73]
indrcrat_w	-0.000	0.000	0.000	-0.002 ***	-0.001 ***	-0.001 ***
	[-0.30]	[0.56]	[0.57]	[-4.92]	[-3.88]	[-3.87]
hhi_sale_w	-24.979 ***	-25.048 ***	-25.046 ***	-11.705 ***	-11.751 ***	-11.750 ***
	[-4.50]	[-4.51]	[-4.51]	[-4.39]	[-4.41]	[-4.41]
sizeast_w	0.012 ***	0.012 ***	0.012 ***	0.005 ***	0.004 ***	0.004 ***
	[4.58]	[4.50]	[4.50]	[3.44]	[3.25]	[3.26]
astgrw_w	0.072 **	0.055 *	0.054 *	0.043 ***	0.032 **	0.032 **
	[2.34]	[1.79]	[1.78]	[2.65]	[1.98]	[1.98]
tuovtx_w	-0.001 **	-0.001 **	-0.001	-0.000	-0.000	-0.001
	[-2.33]	[-2.40]	[-1.42]	[-0.84]	[-0.92]	[-1.19]
cbnepu		-0.049 ***	-0.049 ***		-0.031 ***	-0.031 ***
		[-10.87]	[-10.86]		[-13.20]	[-13.19]
c_tuvtpusq			0.000			0.000
			[0.54]			[0.91]

续表

	(1)	(2)	(3)	(4)	(5)	(6)
	prat_w	prat_w	prat_w	pita	pita	pita
_cons	0.496 **	-0.346	-0.346	0.441 ***	-0.103	-0.103
	[2.09]	[-1.39]	[-1.39]	[3.49]	[-0.78]	[-0.78]
N	24099	24099	24099	24099	24099	24099
r^2_w	0.203	0.208	0.208	0.107	0.114	0.114
r^2_b	0.009	0.009	0.009	0.005	0.007	0.007
r^2_o	0.070	0.073	0.093	0.043	0.048	0.068
N_g	3266.000	3266.000	3266.000	3266.000	3266.000	3266.000
chi^2	5290.360	5438.177	5438.483	2488.386	2682.640	2683.543

t statistics in brackets

* p<0.1　　** p<0.05　　*** p<0.01

表 6-8 显示，在控制变量中，人均 GDP 不变价格、董监高薪酬、公司规模、总资产增长率与两类数据正相关。每股税前现金股利与利用性创新负相关。经营活动现金流量带息债务比与两类数据不具有显著关系。赫芬达尔—赫希曼指数与两类数据负相关，在 1% 水平下显著。表 6-8 的第 3 列和第 6 列显示，流转税增长率与探索性创新、与利用性创新不存在显著关系。环境波动性与两类数据负相关，且在 1% 水平下显著。环境波动性二次方与流转税增长率的交乘项和两类数据都不存在显著关系。研究命题 2a 和 2b 没通过检验。此处采用广义最小二乘法的随机模型进行数据处理方法，流转税增长率对双元创新平衡性和联合性的影响列示于表 6-9 中。

表 6-9　　流转税增长率对双元创新平衡性和联合性影响汇总统计表

	(1)	(2)	(3)	(4)	(5)	(6)
	dubln	dubln	dubln	ducmb	ducmb	ducmb
gdppercptcp	0.013 ***	0.033 ***	0.033 ***	0.531 ***	0.700 ***	0.700 ***
	[7.68]	[11.10]	[11.07]	[57.88]	[45.97]	[45.95]
laggindex	-0.002 *	0.000	0.000	-0.017 ***	0.000	0.000
	[-1.84]	[0.28]	[0.29]	[-3.66]	[0.02]	[0.02]

续表

	(1)	(2)	(3)	(4)	(5)	(6)
	dubln	dubln	dubln	ducmb	ducmb	ducmb
dsmsalary_w	-0.002 ** [-1.97]	-0.002 [-1.52]	-0.002 [-1.52]	0.038 *** [6.42]	0.043 *** [7.24]	0.043 *** [7.24]
capaccum_w	-0.005 [-0.64]	-0.006 [-0.77]	-0.006 [-0.77]	0.015 [0.34]	0.002 [0.06]	0.003 [0.06]
csdvpshbtax_w	-0.034 ** [-2.08]	-0.032 ** [-1.98]	-0.032 ** [-1.97]	-0.146 [-1.52]	-0.141 [-1.48]	-0.141 [-1.48]
cfopibd_w	-0.000 [-0.10]	0.000 [0.11]	0.000 [0.11]	-0.002 * [-1.81]	-0.002 [-1.64]	-0.002 [-1.64]
indrcrat_w	-0.001 *** [-4.51]	-0.001 *** [-3.58]	-0.001 *** [-3.57]	-0.007 *** [-6.18]	-0.006 *** [-5.09]	-0.006 *** [-5.09]
hhi_sale_w	-3.539 *** [-3.14]	-3.568 *** [-3.17]	-3.577 *** [-3.18]	-27.905 ** [-2.52]	-28.076 ** [-2.53]	-28.073 ** [-2.53]
sizeast_w	-0.000 [-0.22]	-0.001 [-0.73]	-0.001 [-0.74]	0.017 *** [3.33]	0.017 *** [3.24]	0.017 *** [3.24]
astgrw_w	0.024 ** [2.26]	0.019 * [1.80]	0.019 * [1.79]	0.125 ** [2.11]	0.083 [1.41]	0.083 [1.40]
tuovtx_w	-0.000 * [-1.82]	-0.000 * [-1.88]	-0.001 ** [-2.51]	-0.001 ** [-2.30]	-0.001 ** [-2.40]	-0.002 [-1.36]
cbnepu		-0.013 *** [-8.15]	-0.013 *** [-8.14]		-0.120 *** [-13.89]	-0.120 *** [-13.88]
c_tuvtpusq			0.000 ** [1.98]			0.000 [0.47]
_cons	0.718 *** [8.20]	0.485 *** [5.27]	0.486 *** [5.28]	0.754 [1.64]	-1.329 *** [-2.76]	-1.329 *** [-2.76]
N	19064	19064	19064	24099	24099	24099
r^2_w	0.008	0.011	0.012	0.178	0.184	0.184
r^2_b	0.000	0.001	0.001	0.000	0.000	0.000
r^2_o	0.033	0.056	0.066	0.044	0.047	0.067

续表

	(1)	(2)	(3)	(4)	(5)	(6)
	dubln	dubln	dubln	ducmb	ducmb	ducmb
N_g	3083.000	3083.000	3083.000	3266.000	3266.000	3266.000
chi^2	112.973	179.833	183.774	4387.327	4621.227	4621.458
t statistics in brackets						
* p<0.1		** p<0.05		*** p<0.01		

表6-9的第3列和第6列显示，流转税增长率与双元创新平衡性呈负相关关系，在5%水平下显著，研究命题1c通过了检验。流转税增长率与双元创新联合性不存在显著的关系。环境波动性二次方与流转税增长率的交乘项仅和双元创新平衡性呈正相关关系，说明政府减税抑制了环境波动性对双元创新平衡性的冲击，使原先的倒U形状更为平缓，研究命题2c通过了检验。环境波动性二次方与流转税增长率的交乘项和双元创新联合性不存在显著关系，命题2d没有通过检验。

下面检验企业所得税增长率对双元创新四个维度指标的影响情况。为了直观地反映政府减税与双元创新的关系，本节绘制了企业所得税增长率与双元创新四个指标的散点图，具体如图6-10至图6-13所示。

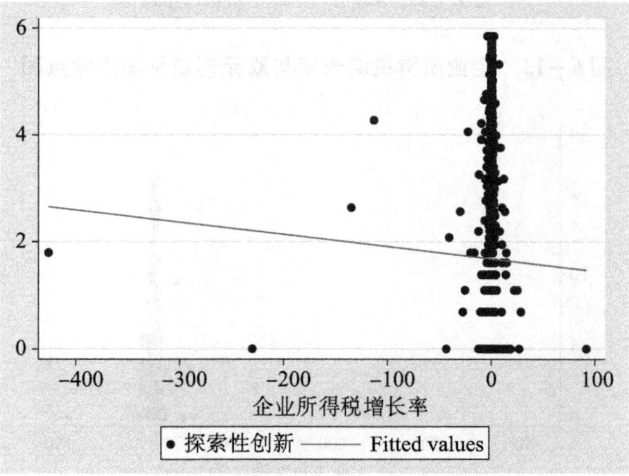

图6-10 企业所得税增长率与探索性创新散点图

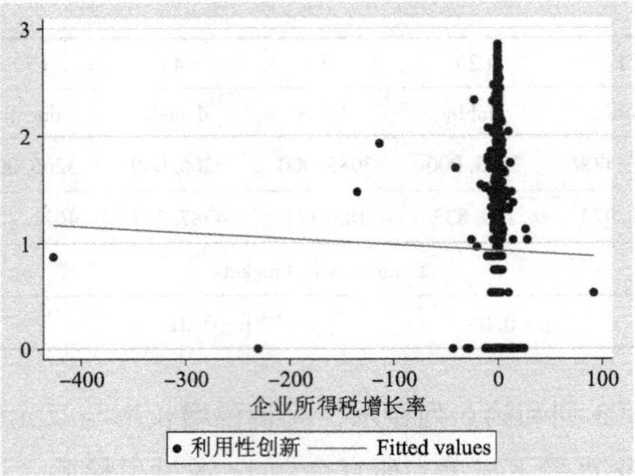

图 6－11　企业所得税增长率与利用性创新散点图

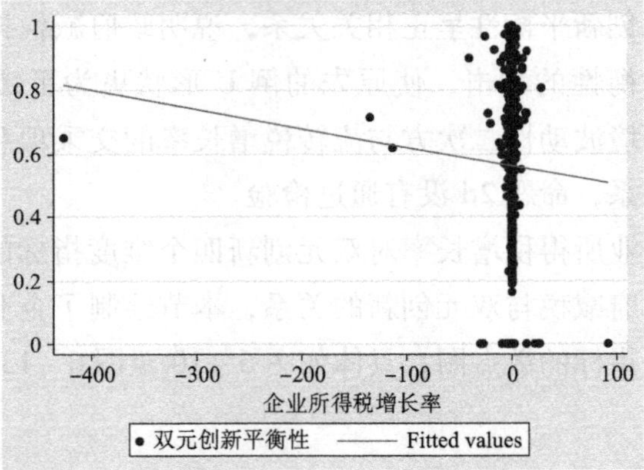

图 6－12　企业所得税增长率与双元创新平衡性散点图

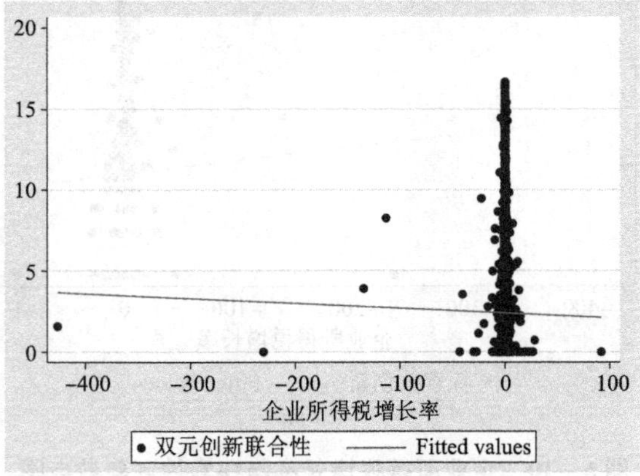

图 6－13　企业所得税增长率与双元创新联合性散点图

这四幅图能为后续的实证检验线性模型提供借鉴意义，在回归过程中，采用广义最小二乘法的随机模型进行数据处理，企业所得税增长率对探索性创新以及利用性创新的影响汇总列示于表6-10中。

表6-10　企业所得税增长率对探索性与利用性创新的影响

	(1)	(2)	(3)	(4)	(5)	(6)
	prat_w	prat_w	prat_w	pita	pita	pita
gdppercptcp	0.347***	0.405***	0.405***	0.140***	0.173***	0.173***
	[69.37]	[52.77]	[52.78]	[53.15]	[42.81]	[42.81]
leadindex	-0.032***	-0.022***	-0.022***	-0.026***	-0.020***	-0.020***
	[-12.93]	[-8.57]	[-8.58]	[-19.91]	[-14.81]	[-14.81]
exfctprindx	0.001	0.000	0.000	0.005***	0.005***	0.005***
	[0.56]	[0.11]	[0.10]	[7.00]	[6.51]	[6.51]
hhi_sale_w	-22.549***	-23.394***	-23.395***	-10.939***	-11.411***	-11.411***
	[-4.11]	[-4.26]	[-4.26]	[-4.11]	[-4.29]	[-4.29]
mshrrat_w	-0.006	-0.035***	-0.035***	-0.011***	-0.028***	-0.028***
	[-0.98]	[-5.13]	[-5.12]	[-3.57]	[-7.82]	[-7.82]
dsmsalary_w	0.026***	0.028***	0.028***	0.014***	0.015***	0.015***
	[8.00]	[8.52]	[8.52]	[8.19]	[8.75]	[8.75]
astgrw_w	-0.029*	-0.032*	-0.032*	0.002	-0.000	-0.000
	[-1.70]	[-1.88]	[-1.88]	[0.19]	[-0.01]	[-0.01]
indexs_w	-0.129*	-0.082	-0.081	-0.036	-0.009	-0.009
	[-1.88]	[-1.19]	[-1.19]	[-1.02]	[-0.25]	[-0.25]
rtnyld	-0.001	-0.001	-0.001	0.004	0.004	0.004
	[-0.20]	[-0.13]	[-0.13]	[1.39]	[1.47]	[1.47]
crpintx	-0.016**	-0.016**	-0.002	-0.004	-0.004	-0.005
	[-2.48]	[-2.50]	[-0.13]	[-1.26]	[-1.28]	[-0.80]
cbnepu		-0.051***	-0.050***		-0.029***	-0.029***
		[-9.93]	[-9.67]		[-10.82]	[-10.75]
c_crptpusq			-0.000			0.000
			[-1.40]			[0.15]

续表

	(1)	(2)	(3)	(4)	(5)	(6)
	prat_w	prat_w	prat_w	pita	pita	pita
_cons	2.850 ***	1.899 ***	1.897 ***	2.183 ***	1.638 ***	1.638 ***
	[10.21]	[6.45]	[6.44]	[14.83]	[10.55]	[10.55]
N	23940	23940	23940	23940	23940	23940
r^2_w	0.240	0.243	0.243	0.150	0.154	0.154
r^2_b	0.010	0.010	0.010	0.005	0.005	0.005
r^2_o	0.083	0.095	0.114	0.055	0.075	0.095
N_g	3266.000	3266.000	3266.000	3266.000	3266.000	3266.000
chi^2	6482.365	6611.222	6613.514	3597.681	3735.093	3734.948
t statistics in brackets						
* p<0.1	** p<0.05	*** p<0.01				

表6-10的第（3）列和第（6）列显示，企业所得税增长率与探索性创新、与利用性创新不存在显著关系。交乘项也不存在显著关系。研究命题没有通过检验。企业所得税增长率对双元创新平衡性和联合性的影响情况汇总列示于表6-11中。此处采用广义最小二乘法的随机模型进行数据处理。

表6-11　　企业所得税增长率对双元创新平衡性、联合性影响表

	(1)	(2)	(3)	(4)	(5)	(6)
	dubln	dubln	dubln	ducmb	ducmb	ducmb
gdppercptcp	0.028 ***	0.043 ***	0.043 ***	0.641 ***	0.779 ***	0.779 ***
	[14.65]	[14.65]	[14.65]	[67.03]	[53.25]	[53.25]
leadindex	-0.010 ***	-0.008 ***	-0.008 ***	-0.086 ***	-0.064 ***	-0.064 ***
	[-11.00]	[-8.03]	[-8.03]	[-18.32]	[-12.74]	[-12.74]
exfctprindx	0.002 ***	0.002 ***	0.002 ***	0.018 ***	0.017 ***	0.017 ***
	[4.64]	[3.91]	[3.91]	[6.60]	[6.05]	[6.05]
hhi_sale_w	-3.421 ***	-3.567 ***	-3.563 ***	-24.079 **	-26.126 **	-26.126 **
	[-3.01]	[-3.14]	[-3.13]	[-2.19]	[-2.38]	[-2.38]
mshrrat_w	0.001	-0.004 **	-0.004 **	-0.050 ***	-0.119 ***	-0.119 ***
	[0.62]	[-2.07]	[-2.08]	[-4.19]	[-9.14]	[-9.13]

续表

	(1)	(2)	(3)	(4)	(5)	(6)
	dubln	dubln	dubln	ducmb	ducmb	ducmb
dsmsalary_w	-0.001	-0.000	-0.000	0.033 ***	0.037 ***	0.037 ***
	[-0.62]	[-0.35]	[-0.35]	[5.29]	[5.95]	[5.95]
astgrw_w	0.000	-0.001	-0.001	0.013	0.006	0.006
	[0.01]	[-0.10]	[-0.10]	[0.40]	[0.17]	[0.17]
indexs_w	-0.077 ***	-0.065 ***	-0.065 ***	-0.253 *	-0.141	-0.141
	[-3.45]	[-2.91]	[-2.91]	[-1.93]	[-1.08]	[-1.08]
rtnyld	-0.001	-0.001	-0.001	0.006	0.007	0.007
	[-0.70]	[-0.61]	[-0.61]	[0.61]	[0.71]	[0.71]
crpintx	0.001	0.001	-0.003	-0.030 **	-0.030 **	-0.024
	[0.31]	[0.30]	[-0.83]	[-2.49]	[-2.51]	[-1.03]
cbnepu		-0.012 ***	-0.013 ***		-0.121 ***	-0.121 ***
		[-6.80]	[-6.89]		[-12.42]	[-12.28]
c_crptpusq			0.000			-0.000
			[1.13]			[-0.34]
_cons	1.219 ***	1.002 ***	1.003 ***	5.785 ***	3.516 ***	3.515 ***
	[11.98]	[9.42]	[9.43]	[10.87]	[6.27]	[6.27]
N	18740	18740	18740	23940	23940	23940
r^2_w	0.018	0.021	0.021	0.218	0.223	0.223
r^2_b	0.001	0.000	0.000	0.002	0.003	0.003
r^2_o	0.088	0.099	0.011	0.060	0.083	0.093
N_g	3078.000	3078.000	3078.000	3266.000	3266.000	3266.000
chi^2	275.504	322.655	323.910	5669.008	5865.349	5865.149
t statistics in brackets						
* p<0.1		** p<0.05		*** p<0.01		

表6-11第（3）列和第（6）列的数据显示，企业所得税增长率与双元创新联合性不存在显著的关系，交乘项不存在显著关系。企业所得税增长率与双元创新平衡性不存在显著的关系，交乘项也不存在显著的关系。因此，研究命题没有通过检验。

（6）异质性检验

本节所有的异质性检验，都采用广义最小二乘法的随机模型进行数据处理。公司属性一般分为地方国有企业、中央国有企业、集体企业、民营企业、外资企业、公众企业、其他企业等类型。为了便于实证分析，本节将企业属性划分为国有企业、民营企业与其他企业进行检验。从本部分开始以下的实证检验结果表中不再报告控制变量的回归信息，特此说明。流转税增长率对探索性创新与利用性创新不同产权统计的影响如表 6－12 所示。

表 6－12　流转税增长率对探索性创新、利用性创新不同产权的影响

	soes	prts	oths	soes	prts	oths
	prat_w	prat_w	prat_w	pita	pita	pita
tuovtx	−0.002	−0.000	0.025	−0.000	0.000	0.021 **
	[−1.33]	[−0.02]	[1.42]	[−0.61]	[0.27]	[2.10]
cbnepu	−0.045 ***	−0.056 ***	−0.017	−0.028 ***	−0.033 ***	−0.016 **
	[−6.10]	[−8.78]	[−1.20]	[−7.04]	[−9.80]	[−1.96]
c_tuvtpusq	0.000	0.000	−0.007	0.000	−0.000	−0.006 **
	[0.19]	[0.32]	[−1.43]	[0.05]	[−0.21]	[−2.04]
_cons	−1.896 ***	0.444	0.859	−0.768 ***	0.311	0.259
	[−4.86]	[1.22]	[1.09]	[−3.70]	[1.61]	[0.58]
N	8770	12810	2519	8770	12810	2519
r^2_w	0.263	0.172	0.127	0.166	0.080	0.070
r^2_b	0.036	0.018	0.045	0.034	0.009	0.041
r^2_o	0.099	0.094	0.145	0.076	0.082	0.135
N_g	1070.000	2020.000	638.000	1070.000	2020.000	638.000
chi^2	2775.569	2242.963	300.082	1568.395	942.777	165.985
t statistics in brackets						
* p <0.1	** p <0.05	*** p <0.01				

表 6－12 显示，流转税增长率与其他属性企业的利用性创新呈正相关关系，说明政府在流转税方面的减税就起到抑制作用。研究命题 2b 通过了检验。但是交乘项回归的符号与预期相反。流转税增长率与国有企业、民营企业的探索性创新以及利用性创新不存在显著关系，所有研究命题都没有通过检验。流转税增长率对双元创新平衡性与联合性不同产权统计的影响如表 6－13 所示。

表 6 - 13　　流转税增长率对双元创新平衡性、联合性影响的产权表

	soes	prts	oths	soes	prts	oths
	dubln	dubln	dubln	ducmb	ducmb	ducmb
tuovtx	-0.001	-0.000	0.002	-0.003	0.000	0.053
	[-1.13]	[-0.02]	[0.26]	[-1.05]	[0.12]	[1.48]
cbnepu	-0.010***	-0.013***	-0.020***	-0.114***	-0.128***	-0.070**
	[-3.64]	[-5.93]	[-3.96]	[-7.87]	[-10.63]	[-2.53]
c_tuvtpusq	0.000	-0.000	-0.000	-0.000	0.000	-0.000
	[0.78]	[-0.14]	[-0.19]	[-0.04]	[0.13]	[-1.49]
_cons	0.203	0.758***	0.365	-3.587***	-0.246	0.210
	[1.37]	[5.72]	[1.19]	[-4.65]	[-0.36]	[0.14]
N	6402	10654	2008	8770	12810	2519
r^2_w	0.012	0.013	0.014	0.232	0.157	0.097
r^2_b	0.003	0.004	0.022	0.021	0.002	0.022
r^2_o	0.007	0.007	0.013	0.079	0.040	0.025
N_g	978.000	1896.000	559.000	1070.000	2020.000	638.000
chi^2	69.735	113.958	29.467	2325.525	1962.521	214.580

t statistics in brackets

* p < 0.1　　** p < 0.05　　*** p < 0.01

数据显示，流转税增长率与双元创新平衡性、联合性都不存在显著关系，交乘项也不存在显著关系。研究命题 1c 和 1d 没有通过检验，研究命题 2c 和 2d 也没有通过检验。企业所得税增长率对探索性创新、利用性创新不同产权统计的影响如表 6 - 14 所示。

表 6 - 14　企业所得税增长率对探索性创新、利用性创新影响的产权表

	soes	prts	oths	soes	prts	oths
	prat_w	prat_w	prat_w	pita	pita	pita
crpintx	0.086*	-0.006	-0.306*	-0.007	-0.004	-0.089
	[1.75]	[-0.48]	[-1.68]	[-0.26]	[-0.58]	[-0.89]

续表

	soes	prts	oths	soes	prts	oths
	prat_w	prat_w	prat_w	pita	pita	pita
cbnepu	−0.033 ***	−0.063 ***	−0.053 ***	−0.025 ***	−0.034 ***	−0.018 *
	[−3.72]	[−8.58]	[−3.07]	[−5.36]	[−8.92]	[−1.86]
c_crptpusq	−0.000 **	−0.000	0.001	0.000	−0.000	0.000
	[−2.11]	[−0.95]	[1.62]	[0.48]	[−0.23]	[1.03]
_cons	2.137 ***	1.840 ***	2.047 **	1.272 ***	1.744 ***	2.421 ***
	[4.24]	[4.65]	[2.31]	[4.79]	[8.38]	[4.90]
N	8333	13023	2584	8333	13023	2584
r^2_w	0.286	0.216	0.161	0.192	0.130	0.125
r^2_b	0.030	0.018	0.054	0.028	0.005	0.053
r^2_o	0.104	0.079	0.053	0.076	0.042	0.051
N_g	1054.000	2021.000	644.000	1054.000	2021.000	644.000
chi²	2932.801	3015.060	403.599	1754.549	1612.793	307.042
t statistics in brackets						
* $p<0.1$ ** $p<0.05$ *** $p<0.01$						

表6－14显示，企业所得税增长率在国有企业中与探索性创新正相关，与预期的符号相反，交乘项的符号也和预期相反。在民营企业中不存在显著关系，在其他属性企业中负相关。企业所得税增长率与利用性创新不存在显著关系，交乘项也不存在显著的关系。因此，所有研究命题都没有通过检验。企业所得税增长率对双元创新平衡性、联合性不同产权的影响对比表汇总在表6－15中。

表6－15　企业所得税增长率对双元创新平衡性、联合性不同产权的影响表

	soes	prts	oths	soes	prts	oths
	dubln	dubln	dubln	ducmb	ducmb	ducmb
crpintx	0.002	−0.003	0.003	0.135	−0.032	−0.328
	[0.11]	[−0.78]	[0.05]	[1.42]	[−1.41]	[−0.93]

续表

	soes	prts	oths	soes	prts	oths
	dubln	dubln	dubln	ducmb	ducmb	ducmb
cbnepu	-0.008***	-0.015***	-0.017***	-0.088***	-0.140***	-0.103***
	[-2.58]	[-5.84]	[-2.82]	[-5.12]	[-10.26]	[-3.09]
c_crptpusq	0.000	0.000	-0.000	-0.001**	0.000	0.001
	[0.67]	[1.18]	[-0.31]	[-1.98]	[0.12]	[0.93]
_cons	0.716***	1.161***	1.267***	3.460***	3.334***	6.426***
	[3.84]	[8.15]	[3.76]	[3.51]	[4.52]	[3.74]
N	6021	10662	2057	8333	13023	2584
r^2_w	0.019	0.023	0.029	0.256	0.204	0.153
r^2_b	0.002	0.002	0.025	0.018	0.005	0.039
r^2_o	0.028	0.041	0.088	0.084	0.057	0.045
N_g	958.000	1900.000	566.000	1054.000	2021.000	644.000
chi^2	94.791	195.820	58.273	2503.231	2765.794	372.642

t statistics in brackets

* p<0.1　　** p<0.05　　*** p<0.01

表 6-15 显示，企业所得税增长率在三类企业中都不显著。研究命题没有通过检验。在国有企业中，交乘项存在负相关关系，与预期符号相反，研究命题没有通过了检验。

垄断异质性检验。将全板块上市公司根据垄断程度的不同划分为垄断行业和非垄断行业，进行垄断行业与非垄断行业异质性检验，流转税增长率对探索性创新、利用性创新的影响汇总于表 6-16 中。

表 6-16　流转税增长率对探索性创新、利用性创新的垄断异质性检验表

	mnp	nomnp	mnp	nomnp
	prat_w	prat_w	pita	pita
tuovtx	0.036	-0.001	-0.002	-0.001
	[1.05]	[-1.54]	[-0.10]	[-1.33]

续表

	mnp	nomnp	mnp	nomnp
	prat_w	prat_w	pita	pita
cbnepu	-0.079***	-0.047***	-0.035**	-0.031***
	[-2.96]	[-10.44]	[-2.38]	[-12.80]
c_tuvtpusq	-0.000	0.000	-0.000	0.000
	[-1.21]	[0.69]	[-0.13]	[1.09]
_cons	-1.112	-0.291	-0.671	-0.078
	[-0.82]	[-1.15]	[-0.92]	[-0.58]
N	701	23398	701	23398
r^2_w	0.333	0.204	0.260	0.110
r^2_b	0.002	0.009	0.007	0.007
r^2_o	0.074	0.072	0.079	0.046
N_g	76.000	3191.000	76.000	3191.000
chi^2	295.910	5169.703	209.651	2494.441
t statistics in brackets				
* p<0.1	** p<0.05	*** p<0.01		

数据显示，无论垄断与否，流转税增长率对探索性创新、利用性创新都不存在显著关系。研究命题没有通过检验。无论垄断与否，交乘项对探索性创新、利用性创新都不存在显著关系。研究命题没有通过检验。流转税增长率对双元创新平衡性、联合性垄断异质性检验结果如表 6-17 所示。

表 6-17　流转税增长率对双元创新平衡性、联合性的垄断异质性检验表

	mnp	nomnp	mnp	nomnp
	dubln	dubln	ducmb	ducmb
tuovtx	0.003	-0.001**	0.013	-0.002
	[0.16]	[-2.52]	[0.19]	[-1.47]
cbnepu	-0.024**	-0.013***	-0.127**	-0.119***
	[-2.00]	[-7.88]	[-2.35]	[-13.61]

续表

	mnp	nomnp	mnp	nomnp
	dubln	dubln	ducmb	ducmb
c_tuvtpusq	-0.000	0.000**	-0.000	0.000
	[-0.44]	[1.99]	[-0.37]	[0.63]
_cons	0.640	0.477***	-4.179	-1.165**
	[1.02]	[5.12]	[-1.53]	[-2.38]
N	427	18637	701	23398
r²_w	0.060	0.011	0.282	0.183
r²_b	0.020	0.001	0.000	0.000
r²_o	0.039	0.035	0.057	0.047
N_g	67.000	3017.000	76.000	3191.000
chi²	23.078	170.959	226.641	4425.546
t statistics in brackets				
* p <0.1	** p <0.05	*** p <0.01		

数据显示，流转税增长率与非垄断行业的双元创新平衡性存在负向关系，交乘项与双元创新平衡性存在正向关系。说明流转税减税促进了双元创新平衡性的发展，流转税增长率抑制了环境波动性二次方对双元创新平衡的冲击。使原先的倒 U 形状更为平缓，研究命题 1c 通过了检验。流转税增长率与垄断行业的双元创新平衡性不存在显著关系，交乘项也不存在显著关系。研究命题没有通过检验。无论垄断与否，流转税增长率对与双元创新联合性都不存在显著关系，交乘项也不存在显著关系。研究命题没有通过检验。企业所得税增长率对探索性创新、利用性创新的垄断异质性检验结果列示于表 6－18 中。

表 6－18　企业所得税增长率对探索性创新、利用性创新的垄断异质性检验表

	mnp	nomnp	mnp	nomnp
	prat_w	prat_w	pita	pita
crpintx	-0.718**	-0.001	-0.368**	-0.005
	[-2.13]	[-0.05]	[-2.01]	[-0.72]

续表

	mnp	nomnp	mnp	nomnp
	prat_w	prat_w	pita	pita
cbnepu	-0.084 ***	-0.050 ***	-0.042 **	-0.029 ***
	[-2.67]	[-9.59]	[-2.50]	[-10.67]
c_crptpusq	0.002 **	-0.000	0.001 *	0.000
	[2.03]	[-1.48]	[1.73]	[0.08]
_cons	2.309	1.896 ***	1.074	1.646 ***
	[1.35]	[6.34]	[1.16]	[10.45]
N	668	23272	668	23272
r^2_w	0.276	0.243	0.245	0.152
r^2_b	0.063	0.011	0.075	0.005
r^2_o	0.102	0.085	0.125	0.055
N_g	76.000	3191.000	76.000	3191.000
chi^2	227.696	6396.920	195.989	3565.266
t statistics in brackets				
* $p<0.1$	** $p<0.05$	*** $p<0.01$		

数据显示，企业所得税增长率与垄断行业的探索性创新存在负相关关系，说明企业所得税减税促进了垄断行业探索性创新的增加，交乘项与垄断行业的探索性创新存在正相关关系，说明企业所得税减税抑制了环境波动性二次方对探索性创新的冲击，使原先的倒 U 形状更为平缓，促进了垄断行业探索性创新的增加。研究命题 3a 和 4a 都通过了检验。企业所得税增长率与垄断行业的利用性创新存在负相关关系，说明企业所得税减税促进了垄断行业利用性创新的增加，交乘项与利用性创新存在正相关关系，说明企业所得税减税抑制了环境波动性二次方对利用性创新的冲击，使原先的倒 U 形状更为平缓，促进了垄断行业利用性创新的增加。研究命题 3b 和 4b 都通过了检验。其他情况下都不显著，所有命题都没有通过检验。企业所得税增长率对双元创新平衡性和联合性垄断异质性的检验结果汇总列示于表 6－19 中。

表6-19 企业所得税增长率对双元创新平衡性和联合性的垄断异质性检验表

	mnp	nomnp	mnp	nomnp
	dubln	dubln	ducmb	ducmb
crpintx	-0.581 ***	-0.003	-1.303 **	-0.022
	[-3.28]	[-0.74]	[-1.97]	[-0.97]
cbnepu	-0.023	-0.013 ***	-0.116 *	-0.123 ***
	[-1.61]	[-7.07]	[-1.89]	[-12.33]
c_crptpusq	0.001 ***	0.000	0.003	-0.000
	[3.15]	[1.05]	[1.51]	[-0.40]
_cons	2.155 ***	0.977 ***	1.779	3.606 ***
	[2.86]	[9.09]	[0.53]	[6.33]
N	397	18343	668	23272
r^2_w	0.080	0.021	0.215	0.224
r^2_b	0.009	0.000	0.064	0.003
r^2_o	0.030	0.010	0.099	0.064
N_g	68.000	3011.000	76.000	3191.000
chi^2	27.315	316.993	164.332	5714.520
t statistics in brackets				
* p<0.1	** p<0.05	*** p<0.01		

数据显示，企业所得税增长率与垄断行业双元创新平衡性存在负相关关系，说明企业所得税减税促进了垄断行业双元创新平衡性的增加，交乘项与双元创新平衡性存在正相关关系，说明企业所得税减税抑制了环境波动性二次方对双元创新平衡性的冲击，使原先的倒U形状更为平缓，促进了垄断行业双元创新平衡性的增加。研究命题3c和4c都通过了检验。企业所得税增长率与垄断行业双元创新联合性存在负相关关系，说明企业所得税减税促进了垄断行业双元创新联合性的增加，说明研究命题3d通过了检验。交乘项与双元创新联合性不存在显著关系，命题没有通过检验。其他情况下都不显著，所有命题都没有通过检验。

专精特新异质性的考察。流转税增长率对探索性创新和利用性创新的专精特新异质性检验汇总列示于表6-20中。

表 6-20　流转税增长率对探索性创新和利用性创新的专精特新异质性检验表

	splz	nosplz	splz	nosplz
	prat_w	prat_w	pita	pita
tuovtx	-0.000	-0.001	-0.001	-0.000
	[-0.16]	[-1.23]	[-1.34]	[-0.31]
cbnepu	-0.037***	-0.052***	-0.035***	-0.032***
	[-3.07]	[-10.77]	[-5.50]	[-12.21]
c_tuvtpusq	-0.000	0.000	0.000	-0.000
	[-0.03]	[0.38]	[1.40]	[-0.05]
_cons	0.546	-0.454*	0.145	-0.107
	[0.81]	[-1.68]	[0.41]	[-0.75]
N	3490	20073	3490	20073
r^2_w	0.185	0.216	0.102	0.119
r^2_b	0.036	0.011	0.028	0.012
r^2_o	0.090	0.077	0.055	0.053
N_g	476.000	2594.000	476.000	2594.000
chi^2	694.441	4810.557	353.292	2388.140

t statistics in brackets

* p<0.1　** p<0.05　*** p<0.01

数据显示，流转税增长率与探索性创新、利用性创新在任何企业中都不存在显著关系，交乘项也不存在显著关系。因此，所有命题都没有通过检验。流转税增长率对双元创新平衡性和联合性的专精特新异质性检验汇总列示于表 6-21 中。

表 6-21　流转税增长率对双元创新平衡性和联合性的专精特新异质性检验表

	splz	nosplz	splz	nosplz
	dubln	dubln	ducmb	ducmb
tuovtx	-0.000	-0.000	-0.001	-0.002
	[-0.71]	[-0.85]	[-0.25]	[-0.99]

续表

	splz	nosplz	splz	nosplz
	dubln	dubln	ducmb	ducmb
cbnepu	-0.011 ***	-0.013 ***	-0.106 ***	-0.124 ***
	[-2.73]	[-7.47]	[-4.66]	[-13.13]
c_tuvtpusq	0.000	0.000	0.000	0.000
	[1.14]	[0.14]	[0.09]	[0.13]
_cons	0.726 ***	0.429 ***	0.294	-1.516 ***
	[2.97]	[4.31]	[0.23]	[-2.88]
N	2746	16025	3490	20073
r^2_w	0.013	0.012	0.149	0.194
r^2_b	0.010	0.001	0.010	0.001
r^2_o	0.010	0.066	0.051	0.053
N_g	449.000	2469.000	476.000	2594.000
chi^2	34.630	158.181	523.502	4153.431
t statistics in brackets				
* $p<0.1$	** $p<0.05$	*** $p<0.01$		

数据显示，无论专精特新与否，流转税增长率与双元创新平衡性、联合性都不存在显著关系，交乘项也不存在显著关系。因此，所有命题都没有通过检验。企业所得税增长率对探索性创新和利用性创新的专精特新异质性检验汇总列示于表 6－22 中。

表 6－22　企业所得税增长率对探索性创新和利用性创新的专精特新异质性检验表

	splz	nosplz	splz	nosplz
	prat_w	prat_w	pita	pita
crpintx	0.130	-0.004	0.061	-0.005
	[1.52]	[-0.36]	[1.35]	[-0.78]
cbnepu	-0.027 **	-0.052 ***	-0.034 ***	-0.029 ***
	[-1.97]	[-9.37]	[-4.64]	[-9.69]

续表

	splz	nosplz	splz	nosplz
	prat_w	prat_w	pita	pita
c_crptpusq	-0.023	-0.004	-0.004	0.000
	[-1.52]	[-1.05]	[-0.48]	[0.04]
_cons	2.890***	1.814***	2.025***	1.549***
	[3.78]	[5.64]	[5.03]	[9.13]
N	3488	19887	3488	19887
r^2_w	0.216	0.253	0.150	0.158
r^2_b	0.042	0.015	0.029	0.009
r^2_o	0.102	0.092	0.071	0.061
N_g	477.000	2596.000	477.000	2596.000
chi^2	841.304	5858.895	541.704	3253.527
t statistics in brackets				
* p<0.1	** p<0.05	*** p<0.01		

数据显示，无论专精特新与否，企业所得税增长率与探索性创新都不存在显著的关系。交乘项也不存在显著关系；企业所得税增长率与利用性创新都不存在显著的关系。交乘项也不存在显著的关系。因此，所有命题都没有通过检验。企业所得税增长率对双元创新平衡性和联合性的专精特新异质性检验汇总列示于表6－23中。

表6－23　企业所得税增长率对双元创新平衡性和联合性的专精特新异质性检验表

	splz	nosplz	splz	nosplz
	dubln	dubln	ducmb	ducmb
crpintx	-0.049*	-0.004	0.173	-0.024
	[-1.75]	[-0.96]	[1.07]	[-1.03]
cbnepu	-0.010**	-0.013***	-0.105***	-0.123***
	[-2.14]	[-6.47]	[-4.08]	[-11.46]

续表

	splz	nosplz	splz	nosplz
	dubln	dubln	ducmb	ducmb
c_crptpusq	-0.002	0.002	-0.019	-0.003
	[-0.30]	[1.14]	[-0.65]	[-0.35]
_cons	1.270***	0.945***	4.781***	3.261***
	[4.70]	[8.11]	[3.33]	[5.28]
N	2711	15720	3488	19887
r^2_w	0.037	0.020	0.184	0.233
r^2_b	0.006	0.000	0.024	0.005
r^2_o	0.021	0.009	0.068	0.069
N_g	448.000	2469.000	477.000	2596.000
chi^2	87.696	255.208	686.054	5219.074
t statistics in brackets				
* $p<0.1$	** $p<0.05$	*** $p<0.01$		

数据显示，在专精特新行业中，企业所得税增长率与双元创新平衡性负相关，说明企业所得税减税促进了双元创新平衡性，研究命题3c通过了检验。但交乘项不显著，说明研究命题4c没有通过检验。在非专精特新行业中，企业所得税增长率与双元创新平衡性不存在显著关系，交乘项也不显著。命题都没有通过检验。无论专精特新与否，企业所得税增长率与双元创新联合性都不显著，交乘项也不显著。所有命题都没有通过检验。

（7）生命周期视角的检验

处于不同的生命周期阶段中，企业双元创新存在不同的表现。而流转税增长率与企业所得税增长率对不同阶段双元创新的影响存在异质性。于是本节进行生命周期异质性的检验。此处继续采用广义最小二乘法的随机模型进行数据处理。在不同生命阶段中，流转税增长率对探索性创新、利用性创新的影响状况汇总于表6-24中。

表 6-24　流转税增长率在不同生命阶段对探索性创新和利用性创新影响表

	grw	mtn	rcs	grw	mtn	rcs
	prat_w	prat_w	prat_w	pita	pita	pita
tuovtx	-0.002 *	0.000	0.001	-0.001 **	0.002	-0.000
	[-1.68]	[0.16]	[0.22]	[-2.13]	[1.39]	[-0.02]
cbnepu	-0.061 ***	-0.038 ***	-0.049 ***	-0.037 ***	-0.030 ***	-0.032 ***
	[-8.06]	[-4.95]	[-4.34]	[-9.40]	[-7.17]	[-5.53]
c_tuvtpusq	0.000	-0.000	0.001	0.000 *	-0.001 **	0.000
	[0.57]	[-0.30]	[0.69]	[1.78]	[-2.04]	[0.48]
_cons	-0.001	0.276	-1.581 **	0.087	0.224	-0.593 *
	[-0.00]	[0.61]	[-2.55]	[0.42]	[0.92]	[-1.85]
N	10295	8780	5024	10295	8780	5024
r^2_w	0.223	0.207	0.195	0.122	0.117	0.118
r^2_b	0.027	0.024	0.067	0.014	0.016	0.054
r^2_o	0.079	0.063	0.092	0.047	0.041	0.073
N_g	2784.000	2672.000	2069.000	2784.000	2672.000	2069.000
chi^2	2200.925	1636.437	862.307	1069.672	841.171	513.313
t statistics in brackets						
* $p<0.1$	** $p<0.05$	*** $p<0.01$				

表 6-24 显示，仅在成长期流转税增长率与探索性创新、利用性创新负相关，说明在成长期流转税减税促进了探索性创新和利用性创新发展。研究命题 1a 和 1b 通过了检验。在成熟阶段、衰退阶段，流转税增长率与探索性创新不存在显著关系，研究命题 1a 没有通过检验。在成熟阶段、衰退阶段，流转税增长率与利用性创新不存在显著关系，研究命题 1b 没有通过检验。对探索性创新而言，三个阶段的交乘项都不存在显著的关系。对利用性创新而言，交乘项在成长期正相关，抑制了环境波动性二次方的冲击，使原先的倒 U 形态变得更为平缓。在成熟期负相关，和预期符号相反，在衰退期不显著。在不同生命阶段中，流转税增长率对双元创新平衡性、联合性的影响状况汇总于表 6-25 中。

表 6-25　流转税增长率对双元创新平衡性、联合性的生命周期影响表

	grw	mtn	rcs	grw	mtn	rcs
	dubln	dubln	dubln	ducmb	ducmb	ducmb
tuovtx	-0.001 ***	0.000	0.002	-0.004 **	0.001	0.002
	[-2.66]	[0.38]	[0.78]	[-2.10]	[0.31]	[0.38]
cbnepu	-0.017 ***	-0.011 ***	-0.013 ***	-0.149 ***	-0.104 ***	-0.121 ***
	[-6.39]	[-3.98]	[-3.21]	[-9.96]	[-6.81]	[-5.63]
c_tuvtpusq	0.000 **	-0.000	-0.001	0.001	-0.002	0.001
	[2.26]	[-0.75]	[-0.86]	[1.14]	[-0.67]	[0.35]
_cons	0.498 ***	0.236	1.037 ***	-1.195	-0.280	-2.174 *
	[3.66]	[1.44]	[4.49]	[-1.56]	[-0.32]	[-1.85]
N	8363	6986	3715	10295	8780	5024
r^2_w	0.015	0.009	0.011	0.207	0.191	0.167
r^2_b	0.005	0.003	0.018	0.008	0.008	0.037
r^2_o	0.008	0.005	0.012	0.054	0.043	0.058
N_g	2477.000	2396.000	1749.000	2784.000	2672.000	2069.000
chi^2	96.641	48.829	50.990	1910.514	1415.187	669.711

t statistics in brackets

* $p<0.1$　　** $p<0.05$　　*** $p<0.01$

数据显示，流转税增长率在成长阶段与双元创新平衡性负相关，说明国家减税促进了双元创新平衡性的增加，研究命题 1c 通过了检验；在成熟阶段和衰退阶段不显著，研究命题 1c 没有通过检验。交乘项在成长阶段与双元创新平衡性正相关，说明在成长阶段国家减税抑制了环境波动性二次方对双元创新平衡性的冲击，使原先的倒 U 形状更为平缓，研究命题 1d 通过了检验。流转税增长率在成长阶段与双元创新联合性负相关，说明国家减税促进了双元创新联合性的增加，研究命题 1d 通过了检验；其他生命阶段中不显著。交乘项在任何阶段中都与双元创新联合性不存在显著关系。在不同生命阶段中，企业所得税增长率对探索性创新、利用性创新的影响状况汇总于表 6-26 中。

表 6-26 企业所得税增长率对探索性创新、利用性创新的生命周期影响表

	grw	mtn	rcs	grw	mtn	rcs
	prat_w	prat_w	prat_w	pita	pita	pita
crpintx	0.022	0.022	-0.085	0.012	0.001	-0.086 **
	[0.55]	[1.22]	[-1.02]	[0.57]	[0.10]	[-2.01]
cbnepu	-0.067 ***	-0.033 ***	-0.033 **	-0.040 ***	-0.022 ***	-0.026 ***
	[-7.93]	[-3.69]	[-2.52]	[-8.98]	[-4.63]	[-3.87]
c_crptpusq	-0.008	-0.015 *	0.014	-0.002	-0.002	0.015 *
	[-0.97]	[-1.93]	[0.89]	[-0.56]	[-0.52]	[1.88]
_cons	1.455 ***	2.663 ***	1.718 **	1.084 ***	1.995 ***	2.091 ***
	[3.25]	[4.85]	[2.22]	[4.61]	[6.79]	[5.28]
N	10970	8311	4659	10970	8311	4659
r^2_w	0.287	0.229	0.190	0.180	0.145	0.125
r^2_b	0.028	0.032	0.066	0.012	0.022	0.068
r^2_o	0.097	0.079	0.088	0.057	0.056	0.073
N_g	2954.000	2649.000	2011.000	2954.000	2649.000	2011.000
chi^2	3229.270	1750.160	758.259	1730.420	1009.266	513.037
t statistics in brackets						
* p<0.1	** p<0.05	*** p<0.01				

表 6-26 显示，企业所得税增长率对探索性创新在任何生命阶段都不存在显著关系，命题 3a 没有通过检验。企业所得税增长率对利用性创新仅在衰退阶段存在负相关关系，说明国家减税对利用性创新在衰退阶段具有促进作用，命题 3b 通过了检验。企业所得税增长率与利用性创新在其他生命阶段不存在显著性，命题 3b 没有通过检验。交乘项仅与利用性创新的衰退阶段存在正相关关系，说明国家减税对利用性创新仅在衰退阶段抑制了环境波动性二次方对利用性创新的冲击，使原先的倒 U 形状更为平缓，研究命题 4b 通过了检验。其他阶段不存在显著关系，研究命题 4b 没有通过检验。交乘项对探索性创新在成熟阶段负相关，说明政府减税抑制了探索性创新，也没有抑制环境波动性二次方对其冲击，在其他生命阶段不存在显著关系。研究命题 4a 没有通过检验。在不同生命阶段中，企业所得税增长率对双元创新平衡性、联合性影响状况汇总于表 6-27 中。

表 6-27 企业所得税增长率对双元创新平衡性、联合性影响的生命周期表

	grw	mtn	rcs	grw	mtn	rcs
	dubln	dubln	dubln	ducmb	ducmb	ducmb
crpintx	0.004	0.001	-0.050*	0.027	0.028	-0.113
	[0.22]	[0.17]	[-1.79]	[0.36]	[0.83]	[-0.71]
cbnepu	-0.016***	-0.007**	-0.014***	-0.164***	-0.092***	-0.102***
	[-5.54]	[-2.27]	[-3.05]	[-10.10]	[-5.24]	[-4.04]
c_crptpusq	0.001	-0.001	0.011**	-0.006	-0.026*	0.017
	[0.36]	[-0.36]	[1.97]	[-0.34]	[-1.72]	[0.58]
_cons	0.750***	0.929***	1.732***	1.516*	5.117***	4.434***
	[4.74]	[4.80]	[6.51]	[1.76]	[4.80]	[3.02]
N	8722	6537	3481	10970	8311	4659
r^2_w	0.023	0.016	0.023	0.261	0.216	0.165
r^2_b	0.002	0.010	0.022	0.015	0.017	0.050
r^2_o	0.009	0.009	0.023	0.073	0.060	0.062
N_g	2602.000	2348.000	1698.000	2954.000	2649.000	2011.000
chi^2	137.168	87.154	79.821	2778.412	1572.418	622.296
t statistics in brackets						
* p<0.1	** p<0.05	*** p<0.01				

数据显示，在衰退阶段，企业所得税增长率与双元创新平衡性呈负相关关系，在其他生命阶段不存在显著关系。说明国家减税促进了企业在衰退阶段的双元创新平衡性，研究命题3c通过了检验。交乘项在衰退阶段呈正相关关系，说明国家减税抑制了环境波动性二次方对双元创新平衡性的冲击，使原先的倒U形状更为平缓，研究命题4c通过了检验。企业所得税增长率与双元创新联合性在任何生命阶段中都不存在显著关系。交乘项在成熟阶段与双元创新联合性负相关，说明政府减没有抑制环境波动性二次方对其冲击，其他两个生命阶段都不存在显著的关系。研究命题3c、研究命题4c都没有通过检验。

（8）中介效应的检验

流转税增长率和企业所得税增长率对被解释变量四维度指标存在不同的影响。现在的问题是流转税增长率和企业所得税增长率是通过什么途径来影响四维度指标的？是通过哪些变量传递到被解释变量的，下面进行中介效应检验。

根据已有理论的分析，政府减税是通过降低企业成本，缓解现金流量来提升企业的创新能力。本节假定企业自由现金流是政府减税与四类被解释变量之间的中介变量，依此展开检验。企业自有现金流的测算方法是：（净利润+所得税费用+财务费用）×净利润/(净利润+所得税费用)+固定资产折旧、油气资产折耗、生产性生物资产折旧+无形资产摊销+长期待摊费用摊销-筹资活动产生的现金流量净额-（流动资产合计-流动负债合计）。中介效应检验中的各个系数以及Sobel显著水平汇总列示于表6-28中。

表6-28　Sobel中介效应检验统计表

	Coef	Std Err	Z	P>|Z|
Sobel	0.238***	0.0370	6.434	1.245e-10
Goodman-1（Aroian）	0.238***	0.0371	6.419	1.372e-10
Goodman-2	0.238***	0.0369	6.448	1.130e-10
a coefficient	-7.1e+10***	5.5e+09	-12.747	0.000
b coefficient	-3.4e-12***	4.5e-13	-7.453	9.1e-14
Indirect effect	0.238**	0.0370	6.434	1.2e-10
Direct effect	-2.589***	0.4394	-5.893	3.8e-09
Total effect	-2.351***	0.4385	-5.359	8.3e-08

注：Standard errors in parentheses，* $p<0.05$，** $p<0.01$，*** $p<0.001$。

表6-28显示，Sobel检验系数显著，Goodman-1（Aroian）检验系数显著，Goodman-2检验系数显著，a coefficient检验系数显著，b coefficient检验系数显著，Indirect effect、Direct effect以及Total effect显著。Sobel中介效应的调节效应、直接效应、间接效应汇总列示于表6-29中。

表6-29　Sobel中介效应统计表

类别	数值
Proportion of total effect that is mediated	-0.103
Ratio of indirect to direct effect	-0.092
Ratio of total to direct effect	0.908

表6－29显示，Sobel中介效应显著，其中调节效应为－0.103，间接效应为－0.092，直接效应为0.908。同时，流转税增长率也是通过自由现金流来影响其他三个被解释变量的，此处不再赘述。企业所得税增长率也是通过自由现金流来影响探索性创新的，其中介效应与流转税的中介效应基本一致，在此不再重复。同时，公司所得税增长率也是通过自由现金流来影响其他三个被解释变量的，此处不再赘述。

6.1.4 研究结论

本节主要分析了流转税增长率和企业所得税增长率对双元创新的调节作用。流转税增长率与探索性创新、与利用性创新不存在显著关系。环境波动性二次方与两类数据负相关。环境波动性二次方与流转税增长率的交乘项和两类数据都不存在显著关系。流转税增长率与双元创新平衡性呈负相关关系，流转税增长率与双元创新联合性不存在显著的关系。环境波动性二次方与流转税增长率的交乘项仅与双元创新平衡性正相关，说明政府减税抑制了环境波动性二次方对双元创新平衡性的冲击。使原先的倒U形状更为平缓。环境波动性二次方与流转税增长率的交乘项和双元创新联合性不存在显著关系。企业所得税增长率与探索性创新、与利用性创新不存在显著关系；交乘项与两者也不存在显著关系。企业所得税增长率与双元创新平衡性，双元创新联合性不存在显著的关系，交乘项与两者不存在显著关系。

产权异质性的检验结论是，流转税增长率与其他属性企业的利用性创新正相关，政府在流转税方面的减税能起到抑制作用，交乘项回归的符号与预期相反。流转税增长率与国有企业、民营企业的探索性创新、利用性创新不存在显著关系。流转税增长率与双元创新平衡性、双元创新联合性都不存在显著关系，交乘项也不存在显著关系。在国有企业中，企业所得税增长率与探索性创新正相关，与预期的符号相反；交乘项也与预期符号相反。在民营企业中，不存在显著关系，在其他属性的企业中负相关，交乘项也不存在显著关系。企业所得税增长率与利用性创新不存在显著关系，交乘项也不存在显著关系。企业所得税增长率在三类企业中与双元创新平衡性、双元创新联合性不存在显著关系。只有在国有企业中，交乘项与双元创新联合性存在负相关关系，和预期符号相反。

无论垄断与否，流转税增长率与探索性创新、利用性创新都不存在显著关系；交乘项也不存在显著关系。流转税增长率与非垄断行业的双元创新平衡性负相关，交乘项呈正相关关系，说明流转税增长率促进了双元创新平衡性的发展，流转税增长率也抑制了环境波动性二次方对双元创新平衡性的冲击，使原先的倒 U 形状更为平缓。流转税增长率与垄断行业的双元创新平衡性不存在显著关系，交乘项也不存在显著关系。无论垄断与否，流转税增长率与双元创新联合性都不存在显著关系，交乘项也不存在显著关系。企业所得税增长率与垄断行业的探索性创新负相关，企业所得税增长率促进了垄断行业的探索性创新的增加，交乘项与垄断行业的探索性创新正相关，交乘项抑制了环境波动性二次方对探索性创新的冲击，促进了垄断行业探索性创新的增加，使原先的倒 U 形状更为平缓。企业所得税增长率与垄断行业的利用性创新负相关，企业所得税增长率促进了垄断行业的利用性创新，交乘项与垄断行业的利用性创新正相关，交乘项抑制了环境波动性二次方对利用性创新的冲击，使原先的倒 U 形状更为平缓。其他情况下都不显著。企业所得税增长率与垄断行业的双元创新平衡性负相关，说明企业所得税减税促进了双元创新平衡性的增加，交乘项与垄断行业的双元创新平衡性正相关，说明企业所得税减税抑制了环境波动性二次方对双元创新平衡性的冲击，使原先的倒 U 形状更为平缓。企业所得税增长率与垄断行业的双元创新联合性负相关，说明企业所得税减税促进了垄断行业双元创新联合性的增加，交乘项与垄断行业的双元创新联合性不存在显著关系。其他情况下都不显著。

专精特新异质性检验的结论是，流转税增长率与探索性创新、利用性创新不存在显著关系，交乘项也不存在显著关系。流转税增长率对双元创新平衡性、双元创新联合性不存在显著关系，交乘项也不存在显著关系。不管专精特新与否，企业所得税增长率与探索性创新、利用性创新都不存在显著关系；交乘项也不存在显著关系。在专精特新行业中，企业所得税增长率与双元创新平衡性负相关，政府减税促进了双元创新平衡性的发展，但是交乘项不显著。在非专精特新行业中，企业所得税增长率与双元创新平衡性不存在显著关系，交乘项也不显著。不管专精特新与否，企业所得税增长率与双元创新联合性都不存在显著关系，交乘项也不显著。

生命周期视角实证结果是，仅在成长期，流转税增长率与探索性创新、利用性创新负相关。在成长期，政府减税促进了探索性创新、利用性创新发展。在成熟阶段、衰退阶段流转税增长率与探索性创新、利用性创新不存在显著关系。只有在成长阶段，交乘项与利用性创新正相关，在成熟期与利用性创新负相关。其他生命阶段中，交乘项都不存在显著关系。流转税增长率在成长阶段与双元创新平衡性负相关，说明国家减税促进了双元创新平衡性的增加，在成熟阶段和衰退阶段不显著；交乘项在成长阶段与双元创新平衡性正相关，在成长阶段国家减税抑制了环境波动性二次方对双元创新平衡性的冲击。流转税增长率在成长阶段与双元创新联合性负相关，说明国家减税促进了双元创新联合性的增加；其他生命阶段中不显著。交乘项在任何阶段中都与双元创新联合性不存在显著关系。在任何生命阶段中，企业所得税增长率与探索性创新都不存在显著关系。企业所得税增长率与利用性创新仅在衰退阶段负相关，说明国家减税对利用性创新在衰退阶段具有促进作用。交乘项仅与利用性创新在衰退阶段正相关，说明国家减税对利用性创新仅在衰退阶段抑制了环境波动性二次方对利用性创新的冲击，使原先的倒 U 形状更为平缓。交乘项与探索性在成熟阶段负相关，说明政府减税抑制了探索性创新，调节作用的符号和预期相反，在其他生命阶段不存在显著的关系。企业所得税增长率与双元创新平衡性在衰退阶段呈负相关关系，说明国家减税促进了企业在衰退阶段的双元创新平衡性发展。交乘项在衰退阶段呈正相关关系，说明国家减税抑制了环境波动性二次方对双元创新平衡性的冲击，使原先的倒 U 形状更为平缓。企业所得税增长率与双元创新联合性在任何生命阶段中都不存在显著关系，交乘项在成熟阶段与双元创新负相关，其他阶段不显著。

中介效应检验的结论是，企业流转税增长率通过自由现金流来影响被解释变量的四个指标。企业所得税增长率也是通过自由现金流来影响被解释变量的四个指标的。

6.2 政府减税对主板公司的调节效应

6.2.1 理论分析与研究命题

本部分的内容与6.1.1的表述基本相同，此处不再赘述。

6.2.2 研究设计

变量选取与模型设定的相关要求与6.1.2一样，为了使口径一致，实证检验具有可比性，此处不做修改。在样本选取方面，本节剔除了金融业、房地产业、其他金融业的公司；剔除ST、*ST、PT公司，删除B股公司；删除连续上市不满两年的公司，删除数据缺失严重的公司；删除资产负债率大于1的公司；最终得到主板公司2376家14年间的非平衡面板数据，公司—年度的观测个数是23102。双元创新数据主要是手工收集，其他数据均来自RESSET金融研究数据库、CNRDS数据库、CSMAR数据库、Wind数据库、公司官方网站以及2007—2021年《中国统计年鉴》。

第4章主板公司的基准检验表明，环境波动性与探索性创新负相关，与其他三类指标呈倒U关系。在提出命题、构建模型时，重点检验探索性创新中政府减对环境波动性的调节作用，以及其他三类指标中政府减对环境波动性二次方的调节作用。

6.2.3 实证研究

（1）描述性统计

本节主要变量是流转税增长率和企业所得税增长率，其描述性统计如表6－30所示。

表 6－30　　主要变量的描述性统计

Variables	Obs	Mean	Std. Dev.	Min	Max	Skew.	Kurt.
tuovtx	23102	0.012	0.022	－0.544	0.850	8.930	248.928
crpintx	21925	0.120	3.614	－426.291	91.81	－89.869	9750.624

由表 6－30 的结果可知，流转税增长率的均值是 0.012，最小值是－0.544，最大值是 0.850，标准差是 0.022，流转税增长率的偏度和峰度数据显示其呈右偏高峰型分布。企业所得税增长率的均值是 0.120，最小值是－426.291，最大值是 91.81，标准差是 3.614，偏度和峰度数据显示其呈左偏高峰型分布。

（2）面板数据的组间差异与组内差异分析

在描述性分析之后，本节继续探讨面板数据的组内差异和组间差异问题，主要变量的组内差异和组间差异汇总列示于表 6－31 中。

表 6－31　　主要变量的组内差异与组间差异统计表

Variables		Mean	Std. Dev.	Min	Max	Observations
tuovtx	overall	0.010	0.019	－0.544	0.850	N＝23102
	between		0.017	0.000	0.192	n＝3276
	within		0.013	－0.544	0.707	T＝9.320
crpintx	overall	0.120	3.614	－426.291	91.810	N＝21925
	between		1.233	－53.027	13.248	n＝3273
	within		3.411	－373.144	78.682	T＝8.439

流转税增长率的组内差异即每个上市公司在 14 年间的时间差异的标准差是 0.013，组间差异在 14 年间的个体差异标准差是 0.017，说明 2376 家上市公司在 14 年间的年度波动（纵向波动）小于每个上市公司之间的波动（横向波动）。企业所得税增长率的组内差异即每个上市公司在 14 年间的时间差异的标准差是 3.411，组间差异在 14 年间的个体差异标准差是 1.233，说明在 14 年间的年度波动（纵向波动）大于每个上市公司之间的波动（横向波动）。

（3）主要变量的进一步描述性分析

流转税增长率和企业所得税增长率是本节的主要变量，流转税增长率在描述性统计、组间差异与组内差异分析基础上，再次利用核密度图来展示公司流转税增长率的分布状况，具体如图 6－14 所示。

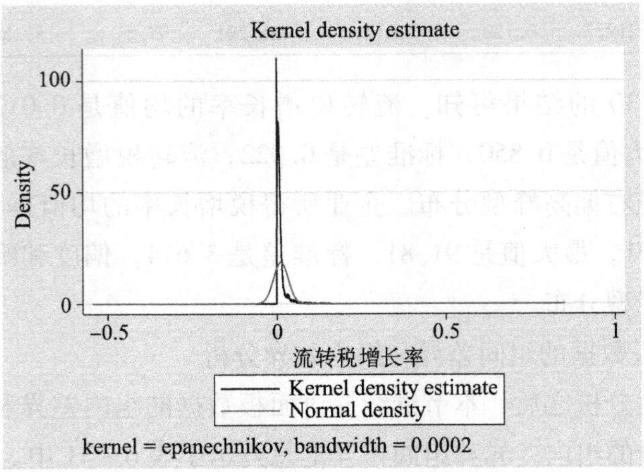

图 6－14　流转税增长率的核密度函数分布图

和正态分布的密度线相比（即图 6－14 中的虚线），流转税增长率呈高峰状态分布，在坐标（0，125）处是峰值，整体呈右偏高峰状态。

企业所得税增长率在描述性统计、组间差异与组内差异分析基础上，本节再次利用核密度图来展示企业所得税的分布状况，具体如图 6－15 所示。

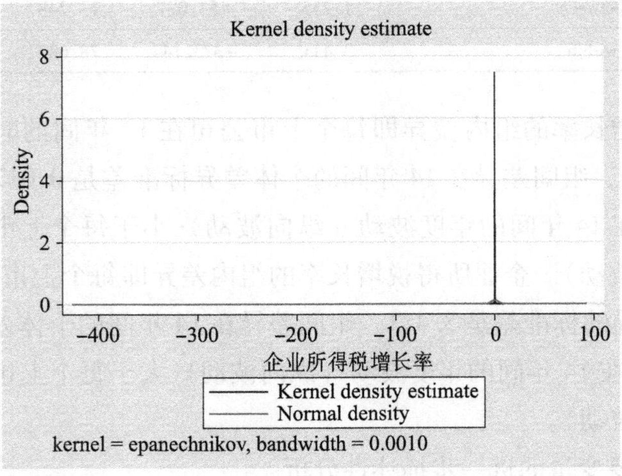

图 6－15　企业所得税增长率的核密度函数分布图

图6－15显示，企业所得税增长率的核密度线在（0，7.5）处出现一个峰值，整体呈现左偏高峰分布状况。

（4）相关性分析

为了检查参与回归的主要变量之间是否存在多重共线性问题，需对企相关性进行考察，在考察流转税增长率对双元创新的影响时，涉及的变量相关性汇总在表6－32中。

表6－32显示，探索性创新和人均GDP不变价格正相关，和滞后经济景气指数正相关，和董监高薪酬正相关，和每股税前现金股利正相关，和独立董事比率正相关，和公司规模正相关。与资本密集度负相关，与经营活动现金流量带息债务比负相关，与赫芬达尔—赫希曼指数负相关，与总资产增长率负相关，与流转税税率负相关。任意两个变量之间相关系数的绝对值没有超过0.700。说明不存在多重共线性问题。

下面考察企业所得税增长率与双元创新各变量相关系数是否存在多重共线性问题，涉及的变量相关性汇总在表6－33中。

表6－33显示，探索性创新和人均GDP不变价格、领先经济景气指数、董监高薪酬、S指数等正相关。探索性创新和总资产增长率、赫芬达尔—赫希曼指数、留存收益率、企业所得税税率负相关。任意两个变量之间相关系数的绝对值没有超过0.462。说明不存在多重共线性问题，适合做下一步的检验。

为了稳健起见，再从方差膨胀因子方面分析主要变量之间是否存在多重共线性现象，流转税增长率为解释变量的检验结果如表6－34所示。

表6－34显示，流转税增长率为解释变量的变量中，从方差膨胀因子检验来看，主要变量的膨胀因子小于10，再次证明任意变量之间不存在多重共线性问题，适合做下一步的实证检验。

为了稳健起见，再从方差膨胀因子方面分析主要变量之间是否存在多重共线性现象，企业所得税增长率为解释变量的检验结果如表6－35所示。

表6－35显示，企业所得税增长率为解释变量的变量中，从方差膨胀因子检验来看，主要变量的膨胀因子小于10，再次证明任意变量之间不存在多重共线性问题，适合做下一步的实证检验。

表 6-32　　流转税增长率及主要变量相关系数矩阵表

Variables	(1)	(2)	(3)	(4)	(5)	(6)	(7)	(8)	(9)	(10)	(11)	(12)
(1) prat_w	1.000											
(2) gdppercptcp	0.268	1.000										
(3) laggindex	0.078	0.462	1.000									
(4) dsmsalary	0.153	0.125	0.061	1.000								
(5) capaccum	-0.045	-0.131	-0.007	-0.057	1.000							
(6) csdvpshbtax	0.028	0.070	0.060	0.046	0.185	1.000						
(7) cfopibd	-0.002	0.012	0.021	-0.011	0.021	0.226	1.000					
(8) indrcrat	0.078	-0.074	-0.094	0.307	-0.005	-0.008	-0.005	1.000				
(9) hhi_sale	-0.088	-0.012	-0.004	-0.014	-0.014	-0.052	-0.011	-0.036	1.000			
(10) sizeast	0.065	0.074	0.038	0.244	0.023	0.073	-0.016	0.135	0.008	1.000		
(11) astgrw	-0.034	-0.128	-0.003	-0.041	0.700	0.196	0.044	0.005	-0.022	0.038	1.000	
(12) tuovtx	-0.038	-0.002	0.003	-0.013	-0.021	0.075	0.093	-0.026	0.060	0.063	-0.022	1.000

表 6-33　　企业所得税增长率及主要变量相关系数表

Variables	(1)	(2)	(3)	(4)	(5)	(6)	(7)	(8)	(9)	(10)	(11)
(1) prat_w	1.000										
(2) gdppercptcp	0.268	1.000									
(3) leadindex	0.078	0.462	1.000								

续表

Variables	(1)	(2)	(3)	(4)	(5)	(6)	(7)	(8)	(9)	(10)	(11)
(4) exfctprindx	-0.038	-0.099	-0.011	1.000							
(5) hhi_sale	-0.088	-0.012	-0.004	0.000	1.000						
(6) mshrrat	0.016	0.036	0.011	0.036	-0.041	1.000					
(7) dsmsalary	0.153	0.125	0.061	0.004	-0.014	-0.053	1.000				
(8) astgrw	-0.034	-0.128	-0.003	0.057	-0.022	0.144	-0.041	1.000			
(9) indexs	0.045	0.139	0.084	0.040	-0.026	0.210	0.198	0.086	1.000		
(10) rtnyld	-0.009	-0.008	0.006	0.013	0.014	-0.034	-0.012	0.010	-0.014	1.000	
(11) crpintx	-0.005	-0.007	0.000	-0.009	0.005	-0.002	-0.002	0.003	0.001	-0.015	1.000

表 6-34　流转税增长率及主要变量的方差膨胀因子汇总表

Variables	capaccum	astgrw	gdppercptcp	laggindex	dsmsalary	csdvpshbtax	indrcrat	sizeast	cfopibd	tuovtx	hhi_sale
Vif	3.58	3.57	1.38	1.31	1.21	1.15	1.14	1.13	1.06	1.04	1.01
Mean vif	1.62										

表 6-35　主要变量的方差膨胀因子汇总表

Variables	gdppercptcp	leadindex	indexs	mshrrat	astgrw	dsmsalary	exfctprindx	hhi_sale	rtnyld	crpintx
Vif	1.41	1.35	1.10	1.10	1.09	1.05	1.03	1.03	1.02	1.01
Mean vif	1.20									

（5）基准检验

本部分分别检验流转税增长率和企业所得税增长率对被解释变量四类指标的影响。在基准检验中，都采用广义最小二乘法的随机模型进行数据处理，其中流转税增长率对探索性创新、利用性创新影响的汇总统计如表6-36所示。本表检验流转税增长率对探索性创新中环境波动性的调节作用，及流转税增长率对利用性创新中环境波动性二次方的调节作用。

表6-36　流转税增长率对探索性创新、利用性创新影响的汇总统计表

	(1)	(2)	(3)	(4)	(5)	(6)
	prat_w	prat_w	prat_w	pita	pita	pita
gdppercptcp	0.301***	0.363***	0.362***	0.106***	0.147***	0.147***
	[59.88]	[43.39]	[43.37]	[39.54]	[32.87]	[32.86]
laggindex	-0.007***	-0.001	-0.001	-0.000	0.004***	0.004***
	[-2.81]	[-0.29]	[-0.29]	[-0.29]	[2.73]	[2.73]
dsmsalary_w	0.028***	0.030***	0.030***	0.017***	0.018***	0.018***
	[8.63]	[9.21]	[9.21]	[9.61]	[10.34]	[10.34]
capaccum_w	0.005	-0.003	-0.003	0.004	-0.001	-0.001
	[0.19]	[-0.12]	[-0.12]	[0.32]	[-0.06]	[-0.06]
csdvpshbtax_w	-0.047	-0.039	-0.039	-0.028	-0.023	-0.023
	[-0.86]	[-0.73]	[-0.73]	[-0.96]	[-0.80]	[-0.80]
cfopibd_w	-0.000	-0.000	-0.000	-0.000	0.000	0.000
	[-0.17]	[-0.07]	[-0.07]	[-0.09]	[0.05]	[0.05]
indrcrat_w	0.001*	0.002**	0.002**	-0.001**	-0.001*	-0.001*
	[1.80]	[2.26]	[2.27]	[-2.27]	[-1.70]	[-1.70]
hhi_sale_w	-29.981***	-30.362***	-30.353***	-13.784***	-14.024***	-14.024***
	[-4.57]	[-4.63]	[-4.63]	[-4.41]	[-4.49]	[-4.49]
sizeast_w	0.014***	0.015***	0.015***	0.006***	0.007***	0.007***
	[4.29]	[4.51]	[4.51]	[3.66]	[3.88]	[3.88]
astgrw_w	0.082**	0.072**	0.071**	0.047**	0.039**	0.039**
	[2.34]	[2.04]	[2.04]	[2.48]	[2.11]	[2.11]
tuovtx_w	-0.001***	-0.001***	-0.001	-0.000	-0.000	-0.000
	[-2.61]	[-2.69]	[-1.31]	[-1.09]	[-1.19]	[-0.42]

续表

	(1)	(2)	(3)	(4)	(5)	(6)
	prat_w	prat_w	prat_w	pita	pita	pita
cbnepu		-0. 046 ***	-0. 046 ***		-0. 030 ***	-0. 030 ***
		[-9. 17]	[-9. 16]		[-11. 38]	[-11. 38]
c_tuvtpu			0. 000			
			[0. 42]			
c_tuvtpusq						0. 000
						[0. 01]
_cons	0. 212	-0. 573 **	-0. 573 **	0. 137	-0. 383 ***	-0. 383 ***
	[0. 83]	[-2. 12]	[-2. 12]	[1. 00]	[-2. 66]	[-2. 66]
N	19312	19312	19312	19312	19312	19312
r^2_w	0. 222	0. 225	0. 225	0. 121	0. 127	0. 127
r^2_b	0. 009	0. 010	0. 010	0. 007	0. 010	0. 010
r^2_o	0. 075	0. 087	0. 097	0. 051	0. 065	0. 0/5
N_g	2373. 000	2373. 000	2373. 000	2373. 000	2373. 000	2373. 000
chi^2	4798. 650	4905. 889	4905. 982	2332. 141	2478. 816	2478. 750
t statistics in brackets						
* $p < 0.1$	** $p < 0.05$	*** $p < 0.01$				

表 6 - 36 显示，流转税增长率与探索性创新不存在显著的关系，交乘项不存在显著的关系。流转税增长率与利用性创新不存在显著关系，交乘项也不存在显著的关系；因此研究命题 1b 未通过检验。流转税增长率对双元创新平衡性、联合性影响的汇总统计如表 6 - 37 所示。本表检验流转税增长率对双元创新平衡性及联合性中环境波动性二次方的调节作用。

表 6 - 37　　流转税增长率对双元创新平衡性、联合性影响统计表

	(1)	(2)	(3)	(4)	(5)	(6)
	dubln	dubln	dubln	ducmb	ducmb	ducmb
gdppercptcp	0. 014 ***	0. 035 ***	0. 035 ***	0. 537 ***	0. 693 ***	0. 693 ***
	[7. 48]	[10. 90]	[10. 89]	[54. 73]	[42. 67]	[42. 65]

续表

	(1)	(2)	(3)	(4)	(5)	(6)
	dubln	dubln	dubln	ducmb	ducmb	ducmb
laggindex	-0.001	0.001	0.001	-0.013***	0.003	0.003
	[-1.13]	[1.05]	[1.05]	[-2.62]	[0.64]	[0.64]
dsmsalary_w	-0.003**	-0.002*	-0.002*	0.042***	0.047***	0.047***
	[-2.31]	[-1.88]	[-1.88]	[6.58]	[7.36]	[7.36]
capaccum_w	-0.001	-0.003	-0.003	0.013	-0.007	-0.007
	[-0.10]	[-0.33]	[-0.33]	[0.27]	[-0.14]	[-0.14]
csdvpshbtax_w	-0.026	-0.024	-0.023	-0.116	-0.097	-0.097
	[-1.46]	[-1.31]	[-1.31]	[-1.09]	[-0.92]	[-0.92]
cfopibd_w	0.000	0.000	0.000	-0.002	-0.002	-0.002
	[0.93]	[1.16]	[1.16]	[-1.31]	[-1.18]	[-1.17]
indrcrat_w	-0.001***	-0.001**	-0.001**	-0.004***	-0.003***	-0.003***
	[-3.23]	[-2.55]	[-2.54]	[-3.26]	[-2.66]	[-2.66]
hhi_sale_w	-3.382***	-3.461***	-3.461***	-36.431***	-37.420***	-37.411***
	[-2.64]	[-2.71]	[-2.71]	[-2.73]	[-2.80]	[-2.80]
sizeast_w	-0.001	-0.001	-0.001	0.020***	0.022***	0.022***
	[-0.70]	[-0.87]	[-0.87]	[3.03]	[3.33]	[3.33]
astgrw_w	0.017	0.013	0.013	0.143**	0.116*	0.115*
	[1.37]	[1.06]	[1.05]	[2.09]	[1.70]	[1.70]
tuovtx_w	-0.000***	-0.000***	-0.000	-0.002**	-0.002**	-0.002
	[-2.73]	[-2.81]	[-1.07]	[-2.41]	[-2.52]	[-1.08]
cbnepu		-0.015***	-0.015***		-0.117***	-0.117***
		[-8.05]	[-8.05]		[-12.02]	[-12.02]
c_tuvtpusq			0.000			0.000
			[0.35]			[0.23]
_cons	0.679***	0.418***	0.419***	0.237	-1.766***	-1.767***
	[7.00]	[4.10]	[4.11]	[0.47]	[-3.36]	[-3.36]
N	14790	14790	14790	19312	19312	19312
r^2_w	0.019	0.022	0.032	0.192	0.198	0.198
r^2_b	0.000	0.002	0.002	0.001	0.001	0.001
r^2_o	0.013	0.027	0.037	0.050	0.054	0.054

续表

	(1)	(2)	(3)	(4)	(5)	(6)
	dubln	dubln	dubln	ducmb	ducmb	ducmb
N_g	2226.000	2226.000	2226.000	2373.000	2373.000	2373.000
chi^2	94.648	159.829	159.931	3958.422	4136.859	4136.750
t statistics in brackets						
* p<0.1	** p<0.05	*** p<0.01				

表6-37显示，流转税增长率与双元创新平衡性不存在显著的关系，交乘项不存在显著的关系。流转税增长率与双元创新联合性不存在显著的关系，交乘项不存在显著关系。企业所得税增长率对探索性创新、利用性创新影响的汇总统计如表6-38所示。本表检验企业所得税增长率对探索性创新中环境波动性的调节作用，以及对利用性创新中环境波动性二次方的调节作用。

表6-38　企业所得税增长率对探索性创新、利用性创新影响汇总统计表

	(1)	(2)	(3)	(4)	(5)	(6)
	prat_w	prat_w	prat_w	pita	pita	pita
gdppercptcp	0.340 ***	0.393 ***	0.393 ***	0.137 ***	0.167 ***	0.167 ***
	[65.34]	[48.08]	[48.08]	[49.94]	[38.69]	[38.69]
leadindex	-0.030 ***	-0.022 ***	-0.022 ***	-0.023 ***	-0.019 ***	-0.019 ***
	[-11.21]	[-7.57]	[-7.58]	[-16.43]	[-12.26]	[-12.26]
exfctprindx	-0.003 *	-0.003	-0.003	0.004 ***	0.004 ***	0.004 ***
	[-1.65]	[-1.64]	[-1.64]	[4.35]	[4.37]	[4.37]
hhi_sale_w	-26.630 ***	-27.229 ***	-27.218 ***	-13.195 ***	-13.528 ***	-13.532 ***
	[-4.08]	[-4.18]	[-4.17]	[-4.21]	[-4.32]	[-4.32]
mshrrat_w	-0.001	-0.026 ***	-0.026 ***	-0.006	-0.020 ***	-0.020 ***
	[-0.11]	[-3.22]	[-3.21]	[-1.53]	[-4.73]	[-4.73]
dsmsalary_w	0.029 ***	0.030 ***	0.030 ***	0.015 ***	0.016 ***	0.016 ***
	[8.24]	[8.68]	[8.68]	[8.28]	[8.74]	[8.74]
astgrw_w	0.022	0.017	0.017	0.038 ***	0.036 ***	0.036 ***
	[0.98]	[0.79]	[0.80]	[3.31]	[3.12]	[3.12]

续表

	(1)	(2)	(3)	(4)	(5)	(6)
	prat_w	prat_w	prat_w	pita	pita	pita
indexs_w	-0.052	-0.001	-0.000	0.000	0.029	0.029
	[-0.68]	[-0.01]	[-0.00]	[0.00]	[0.73]	[0.73]
rtnyld	-0.001	-0.000	-0.000	0.005	0.005 *	0.005 *
	[-0.13]	[-0.08]	[-0.08]	[1.59]	[1.65]	[1.66]
crpintx	-0.013 **	-0.013 **	-0.007	-0.005	-0.005	-0.007
	[-2.01]	[-2.03]	[-0.54]	[-1.36]	[-1.38]	[-0.95]
cbnepu		-0.047 ***	-0.047 ***		-0.027 ***	-0.027 ***
		[-8.36]	[-8.19]		[-8.97]	[-8.92]
c_crptpu			-0.003			
			[-0.51]			
c_crptpusq						0.001
						[0.31]
_cons	3.014 ***	2.079 ***	2.077 ***	2.095 ***	1.565 ***	1.565 ***
	[9.62]	[6.26]	[6.25]	[12.64]	[8.91]	[8.91]
N	18853	18853	18853	18853	18853	18853
r^2_w	0.255	0.257	0.257	0.158	0.162	0.162
r^2_b	0.012	0.013	0.013	0.009	0.009	0.009
r^2_o	0.087	0.099	0.189	0.062	0.083	0.143
N_g	2368.000	2368.000	2368.000	2368.000	2368.000	2368.000
chi^2	5596.005	5689.373	5689.279	3075.204	3170.678	3170.458
t statistics in brackets						
* p<0.1		** p<0.05		*** p<0.01		

表6-38显示，企业所得税增长率与探索性创新不存在显著的关系，交乘项不存在显著关系。企业所得税增长率与利用性创新不存在显著关系，交乘项也不存在显著的关系。企业所得税增长率对双元创新平衡性、联合性影响的汇总统计如表6-39所示。本表检验企业所得税增长率对双元创新平衡性及联合性中环境波动性二次方的调节作用。

表 6－39　企业所得税增长率对双元创新平衡性、联合性影响统计表

	(1)	(2)	(3)	(4)	(5)	(6)
	dubln	dubln	dubln	ducmb	ducmb	ducmb
gdppercptcp	0. 027 ***	0. 041 ***	0. 041 ***	0. 631 ***	0. 755 ***	0. 755 ***
	[13. 34]	[12. 99]	[12. 99]	[62. 57]	[47. 82]	[47. 81]
leadindex	－0. 009 ***	－0. 007 ***	－0. 007 ***	－0. 079 ***	－0. 059 ***	－0. 059 ***
	[－8. 97]	[－6. 45]	[－6. 44]	[－15. 28]	[－10. 75]	[－10. 75]
exfctprindx	0. 002 ***	0. 002 ***	0. 002 ***	0. 011 ***	0. 011 ***	0. 011 ***
	[3. 42]	[3. 08]	[3. 08]	[3. 56]	[3. 60]	[3. 60]
hhi_sale_w	－3. 369 ***	－3. 476 ***	－3. 477 ***	－31. 573 **	－33. 003 **	－33. 000 **
	[－2. 59]	[－2. 67]	[－2. 67]	[－2. 38]	[－2. 49]	[－2. 49]
mshrrat_w	0. 003	－0. 001	－0. 001	－0. 033 **	－0. 093 ***	－0. 093 ***
	[1. 47]	[－0. 53]	[－0. 53]	[－2. 25]	[－5. 92]	[－5. 91]
dsmsalary_w	－0. 001	－0. 001	－0. 001	0. 038 ***	0. 042 ***	0. 042 ***
	[－1. 01]	[－0. 80]	[－0. 80]	[5. 63]	[6. 18]	[6. 18]
astgrw_w	0. 004	0. 003	0. 003	0. 080 *	0. 070 *	0. 070 *
	[0. 54]	[0. 42]	[0. 42]	[1. 89]	[1. 67]	[1. 67]
indexs_w	－0. 086 ***	－0. 073 ***	－0. 073 ***	－0. 171	－0. 050	－0. 050
	[－3. 33]	[－2. 83]	[－2. 83]	[－1. 15]	[－0. 34]	[－0. 34]
rtnyld	－0. 001	－0. 000	－0. 000	0. 006	0. 006	0. 006
	[－0. 32]	[－0. 25]	[－0. 25]	[0. 51]	[0. 59]	[0. 59]
crpintx	－0. 000	－0. 000	－0. 002	－0. 031 **	－0. 031 **	－0. 030
	[－0. 21]	[－0. 21]	[－0. 48]	[－2. 43]	[－2. 46]	[－1. 13]
cbnepu		－0. 012 ***	－0. 012 ***		－0. 111 ***	－0. 111 ***
		[－5. 87]	[－5. 87]		[－10. 20]	[－10. 08]
c_crptpusq			0. 001			－0. 001
			[0. 43]			[－0. 07]
_cons	1. 185 ***	0. 961 ***	0. 961 ***	5. 904 ***	3. 701 ***	3. 700 ***
	[10. 17]	[7. 85]	[7. 85]	[9. 74]	[5. 77]	[5. 77]
N	14352	14352	14352	18853	18853	18853
r^2_w	0. 018	0. 020	0. 020	0. 228	0. 232	0. 232
r^2_b	0. 002	0. 001	0. 001	0. 003	0. 004	0. 004
r^2_o	0. 018	0. 020	0. 030	0. 065	0. 088	0. 098

续表

	(1)	(2)	(3)	(4)	(5)	(6)
	dubln	dubln	dubln	ducmb	ducmb	ducmb
N_g	2213.000	2213.000	2213.000	2368.000	2368.000	2368.000
chi^2	211.563	246.654	246.788	4799.604	4933.793	4933.438
t statistics in brackets						
* p<0.1	** p<0.05	*** p<0.01				

表6-39显示，企业所得税增长率与双元创新平衡性不存在显著关系，交乘项也不存在显著的关系。企业所得税增长率与双元创新联合性不存在显著的关系，交乘项不存在显著的关系。

（6）异质性检验

下面进行产权异质性、垄断异质性、专精特新异质性的检验。所有异质性检验都采用广义最小二乘法的随机模型进行数据处理，先进行产权异质性的检验，为了便于实证分析，本节将企业属性划分为国有企业、民营企业与其他企业进行检验。流转税增长率对探索性创新、利用性创新不同产权统计的影响如表6-40所示。

表6-40　流转税增长率对探索性创新、利用性创新的不同产权统计表

	soes	prts	oths	soes	prts	oths
	prat_w	prat_w	prat_w	pita	pita	pita
tuovtx_w	-0.002	0.000	0.023	-0.000	0.000	0.017
	[-1.39]	[0.07]	[1.13]	[-0.54]	[0.35]	[1.44]
cbnepu	-0.045***	-0.052***	-0.021	-0.027***	-0.034***	-0.015*
	[-6.00]	[-6.93]	[-1.34]	[-6.79]	[-8.35]	[-1.74]
c_tuvtpu	0.000	0.000	-0.005			
	[0.24]	[0.28]	[-0.98]			
c_tuvtpusq				-0.000	-0.000	-0.004
				[-0.00]	[-0.16]	[-1.24]
_cons	-1.873***	0.240	0.475	-0.792***	-0.087	-0.217
	[-4.78]	[0.57]	[0.56]	[-3.79]	[-0.39]	[-0.45]
N	8535	8933	1844	8535	8933	1844

续表

	soes	prts	oths	soes	prts	oths
	prat_w	prat_w	prat_w	pita	pita	pita
r²_w	0.268	0.187	0.148	0.169	0.087	0.091
r²_b	0.030	0.022	0.074	0.035	0.012	0.063
r²_o	0.099	0.069	0.061	0.076	0.038	0.055
N_g	998.000	1317.000	423.000	998.000	1317.000	423.000
chi²	2766.966	1755.532	275.393	1562.635	731.245	168.511
t statistics in brackets						
* p<0.1		** p<0.05		*** p<0.01		

表 6-40 显示，流转税增长率与三类产权企业探索性创新、利用性创新不存在显著关系，交乘项也不存在显著关系。因此所有研究命题都没通过检验。流转税增长率对双元创新平衡性、联合性的不同产权统计的影响如表 6-41 所示。

表 6-41　流转税增长率对双元创新平衡性、联合性的不同产权统计影响表

	soes	prts	oths	soes	prts	oths
	dubln	dubln	dubln	ducmb	ducmb	ducmb
tuovtx_w	-0.001	-0.000	-0.004	-0.003	0.001	0.040
	[-1.19]	[-0.21]	[-0.48]	[-1.00]	[0.16]	[1.02]
cbnepu	-0.010***	-0.018***	-0.021***	-0.112***	-0.128***	-0.076**
	[-3.65]	[-6.39]	[-3.62]	[-7.64]	[-8.80]	[-2.50]
c_tuvtpusq	0.001	-0.000	0.003	-0.000	0.000	-0.009
	[0.85]	[-0.14]	[0.93]	[-0.09]	[0.22]	[-0.84]
_cons	0.197	0.651***	0.362	-3.573***	-0.901	-0.362
	[1.31]	[4.13]	[1.07]	[-4.61]	[-1.12]	[-0.22]
N	6183	7188	1419	8535	8933	1844
r²_w	0.013	0.014	0.023	0.236	0.168	0.116
r²_b	0.005	0.008	0.031	0.020	0.004	0.043
r²_o	0.008	0.009	0.020	0.080	0.045	0.036
N_g	907.000	1219.000	357.000	998.000	1317.000	423.000
chi²	71.060	90.372	34.942	2322.694	1508.842	203.668
t statistics in brackets						
* p<0.1		** p<0.05		*** p<0.01		

表6-41显示，流转税增长率与三类产权企业的双元创新平衡性、双元创新联合性不存在显著关系，交乘项也不存在显著的关系。因此所有研究命题都没有通过检验。企业所得税增长率对探索性创新、利用性创新的产权统计的影响如表6-42所示。

表6-42　企业所得税增长率对探索性创新、利用性创新的产权统计影响表

	soes	prts	oths	soes	prts	oths
	prat_w	prat_w	prat_w	pita	pita	pita
crpintx	0.088 *	-0.016	-0.324	-0.006	-0.004	-0.134
	[1.81]	[-1.10]	[-1.54]	[-0.24]	[-0.57]	[-1.16]
cbnepu	-0.033 ***	-0.060 ***	-0.057 ***	-0.024 ***	-0.031 ***	-0.022 **
	[-3.72]	[-7.07]	[-2.83]	[-5.09]	[-7.01]	[-2.00]
c_crptpu	-0.035 **	0.001	0.084			
	[-2.16]	[0.20]	[1.47]			
c_crptpusq				0.004	-0.001	0.040
				[0.43]	[-0.23]	[1.28]
_cons	2.176 ***	1.995 ***	1.908 *	1.299 ***	1.667 ***	2.123 ***
	[4.28]	[4.18]	[1.84]	[4.84]	[6.60]	[3.72]
N	8106	8941	1806	8106	8941	1806
r^2_w	0.291	0.225	0.170	0.195	0.127	0.135
r^2_b	0.027	0.024	0.079	0.030	0.010	0.064
r^2_o	0.104	0.083	0.063	0.078	0.047	0.061
N_g	990.000	1313.000	425.000	990.000	1313.000	425.000
chi²	2925.372	2216.654	313.792	1745.368	1104.405	241.528
t statistics in brackets						
* $p<0.1$	** $p<0.05$	*** $p<0.01$				

数据显示，企业所得税增长率在民营、其他属性的企业中与探索新创新不存在显著关系。在国有企业中正相关，其交乘项存在负相关系，与预期符号不一致。企业所得税增长率在三类产权的企业中与利用新创新不存在显著关系，交乘项也不存在显著关系。因此，所有研究命题都没有通过检验。企业所得税增长率对双元创新平衡性与联合性产权统计的影响如表6-43所示。

表6-43 企业所得税增长率对双元创新平衡性和联合性的产权统计影响表

	soes	prts	oths	soes	prts	oths
	dubln	dubln	dubln	ducmb	ducmb	ducmb
crpintx	0.002	-0.003	0.055	0.140	-0.045 *	-0.508
	[0.13]	[-0.52]	[0.72]	[1.47]	[-1.67]	[-1.26]
cbnepu	-0.008 **	-0.015 ***	-0.017 **	-0.083 ***	-0.132 ***	-0.128 ***
	[-2.38]	[-4.96]	[-2.28]	[-4.81]	[-8.16]	[-3.28]
c_crptpusq	0.003	0.001	-0.020	-0.064 **	0.006	0.137
	[0.61]	[0.57]	[-0.94]	[-2.04]	[0.60]	[1.25]
_cons	0.709 ***	1.142 ***	1.295 ***	3.628 ***	3.371 ***	6.197 ***
	[3.74]	[6.44]	[3.30]	[3.65]	[3.71]	[3.12]
N	5819	7133	1400	8106	8941	1806
r^2_w	0.019	0.021	0.034	0.259	0.207	0.158
r^2_b	0.005	0.003	0.051	0.018	0.007	0.058
r^2_o	0.019	0.011	0.041	0.086	0.060	0.052
N_g	895.000	1216.000	361.000	990.000	1313.000	425.000
chi^2	93.049	126.074	52.323	2493.004	1962.568	281.549
t statistics in brackets						
* p<0.1		** p<0.05		*** p<0.01		

表6-43显示，企业所得税增长率在三类企业产权属性中都与双元创新平衡性不存在显著关系，交乘项也不存在显著关系。因此，所有研究命题都没有通过检验。企业所得税增长率与民营企业的双元创新联合性负相关，说明国家减税促进了民营企业的双元创新联合性，研究命题3d通过检验。企业所得税增长率与国有企业、其他属性企业的双元创新联合性不存在显著关系，交乘项与国有企业的双元创新联合性负相关，与预期符号不一致。

垄断异质性检验。将上市公司根据垄断程度的不同，划分为垄断行业和非垄断行业，进行垄断行业与非垄断行业异质性的检验，垄断异质性方面流转税减税对探索性创新、利用性创新的影响汇总于表6-44中。

表 6－44　流转税增长率对探索性创新、利用性创新的垄断异质性影响表

	mnp	nomnp	mnp	nomnp
	prat_w	prat_w	pita	pita
tuovtx_w	0.041	－0.002	－0.003	－0.000
	[1.19]	[－1.49]	[－0.16]	[－0.62]
cbnepu	－0.069**	－0.045***	－0.033**	－0.030***
	[－2.51]	[－8.77]	[－2.19]	[－11.03]
c_tuvtpu	－0.013	0.000		
	[－1.32]	[0.64]		
c_tuvtpusq			－0.000	0.000
			[－0.04]	[0.26]
_cons	－1.141	－0.518*	－0.768	－0.358**
	[－0.82]	[－1.88]	[－1.02]	[－2.44]
N	667	18645	667	18645
r^2_w	0.349	0.222	0.272	0.122
r^2_b	0.004	0.019	0.011	0.019
r^2_o	0.075	0.077	0.078	0.054
N_g	62.000	2312.000	62.000	2312.000
chi^2	306.110	4632.455	214.973	2283.911
t statistics in brackets				
* p＜0.1	** p＜0.05	*** p＜0.01		

表 6－44 显示，无论垄断与否，流转税增长率与探索性创新、利用性创新都不存在显著的关系，交乘项也不存在显著的关系。因此，所有研究命题都没有通过检验。垄断异质性方面，流转税增长率对双元创新平衡性、联合性的影响汇总于表 6－45 中。

表 6－45　流转税增长率对双元创新平衡性、联合性影响的垄断统计表

	mnp	nomnp	mnp	nomnp
	dubln	dubln	ducmb	ducmb
tuovtx_w	－0.001	－0.000	0.011	－0.002
	[－0.08]	[－1.07]	[0.15]	[－1.25]

续表

	mnp	nomnp	mnp	nomnp
	dubln	dubln	ducmb	ducmb
cbnepu	-0.018	-0.014***	-0.113**	-0.116***
	[-1.47]	[-7.87]	[-2.07]	[-11.76]
c_tuvtpusq	-0.001	0.000	-0.006	0.000
	[-0.13]	[0.35]	[-0.29]	[0.45]
_cons	0.627	0.410***	-4.394	-1.595***
	[0.98]	[3.96]	[-1.58]	[-2.98]
N	399	14391	667	18645
r^2_w	0.062	0.012	0.304	0.196
r^2_b	0.038	0.001	0.002	0.001
r^2_o	0.047	0.016	0.061	0.054
N_g	54.000	2173.000	62.000	2312.000
chi^2	23.254	148.974	250.002	3935.134
t statistics in brackets				
* p<0.1	** p<0.05	*** p<0.01		

数据显示，无论垄断与否，流转税增长率与双元创新平衡性、双元创新联合性都不存在显著关系，交乘项也不存在显著关系。因此所有研究命题都没有通过检验。垄断异质性方面，企业所得税增长率对探索性创新、利用性创新的影响汇总于表6-46中。

表6-46　企业所得税增长率对探索性创新、利用性创新影响的垄断统计表

	mnp	nomnp	mnp	nomnp
	prat_w	prat_w	pita	pita
crpintx	-0.714**	-0.006	-0.370**	-0.006
	[-2.06]	[-0.44]	[-2.00]	[-0.85]
cbnepu	-0.076**	-0.047***	-0.039**	-0.027***
	[-2.28]	[-8.11]	[-2.20]	[-8.86]
c_crptpu	0.180**	-0.003		
	[1.98]	[-0.61]		

续表

	mnp	nomnp	mnp	nomnp
	prat_w	prat_w	pita	pita
c_crptpusq			0.085 *	0.001
			[1.75]	[0.23]
_cons	2.327	2.090 ***	1.012	1.587 ***
	[1.28]	[6.18]	[1.05]	[8.88]
N	624	18229	624	18229
r^2_w	0.278	0.257	0.249	0.159
r^2_b	0.101	0.012	0.079	0.009
r^2_o	0.117	0.089	0.121	0.062
N_g	62.000	2307.000	62.000	2307.000
chi^2	215.669	5471.166	187.304	2999.975
t statistics in brackets				
* $p<0.1$	** $p<0.05$	*** $p<0.01$		

表6-46显示，企业所得税增长率在垄断行业中与探索性创新、利用性创新负相关，表明国家减税政策对垄断行业的探索性创新、利用性创新具有促进作用，交乘项在垄断行业中正相关，说明国家的减税政策抑制了环境波动性对探索性创新、环境波动性二次方对利用性创新的冲击。研究命题3a、3b、4a以及4b都通过检验。垄断异质性方面，企业所得税增长率对双元创新平衡性、联合性影响汇总于表6-47中。

表6-47　企业所得税增长率对双元创新平衡性、联合性影响的垄断统计表

	mnp	nomnp	mnp	nomnp
	dubln	dubln	ducmb	ducmb
crpintx	-0.588 ***	-0.002	-1.284 *	-0.028
	[-3.31]	[-0.37]	[-1.91]	[-1.06]
cbnepu	-0.021	-0.013 ***	-0.108 *	-0.113 ***
	[-1.42]	[-6.05]	[-1.67]	[-10.12]
c_crptpusq	0.127 ***	0.001	0.254	-0.001
	[3.21]	[0.33]	[1.44]	[-0.13]

续表

	mnp	nomnp	mnp	nomnp
	dubln	dubln	ducmb	ducmb
_cons	2.221***	0.932***	1.228	3.851***
	[2.85]	[7.52]	[0.35]	[5.90]
N	358	13994	624	18229
r^2_w	0.079	0.020	0.218	0.233
r^2_b	0.045	0.001	0.099	0.004
r^2_o	0.047	0.010	0.113	0.068
N_g	54.000	2160.000	62.000	2307.000
chi²	26.470	239.115	159.523	4780.417
t statistics in brackets				
* p<0.1	** p<0.05	*** p<0.01		

表 6-47 显示，企业所得税增长率与垄断行业中双元创新平衡性负相关，说明企业所得税减税政策促进了垄断行业中的双元创新平衡性。企业所得税增长率与垄断行业中双元创新的联合性负相关，说明企业所得税减税政策促进了垄断行业中的双元创新联合性。交乘项在垄断行业中仅与双元创新平衡性正相关，说明企业所得税减税政策抑制了环境波动性二次方对双元创新平衡性的冲击，使原先的倒 U 形状更为平缓。其他情况下都不存在显著关系。研究命题 3c、3d、4c 通过检验。

专精特新异质性的考察。不管专精特新与否，流转税增长率、企业所得税增长率与四类被解释变量都不存在显著关系，交乘项也不存在显著关系。因此，所有研究命题都没有通过检验。

（7）生命周期视角的检验

流转税增长率在不同生命阶段中，对探索性创新、利用性创新的影响汇总于表 6-48 中。此处采用广义最小二乘法的随机模型进行数据处理。

表 6-48 流转税增长率在不同生命阶段对探索性创新、利用性创新影响表

	grw	mtn	rcs	grw	mtn	rcs
	prat_w	prat_w	prat_w	pita	pita	pita
tuovtx_w	-0.002	0.000	0.000	-0.001 *	0.001	0.000
	[-1.27]	[0.04]	[0.13]	[-1.65]	[1.21]	[0.15]
cbnepu	-0.058 ***	-0.037 ***	-0.042 ***	-0.035 ***	-0.031 ***	-0.030 ***
	[-6.74]	[-4.37]	[-3.38]	[-7.87]	[-6.64]	[-4.64]
c_tuvtpu	0.000	-0.000	0.001			
	[0.41]	[-0.22]	[0.71]			
c_tuvtpusq				0.001	-0.001 *	0.000
				[1.31]	[-1.88]	[0.47]
_cons	-0.281	0.021	-1.752 ***	-0.210	-0.020	-0.877 ***
	[-0.66]	[0.04]	[-2.66]	[-0.93]	[-0.08]	[-2.59]
N	8049	7162	4101	8049	7162	4101
r^2_w	0.246	0.220	0.205	0.138	0.127	0.128
r^2_b	0.025	0.025	0.073	0.014	0.020	0.068
r^2_o	0.085	0.067	0.094	0.055	0.048	0.081
N_g	2073.000	1997.000	1564.000	2073.000	1997.000	1564.000
chi^2	1967.748	1493.282	774.193	972.389	786.116	485.145
t statistics in brackets						
* p<0.1	** p<0.05	*** p<0.01				

数据显示，流转税增长率与成长阶段的利用性创新负相关，说明流转税减税促进了利用性创新在成长阶段的发展。研究命题 1d 通过了检验。交乘项与利用性创新在成熟阶段负相关，与预期不一致。利用性创新的其他阶段与流转税增长率不存在显著关系。流转税增长率与探索性创新不存在显著关系，交乘项也不存在显著关系。流转税增长率在不同生命阶段中，对双元创新平衡性、联合性的影响汇总于表 6-49 中。

表 6 – 49　流转税增长率在不同生命阶段对双元创新平衡性、联合性影响表

	grw	mtn	rcs	grw	mtn	rcs
	dubln	dubln	dubln	ducmb	ducmb	ducmb
tuovtx_w	−0.001 *	0.000	0.002	−0.004	0.001	0.002
	[−1.72]	[0.23]	[0.93]	[−1.26]	[0.17]	[0.41]
cbnepu	−0.018 ***	−0.013 ***	−0.014 ***	−0.142 ***	−0.104 ***	−0.107 ***
	[−5.97]	[−4.13]	[−3.12]	[−8.36]	[−6.21]	[−4.53]
c_tuvtpusq	0.000	−0.000	−0.001	0.001	−0.001	0.001
	[1.11]	[−0.63]	[−0.94]	[0.48]	[−0.54]	[0.35]
_cons	0.442 ***	0.235	0.863 ***	−1.762 **	−1.117	−2.444 **
	[2.92]	[1.31]	[3.42]	[−2.08]	[−1.17]	[−1.98]
N	6347	5548	2895	8049	7162	4101
r^2_w	0.017	0.010	0.011	0.226	0.203	0.175
r^2_b	0.009	0.003	0.019	0.009	0.010	0.044
r^2_o	0.010	0.006	0.013	0.062	0.050	0.060
N_g	1810.000	1766.000	1291.000	2073.000	1997.000	1564.000
chi^2	91.417	42.719	42.504	1712.993	1307.760	605.387
t statistics in brackets						
* p <0.1		** p <0.05		*** p <0.01		

数据显示，流转税增长率与成长阶段双元创新平衡性负相关，说明流转税减税促进了成长阶段的双元创新平衡性；研究命题 1c 通过了检验。流转税增长率与其他阶段双元创新平衡性不存在显著关系。交乘项也与双元创新平衡性不存在显著关系。在任何生命阶段中，流转税增长率与双元创新联合性都不存在显著关系，交乘项也不存在显著关系。企业所得税增长率在不同生命阶段中，对探索性创新、利用性创新的影响汇总于表 6 – 50 中。

表 6-50　企业所得税增长率在不同生命阶段对探索性创新、利用性创新影响表

	grw	mtn	rcs	grw	mtn	rcs
	prat_w	prat_w	prat_w	pita	pita	pita
crpintx	0. 012	0. 034	-0. 068	-0. 001	0. 005	-0. 077 *
	[0. 24]	[1. 39]	[-0. 81]	[-0. 04]	[0. 38]	[-1. 79]
cbnepu	-0. 064 ***	-0. 031 ***	-0. 026 *	-0. 037 ***	-0. 022 ***	-0. 021 ***
	[-6. 67]	[-3. 15]	[-1. 80]	[-7. 43]	[-4. 13]	[-2. 83]
c_crptpu	-0. 002	-0. 022 *	0. 011			
	[-0. 17]	[-1. 83]	[0. 72]			
c_crptpusq				-0. 000	-0. 004	0. 014 *
				[-0. 04]	[-0. 70]	[1. 71]
_cons	1. 775 ***	2. 779 ***	1. 831 **	1. 116 ***	1. 744 ***	1. 964 ***
	[3. 41]	[4. 63]	[2. 19]	[4. 08]	[5. 36]	[4. 58]
N	8301	6765	3787	8301	6765	3787
r^2_w	0. 303	0. 244	0. 197	0. 188	0. 152	0. 126
r^2_b	0. 035	0. 033	0. 068	0. 020	0. 025	0. 070
r^2_o	0. 104	0. 084	0. 086	0. 069	0. 062	0. 071
N_g	2133. 000	1985. 000	1519. 000	2133. 000	1985. 000	1519. 000
chi^2	2707. 576	1596. 109	664. 084	1439. 740	902. 348	433. 510

t statistics in brackets

* p<0. 1　　** p<0. 05　　*** p<0. 01

数据显示，企业所得税增长率与衰退阶段的利用性创新负相关，说明公司所得税减税促进了利用性创新在衰退阶段的发展，交乘项存在正相关关系，说明企业所得税减税抑制了环境波动性二次方对利用性创新在衰退阶段的冲击。其他生命阶段的利用性创新与企业所得税增长率不存在显著关系。企业所得税增长率与探索性创新不存在显著关系；交乘项与成熟阶段探索性创新负相关，与预期的符号不一致。企业所得税增长率在不同生命阶段中，对双元创新平衡性、联合性的影响汇总于表 6-51 中。

表6－51　企业所得税增长率在不同生命阶段对双元创新平衡性、联合性影响表

	grw	mtn	rcs	grw	mtn	rcs
	dubln	dubln	dubln	ducmb	ducmb	ducmb
crpintx	−0.005	0.008	−0.045	−0.025	0.048	−0.068
	[−0.31]	[1.10]	[−1.59]	[−0.26]	[1.01]	[−0.42]
cbnepu	−0.015***	−0.008**	−0.013***	−0.156***	−0.083***	−0.078***
	[−4.58]	[−2.29]	[−2.72]	[−8.29]	[−4.30]	[−2.86]
c_crptpusq	0.002	−0.005	0.010*	0.009	−0.037	0.010
	[0.50]	[−1.30]	[1.77]	[0.35]	[−1.59]	[0.33]
_cons	0.757***	0.857***	1.643***	1.619	4.852***	5.109***
	[4.07]	[3.95]	[5.57]	[1.58]	[4.12]	[3.23]
N	6461	5184	2707	8301	6765	3787
r^2_w	0.019	0.017	0.022	0.274	0.225	0.170
r^2_b	0.006	0.008	0.019	0.021	0.018	0.052
r^2_o	0.010	0.010	0.022	0.082	0.065	0.060
N_g	1858.000	1732.000	1249.000	2133.000	1985.000	1519.000
chi²	95.134	71.499	59.948	2313.269	1409.755	541.803
t statistics in brackets						
* p<0.1		** p<0.05		*** p<0.01		

数据显示，企业所得税增长率在任何阶段都与双元创新平衡性不存在显著关系。企业所得税增长率在任何阶段都与双元创新联合性不存在显著关系。衰退阶段的交乘项与双元创新平衡性正相关，说明国家减税抑制了环境波动性二次方对双元创新平衡性在衰退阶段的冲击，使原先的倒U形状更为平缓。在其他生命阶段交乘项与双元创新平衡性不存在显著关系。在任何阶段中，交乘项与双元创新联合性不存在显著关系。

（8）中介效应检验

流转税增长率和企业所得税增长率对被解释变量存在不同的影响效果。问题是流转税和所得税是通过什么途径来影响的？下面进行中介效应检验。根据已有理论的分析，政府减税是通过降低企业成本，缓解现金流来提升企业创新的。股权自由现金流是政府减税与四类专利数据之间的中介变量，依此展开检验。股权自由现金流的测算方法是通过以下公式来测

算的。

股权自由现金流＝（净利润＋固定资产折旧、油气资产折耗、生产性生物资产折旧＋无形资产摊销＋长期待摊费用摊销－筹资活动产生的现金流量净额－（流动资产合计－流动负债合计）本期变动额－偿还债务支付的现金＋发行债券收到的现金。

中介效应检验中的各个系数以及 Sobel 显著水平汇总列示于表 6－52 中。

表 6－52　　Sobel 中介效应检验统计表

	Coef	Std Err	Z	P > |Z|
Sobel	0.247 ***	0.034	6.215	5.141e－10
Goodman－1（Aroian）	0.247 ***	0.0340	6.197	5.750e－10
Goodman－2	0.247 ***	0.034	6.232	4.591e－10
a coefficient	－7.0e＋10 ***	6.4e＋09	－10.883	0.000
b coefficient	－3.5e－12 ***	4.7e－13	－7.571	3.7e－14
Indirect effect	0.247 ***	0.034	6.215	5.1e－10
Direct effect	－2.529 ***	0.457	－5.529	3.2e－08
Total effect	－2.281 ***	0.457	－4.995	5.9e－07

注：Standard errors in parentheses，* $p < 0.05$，** $p < 0.01$，*** $p < 0.001$。

数据显示，Sobel 检验系数显著，Goodman－1（Aroian）检验系数显著，Goodman－2 检验系数显著，a coefficient 检验系数显著，b coefficient 检验系数显著，Indirect effect、Direct effect 以及 Total effect 显著。Sobel 中介效应的总效应、直接效应、间接效应占比汇总列示于表 6－53 中。

表 6－53　　Sobel 中介效应统计表

类别	数值
Proportion of total effect that is mediated	－0.108
Ratio of indirect to direct effect	－0.098
Ratio of total to direct effect	0.902

表 6－53 显示，Sobel 中介效应显著，其中总效应为－0.108，间接效应为－0.098，直接效应为 0.902。

企业所得税增长率也是通过股权自由现金流来影响探索性创新，其中介效应与流转税的中介效应基本一致。在此不再重复。

6.2.4 研究结论

流转税增长率与四维度指标不存在显著的关系，交乘项也不与四维度指标存在显著的关系。企业所得税增长率与四维度指标不存在显著的关系，交乘项也不与四维度指标存在显著的关系。

产权异质性检验。流转税增长率与三类产权的探索性创新、利用性创新、双元创新平衡性、双元创新联合性不存在显著关系，交乘项也不存在显著关系。企业所得税增长率在民营、其他属性的企业中与探索新创新不存在显著关系。但是，在国有企业中正相关，其交乘项存在负相关系，与预期符号不一致。企业所得税增长率在民营、其他属性产权的企业中都与利用新创新、双元创新平衡性不存在显著关系，交乘项也不存在显著关系。企业所得税增长率与民营企业双元创新联合性负相关，说明企业所得税减税促进了民营企业双元创新联合性。企业所得税增长率与国有企业、其他属性企业双元创新联合性不存在显著关系。交乘项与国有企业的双元创新联合性负相关，和预期的符号相反。

无论垄断与否，流转税增长率双元创新四个指标不存在显著关系，交乘项也不存在显著关系。企业所得税增长率在垄断行业中，与探索性创新、利用性创新负相关，对垄断行业的探索性创新、环境波动性二次方对利用性创新具有促进作用；交乘项与探索性创新、利用性创新正相关，说明减税政策抑制了环境波动性对探索性创新、环境波动性二次方对利用性创新的冲击。企业所得税增长率与垄断行业中双元创新平衡性、双元创新联合性负相关，说明企业所得税减税政策促进了垄断行业中双元创新平衡性、双元创新联合性，交乘项在垄断行业中仅与双元创新平衡性正相关，说明企业所得税减税政策抑制了环境波动性二次方对双元创新平衡性的冲击，使原先的倒U形状更为平缓。其他情况下都不存在显著关系。

专精特新异质性的考察结论是，无论专精特新与否，流转税增长率、企业所得税增长率都与四类被解释变量不存在显著关系，交乘项也不存在显著关系。生命周期视角的检验结论是，流转税增长率与成长阶段的利用性创新负相关，说明流转税减税促进了利用性创新在成长阶段的发展。交乘项与利用性创新不存在显著关系。流转税增长率与探索性创新不存在显著关系，交乘项也不存在显著关系。流转税增长率与成长阶段的双元创新平衡性呈负相关关系，说明流转税减税促进了成长阶段的双元创新平衡性，交乘项不存在显著关。在任何生命阶段中，流转税增长率与双元创新联合性不存在显著关系，交乘项也不存在显著关系。企业所得税增长率与衰退阶段的利用性创新负相关，促进了利用性创新在衰退阶段的发展，抑制了环境波动性二次方对利用性创新在衰退阶段的冲击，使原先的倒 U 形状更为平缓。企业所得税增长率与探索性创新不存在显著关系；交乘项与成熟阶段探索性创新负相关关系，与预期的符号不一致。企业所得税增长率在任何阶段与双元创新平衡性、双元创新联合性都不具有显著关系。衰退阶段的交乘项与双元创新平衡性正相关，说明企业所得税减税抑制了环境波动性对它在衰退阶段的冲击，使原先的倒 U 形状更为平缓。在生命周期中的任何阶段中，交乘项与双元创新联合性不存在显著关系。中介效应的检验表明企业所得税增长率和流转税增长率都是通过股权自由现金流来影响被解释变量的四个指标。

6.3 政府减税对创业板公司的调节效应

6.3.1 理论推演与研究命题

本部分内容与 6.1.1 中的理论分析、假设推演基本一致，不再赘述。

6.3.2 研究设计

（1）变量选取

被解释变量，本节分别用探索性创新、利用性创新、双元创新平衡性以及双元创新联合性来衡量企业的双元创新。解释变量，用环境波动性指数来衡量。关于被解释变量和解释变量的衡量方式参见本书前文相关内容，此处不再赘述。

调节变量。在对减税的衡量过程中，现有文献有不同的衡量方法，有的采用税负来反面反映减税的效果；有的采用减税的变量来衡量，比如税费增速。在全板块公司中采用流转税增长率、企业所得税增长率指标，在主板公司中也是采用这两类指标来衡量减税的，但是在创业板公司中，上述两类指标不显著，因此本节采用实际税负增长率来衡量减税的情形。本节采用实际税负占营业收入比重的增长率来衡量减税的效果。

控制变量。本节主要从宏观、中观、微观层面三个角度来控制相关因素对双元创新的影响，即从国家层面、行业层面和公司层面来选择控制变量。国家层面选用人均GDP不变价格、经济景气指数，行业层面选用赫芬达尔—赫希曼指数来反映行业竞争状况，公司层面选用、董监高年薪总额、资本密集度、每股税前现金股利、独立董事比率作为控制变量。本节内容所涉及的被解释变量、解释变量以及控制变量的选取与衡量汇总于表6-54中。

表6-54　　　　变量定义与衡量表

变量类型	变量符号	变量名称	变量说明
被解释变量	prat	探索性创新	见表（4-1）
	pita	利用性创新	见表（4-1）
	dubln	双元创新平衡性	见表（4-1）
	ducmb	双元创新联合性	见表（4-1）
解释变量	cbnepu	环境波动性	见表（4-1）

续表

变量类型	变量符号	变量名称	变量说明
调节变量	taxrtgrw	实际税负增长率	实际税负占营业收入比重的增长率
控制变量	gdppercptcp	人均 GDP 不变价格	GDP 的不变价格/人口总数
	laggindex	滞后经济景气指数	滞后经济景气指数，以 1996 年的指数为 100
	hhi_sale	赫芬达尔—赫希曼指数	某公司销售额占本行业销售额之比的平方
	sizeast	公司规模	总资产的自然对数
	astgrw	总资产增长率	总资产的增长比率
	cfopibd	经营活动现金流带息债务比	经营活动现金净流量/带息债务
	dsmsalary	董监高年薪总额	董事、监事和高管的年薪总额
	capaccum	资本密集度	总资产/营业收入
	csdvpshbtax	每股税前现金股利	每股派息税前数额
	indrcrat	独立董事比率	独立董事占董事的比重

表 6 – 54 中，探索性创新和利用性创新数据是综合考虑母公司、子公司专利数据后得到的集团公司数据，并且该数据已经涵盖本集团公司单独申请的以及与其他公司联合申请的专利。人均 GDP 不变价格是以 1996 年不变价格计算的 2007—2020 年的每年人均 GDP 数据。

（2）模型设计

本节以 2007—2020 年创业板上市公司的数据为样本，建立多元回归模型，研究减税线性影响。第 4 章创业板公司的基准检验表明，环境波动性与双元创新平衡性不存在显著关系，与其他三类指标呈倒 U 关系，本节构建模型如公式（6 – 10）至公式（6 – 12）所示。

$$\begin{aligned} Patent_{i,t} = \alpha_0 &+ \alpha_1 gdppercptcp_t + \alpha_2 laggindex_t + \alpha_3 hhi\_sale_t \\ &+ \alpha_4 cfopibd_{i,t} + \alpha_5 dsmsalary_{i,t} + \alpha_6 capaccum_{i,t} \\ &+ \alpha_7 csdvpshbtax_{i,t} + \alpha_8 sizeast_{i,t} + \alpha_9 taxrtgrw_{i,t} + \varepsilon \end{aligned} \tag{6-10}$$

$$\begin{aligned} Patent_{i,t} = \alpha_0 &+ \alpha_1 gdppercptcp_t + \alpha_2 laggindex_t + \alpha_3 hhi\_sale_t \\ &+ \alpha_4 cfopibd_{i,t} + \alpha_5 dsmsalary_{i,t} + \alpha_6 capaccum_{i,t} + \alpha_7 csdvpshbtax_{i,t} \\ &+ \alpha_8 sizeast_{i,t} + \alpha_9 taxrtgrw_{i,t} + \alpha_{10} cbnepu_{i,t} + \varepsilon \end{aligned} \tag{6-11}$$

$$Patent_{i,t} = \alpha_0 + \alpha_1 gdppercptcp_t + \alpha_2 laggindex_t + \alpha_3 hhi\_sale_t + \alpha_4 cfopibd_{i,t}$$

$$+\alpha_5 dsmsalary_{i,t}+\alpha_6 capaccum_{i,t}+\alpha_7 csdvpshbtax_{i,t}+\alpha_8 sizeast_{i,t}$$
$$+\alpha_9 taxrtgrw_{i,t}+\alpha_{10} cbnepu_{i,t}+\alpha_{11} c\_tgpusq_{i,t}+\varepsilon \quad (6-12)$$

在公式（6－10）至公式（6－12）中，各变量的含义与表 6－54 中变量的含义一致。需要说明的是，被解释变量在本节中采用不同的指标，在实证检验时要分别替换不同的指标。模型中的 *c_tgpusq* 表示环境波动性二次方与税费增长率相乘后去中心化得到的指标。

（3）样本选择

本节主要考察创业板公司政府减税对双元创新的影响，我们对 2007—2020 年创业板上市公司的年度财务报告进行了全面、仔细的调查和统计并进行筛选。剔除了金融业、房地产业、其他金融业的公司；剔除 ST、*ST、PT 公司，删除 B 股公司；删除连续上市不满两年的公司，删除数据缺失严重的公司；删除资产负债率大于 1 的公司；最终得到 900 家公司 14 年间的非平衡面板数据，公司—年度的观测个数是 7430。双元创新数据主要是手工收集，其他数据均来自 RESSET 金融研究数据库、CNRDS 数据库、CSMAR 数据库、Wind 数据库、公司官方网站以及 2007—2021 年《中国统计年鉴》。

6.3.3 实证检验

（1）描述性统计

本节所涉及的主要变量——实际税负增长率的描述性统计如表 6－55 所示。其他变量的描述性统计信息已经在前面报告过，此处不再重复。

表 6－55　主要变量的描述性统计

Variables	Obs	Mean	Std. Dev.	Min	Max	Skew.	Kurt.
taxrtgrw	3814	－0. 044	5. 904	－210. 672	193. 313	－4. 972	782. 427

实际税负增长率的均值是－0. 044，最小值是－210. 672，最大值是 193. 313，标准差是 5. 904，偏度和峰度数据显示其呈左偏高峰型分布。

（2）面板数据的组间差异与组内差异分析

在描述性分析之后，本节继续探讨面板数据的组内差异和组间差异问题，主要变量的组内差异和组间差异汇总列示于表 6 - 56 中。其他变量的描述性统计信息已经在前面报告过，此处不再重复。

表 6 - 56　主要变量的组内差异与组间差异统计表

Variable		Mean	Std. Dev.	Min	Max	Observations
taxrtgrw	overall	-0.044	5.904	-210.672	93.313	N = 3814
	between		1.853	-20.763	20.249	n = 661
	within		5.548	-189.952	173.021	T = 5.770

表6 - 56 显示，实际税负增长率的组内差异即每个上市公司在 14 年间的时间差异的标准差是 5.548，组间差异即 661 家上市公司在 14 年间的个体差异标准差是 1.853，说明 661 家上市公司在 14 年间的年度波动（纵向波动）大于每个上市公司之间的波动（横向波动）。

（3）主要变量的进一步描述性分析

在描述性统计、组间差异与组内差异分析基础上，本节再次利用核密度图来展示实际税负增长率的分布状况，具体如图 6 - 16 所示。和正态分布的密度线相比，实际税负增长率呈左偏高峰状态。

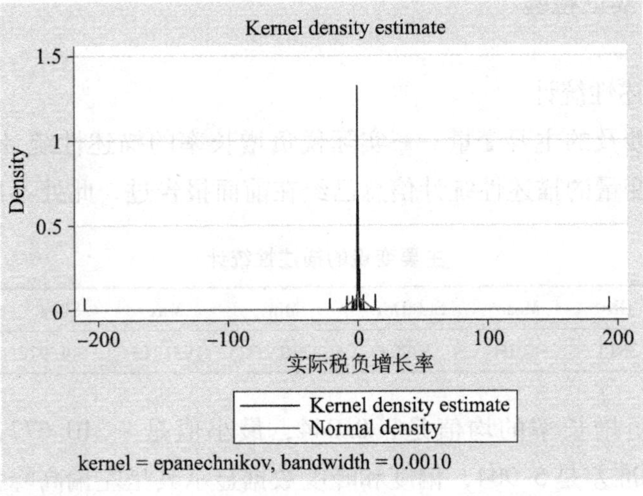

图 6 - 16　实际税负增长率的核密度函数分布图

（4）相关性分析

为了检查参与回归的主要变量之间是否存在多重共线性问题，需对其相关性进行考察，在考察流实际税负增长率对双元创新的影响时，涉及的变量相关性系数汇总在表6－57中。

数据显示，探索性创新和人均GDP不变价格、滞后经济景气指数、董监高薪酬、独立董占比、公司规模正相关。探索性创新和每股税前现金股利、资本密集度、经营活动现金流量带息债务比、赫芬达尔—赫希曼指数、总资产增长率负相关，和实际税负增长率正相关。任意两个变量之间相关系数的绝对值没有超过0.386。说明不存在多重共线性问题，适合做下一步的检验。

为了稳健起见，本节再从方差膨胀因子方面分析主要变量之间是否存在多重共线性现象，实际税负增长率为解释变量的检验结果如表6－58所示。

表6－58显示，从实际税负增长率为主要变量时的方差膨胀因子检验来看，主要变量的膨胀因子小于10，再次证明任意变量之间不存在多重共线性问题，适合做下一步的实证检验。

（5）基准检验

实际税负增长率对探索性创新、利用性创新影响汇总统计如表6－59所示。基准检验采用广义最小二乘法的随机模型进行数据处理。

数据显示，实际税负增长率与探索性创新不存在显著的关系，交乘项与探索性创新正相关，说明国家减税抑制了环境波动性二次方对探索性创新的冲击。实际税负增长率与利用性创新不存在显著关系，交乘项也不存在显著关系。实际税负增长率对双元创新平衡性、联合性影响的汇总统计如表6－60所示。

数据显示，实际税负增长率与双元创新平衡性不存在显著关系，交乘项也不存在显著关系。实际税负增长率与双元创新联合性不存在显著的关系，交乘项与双元创新联合性不存在显著关系。因此所有研究命题都没有通过检验。

表 6-57　　主要变量的相关系数矩阵表

Variables	(1)	(2)	(3)	(4)	(5)	(6)	(7)	(8)	(9)	(10)	(11)	(12)
(1) prat_w	1.000											
(2) gdppercptcp	0.288	1.000										
(3) laggindex	0.012	0.182	1.000									
(4) dsmsalary	0.170	0.234	0.009	1.000								
(5) capaccum	-0.120	-0.172	0.074	-0.069	1.000							
(6) csdvpshbtax	-0.055	0.052	0.068	0.033	0.386	1.000						
(7) cfopibd	-0.043	0.075	0.002	0.014	0.060	0.227	1.000					
(8) indrcrat	0.039	-0.050	-0.203	0.362	-0.033	0.001	-0.001	1.000				
(9) hhi_sale	-0.060	-0.091	-0.005	-0.146	-0.059	-0.095	-0.027	0.002	1.000			
(10) sizeast	0.138	0.372	0.010	0.266	0.225	0.337	0.080	0.086	-0.224	1.000		
(11) astgrw	-0.088	-0.120	0.030	-0.034	0.318	0.377	0.065	-0.017	-0.079	0.290	1.000	
(12) taxrtgrw	0.019	-0.020	-0.032	0.001	-0.003	0.001	-0.010	-0.011	-0.008	0.007	0.004	1.000

表 6-58　　主要变量的方差膨胀因子汇总表

Variables	capaccum	astgrw	sizeast	gdppercptcp	csdvpshbtax	dsmsalary	indrcrat	laggindex	hhi_sale	cfopibd	taxrtgrw
Vif	6.79	6.72	1.54	1.37	1.34	1.31	1.23	1.11	1.07	1.06	1.01
Mean vif						2.23					

表 6-59　　实际税负增长率对探索性创新、利用性创新影响汇总统计表

	(1)	(2)	(3)	(4)	(5)	(6)
	prat_w	prat_w	prat_w	pita	pita	pita
gdppercptcp	0. 275 ***	0. 335 ***	0. 335 ***	0. 101 ***	0. 145 ***	0. 145 ***
	[30. 43]	[21. 82]	[21. 82]	[20. 57]	[17. 54]	[17. 54]
laggindex	-0. 008 *	-0. 001	-0. 001	-0. 005 **	0. 000	0. 000
	[-1. 87]	[-0. 21]	[-0. 25]	[-2. 21]	[0. 08]	[0. 08]
dsmsalary_w	0. 039 ***	0. 039 ***	0. 039 ***	0. 024 ***	0. 024 ***	0. 024 ***
	[8. 01]	[8. 02]	[8. 02]	[9. 02]	[9. 05]	[9. 05]
capaccum_w	-0. 218 ***	-0. 201 ***	-0. 201 ***	-0. 115 ***	-0. 103 ***	-0. 103 ***
	[-5. 43]	[-4. 99]	[-5. 01]	[-5. 30]	[-4. 72]	[-4. 72]
csdvpshbtax_w	-0. 492 ***	-0. 490 ***	-0. 488 ***	-0. 232 ***	-0. 231 ***	-0. 231 ***
	[-4. 90]	[-4. 89]	[-4. 87]	[-4. 30]	[-4. 28]	[-4. 28]
cfopibd_w	-0. 002 *	-0. 002 *	-0. 002 *	-0. 001 *	-0. 001 *	-0. 001 *
	[-1. 85]	[-1. 76]	[-1. 74]	[-1. 78]	[-1. 65]	[-1. 65]
indrcrat_w	-0. 000	0. 000	0. 000	-0. 001 **	-0. 001	-0. 001
	[-0. 35]	[0. 13]	[0. 14]	[-2. 12]	[-1. 44]	[-1. 44]
hhi_sale_w	-3. 481	-3. 228	-3. 208	-3. 105	-2. 928	-2. 928
	[-0. 38]	[-0. 35]	[-0. 35]	[-0. 65]	[-0. 61]	[-0. 61]
sizeast_w	0. 002	0. 002	0. 002	-0. 002	-0. 001	-0. 001
	[0. 43]	[0. 61]	[0. 62]	[-0. 81]	[-0. 58]	[-0. 58]
astgrw_w	0. 164 ***	0. 133 **	0. 134 **	0. 094 ***	0. 071 **	0. 071 **
	[2. 79]	[2. 26]	[2. 27]	[2. 96]	[2. 23]	[2. 23]
taxrtgrw_w	0. 022 **	0. 021 *	-0. 012	0. 005	0. 004	0. 002
	[2. 02]	[1. 92]	[-0. 54]	[0. 78]	[0. 64]	[0. 16]
cbnepu		-0. 040 ***	-0. 040 ***		-0. 030 ***	-0. 030 ***
		[-4. 81]	[-4. 80]		[-6. 69]	[-6. 68]
c_tgpusq			0. 007 *			0. 000
			[1. 71]			[0. 18]
_cons	0. 582	-0. 247	-0. 228	0. 657 ***	0. 034	0. 036
	[1. 42]	[-0. 56]	[-0. 51]	[2. 95]	[0. 14]	[0. 15]

续表

	(1)	(2)	(3)	(4)	(5)	(6)
	prat_w	prat_w	prat_w	pita	pita	pita
N	7430	7430	7430	7430	7430	7430
r^2_w	0.223	0.225	0.245	0.140	0.146	0.196
r^2_b	0.013	0.015	0.015	0.005	0.008	0.008
r^2_o	0.105	0.117	0.127	0.063	0.067	0.087
N_g	900.000	900.000	900.000	900.000	900.000	900.000
chi^2	1862.918	1890.129	1893.811	1055.855	1106.518	1106.484
t statistics in brackets						
* p<0.1		** p<0.05		*** p<0.01		

表 6-60　实际税负增长率对双元创新平衡性、联合性影响汇总统计表

	(1)	(2)	(3)	(4)	(5)	(6)
	dubln	dubln	dubln	ducmb	ducmb	ducmb
gdppercptcp	0.020 ***	0.039 ***	0.039 ***	0.472 ***	0.609 ***	0.609 ***
	[5.83]	[6.72]	[6.72]	[28.73]	[21.87]	[21.87]
laggindex	-0.004 ***	-0.002	-0.002	-0.017 **	-0.001	-0.001
	[-2.68]	[-1.27]	[-1.27]	[-2.21]	[-0.12]	[-0.15]
dsmsalary_w	0.001	0.001	0.001	0.045 ***	0.045 ***	0.045 ***
	[0.45]	[0.62]	[0.62]	[4.96]	[4.98]	[4.98]
capaccum_w	-0.037 **	-0.033 **	-0.033 **	-0.303 ***	-0.265 ***	-0.265 ***
	[-2.55]	[-2.27]	[-2.27]	[-4.16]	[-3.63]	[-3.64]
csdvpshbtax_w	-0.055	-0.053	-0.053	-0.625 ***	-0.622 ***	-0.619 ***
	[-1.58]	[-1.51]	[-1.52]	[-3.42]	[-3.41]	[-3.40]
cfopibd_w	-0.001 *	-0.001 *	-0.001 *	-0.004 *	-0.003 *	-0.003 *
	[-1.84]	[-1.80]	[-1.80]	[-1.90]	[-1.78]	[-1.77]
indrcrat_w	-0.001 **	-0.001	-0.001	-0.009 ***	-0.008 ***	-0.008 ***
	[-2.09]	[-1.48]	[-1.48]	[-4.92]	[-4.29]	[-4.29]
hhi_sale_w	-3.860 *	-3.857 *	-3.858 *	1.978	2.631	2.656
	[-1.81]	[-1.81]	[-1.81]	[0.11]	[0.15]	[0.15]

续表

	(1)	(2)	(3)	(4)	(5)	(6)
	dubln	dubln	dubln	ducmb	ducmb	ducmb
sizeast_w	0. 001	0. 001	0. 001	-0. 010	-0. 008	-0. 008
	[0. 89]	[0. 84]	[0. 84]	[-1. 44]	[-1. 21]	[-1. 20]
astgrw_w	0. 046 **	0. 037 *	0. 037 *	0. 271 **	0. 201 *	0. 202 *
	[2. 23]	[1. 77]	[1. 77]	[2. 54]	[1. 88]	[1. 89]
taxrtgrw_w	0. 001	0. 001	0. 002	0. 038 *	0. 036 *	-0. 007
	[0. 25]	[0. 20]	[0. 26]	[1. 93]	[1. 81]	[-0. 17]
cbnepu		-0. 012 ***	-0. 012 ***		-0. 092 ***	-0. 092 ***
		[-4. 10]	[-4. 10]		[-6. 08]	[-6. 07]
c_tgpusq			-0. 000			0. 010
			[-0. 19]			[1. 23]
_cons	0. 859 ***	0. 594 ***	0. 593 ***	1. 347 *	-0. 555	-0. 530
	[5. 51]	[3. 52]	[3. 51]	[1. 80]	[-0. 69]	[-0. 66]
N	6050	6050	6050	7430	7430	7430
r^2_w	0. 015	0. 028	0. 038	0. 181	0. 185	0. 205
r^2_b	0. 010	0. 012	0. 012	0. 000	0. 002	0. 002
r^2_o	0. 018	0. 021	0. 031	0. 068	0. 079	0. 080
N_g	884. 000	884. 000	884. 000	900. 000	900. 000	900. 000
chi^2	84. 303	101. 349	101. 365	1418. 412	1461. 773	1463. 600

t statistics in brackets

* $p<0.1$　** $p<0.05$　*** $p<0.01$

(6) 异质性检验

上面进行了全样本的检验，下面实施异质性检验，所有异性检验都采用广义最小二乘法的随机模型进行数据处理。主要从产权、垄断、专精特新与生命周期角度进行检验。首先进行产权异质性检验。本节将企业属性划分为国有企业、民营企业与其他企业进行检验。实际税负增长率与探索性创新、利用性创新不同产权的影响结果汇总于表6-61中。

表 6-61　　实际税负增长率与探索性创新、利用性创新产权影响表

	soes	prts	oths	soes	prts	oths
	prat_w	prat_w	prat_w	pita	pita	pita
taxrtgrw_w	0.192	-0.010	-0.077	0.035	0.005	-0.015
	[1.41]	[-0.42]	[-1.32]	[0.53]	[0.42]	[-0.43]
cbnepu	0.005	-0.065***	-0.040***	-0.017	-0.033***	-0.029***
	[0.09]	[-5.55]	[-2.88]	[-0.59]	[-5.49]	[-3.46]
c_tgpusq	-0.016	0.008*	0.009	0.001	-0.001	0.005
	[-0.74]	[1.68]	[0.83]	[0.08]	[-0.24]	[0.74]
_cons	-0.815	-1.553**	1.642***	0.362	0.018	0.240
	[-0.23]	[-2.43]	[2.70]	[0.21]	[0.06]	[0.67]
N	272	4679	2479	272	4679	2479
r^2_w	0.179	0.237	0.232	0.109	0.164	0.137
r^2_b	0.082	0.001	0.045	0.039	0.001	0.048
r^2_o	0.135	0.090	0.096	0.069	0.060	0.075
N_g	72.000	708.000	286.000	72.000	708.000	286.000
chi²	47.826	1200.128	673.454	25.648	758.661	358.679

t statistics in brackets

* $p<0.1$　　** $p<0.05$　　*** $p<0.01$

数据显示，实际税负增长率与探索性创新、利用性创新都不存在显著关系。交乘项在民营企业中与探索性创新存在正向作用，说明在民营企业中国家减税抑制了环境波动性二次方对探索性创新的冲击，使原先的倒 U 形状更为平缓。交乘项在国有企业、其他属性企业中不存在显著关系。交乘项对利用性创不存在显著关系。因此，研究命题 1c 通过了检验。实际税负增长率对双元创新平衡性、联合性不同产权的影响结果汇总于表 6-62 中。

表6－62　　实际税负增长率对双元创新平衡性、联合性产权影响表

	soes	prts	oths	soes	prts	oths
	dubln	dubln	dubln	ducmb	ducmb	ducmb
taxrtgrw_w	0.001	0.001	0.019	0.533 **	−0.013	−0.082
	[0.03]	[0.11]	[0.76]	[2.11]	[−0.30]	[−0.77]
cbnepu	0.006	−0.009 **	−0.020 ***	−0.083	−0.124 ***	−0.094 ***
	[0.34]	[−2.28]	[−3.27]	[−0.74]	[−5.93]	[−3.70]
c_tgpusq	0.002	−0.001	−0.002	−0.051	0.011	0.014
	[0.36]	[−0.33]	[−0.41]	[−1.31]	[1.26]	[0.67]
_cons	0.883	0.905 ***	0.260	3.617	−2.038 *	1.565
	[0.73]	[4.04]	[0.93]	[0.55]	[−1.77]	[1.41]
N	241	3963	1846	272	4679	2479
r^2_w	0.022	0.020	0.025	0.174	0.183	0.205
r^2_b	0.085	0.003	0.012	0.046	0.001	0.014
r^2_o	0.068	0.009	0.018	0.103	0.058	0.072
N_g	71.000	690.000	265.000	72.000	708.000	286.000
chi^2	9.731	65.208	43.550	43.727	861.735	563.513
t statistics in brackets						
* p<0.1	** p<0.05	*** p<0.01				

数据显示，实际税负增长率与国有企业双元创新联合性正相关，说明国家减税政策抑制了国有企业双元创新联合性的发展；实际税负增长率与民营、其他属性企业中的企业双元创新联合性不存在显著关系；交乘项与企业双元创新联合性也不存在显著关系。实际税负增长率与双元创新平衡性不存在显著关系，交乘项也不存在显著的关系。因此，研究命题1d通过了检验。

垄断异质性检验。将上市公司根据垄断程度的不同，划分为垄断行业和非垄断行业，进行垄断行业与非垄断行业异质性的检验，在非垄断行业

中，实际税负增长率与探索性创新、利用性创新正相关；在非垄断行业中，不存在显著关系。仅在非垄断行业中，实际税负增长率与双元创新平衡性正相关，说明减税没有促进双元创新平衡性的发展；其他情况下不显著。在非垄断行业中，交乘项与探索性创新正相关，表明非垄断行业中国家减税抑制了环境波动性二次方对探索性创新的冲击，使原先的倒U形状更为平缓。在非垄断行业中，交乘项与双元创新平衡性正相关，表明非垄断行业中国家减税抑制了环境波动性二次方对双元创新平衡性的冲击，使原先的倒U形状更为平缓。

专精特新异质性的考察。在专精特新公司中，实际税负增长率与探索性创新、利用性创新呈正相关关系，表明减税没有促进探索性创新、利用性创新；非专精特新公司中不存在显著关系。在专精特新公司中，实际税负增长率与双元创新平衡性、双元创新联合性呈正相关关系，表明减税没有促进双元创新平衡性、双元创新联合性。非专精特新公司中不存在显著关系。因此，所有的研究命题都没通过检验。

（7）生命周期视角的检验

采用广义最小二乘法的随机模型检验后表明，仅在衰退期，实际税负增长率与探索性创新正相关，其他生命阶段不显著。交乘项与三个阶段中的探索性创新不存在显著关系。在成长期和成熟期，实际税负增长率与利用性创新正相关，衰退期不显著。交乘项与三个阶段中的利用性创新不存在显著关系。所有研究命题都没有通过检验。实际税负增长率对双元创新平衡性的影响状况是，所有生命阶段都不显著。实际税负增长率对双元创新联合性的影响状况是，所有生命阶段都不显著。交乘项与三个阶段中双元创新平衡性、双元创新联合性不存在显著关系。所有的研究命题都没有通过检验。

（8）中介效应检验

实际税负增长率对被解释变量四类数据存在不同的影响效果。问题是实际税负增长率是通过什么途径来影响四种专利数据的？下面进行中介效应检验。根据已有理论的分析，政府减税是通过降低企业成本，提高利润来提升企业双元创能力。本节假定企业总利润是政府减税与四类指标之间的中介变量，依此展开检验。中介效应检验中的各个系数以及 Sobel 显著水平汇总列示于表 6－63 中。

表 6－63　　Sobel 中介效应检验统计表

	Coef	Std Err	Z	P > |Z|
Sobel	0.001 *	0.000	1.795	0.073
Goodman－1（Aroian）	0.001 *	0.000	1.730	0.083
Goodman－2	0.001 *	0.000	1.867	0.061
a coefficient	－1.5e＋07 **	6.4e＋06	－2.366	0.017
b coefficient	－9.2e－11 ***	3.3e－11	－2.755	0.005
Indirect effect	0.001 *	0.000	1.795	0.072
Direct effect	0.030 **	0.015	2.011	0.044
Total effect	0.032 **	0.015	2.102	0.035

注：Standard errors in parentheses，* $p < 0.05$，** $p < 0.01$，*** $p < 0.001$。

表 6－63 显示，Sobel 检验系数显著，Goodman－1（Aroian）检验系数显著，Goodman－2 检验系数显著，a coefficient 检验系数显著，b coefficient 检验系数显著，Indirect effect、Direct effect 以及 Total effect 显著。Sobel 中介效应的总效应、直接效应、间接效应汇总列示于表 6－64 中。

表 6－64　　Sobel 中介效应统计表

类别	数值
Proportion of total effect that is mediated	0.043
Ratio of indirect to direct effect	0.045
Ratio of total to direct effect	1.045

表 6－64 显示，Sobel 中介效应显著，其中调节效应为 0.043，间接效应为 0.045，直接效应为 1.045。企业利润也是实际税费增长率与其他被解释变量的中介变量，存在部分中介效应。

6.3.4　研究结论

本节探讨了实际税负增长率对创业板公司双元创新四个维度指标的影

响机制。实际税负增长率与探索性创新不存在显著的关系，交乘项与探索性创新正相关，说明国家减税抑制了环境波动性二次方对探索性创新的冲击。实际税负增长率与利用性创新、双元创新平衡性、双元创新联合性不存在显著关系，交乘项也不存在显著关系。

垄断异质性检验结果是，在非垄断行业中，实际税负增长率与探索性创新、利用性创新正相关，说明国家减税没有促进探索性创新、利用性创新。在非垄断行业中，不存在显著关系。仅在非垄断行业中，实际税负增长率与双元创新平衡性正相关，表明国家减税抑制了双元创新平衡性，其他情况下不显著。在非垄断行业中，交乘项与探索性创新正相关，说明非垄断行业中国家减税抑制了环境波动性二次方对探索性创新的冲击，使原先的倒 U 形状更为平缓。在非垄断行业中，交乘项与双元创新平衡性正相关，说明非垄断行业中国家减税抑制了环境波动性二次方对双元创新平衡性的冲击，使原先的倒 U 形状更为平缓。

专精特新异质性表明，在专精特新公司中，减税没有促进探索性创新、利用性创新；非专精特新公司中不存在显著关系。在专精特新公司中，减税没有促进双元创新平衡性、双元创新联合性。非专精特新公司中不存在显著关系。

生命周期视角的检验结果是，仅在衰退期，实际税负增长率与探索性创新正相关，表明国家减税抑制了探索性创新，其他生命阶段不显著。交乘项与三个阶段中的探索性创新不存在显著关系。在成长期和成熟期，实际税负增长率与利用性创新正相关，表明国家减税抑制了利用性创新，衰退期不显著。交乘项与三个阶段中的利用性创新不存在显著关系。实际税负增长率与双元创新平衡性、双元创新联合性在所有生命阶段都不显著。交乘项与三个阶段中双元创新平衡性、双元创新联合性不存在显著关系。

中介效应的结论。政府减税是通过降低企业成本，提高利润来提升企业的原创能力，企业利润是实际税费增长率与被解释变量的中介变量，存在部分中介效应。

6.4　政府补助对全板块公司的调节效应

中国政府在市场化转型期间贮备丰富的资源，并不断增加财政资金投入，以作为鼓励企业创新之用（郑烨等，2021）。据统计，2023 年财政部下达中央引导地方科技发展资金达到 40.5 亿元，2020 年获得政府补助的中小板和创业板上市公司占比高达 99.79%，国家支持的金额非常可观。现有关于政府补助对企业创新影响的研究结论却不一致。

政府补助是政府给予企业的资金或资产类资源支持，具有数额较大、惠及面广、持续性强等特点。大多数学者认为政府补助可以促进企业创新，在一定程度上实现了政府对企业补助的初衷。政府补助对企业创新绩效的激励作用具有显著性。政府补助引导更多外部资金来缓解企业面临的创新融资困境，提高企业创新积极性。

关于政府补助对创新效应的观点存在较大争议，主要围绕创新的“溢出效应”与政府支出的“挤出效应”展开。“溢出效应”学者认为，由于不可控的技术外溢效应，企业研发活动所产生的收益能够以较低的成本向技术模仿者转移，外溢性特征使企业收益低于社会收益，导致真正研发者的积极性不高。政府有必要通过补助弥补企业创新的技术溢出效应来解决技术创新市场的失灵问题。“挤出效应”学者认为，政府支出对私人部门投资存在挤出效应，会影响企业自身的研发支出，阻碍企业的创新（张辉等，2016；Wallsten，2000）。本节检验政府补助对企业双元创新的影响机制问题。

本节将上市公司作为研究样本，主要包括主板和创业板两个板块公司，揭示这两个板块存在的共性问题并提出解决方案。

6.4.1　数理分析

（1）政府补助影响双元创新最优策略的数理分析

由于尚不存在政府补助对创新影响的数理文献，本节借鉴程发新、邵世玲、徐立峰（2015）探讨政府补助对企业碳减排最优策略研究的思路，构建双元创新的数理模型，从成本收益视角分析政府补助对研发创新的影响机制。将企业研发创新的成本划分为产品创新成本、工艺创新成本和管理创新成本，企业研发创新的收益分为两部分，一部分是减少企业自身的运营成本，另一部分是政府给予的创新补贴。从企业研发创新的成本收益模型和行业研发创新的成本收益模型分别探讨政府补助对企业研发创新的影响路径。

设某行业有 n 个公司从事探索性创新（$n \geqslant 2$），公司 i 进行探索性创新的策略有三类，第一类研发创新是原材料的创新（降低原材料成本），假定公司在原材料的投入成本为 x_i，新材料研发成功后的成本为 $\alpha_{1i}\sqrt{x_i}$，$0 \leqslant \alpha_{1i} \leqslant 1$；第二类研发创新是工艺创新，创新前的工艺成本为 y_i，创新后的工艺成本为 $\alpha_{2i}\sqrt{y_i}$，$0 \leqslant \alpha_{2i} \leqslant 1$；政府进行补助后公司的研发强度为 e_i，政府补助后公司研发强度提高了（$e_i - b_i$）的程度。公司在前两类成本创新中成本降低量为$(e_i - b_i - \alpha_{1i}\sqrt{x_i} - \alpha_{2i}\sqrt{y_i})^2$；第三类研发创新是管理创新，公司在管理方面投入的成本为 z_i，管理创新之后的成本为 $\xi_i(e_i - b_i - \alpha_{1i}\sqrt{x_i} - \alpha_{2i}\sqrt{y_i})^2$，$\xi_i$ 为管理创新对生产成本的影响系数，由于我国上市公司创新管理水平低并且风险大，管理创新成本相对较高，设定 $\xi_i > 1$。预计公司在探索性创新时的研发强度是 b_i，行业的研发创新强度为 $B = \sum_{i=1}^{n} b_i$。

在政府补助下公司的研发创新行为将产生相关收益，收益主要表现在减少运营成本和提高生产率两方面。假定探索性创新对运营成本的影响数为 θ_{1i}，公司运营成本减少（主要是原材料创新和工艺研发）数额是 $\theta_{1i}(x_i, y_i)$。假定探索性创新对生产率的影响数为 θ_{2i}，则公司研发创新带来的收益是 $\theta_{2i}\xi_i(e_i - b_i - \alpha_{1i}\sqrt{x_i} - \alpha_{2i}\sqrt{y_i})^2$。

政府补助可以视为公司的一项收益，政府补助由两类构成，第一类是固定部分，只要公司进行研发创新，政府就给予 m 的补助资金，第二类是超额补助部分，政府补助的上限为 k_i，政府对该行业的补助为 $K = \sum_{i=1}^{n} k_i$。

根据委托代理理论，政府对公司的补助为β_i（$k_i - e_i$）。公司探索性创新的正外部性表现为社会创新水平的提高，设θ_3为正外部性的影响因子，社会创新的收益为$S = \sum_{i=1}^{n}(e_i - b_i)$。

基于上述分析，本节构建研发创新方面的成本最小化函数：

$$\min \sum_{i=1}^{n} \Big[x_i + y_i + \xi_i \left(e_i - b_i - \alpha_{1i}\sqrt{x_i} - \alpha_{2i}\sqrt{y_i}\right)^2 - \theta_{1i}(x_i + y_i)$$

$$- \theta_{2i}\xi_i \left(e_i - b_i - \alpha_{1i}\sqrt{x_i} - \alpha_2\sqrt{y_i}\right)^2 \Big] - \theta_{3i}\sum_{i=1}^{n}(e_i - b_i)$$

$$s.t. \sum_{i=1}^{n} e_i \leqslant K \tag{6-13}$$

对目标函数假定其拉格朗日函数的二阶偏导矩阵是正定的，且有唯一的驻点，构建拉格朗日函数得到：

$$\begin{cases} x_i = \left[\dfrac{\alpha_{1i}(B-K)}{(1-\theta_{1i})D}\right]^2 \\ y_i = \left[\dfrac{\alpha_{2i}(B-K)}{(1-\theta_{1i})D}\right]^2 \\ z_i = \dfrac{1}{\xi_i}\left[\dfrac{B-K}{(1-\theta_{2i})D}\right]^2 \\ e_i = b_i - \left[\dfrac{1}{\xi_i(1-\theta_{2i})} + \dfrac{\alpha_{1i}^2 + \alpha_{2i}^2}{1-\theta_{1i}}\right] \cdot \dfrac{B-K}{D} \end{cases} \tag{6-14}$$

其中，$D = \sum_{i=1}^{n}\left[\dfrac{1}{\xi_i(1-\theta_{2i})} + \dfrac{\alpha_{1i}^2 + \alpha_{2i}^2}{1-\theta_{1i}}\right]$

通过上述分析可知：行业研发创新要达到帕累托最优，需要调整政府补助系数来实现公司最优策略，政府对每个公司的超额补贴系数随着行业创新收益影响数θ_{1i}和θ_{2i}的变化而变化，随着行业管理创新影响系数ξ_i的增大而增加。

（2）政府补助影响双元创新风险方面的数理分析

企业在进行创新时，该企业可以得到政府的财政补助。在投资过程中存在三类投资主体，分别是企业、外部投资者和政府，并且这三类主体都属于风险中性的主体。该项目的投资总额为 I，企业的最初资金 A 小于所需资金 I，即 $A<I$，因而企业需要融资，企业可以吸收政府补助或者外部融资。假定创新成功，企业的后期收益为正数，若创新失败，企业的后期收益为零，资本收益率为 γ。

隐藏信息的逆向选择分析。根据创新企业能力的高低，将企业划分为高能力 H 和低能力 L 两种类型，H 企业占总企业数的比重为 p，能够创获取正的净现值；L 企业占总企业数的比例为（$1-p$），取得的净现值为负。R_i 表示 i 类型企业参与探索性创新成功后获得的收益，λ_i 表示探索性创新成功的概率，存在 $i\in\{H, L\}$，且 $\lambda H>\lambda L$。

假设政府给予固定额度的无偿补助 S，企业要发生申请成本 C_i^S。便于分析，按照成本习性将申请成本划分为固定成本和变动成本两部分，固定成本由资金成本、时间成本等构成，变动成本主要由寻租成本等构成。假定 H 企业只存在固定成本，L 企业的申请成本包括固定成本和变动成本，L 企业的申请成本要大于 H 企业，但是要在可获得的政府补助额度以内，即 $C_H^S\leqslant C_L^S\leqslant S$。

假设企业申请探索性创新补助的概率为 α_i，H 企业申请概率 $\alpha_H=1$。政府筛选出高能力企业给予财政补助。假设政府能够识别出企业能力类型的概率为 θ。

企业获得补助和其他外部投资企业参与研发项目，项目成功后企业根据合同签署的条款进行收益分配（郭玥，2018）。

投资者参与的约束为：

$$\overline{\lambda}_S R_i^F \geqslant \gamma F_S \tag{6-15}$$

化简处理得到：

$$\frac{\gamma[I-A(S-C_L^S)]}{\lambda_S} \leqslant R_H-\frac{\gamma A}{\lambda_H} \tag{6-16}$$

在政府财政补助下，企业原始创新的投入上限为：

$$I\leqslant I_S\equiv[A+(S-C_L^S)]+\lambda_S\left(\frac{R_H}{\gamma}-\frac{A}{\lambda_H}\right) \tag{6-17}$$

比较 I 和 I_S，得：

$$I_S - I = (S - C_L^S) + (\lambda_S - \overline{\lambda})\left(\frac{R_H}{\gamma} - \frac{A}{\lambda_H}\right) \tag{6-18}$$

政府补助可让企业获得更多的资金，以缓解融资约束。当 $S > C_L^S$ 时，政府补助给企业带来了原始创新的直接资金。当 $\lambda_S > \overline{\lambda}$ 时，财政补助向外界传递出积极信号，增加了外部投资者原始创新的投资。

隐藏行动的道德风险问题。企业获得创新资金后，外部投资者无法知道企业投资的积极程度，即存在道德风险问题。为了便于分析，根据企业探索性创新的努力程度，将企业划分为高努力型 H 类企业和不努力型的 L 类企业。H 类企业在原始创新方面最终能获得正净现值（收益），不努力 L 类企业在探索性创新方面最终能获得净现值为负（收益）。探索性创新成功的概率 μ_i 取决于企业的努力程度，存在 $\mu_H > \mu_L$。将不努力者节约的成本视为其不努力行为所带来的额外收益，记作 B。假设探索性创新企业具有规模报酬不变的特性，探索性创新成功的收益 $R(I) = RI$，不努力企业的收益 $B(I) = BI$。

在委托代理背景下，关于政府补助对探索性创新问题的求解。政府要对受到财政补助的企业进行动态调查，考察补助资金的使用情况。对不努力行为采取惩罚措施。惩罚行为会对不努力企业造成收益减少数额 $D(I) = DI$，假设政府部门检查出不努力行为的概率为 δ。最优化的处理如下：

企业最大化净收益：$\max\limits_{I,F_s,R^E,R^F} (\mu_H R^E - \gamma A)$ (6-19)

激励相容约束：$\mu_H R^E \geqslant \mu_L R^E + BI - \gamma A$ (6-20)

投资者参与约束：$\mu_H R^F \geqslant \gamma F$ (6-21)

探索性创新资金投入的约束条件：$A + F + (S - C^S) \geqslant I$ (6-22)

探索性创新收益的约束条件：$R^E + R^F \leqslant RI$ (6-23)

求解上面优化问题，得到探索性创新的理想数值：

$$I_S = \frac{1}{1 - \left(\frac{\mu_H}{\gamma}\right)\left(R - \frac{B - \delta D}{\mu_H - \mu_L}\right)}[A + (S - C^S)] \tag{6-24}$$

政府补助可以缓解道德风险，企业可以获得更多的资金。财政补助带来原始创新投资总额的增加，企业申请成本越低，直接增加额越大（郭玥，2018）；政府对不努力企业的惩罚，可以规避原始创新企业与外部投资者存在的道德风险，带来研发投入的增加。

6.4.2 理论推演与研究命题

企业竞争优势理论的发展历经了外生竞争优势理论和内生竞争优势理论，随着社会的发展，竞争优势受到诸多因素的共同影响，单一的外生性或是内生性观点难以解释企业竞争优势的形成。专利作为企业的一种竞争优势，集内生性与外生性于一体。因此，对专利影响因素的分析需要兼顾内外因素，考虑微宏观环境。

由于政府补助等外部因素的影响，研发投入和专利产出偏离了正常发展轨道，形成了研发“陷阱”。而专利加速陷阱则是由企业间的专利竞赛引起的，竞赛各方信息不对称，过度模仿和无序竞争造成重复性的研发资源浪费。创新研发活动需要投入较多资金，且具有较高的不确定性。企业在决定是否进行研发活动时多受到自身资金限制。而政府补助作为一种外部融资能够有效改善企业资金分配情况。随着政府创新补助增加，企业自身创新投资呈减少态势，即政府创新补助并未有效激励企业创新投资；政府补助对不同生命周期阶段企业的影响表明，对制造业与服务业成长期企业利用性创新活动具有正向作用；政府补助在前期能够起到降低创新成本、分散研发风险的正向作用。

政府补助起到了分散风险、提升创新绩效的作用，对企业无形资产提升具有正向影响，但对企业专利产出的影响不尽相同，对探索性创新有一定促进作用，而对利用性创新的影响并不明显。政府补助对民营企业的激励效应大于国有企业，在资本密集度较低的企业中表现出更好的创新绩效，与此同时，处于较好的产权保护地区的企业受到政府补助的正向影响比较显著（杨芷晴、张帆、张友斗，2019）。

各国政府普遍采用的一种政策工具是为企业的创新活动提供政府补助。政府通过对企业的创新支出给予补助，直接降低研发成本，刺激企业加强新产品研发，并加大技术的引进与改造。现有文献关于政府补助创新效应的研究较多，但相关观点存在较大争议。理论上的争议主要围绕企业创新的“溢出效应”与政府支出的“挤出效应”展开。“溢出效应”学者认为，由于不可控制的技术外溢效应，企业研发活动所产生的收益能够以极低的成本向技术模仿者转移，这种技术的外溢性特征使企业收益低于社会收益，造成企业的研发负激励。政府有必要通过补助弥补企业创新的技术溢出效应来解决技术创新市场的失灵问题。“挤出效应”学者认为，政府支出对私人部门投资存在挤出效应，会影响企业自身的研发支出，阻碍企业的创新活动（张辉等，2016；Wallsten，2000）。企业对政府补贴的依赖也容易导致其陷入低利润发展的怪圈之中，影响其产品质量和创新能力的提升，对自主研发产生“挤出效应”（张杰等，2015；戴魁早和刘友金，2013），合理安排政府补助资金的投放十分重要。政府补助对企业来讲是属于资源的一种拓展，扩充了企业可资利用的资源。探索性创新是超越现有产品与服务边界的深度创新活动，具有更高的不确定性和风险，而资源拓展能提升预期收益，促进探索性创新（李晓翔和张树含，2023）。

利用性创新旨在为当前客户提升产品或服务的范围和质量（陈红等，2019）。一方面，资源拓展能力的提升，有利于企业按照原有的技术路径和组织惯例开展创新活动，快速产出更新换代的产品和服务。另一方面，资源拓展能力的提升，凸显不同资源之间的关联，强化其对某一领域的理解与认识，激发创新灵感，带来改进当前产品和服务的新观点（Kobarg et al.，2019），促进利用性创新。

首先，企业获得政府资助意味着政府对研发项目的肯定，增强了强权CEO的创新信心；提高了获得项目潜在收益概率的估计，使其易忽视潜在风险，推进探索性创新。其次，政府补助的获取意味着企业获得了政府的支持，使CEO的创新决策具有“政府背书”而获得了“合法性”。最后，政府补助意味着政府对特定产业的支持，使相关企业获得政府的嘉奖和媒体报道。政府补助代表了企业在市场上的声誉，具有信号传递作用。这种信号被外部投资者所接受，有助于缓解融资约束，企业投入于探索性创新，而不是仅限于利用性创新（刘鑫和赵立翠，2020）[①]。

探索性和利用性创新的投资风险不同，企业要确保政府补助得到有效利用。政府补助可以加快利用性创新的速度，政府补助可以降低探索性创新研发成本、帮助企业吸引更多外部融资。政府补贴通过不同的方式促进企业双元创新（吴建祖和华欣意，2021）[②]。因此，政府补助会提高探索性创新、利用性创新，以及双元创新平衡性及联合性。

但是政府补助会挤出企业对双元创新的投入，表现为企业减少双元创新的经费支出，可能存在政府补贴分配倾向与创新激励作用的结构性偏差，使整体上补贴政策效果不佳（李万福、杜静、张怀，2017）[③]。政府补助对企业创新性活动的影响不能一概而论，对不同的市场环境，其影响的路径和作用方式存在较大差别。政府补贴是否有助于企业开展创新投资活动的研究方面，虽然大部分研究成果都形成了肯定意见，但也有研究者发现政府 R&D 补贴一定程度上挤出了企业研发的内源融资，可能降低行业创新研发投入水平（Lichtenberg，1987；Gorg & Strobl，2007）。

企业的生命周期影响了政府创新激励政策的作用效果，政府在继续推进激励政策落实的同时，也需要企业结合自身所处的发展阶段合理利用政府资源进行创新（朱永明、赵程程、赵健、贾明娥，2018）。激励效果在不同企业生命周期下存在一定差异；政府补助对成长期的企业创新投入的激励作用比成熟期、衰退期的企业更显著；政府补助对成熟期企业的创新产出的激励效果比成长期、衰退期的企业更明显。本节提出研究命题 1：政府补助与双元创新正相关。该命题可以细分为以下四个子命题。

研究命题 1a：政府补助与探索性创新正相关。

研究命题 1b：政府补助与利用性创新正相关。

研究命题 1c：政府补助与双元创新平衡性正相关。

研究命题 1d：政府补助与双元创新联合性正相关。

---

① 刘鑫，赵立翠，2020. CEO 权力、政府补助和企业双元创新［J］. 软科学，24（11）：84－89.

② 吴建祖，华欣意，2021. 企业双元创新驱动机制［J］. 科技管理研究（8）：1－10.

③ 李万福，杜静，张怀，2017. 创新补助究竟有没有激励企业创新自主投资——来自中国上市公司的新证据［J］. 金融研究（10）：130－145.

第 4 章全板块公司的基准检验表明，环境波动性与四维度指标呈倒 U 关系。本节提出研究命题 2：政府补助抑制了环境波动性二次方对双元创新的冲击。该命题可以细分为以下四个子命题。

研究命题 2a：政府补助抑制了环境波动性二次方对探索性创新的冲击。

研究命题 2b：政府补助抑制了环境波动性二次方对利用性创新的冲击。

研究命题 2c：政府补助抑制了环境波动性二次方对双元创新平衡性的冲击。

研究命题 2d：政府补助抑制了环境波动性二次方对双元创新联合性的冲击。

本节提出研究命题 3：政府补助与双元创新负相关。该命题可以细分为以下四个子命题。

研究命题 3a：政府补助与探索性创新负相关。

研究命题 3b：政府补助与利用性创新负相关。

研究命题 3c：政府补助与双元创新平衡性负相关。

研究命题 3d：政府补助与双元创新联合性负相关。

6.4.3　研究设计

(1) 变量选取

被解释变量是双元创新的四个指标，解释变量是环境波动性指数，调节变量是将公司当年得到的政府补助取自然对数，来衡量政府补助。

控制变量。本节从宏观、中观、微观层面三个角度来控制相关因素对双元创新的影响，即从国家层面、行业层面和公司层面来选择控制变量。国家层面选用人均 GDP 不变价格、经济景气一致指数，行业层面选用赫芬达尔—赫希曼指数来反映行业竞争状况，公司层面选用 Z 指数、S 指数、董监高年薪总额、资本密集度、每股税前现金股利、独立董事比率、投资回报率作为控制变量。本节内容所涉及的被解释变量、解释变量以及控制变量的选取与衡量汇总在表6－65中。

表6－65　变量定义与衡量表

变量类型	变量符号	变量名称	变量说明
被解释变量	prat	探索性创新	见表（4－1）
	pita	利用性创新	见表（4－1）
	dubln	双元创新平衡性	见表（4－1）
	ducmb	双元创新联合性	见表（4－1）
解释变量	cbnepu	环境波动性	见表（4－1）
调节变量	gvsubsd	政府补助	补助金额的自然对数
控制变量	gdppercptcp	人均GDP不变价格	GDP的不变价格/人口总数
	cnsindex	经济景气一致指数	经济景气一致指数，以1996年的指数为100
	hhi_sale	赫芬达尔—赫希曼指数	某公司销售额占本行业销售额之比的平方
	indexz	Z指数	第一大股东与第二大股东持股比例的比值
	indexs	S指数	第二大股东至第十大股东持股比例之和
	dsmsalary	董监高年薪总额	董事、监事和高管的年薪总额
	capaccum	资本密集度	总资产/营业收入
	csdvpshbtax	每股税前现金股利	每股派息税前数额
	roic	投资回报率	（净利润＋财务费用）/（资产总计－流动负债＋应付票据＋短期借款＋一年内到期的非流动负债）
	indrcrat	独立董事比率	独立董事占董事的比重

表6－65中，探索性创新、利用性创新数据是综合考虑母公司、子公司专利数据后得到的集团公司数据，并且该数据已经涵盖本集团公司单独申请的以及与其他公司联合申请的专利，人均GDP不变价格是以1996年不变价格计算的2007—2020年的每年人均GDP数据。

（2）模型设计

本节以2007—2020年全板块上市公司的数据为样本，建立多元回归模型，研究政府补助对企业双元创新的线性影响以及政府补助对环境波动性二次方的调节作用，计量模型如公式（6－25）至公式（6－27）所示。

$$Patent_{i,t} = \alpha_0 + \alpha_1 gdppercptcp_t + \alpha_2 cnsindex_t + \alpha_3 hhi\_sale_t + \alpha_4 indexz_{i,t} + \alpha_5 indexs_{i,t} + \alpha_6 dsmsalary_{i,t} + \alpha_7 capaccum_{i,t} + \alpha_8 csdvpshbtax_{i,t} + \alpha_9 roic_{i,t} + \alpha_{10} indrcrat_{i,t} + \alpha_{11} patent_{i,t1} + \alpha_{12} gvsubsd_{i,t} + \varepsilon \quad (6-25)$$

$$Patent_{i,t} = \alpha_0 + \alpha_1 gdppercptcp_t + \alpha_2 cnsindex_t + \alpha_3 hhi\_sale_t + \alpha_4 indexz_{i,t} + \alpha_5 indexs_{i,t} + \alpha_6 dsmsalary_{i,t} + \alpha_7 capaccum_{i,t} + \alpha_8 csdvpshbtax_{i,t} + \alpha_9 roic_{i,t} + \alpha_{10} indrcrat_{i,t} + \alpha_{11} patent_{i,t1} + \alpha_{12} gvsubsd_{i,t} + \alpha_{13} cbnepu_{i,t} + \varepsilon \quad (6-26)$$

$$Patent_{i,t} = \alpha_0 + \alpha_1 gdppercptcp_t + \alpha_2 cnsindex_t + \alpha_3 hhi\_sale_t + \alpha_4 indexz_{i,t} + \alpha_5 indexs_{i,t} + \alpha_6 dsmsalary_{i,t} + \alpha_7 capaccum_{i,t} + \alpha_8 csdvpshbtax_{i,t} + \alpha_9 roic_{i,t} + \alpha_{10} indrcrat_{i,t} + \alpha_{11} patent_{i,t1} + \alpha_{12} gvsubsd_{i,t} + \alpha_{13} cbnepu_{i,t} + \alpha_{i,t} c\_gvspusq_{i,t} + \varepsilon \quad (6-27)$$

在公式（6-25）至公式（6-27）中，各变量的含义与表6-65中变量的含义一致。需要说明的是，被解释变量在本节中采用不同的指标，在进行实证检验时，会采用四种指标。*c_gvspusq* 表示环境波动性二次方和政府补助相乘以后去中心化的指标。

（3）样本选择

本节主要考察主板公司和创业板公司的政府补助对双元创新的影响，针对2007—2020年两大板块上市公司的年度财务报告进行了全面、仔细的调查和统计并进行筛选。剔除了金融业、房地产业、其他金融业的公司；剔除ST、*ST、PT公司，删除B股公司；删除连续上市不满两年的公司，删除数据缺失的公司；删除资产负债率大于1的公司；最终得到3276家公司14年间的非平衡面板数据，公司—年度的观测个数是30532。双元创新数据主要是手工收集，其他数据均来自RESSET金融研究数据库、CNRDS数据库、CSMAR数据库、Wind数据库、公司官方网站。

6.4.4 实证研究

（1）描述性统计

本节所涉及的主要变量是政府补助，其他指标已经在前面进行了描述性统计，此处不再重复，描述性统计如表6-66所示。

表 6 – 66　　主要变量的描述性统计

Variables	Obs	Mean	Std. Dev.	Min	Max	Skew.	Kurt.
gvsubsd	23056	14. 135	4. 779	0. 000	23. 551	–2. 150	6. 847

表 6 – 66 显示，政府补助的均值是 14. 135，最小值是 0. 000，最大值是 23. 551，标准差是 4. 779，政府补助在观测期内具有一定的波动性。政府补助的偏度和峰度数据显示其呈左偏高峰分布。

（2） 面板数据的组间差异与组内差异分析

在描述性分析之后，本节继续探讨政府补助面板数据的组内差异和组间差异问题，政府补助的组内差异和组间差异汇总列示于表 6 – 67 中。

表 6 – 67　　主要变量的组内差异与组间差异统计表

Variable		Mean	Std. Dev.	Min	Max	Observations
gvsubsd	overall	14. 135	4. 779	0. 000	23. 551	N = 23056
	between		3. 168	0. 000	21. 941	n = 2997
	within		4. 229	– 3. 886	24. 651	T = 7. 693

表 6 – 67 显示，政府补助的组内差异即每个上市公司在 14 年间的时间差异的标准差是 4. 229，组间差异即 2997 家上市公司在 14 年间的个体差异标准差是 3. 168，说明 2997 家上市公司在 14 年间的年度波动（纵向波动）大于每个上市公司之间的波动（横向波动）。

（3） 主要变量的进一步描述分析

本节的核心解量是政府补助，在描述性统计、组间差异与组内差异分析基础上，本节再次利用核密度图来展示它们的分布状况，其分布情况如图 6 – 17 所示。

图 6 – 17 显示，政府补助呈现双峰并峙的局面，峰值分别位于（0. 1，0. 025）和（16，0. 18）处，并且整体上呈现左偏高峰状态的分布。

（4） 相关性分析

为了检查参与回归的主要变量之间是否存在多重共线性问题，需对其相关性进行考察，主要变量相关性系数如表 6 – 68 所示。

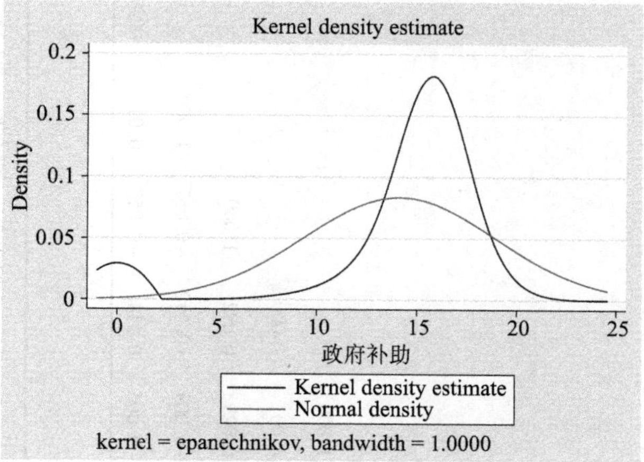

图 6－17　政府补助核密度图

表 6－68 显示，探索性创新与人均 GDP 不变价格、经济景气一致指数、S 指数、董监高薪酬、每股税前现金股利、投资回报率、独立董事比率、公司规模正相关。探索性创新与 Z 指数、资本密集度、政府补助负相关。这只是任意两个变量之间的相关系数。在加入控制变量之后，它们的回归系数可能会发生变化。任意两个变量之间的相关系数的绝对值不超过 0.414，说明变量间基本不存在多重共线性问题，适合进行下一步的实证检验。

为了稳健起见，再从方差膨胀因子方面分析主要变量之间是否存在多重共线性现象，检验结果如表 6－69 所示。

表 6－69 显示，从方差膨胀因子检验来看，主要变量的膨胀因子小于 10，再次证明任意变量之间不存在多重共线性问题，适合做下一步的实证检验。

（5）基准回归

为了直观反映政府补助与四维度指标的关系，本章利用散点命令来展示反映政府补助与四维度指标的关系，具体如图 6－18 到图 6－21 所示。这四幅图都显示政府补助与四维度指标呈负相关关系。

表 6-68　主要变量的相关系数矩阵表

Variables	(1)	(2)	(3)	(4)	(5)	(6)	(7)	(8)	(9)	(10)	(11)	(12)	(13)
(1) prat_w	1.000												
(2) gdppercptcp	0.242	1.000											
(3) cnsindex	0.014	0.252	1.000										
(4) indexz	-0.012	-0.121	-0.021	1.000									
(5) indexs	0.040	0.111	0.053	-0.414	1.000								
(6) dsmsalary	0.127	0.111	0.053	0.053	0.251	1.000							
(7) capaccum	-0.023	-0.063	0.022	-0.030	0.059	-0.024	1.000						
(8) csdvpshbtax	0.034	0.036	0.055	-0.035	0.087	0.042	0.063	1.000					
(9) roic	0.010	-0.002	0.015	-0.013	0.033	-0.008	0.061	0.117	1.000				
(10) indrcrat	0.038	-0.141	-0.054	0.056	0.083	0.298	0.013	0.000	0.001	1.000			
(11) sizeast	0.050	0.117	0.038	-0.044	0.156	0.262	0.034	0.121	0.029	0.092	1.000		
(12) hhi_sale	-0.048	-0.000	-0.004	0.016	-0.027	-0.034	-0.005	-0.034	-0.009	-0.012	-0.057	1.000	
(13) gvsubsd	-0.089	-0.360	-0.249	0.061	-0.080	-0.057	0.031	-0.021	-0.006	0.114	-0.053	0.015	1.000

表 6-69　主要变量的方差膨胀因子汇总表

Variables	indexs	indexz	dsmsalary	csdvpshbtax	gdppercptcp	roic	gvsubsd	indrcrat	sizeast	capaccum	cnsindex	hhi_sale
Vif	1.53	1.42	1.31	1.28	1.28	1.23	1.20	1.15	1.13	1.13	1.11	1.01
Mean vif						1.23						

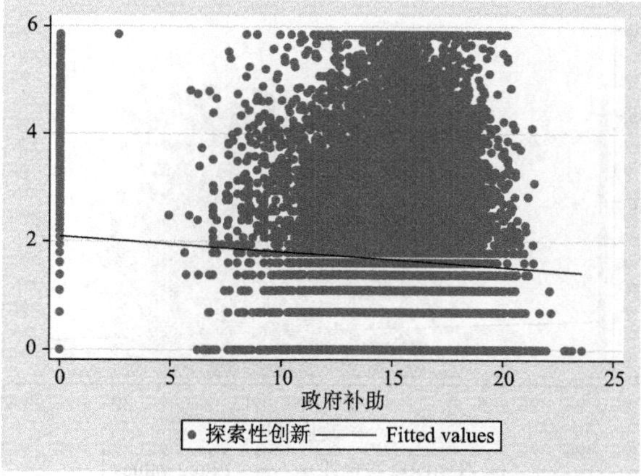

图 6－18　政府补助与探索性创新的散点图

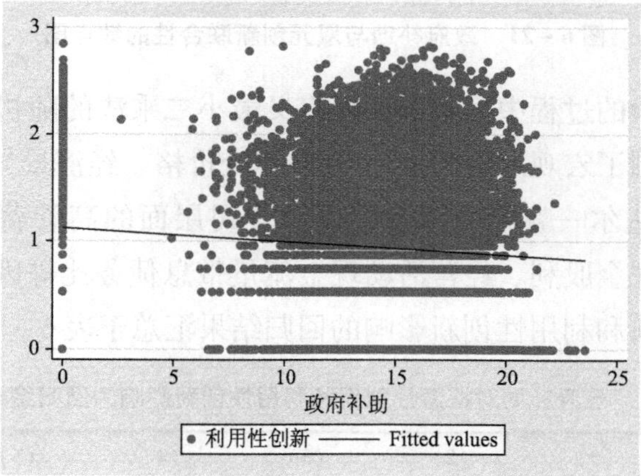

图 6－19　政府补助与利用性创新的散点图

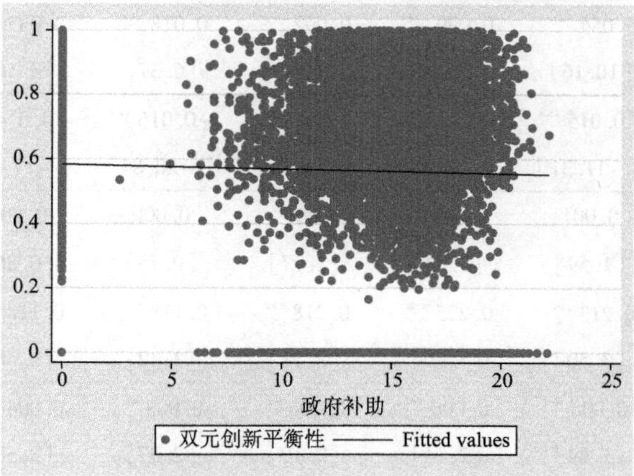

图 6－20　政府补助与双元创新平衡性的散点图

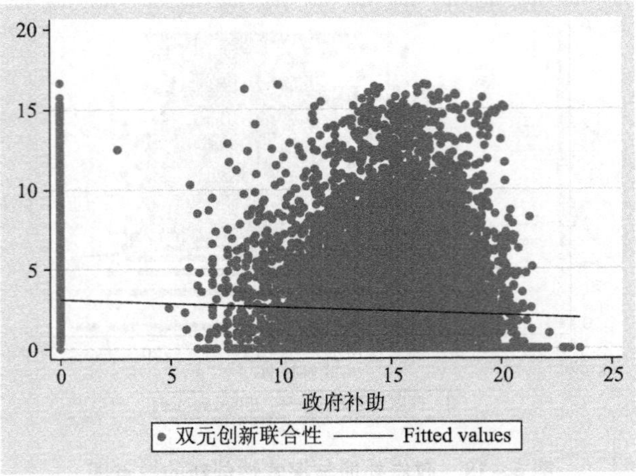

图 6 - 21　政府补助与双元创新联合性的散点图

在基准检验的过程中，本节采用广义最小二乘法的随机模型进行数据处理，本节控制了宏观因素的人均 GDP 不变价格、经济景气一致指数，行业因素的赫芬达尔—赫希曼指数，以及公司层面的高管薪酬、资本密集度、每股税前现金股利、经营活动现金流量带息债务比等因素后，政府补助对探索性创新和利用性创新影响的回归结果汇总于表 6 - 70 中。

表 6 - 70　　政府补助对探索性创新和利用性创新影响的回归结果

	(1)	(2)	(3)	(4)	(5)	(6)
	prat_w	prat_w	prat_w	pita	pita	pita
gdppercptcp	0.054 ***	0.099 ***	0.092 ***	0.018 ***	0.037 ***	0.030 ***
	[10.16]	[12.00]	[10.98]	[6.37]	[8.16]	[6.46]
cnsindex	-0.015 ***	-0.011 ***	-0.012 ***	-0.016 ***	-0.014 ***	-0.015 ***
	[-11.31]	[-7.90]	[-8.36]	[-20.84]	[-17.37]	[-18.24]
indexz_w	0.001	0.001 *	0.001 *	0.000	0.000	0.000
	[1.59]	[1.74]	[1.77]	[0.75]	[0.86]	[0.92]
indexs_w	0.213 ***	0.225 ***	0.218 ***	0.113 ***	0.118 ***	0.111 ***
	[3.50]	[3.70]	[3.58]	[3.42]	[3.56]	[3.37]
dsmsalary_w	0.005 *	0.006 **	0.006 **	0.003 **	0.004 ***	0.004 **
	[1.84]	[2.14]	[2.10]	[2.37]	[2.58]	[2.50]
capaccum_w	0.040 **	0.030 *	0.031 *	0.019 **	0.015	0.016 *

续表

	(1)	(2)	(3)	(4)	(5)	(6)
	prat_w	prat_w	prat_w	pita	pita	pita
	[2.47]	[1.84]	[1.90]	[2.10]	[1.63]	[1.75]
csdvpshbtax_w	0.045	0.051	0.053	0.018	0.020	0.022
	[0.97]	[1.10]	[1.14]	[0.71]	[0.80]	[0.88]
roic_w	0.118	0.140	0.132	0.133 ***	0.143 ***	0.134 ***
	[1.33]	[1.57]	[1.48]	[2.68]	[2.86]	[2.70]
indrcrat_w	-0.001 **	-0.001 **	-0.001 **	-0.002 ***	-0.002 ***	-0.001 ***
	[-2.42]	[-2.56]	[-2.01]	[-5.15]	[-5.25]	[-4.29]
hhi_sale_w	-9.709 ***	-9.724 ***	-9.725 ***	-5.468 ***	-5.463 ***	-5.461 ***
	[-4.88]	[-4.90]	[-4.90]	[-5.36]	[-5.37]	[-5.37]
sizeast_w	0.000	0.000	0.000	0.000	0.000	0.000
	[0.31]	[0.22]	[0.21]	[0.70]	[0.62]	[0.61]
L. prat_w	0.708 ***	0.708 ***	0.708 ***			
	[142.07]	[142.38]	[142.38]			
L. pita				0.649 ***	0.650 ***	0.649 ***
				[124.24]	[124.60]	[124.67]
gvsubsd_w	-0.003 **	-0.004 ***	-0.018 ***	-0.004 ***	-0.004 ***	-0.019 ***
	[-2.50]	[-2.83]	[-5.56]	[-4.98]	[-5.19]	[-10.35]
cbnepu		-0.037 ***	-0.076 ***		-0.015 ***	-0.056 ***
		[-7.15]	[-7.91]		[-5.37]	[-10.49]
c_gvspusq			0.003 ***			0.003 ***
			[4.83]			[9.01]
_cons	1.844 ***	1.377 ***	1.794 ***	1.879 ***	1.679 ***	2.115 ***
	[13.23]	[8.96]	[10.18]	[23.98]	[19.38]	[21.34]
N	20928	20928	20928	20928	20928	20928
r^2_w	0.271	0.273	0.274	0.132	0.133	0.136
r^2_b	0.867	0.869	0.869	0.851	0.853	0.852
r^2_o	0.691	0.692	0.692	0.598	0.599	0.600
N_g	2932.000	2932.000	2932.000	2932.000	2932.000	2932.000
chi^2	2.5e+04	2.5e+04	2.5e+04	1.8e+04	1.8e+04	1.8e+04
t statistics in brackets						
* p<0.1		** p<0.05		*** p<0.01		

数据显示，政府补助与探索性创新和利用性创新都呈负相关关系，研究命题3a和3b通过了检验；交乘项与探索性创新、利用性创新呈正相关关系。说明政府补助虽然抑制了探索性创新、利用性创新，但是也抑制了环境波动性二次方对探索性创新和利用性创新的冲击，使原先的倒U形状更为平缓。研究命题2a和2b通过了检验。政府补助对双元创新平衡性和联合性影响的回归结果汇总于表6－71中。

表6－71　政府补助对双元创新平衡性、联合性影响表

	(1)	(2)	(3)	(4)	(5)	(6)
	dubln	dubln	dubln	ducmb	ducmb	ducmb
gdppercptcp	0.005**	0.011***	0.009***	0.041***	0.145***	0.124***
	[2.55]	[3.27]	[2.61]	[4.29]	[9.82]	[8.28]
cnsindex	-0.005***	-0.005***	-0.005***	-0.054***	-0.045***	-0.047***
	[-10.35]	[-8.86]	[-9.13]	[-22.33]	[-17.37]	[-18.14]
indexz_w	0.000	0.000	0.000	0.001	0.001	0.001
	[0.31]	[0.34]	[0.36]	[0.95]	[1.15]	[1.20]
indexs_w	0.004	0.006	0.004	0.205*	0.230**	0.211**
	[0.19]	[0.24]	[0.19]	[1.93]	[2.17]	[1.99]
dsmsalary_w	0.001	0.001	0.001	0.005	0.007	0.006
	[0.61]	[0.66]	[0.62]	[1.11]	[1.48]	[1.41]
capaccum_w	0.005	0.004	0.005	0.086***	0.063**	0.066**
	[0.88]	[0.68]	[0.73]	[2.95]	[2.14]	[2.25]
csdvpshbtax_w	-0.033*	-0.032*	-0.032*	0.074	0.087	0.092
	[-1.86]	[-1.82]	[-1.81]	[0.90]	[1.06]	[1.13]
roic_w	0.048	0.051	0.050	0.261	0.312*	0.288*
	[1.39]	[1.46]	[1.44]	[1.63]	[1.95]	[1.80]
indrcrat_w	-0.001***	-0.001***	-0.001**	-0.006***	-0.006***	-0.006***
	[-2.81]	[-2.83]	[-2.48]	[-6.12]	[-6.31]	[-5.43]
hhi_sale_w	-1.378*	-1.372*	-1.368*	-9.625***	-9.644***	-9.645***
	[-1.83]	[-1.83]	[-1.82]	[-2.94]	[-2.95]	[-2.95]
sizeast_w	0.000	0.000	0.000	0.002	0.001	0.001
	[1.05]	[1.01]	[1.00]	[0.76]	[0.62]	[0.61]

续表

	(1)	(2)	(3)	(4)	(5)	(6)
	dubln	dubln	dubln	ducmb	ducmb	ducmb
L. dubln	0. 279 ***	0. 278 ***	0. 278 ***			
	[36. 94]	[36. 89]	[36. 92]			
L. ducmb				0. 808 ***	0. 809 ***	0. 808 ***
				[182. 34]	[182. 84]	[182. 75]
gvsubsd_w	-0. 001 *	-0. 001 *	-0. 004 ***	-0. 008 ***	-0. 009 ***	-0. 052 ***
	[-1. 88]	[-1. 91]	[-3. 48]	[-3. 47]	[-3. 84]	[-8. 93]
cbnepu		-0. 004 **	-0. 013 ***		-0. 085 ***	-0. 203 ***
		[-2. 16]	[-3. 67]		[-9. 20]	[-11. 75]
c_gvspusq			0. 001 ***			0. 009 ***
			[2. 97]			[8. 07]
_cons	0. 948 ***	0. 891 ***	0. 992 ***	6. 026 ***	4. 928 ***	6. 184 ***
	[17. 47]	[14. 79]	[14. 35]	[23. 87]	[17. 67]	[19. 38]
N	14942	14942	14942	20928	20928	20928
r^2_w	0. 013	0. 015	0. 016	0. 324	0. 326	0. 329
r^2_b	0. 556	0. 556	0. 551	0. 905	0. 906	0. 905
r^2_o	0. 158	0. 168	0. 178	0. 748	0. 749	0. 749
N_g	2540. 000	2540. 000	2540. 000	2932. 000	2932. 000	2932. 000
chi^2	1519. 808	1524. 319	1532. 667	3. 8e +04	3. 8e +04	3. 8e +04
t statistics in brackets						
* p <0. 1	** p <0. 05	*** p <0. 01				

数据显示，政府补助与双元创新平衡性、联合性都呈现负相关关系，交乘项分别与双元创新平衡性、联合性呈正相关关系，说明政府补助虽然抑制了双元创新平衡性和联合性，但是也抑制了环境波动性二次方对双元创新平衡性、联合性的冲击。使原先的倒 U 形状更为平缓。研究命题 2c、2d、3c、3d 通过了检验。

（6）异质性检验

本节的异质性检验中，都采用广义最小二乘法的随机模型进行数据处理。公司属性一般分为地方国有企业、中央国有企业、集体企业、民营企业、外资企业、公众企业、其他企业等类型。为了便于实证分析，本节将企业属性划分为国有企业、民营企业与其他企业进行检验。政府补助对探索性创新和利用性创新影响的回归结果汇总于表6-72中。

表6-72　　政府补助对探索性创新和利用性创新影响的产权统计表

	soes	prts	oths	soes	prts	oths
	prat_w	prat_w	prat_w	pita	pita	pita
gvsubsd_w	-0.017 ***	-0.017 ***	-0.020 ***	-0.015 ***	-0.019 ***	-0.023 ***
	[-3.23]	[-3.59]	[-2.80]	[-5.10]	[-7.35]	[-5.48]
cbnepu	-0.063 ***	-0.082 ***	-0.078 ***	-0.042 ***	-0.062 ***	-0.061 ***
	[-3.84]	[-5.88]	[-3.52]	[-4.59]	[-8.13]	[-4.61]
c_gvspusq	0.003 **	0.003 ***	0.004 ***	0.003 ***	0.003 ***	0.004 ***
	[2.53]	[3.18]	[2.58]	[4.27]	[6.62]	[4.55]
_cons	1.146 ***	2.127 ***	1.795 ***	1.799 ***	2.393 ***	1.971 ***
	[3.80]	[7.78]	[4.59]	[10.57]	[16.11]	[8.42]
N	6757	10112	4059	6757	10112	4059
r^2_w	0.325	0.202	0.251	0.173	0.096	0.109
r^2_b	0.875	0.832	0.913	0.856	0.804	0.872
r^2_o	0.755	0.627	0.724	0.657	0.557	0.594
N_g	963.000	1744.000	630.000	963.000	1744.000	630.000
chi^2	9622.683	9761.501	8783.045	6926.994	6467.983	4918.100

t statistics in brackets

* $p<0.1$　　** $p<0.05$　　*** $p<0.01$

数据显示，在三类属性企业中，政府补助与探索性创新和利用性创新都呈现负相关关系，交乘项与探索性创新和利用性创新呈正相关关系，说明政府补助虽然抑制了探索性创新和利用性创新，但是也抑制了环境波动性二次方对探索性创新和利用性创新的冲击。使原先的倒U形状更为平缓。研究命题2a、2b、3a、3b通过了检验。政府补助对双元创新平衡性和联合性影响的不同产权属性回归结果汇总于表6-73中。

表 6－73　　政府补助对双元创新平衡性和联合性影响的产权结果表

	soes	prts	oths	soes	prts	oths
	dubln	dubln	dubln	ducmb	ducmb	ducmb
gvsubsd_w	－0.003	－0.004 **	－0.008 ***	－0.047 ***	－0.054 ***	－0.053 ***
	[－1.23]	[－2.25]	[－2.73]	[－4.85]	[－6.26]	[－4.10]
cbnepu	－0.005	－0.013 ***	－0.026 ***	－0.180 ***	－0.220 ***	－0.195 ***
	[－0.73]	[－2.58]	[－2.90]	[－6.01]	[－8.82]	[－4.85]
c_gvspusq	0.001	0.001 *	0.001 **	0.009 ***	0.010 ***	0.009 ***
	[1.25]	[1.92]	[2.11]	[4.45]	[5.72]	[3.42]
_cons	0.842 ***	1.235 ***	0.728 ***	5.455 ***	6.842 ***	5.673 ***
	[6.79]	[12.09]	[4.23]	[9.86]	[14.04]	[7.94]
N	4490	7642	2810	6757	10112	4059
r^2_w	0.003	0.003	0.002	0.380	0.263	0.286
r^2_b	0.566	0.475	0.558	0.914	0.868	0.931
r^2_o	0.175	0.155	0.150	0.801	0.702	0.755
N_g	797.000	1504.000	525.000	963.000	1744.000	630.000
chi^2	469.493	690.110	493.777	1.5e＋04	1.4e＋04	1.1e＋04
t statistics in brackets						
* p＜0.1		** p＜0.05		*** p＜0.01		

数据显示，在民营企业、其他属性企业中，政府补助与双元创新平衡性呈现负相关关系；在民营企业、其他属性企业中，交乘项与双元创新平衡性呈正相关关系；说明政府补助虽然抑制了双元创新平衡性，但是也抑制了民营企业、其他属性企业中环境波动性二次方对双元创新平衡性的冲击。使原先的倒 U 形状更为平缓。研究命题 2c、2d、3c、3d 通过了检验。在国有企业中政府补助与双元创新平衡性不存在显著关系，交乘项对双元创新平衡性也不存在显著关系。在三类属性的企业中，政府补助与双元创新联合性呈现负相关关系；交乘项与双元创新联合性呈正相关关系；说明在三类属性的企业中，政府补助虽然抑制了双元创新联合性，却也抑制了环境波动性二次方对双元创新平衡性的冲击。使原先的倒 U 形状更为平

缓。研究命题2c、2d、3c、3d通过了检验。

将全板块上市公司根据垄断程度的不同，划分为垄断行业和非垄断行业，进行垄断行业与非垄断行业异质性性的检验，政府补助对探索性创新和利用性创新影响的回归结果汇总于表6－74中。

表6－74　政府补助对探索性创新和利用性创新影响的垄断统计表

	mnp	nomnp	mnp	nomnp
	prat_w	prat_w	pita	pita
gvsubsd_w	0.022	-0.019***	0.011	-0.019***
	[1.25]	[-5.71]	[1.09]	[-10.57]
cbnepu	0.017	-0.077***	0.008	-0.057***
	[0.28]	[-7.92]	[0.23]	[-10.54]
c_gvspusq	-0.006	0.003***	-0.003	0.003***
	[-1.54]	[5.02]	[-1.21]	[9.23]
_cons	-1.319	1.871***	0.253	2.163***
	[-1.26]	[10.46]	[0.42]	[21.50]
N	644	20284	644	20284
r^2_w	0.281	0.274	0.234	0.133
r^2_b	0.962	0.865	0.961	0.849
r^2_o	0.750	0.690	0.630	0.599
N_g	75.000	2858.000	75.000	2858.000
chi^2	1880.593	2.4e+04	1069.105	1.7e+04

t statistics in brackets

* p<0.1　** p<0.05　*** p<0.01

数据显示，在非垄断行业中政府补助与探索性创新、利用性创新都呈现负相关关系。交乘项与探索性创新、利用性创新都呈现正相关关系，说明政府补助虽然抑制了探索性创新、利用性创新，但是也抑制了环境波动性二次方对探索性创新和利用性创新的冲击。使原先的倒U形状更为平缓。研究命题2a、2b、3a、3b通过了检验。在垄断行业中，政府补助与探索性创新、利用性创新都不存在显著关系，交乘项也不存在显著关系。政府补助对双元创新平衡性和联合性影响的不同产权属性回归结果汇总于表6－75中。

表6－75 政府补助对双元创新平衡性和联合性影响的垄断行业结果表

	mnp	nomnp	mnp	nomnp
	dubln	dubln	ducmb	ducmb
gvsubsd_w	0.011	−0.005 ***	0.015	−0.053 ***
	[1.28]	[−3.66]	[0.45]	[−9.03]
cbnepu	0.023	−0.014 ***	−0.079	−0.205 ***
	[0.82]	[−3.75]	[−0.73]	[−11.69]
c_gvspusq	−0.002	0.001 ***	−0.005	0.010 ***
	[−1.13]	[3.09]	[−0.63]	[8.20]
_cons	0.265	1.009 ***	0.843	6.330 ***
	[0.53]	[14.42]	[0.44]	[19.54]
N	374	14568	644	20284
r^2_w	0.036	0.003	0.337	0.329
r^2_b	0.771	0.546	0.976	0.903
r^2_o	0.263	0.156	0.769	0.748
N_g	58.000	2483.000	75.000	2858.000
chi^2	127.646	1447.514	2092.744	3.6e+04

t statistics in brackets

* $p<0.1$　** $p<0.05$　*** $p<0.01$

数据显示，在非垄断行业中，政府补助与双元创新平衡性、联合性都呈负相关关系，交乘项都呈现正相关关系，说明政府补助虽然抑制了双元创新平衡性、联合性，但是也抑制了环境波动性二次方对双元创新平衡性、联合性的冲击。使原先的倒U形状变得更为平缓。研究命题2c、2d、3c、3d通过了检验。在垄断行业中，政府补助与双元创新平衡性、联合性都不存在显著关系，交乘项也不存在显著关系。

专精特新异质性的考察。政府补助对探索性创新和利用性创新影响的回归结果汇总于表6－76中。

表 6-76　政府补助对探索性创新和利用性创新影响的专精特新统计表

	splz	nosplz	splz	nosplz
	prat_w	prat_w	pita	pita
gvsubsd_w	-0.016*	-0.018***	-0.017***	-0.019***
	[-1.80]	[-5.28]	[-3.50]	[-9.68]
cbnepu	-0.070***	-0.077***	-0.055***	-0.056***
	[-2.73]	[-7.41]	[-3.89]	[-9.67]
c_gvspusq	0.003*	0.003***	0.003***	0.003***
	[1.87]	[4.46]	[3.04]	[8.40]
_cons	1.909***	1.775***	1.939***	2.147***
	[4.05]	[9.32]	[7.43]	[19.99]
N	3179	17749	3179	17749
r^2_w	0.285	0.271	0.157	0.132
r^2_b	0.825	0.878	0.830	0.856
r^2_o	0.679	0.695	0.611	0.598
N_g	459.000	2473.000	459.000	2473.000
chi^2	3024.772	2.3e+04	2390.615	1.6e+04
t statistics in brackets				
* p<0.1	** p<0.05	*** p<0.01		

数据显示，无论专精特新与否，政府补助都与探索性创新负相关，交乘项呈现出正相关关系，说明政府补助虽然抑制了探索性创新，但是也抑制了环境波动性二次方对探索性创新的冲击。使原先的倒 U 形状变得更为平缓。研究命题 2a、2b、3a、3b 通过了检验。无论是精特新与否，政府补助都与利用性创新负相关；交乘项呈现出正相关关系，说明政府补助虽然抑制了利用性创新，但是也抑制了环境波动性二次方对探索性创新的冲击。使原先的倒 U 形状变得更为平缓。研究命题 2a、2b、3a、3b 通过了检验。政府补助对双元创新平衡性和联合性影响的回归结果汇总于表 6-77 中。

表6-77 政府补助对双元创新平衡性和联合性影响的专精特新统计表

	splz	nosplz	splz	nosplz
	dubln	dubln	ducmb	ducmb
gvsubsd_w	-0.003	-0.004***	-0.057***	-0.051***
	[-0.85]	[-3.35]	[-3.51]	[-8.23]
cbnepu	-0.012	-0.013***	-0.205***	-0.203***
	[-1.21]	[-3.39]	[-4.37]	[-10.92]
c_gvspusq	0.001	0.001***	0.011***	0.009***
	[0.88]	[2.76]	[3.46]	[7.30]
_cons	0.948***	0.997***	6.380***	6.162***
	[5.14]	[13.35]	[7.40]	[17.90]
N	2196	12746	3179	17749
r^2_w	0.007	0.003	0.315	0.331
r^2_b	0.553	0.551	0.869	0.913
r^2_o	0.189	0.153	0.736	0.752
N_g	386.000	2154.000	459.000	2473.000
chi^2	249.655	1300.065	4143.960	3.6e+04
t statistics in brackets				
* $p<0.1$	** $p<0.05$	*** $p<0.01$		

数据显示，政府补助在非专精特新行业中，与双元创新平衡性负相关，交乘项呈现出正相关关系，说明政府补助虽然抑制了双元创新平衡性，但是也抑制了环境波动性二次方对双元创新平衡性的冲击。使原先的倒U形状变得更为平缓。在专精特新行业中，政府补助不存在显著关系，交乘项也不存在显著关系。无论专精特新与否，政府补助与双元创新联合性负相关，交乘项呈现正相关关系，说明政府补助虽然抑制了双元创新联合性，但是也抑制了环境波动性二次方对双元创新联合性的冲击。使原先的倒U形状变得更为平缓。研究命题2c、2d、3c、3d通过了检验。

（7）生命周期视角的考察

根据上述生命周期的基本观点，不同生命周期企业具有不同的现金流特征，下面探讨不同生命阶段政府减税对双元创新的影响问题。采用广义最小二乘法的随机模型进行数据处理，政府补助对探索性创新和利用性创新影响的回归结果汇总于表6-78中。

表 6－78　政府补助对探索性创新和利用性创新影响的生命周期统计表

	grw	mtn	rcs	grw	mtn	rcs
	prat_w	prat_w	prat_w	pita	pita	pita
gvsubsd_w	-0.024 ***	-0.011 **	-0.014 *	-0.019 ***	-0.018 ***	-0.014 ***
	[-4.75]	[-2.04]	[-1.94]	[-6.80]	[-6.28]	[-3.50]
cbnepu	-0.105 ***	-0.044 ***	-0.055 ***	-0.063 ***	-0.050 ***	-0.044 ***
	[-6.82]	[-2.87]	[-2.62]	[-7.24]	[-5.88]	[-3.83]
c_gvspusq	0.004 ***	0.001	0.003 **	0.003 ***	0.003 ***	0.003 ***
	[4.22]	[1.30]	[1.99]	[5.54]	[5.57]	[3.35]
_cons	2.017 ***	1.636 ***	1.722 ***	1.989 ***	2.315 ***	2.024 ***
	[7.15]	[5.76]	[4.50]	[12.51]	[14.58]	[9.59]
N	9209	7496	4223	9209	7496	4223
r^2_w	0.260	0.288	0.238	0.106	0.159	0.141
r^2_b	0.771	0.799	0.776	0.726	0.759	0.711
r^2_o	0.665	0.722	0.702	0.560	0.631	0.634
N_g	2537.000	2325.000	1782.000	2537.000	2325.000	1782.000
chi^2	9868.754	1.2e+04	7150.353	6000.140	8265.253	4699.483

t statistics in brackets

* $p<0.1$　** $p<0.05$　*** $p<0.01$

表 6－78 显示，不管是在生命周期中的哪个阶段，政府补助都与探索性创新负相关，交乘项在成长期和衰退期呈正相关关系，说明政府补助抑制了探索性创新，但是也抑制了环境波动性二次方对成长期和衰退期探索性创新的冲击。使原先的倒 U 形状变得更为平缓。研究命题 2a 和 3a 通过了检验。交乘项在成熟期不存在显著关系。

无论是在生命周期中的哪个阶段，政府补助都与利用性创新负相关，交乘项都与利用性创新呈正相关关系，说明政府补助虽然抑制了利用性创新，但是也抑制了环境波动性二次方对利用性创新的冲击。使原先的倒 U 形状变得更为平缓。研究命题 2b 和 3b 通过了检验。政府补助对双元创新平衡性和联合性影响的生命周期异质性结果汇总于表 6－79 中。

表 6－79　　政府补助对双元创新平衡性和联合性影响的生命周期表

	grw	mtn	rcs	grw	mtn	rcs
	dubln	dubln	dubln	ducmb	ducmb	ducmb
gvsubsd_w	−0.006 ***	−0.006 ***	0.004	−0.055 ***	−0.052 ***	−0.033 ***
	[−3.23]	[−2.82]	[1.41]	[−6.01]	[−5.62]	[−2.70]
cbnepu	−0.018 ***	−0.014 **	0.004	−0.244 ***	−0.176 ***	−0.139 ***
	[−3.32]	[−2.25]	[0.50]	[−8.58]	[−6.41]	[−3.86]
c_gvspusq	0.001 **	0.001 ***	−0.001	0.010 ***	0.009 ***	0.006 **
	[2.41]	[2.58]	[−1.19]	[5.46]	[4.99]	[2.37]
_cons	0.939 ***	1.060 ***	0.933 ***	5.837 ***	7.075 ***	5.341 ***
	[8.84]	[9.36]	[5.90]	[11.18]	[13.88]	[8.04]
N	6646	5470	2826	9209	7496	4223
r^2_w	0.004	0.002	0.000	0.301	0.358	0.303
r^2_b	0.400	0.319	0.231	0.825	0.855	0.832
r^2_o	0.177	0.162	0.117	0.717	0.778	0.767
N_g	2043.000	1917.000	1369.000	2537.000	2325.000	1782.000
chi^2	840.184	517.901	218.047	1.4e+04	1.9e+04	1.0e+04

t statistics in brackets

* $p<0.1$　　** $p<0.05$　　*** $p<0.01$

表 6－79 显示，在成长期和成熟期，政府补助与双元创新平衡性负相关；研究命题 2c 通过了检验，表明政府补助抑制了双元创新平衡性。衰退期不存在显著关系。在成长期和成熟期，交乘项与双元创新平衡性正相关，说明政府补助抑制了环境波动性二次方对双元创新平衡性的冲击；使原先的倒 U 形状变得更为平缓。研究命题 3c 通过了检验，交乘项在衰退期不存在显著关系。无论是在哪个生命阶段，政府补助都与双元创新联合性负相关，交乘项都与双元创新联合性正相关，说明政府补助虽然抑制了双元创新联合性，但是也抑制了环境波动性二次方对双元创新联合性的冲击。使原先的倒 U 形状变得更为平缓。研究命题 2d 和 3d 通过了检验。

（8）中介效应检验

根据上面实证研究的结论可以发现，政府补助与被解释变量的四个指标存在着复杂的关系。那么，政府补助与四类指标之间是由什么因素传递的？也就是说它们的中介变量是什么？企业在双元创新方面得到国家政府的补助金额，节约了企业的现金流，间接缓解了相关税费。因此，本部分试图以收到各项税费返还指标来探讨政府补助与四类专利数据之间的中介效应。本节采用现金流量表中收到的各项税费返还金额代表政府补助。中介效应的实证检验路径 c 的实证结果如表 6－80 所示。

表 6－80　　路径 c 的实证结果表

prat_w	Coef.	Std. Err.	t	P > t	[95% Conf.	Interval]
gvsubsd_w	－0. 004	0. 001	－3. 190	0. 001	－0. 007	－0. 002
gdppercptcp	0. 013	0. 005	2. 550	0. 011	0. 003	0. 023
cnsindex	－0. 015	0. 001	－10. 520	0. 000	－0. 017	－0. 012
indexz_w	0. 001	0. 000	1. 370	0. 172	－0. 000	0. 001
indexs_w	0. 227	0. 052	4. 320	0. 000	0. 124	0. 329
dsmsalary_w	－0. 000	0. 002	－0. 010	0. 993	－0. 004	0. 004
capaccum_w	0. 045	0. 016	2. 760	0. 006	0. 013	0. 077
csdvpshbtax_w	0. 065	0. 041	1. 560	0. 119	－0. 017	0. 146
roic_w	0. 120	0. 087	1. 370	0. 170	－0. 051	0. 291
indrcrat_w	－0. 001	0. 001	－2. 790	0. 005	－0. 003	－0. 000
hhi_sale_w	－6. 479	1. 381	－4. 690	0. 000	－9. 185	－3. 773
sizeast_w	0. 000	0. 001	0. 240	0. 808	－0. 001	0. 002
L1. prat_w	0. 834	0. 004	206. 040	0. 000	0. 826	0. 842
_cons	1. 858	0. 142	13. 080	0. 000	1. 579	2. 136

表 6－80 显示，政府补助与探索性创新负相关，在 1% 水平下显著。本检验与基准检验基本一致。中介效应的实证检验路径 a 的实证结果如表 6－81 所示。

表 6－81　　路径 a 的实证结果表

crptx	Coef.	Std. Err.	t	P > t	[95% Conf.	Interval]
gvsubsd_w	4130450	1476610	2. 800	0. 005	1236179	7024720
gdppercptcp	1. 81e＋07	5805247	3. 120	0. 002	6757972	2. 95e＋07
cnsindex	3402913	1564126	2. 180	0. 030	337104	6468721

续表

crptx	Coef.	Std. Err.	t	P > t	[95% Conf.	Interval]
indexz_w	4.60e+05	4.62e+05	1.000	0.319	-4.45e+05	1364527
indexs_w	-3.70e+07	5.95e+07	-0.620	0.534	-1.54e+08	7.96e+07
dsmsalary_w	-3628690	2497385	-1.450	0.146	-8523758	1266379
capaccum_w	-5.41e+07	1.86e+07	-2.910	0.004	-9.05e+07	-1.76e+07
csdvpshbtax_w	4.38e+08	4.70e+07	9.330	0.000	3.46e+08	5.30e+08
roic_w	-2.17e+08	9.88e+07	-2.190	0.028	-4.11e+08	-2.31e+07
indrcrat_w	-1400935	6.02e+05	-2.330	0.020	-2580907	-2.21e+05
hhi_sale_w	3.87e+09	1.57e+09	2.470	0.014	7.98e+08	6.93e+09
sizeast_w	9398157	984132	9.550	0.000	7469182	1.13e+07
Ll. prat_w	4.22e+07	4589095	9.200	0.000	3.32e+07	5.12e+07
_cons	-5.11e+08	1.61e+08	-3.170	0.002	-8.27e+08	-1.95e+08

表 6－81 显示，政府补助与收到税费返还正相关，在 1% 水平下显著，被解释变量滞后一期与收到税费返还正相关，在 1% 水平下显著。中介效应的实证检验路径 b 和 c′的实证结果如表 6－82 所示。

表 6－82　　路径 b 和 c′的实证结果表

prat_w	Coef.	Std. Err.	t	P > t	[95% Conf.	Interval]
crptx	0.000	0.000	3.940	0.000	0.000	0.000
gvsubsd_w	-0.004	0.001	-3.270	0.001	-0.007	-0.002
gdppercptcp	0.013	0.005	2.460	0.014	0.003	0.023
cnsindex	-0.015	0.001	-10.580	0.000	-0.017	-0.012
indexz_w	0.001	0.000	1.340	0.180	-0.000	0.001
indexs_w	0.227	0.052	4.340	0.000	0.125	0.330
dsmsalary_w	0.000	0.002	0.030	0.975	-0.004	0.004
capaccum_w	0.047	0.016	2.840	0.005	0.014	0.079
csdvpshbtax_w	0.054	0.041	1.300	0.193	-0.027	0.135
roic_w	0.125	0.087	1.430	0.152	-0.046	0.296
indrcrat_w	-0.001	0.001	-2.720	0.006	-0.002	-0.000
hhi_sale_w	-6.572	1.380	-4.760	0.000	-9.278	-3.867
sizeast_w	-0.000	0.001	-0.020	0.986	-0.002	0.002

续表

prat_w	Coef.	Std. Err.	t	P > t	[95% Conf.	Interval]
L1. prat_w	0. 833	0. 004	205. 440	0. 000	0. 825	0. 841
_cons	1. 870	0. 142	13. 160	0. 000	1. 592	2. 148

表6－82显示，收到税费返还与探索性创新正相关，在1%水平下显著。政府补助与探索性创新负相关，在1%水平下显著。滞后一期的被解释变量与探索性创新正相关，在1%水平下显著。中介效应检验中的各个系数以及Sobel显著水平汇总列示于表6－83中。

表6－83　　Sobel中介效应检验统计表

	Coef	Std Err	Z	P > |Z|
Sobel	0. 000 **	0. 000	2. 281	0. 023
Goodman－1 (Aroian)	0. 000 **	0. 000	2. 234	0. 025
Goodman－2	0. 000 **	0. 000	2. 332	0. 0197
a coefficient	4. 1e+06 ***	1. 5e+06	2. 797	0. 005
b coefficient	2. 4e－11 ***	6. 1e－12	3. 943	0. 000
Indirect effect	0. 000 **	0. 000	2. 281	0. 023
Direct effect	－0. 004 ***	0. 001	－3. 270	0. 001
Total effect	－0. 004 ***	0. 001	－3. 194	0. 002

注：Standard errors in parentheses, * $p<0.05$, ** $p<0.01$, *** $p<0.001$。

表6－83显示，Sobel检验系数显著，Goodman－1（Aroian）检验系数显著，Goodman－2检验系数显著，a coefficient检验系数显著，b coefficient检验系数显著，Indirect effect、Direct effect以及Total effect显著。Sobel中介效应的总效应、直接效应、间接效应汇总列示于表6－84中。

表6－84　　Sobel中介效应统计表

类别	数值
Proportion of total effect that is mediated	－0. 024
Ratio of indirect to direct effect	－0. 023
Ratio of total to direct effect	0. 977

表6-84显示，Sobel中介效应显著，其中调节效应为-0.024，间接效应为-0.023，直接效应为0.977。中介效应检验表明，收到各项税费返还是政府补助与探索性创新的中介变量，存在部分中介效应。收到各项税费返还也是其他被解释变量的中介变量，存在部分中介效应；此处不再报告相关数据。

6.4.5 研究结论

政府补助与探索性创新、利用性创新、双元创新平衡性、双元创新联合性呈负相关关系，交乘项与探索性创新、利用性创新、双元创新平衡性、双元创新联性正相关，说明虽然政府补助抑制了探索性创新、利用性创新、双元创新平衡性、双元创新联性，但是也抑制了环境波动性二次方对探索性创新、利用性创新、双元创新平衡性、双元创新联合性的冲击，促进了双元创新四维度指标的发展。使原先的倒U形状变得更为平缓。产权异质性检验的结果是，无论哪种产权属性的企业中，政府补助都与探索性创新、利用性创新呈负相关关系，交乘项与探索性创新、利用性创新呈正相关关系；说明虽然政府补助抑制了探索性创新、利用性创新，但是也抑制了环境波动性二次方对探索性创新、利用性创新的冲击，使原先的倒U形状变得更为平缓。在民营企业、其他属性企业中，政府补助与双元创新平衡性负相关，交乘项与双元创新平衡性正相关，说明虽然政府补助抑制了双元创新平衡性，但是也抑制了民营企业、其他属性企业中环境波动性二次方对双元创新平衡性的冲击，使原先的倒U形状变得更为平缓。在国有企业中，政府补助与双元创新平衡性不存在显著关系，交乘项也不存在显著关系。无论哪种属性的企业中，政府补助都与双元创新联合性负相关，交乘项与双元创新联合性呈正相关关系，说明三类企业中，虽然政府补助抑制了双元创新联合性，但是也抑制了环境波动性二次方对双元创新联合性的冲击，使原先的倒U形状更为平缓。

垄断异质性检验结果是，在非垄断行业中，政府补助与探索性创新、利用性创新负相关，交乘项与探索性创新、利用性创新呈现正相关关系，说明虽然政府补助抑制了探索性创新、利用性创新，但是也抑制了环境波动性二次方对探索性创新、利用性创新的冲击，使原先的倒U形状更为平缓。在垄断行业中，政府补助与探索性创新、利用性创新都不存在显著关系，交乘项也不存在显著关系。在非垄断行业中，政府补助与双元创新平衡性、联合性负相关，交乘项与双元创新平衡性、联合性呈正相关关系，说明虽然政府补助抑制了双元创新平衡性、联合性，但是也抑制了环境波动性二次方对双元创新平衡性、联合性的冲击，使原先的倒U形状变得更为平缓。在垄断行业中，政府补助与双元创新平衡性、联合性都不存在显著关系，交乘项也不存在显著关系。

专精特新异质性检验的结果是，无论专精特新与否，政府补助都与探索性创新、利用性创新负相关；交乘项都呈正相关关系，说明虽然政府补助抑制了探索性创新、利用性创新，但是也抑制了环境波动性二次方对探索性创新、利用性创新的冲击，使原先的倒U形状变得更为平缓。政府补助在非专精特新行业中，与双元创新平衡性负相关，交乘项呈正相关关系，说明虽然政府补助抑制了双元性创新平衡性，但是也抑制了环境波动性二次方对双元创新平衡性的冲击，使原先的倒U形状变得更为平缓。在专精特新行业中，政府补助不存在显著关系，交乘项也不存在显著关系。无论专精特新与否，政府补助都与双元创新联合性负相关，交乘项呈现正相关关系，说明虽然政府补助抑制了双元创新联合性，但是也抑制了环境波动性二次方对双元创新联合性的冲击，使原先的倒U形状变得更为平缓。

生命周期视角的检验显示，无论在哪个生命阶段，政府补助都与探索性创新负相关，政府补助抑制了探索性创新。交乘项在成长期和衰退期呈正相关关系，说明政府补助抑制了环境波动性对探索性创新的冲击。无论处在哪个阶段，政府补助都与利用性创新负相关，交乘项与利用性创新呈正相关关系，说明虽然政府补助抑制了利用性创新，但是也抑制了环境波动性二次方对利用性创新的冲击，使原先的倒U形状变得更为平缓。在成长期和成熟期，与双元创新平衡性负相关，交乘项呈正相关关系，说明虽然政府补助抑制了双元创新平衡性，但是也抑制了环境波动性二次方对双元创新平衡性的冲击，使原先的倒U形状变得更为平缓。不管是在哪个生命阶段，政府补助都与双元创新联合性负相关，交乘项与双元创新联合性呈正相关关系，说明虽然政府补助抑制了双元创新联合性，但是也抑制了环境波动性二次方对双元创新联合性的冲击，使原先的倒U形状变得更为平缓。

中介效应检验的结论是，企业在双元创新方面得到政府的补助，节约了企业的现金流，间接缓解了相关税费。本部分以收到各项税费返还指标来探讨政府补助与被解释变量四类指标之间的中介效应。中介效应表明收到各项税费返还是政府补助与探索性创新的中介变量，存在部分中介效应。收到各项税费返还也是另外三个被解释变量的中介变量，存在部分中介效应。

6.5 政府补助对主板公司的调节效应

6.5.1 理论分析与研究命题

此处的理论推演以及研究命题的归纳与提出和6.4.1的内容一致，保持了研究的一致性和可比性。第4章主板公司的基准检验表明，环境波动性与探索性创新负相关，与其他三类指标呈倒U关系。本节检验探索性创新中政府补助对环境波动性的调节作用，以及其他三类指标中政府补助对环境波动性二次方的调节作用。

6.5.2 研究设计

(1) 变量选取

被解释变量是双元创新的四个指标，解释变量是环境波动性指数，调节变量是将公司当年得到的政府补助取自然对数来衡量政府补助。本节从宏观、中观、微观层面三个角度来控制相关因素对双元创新的影响，即从国家层面、行业层面和公司层面来选择控制变量。国家层面选用人均 GDP 不变价格、经济景气一致指数，行业层面选用赫芬达尔—赫希曼指数来反映行业竞争状况，公司层面选用 Z 指数、S 指数、董监高年薪总额、资本密集度、每股税前现金股利、独立董事比率、投资回报率作为控制变量。

（2）模型设计

与 6.4.1 中的模型一致，此处不再赘述。

（3）样本选择

本节的目标是主要考察主板公司中政府补助对双元创新的影响，我们对 2007—2020 年主板上市公司的年度财务报告进行了全面、仔细的调查和统计并进行筛选。剔除了金融业、房地产业、其他金融业的公司；剔除 ST、*ST、PT 公司，删除 B 股公司；删除连续上市不满两年的公司，删除数据缺失严重的公司；删除资产负债率大于1 的公司；最终得到2376 家公司 14 年间的非平衡面板数据，公司—年度的观测个数是 23102。双元创新数据主要是手工收集，其他数据均来自 RESSET 金融研究数据库、CNRDS 数据库、CSMAR 数据库、Wind 数据库、公司官方网站。

6.5.3 实证检验

（1）描述性统计

本节的主要变量是政府补助，其他指标已经在前面进行了描述性统计，此处不再重复。描述性统计如表 6－85 所示。

表 6－85 主要变量的描述性统计

Variables	Obs	Mean	Std. Dev.	Min	Max	Skew.	Kurt.
gvsubsd	23102	14.135	4.779	0.000	23.551	－2.150	6.847

表 6－85 显示，政府补助的均值是 14.135，最小值是 0.000，最大值是 23.551，标准差是 4.779，呈现左偏高峰分布。

（2）面板数据的组间差异与组内差异分析

在描述性分析之后，本节继续探讨政府补助面板数据的组内差异与组间差异问题，政府补助的组内差异与组间差异汇总列示于表6-86中。

表6-86　主要变量的组内差异与组间差异统计表

Variable		Mean	Std. Dev.	Min	Max	Observations
gvsubsd	overall	14.135	4.779	0.000	23.551	N = 23102
	between		3.168	0.000	21.941	n = 2376
	within		4.229	-3.886	24.651	T = 7.693

表6-86显示，政府补助的组内差异即每个上市公司在14年间的时间差异的标准差是4.229，组间差异即2376家上市公司在14年间的个体差异标准差是3.168，说明2376家上市公司在14年间的年度波动（纵向波动）大于每个上市公司之间的波动（横向波动）。

（3）主要变量的进一步描述分析

本节的核心变量是政府补助，在描述性统计、组间差异与组内差异分析基础上，本节再次利用核密度图来展示它们的分布状况，其分布情况如图6-22所示。政府补助呈现双峰并峙的局面，峰值分别位于（0.1，0.03）和（16，0.175）处，并且整体上呈现左偏高峰状态分布。

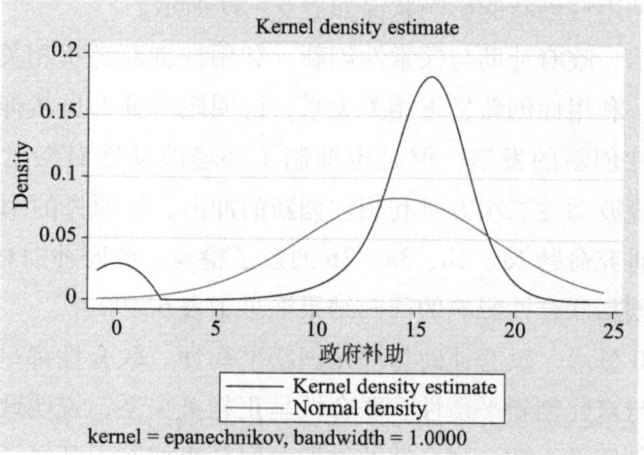

图6-22　政府补助核密度图

（4）相关性分析

为了检查参与回归的主要变量之间是否存在多重共线性问题，需对其相关性进行考察，变量相关性如表6－87所示。探索性创新和人均GDP不变价格、经济景气一致指数、S指数、高管薪酬、每股税前现金股利、投资回报率、独立董事比率、公司规模正相关。探索性创新和Z指数、资本密集度、赫芬达尔—赫希曼指数、政府补助负相关。这些相关系数只是任意两个变量之间的相关系数。在计量模型中增加控制变量之后，它们的符号有可能发生变化。并且任意两个变量之间的相关系数的绝对值没有大于0.239。说明不存在多重共线性问题，适合下一步的检验。

为了稳健起见，再从方差膨胀因子角度分析各变量之间的多重共线性问题，如表6－88所示。

从方差膨胀因子检验来看，主要变量的膨胀因子小于10，再次表明任意变量之间不存在多重共线性问题，适合做下一步的实证分析。

（5）基准检验

在基准检验的过程中，都采用广义最小二乘法的随机模型进行数据处理，本节控制了宏观因素的人均GDP不变价格、经济景气一致指数，行业因素的赫芬达尔—赫希曼指数以及公司层面的高管薪酬、资本密集度、每股税前现金股利、经营活动现金流量带息债务比等因素后，政府补助对探索性创新和利用性创新的影响状况如表6－89所示。

数据显示，政府补助与探索性创新、利用性创新都负相关，交乘项与探索性创新、利用性创新呈正相关关系，说明政府补助虽然抑制了探索性创新和利用性创新的发展，但是也抑制了环境波动性对探索性创新的冲击，以及环境波动性二次方对利用性创新的冲击，使原先的倒U形状变得更为平缓。研究命题2a、2b、3a、3b通过了检验。政府补助对双元创新平衡性和双元创新联合性影响的回归结果汇总于表6－90中。

表6－90显示，政府补助与双元创新平衡性、联合性都呈现负相关关系，交乘项与双元创新平衡性、联合性呈正相关关系，说明政府补助虽然抑制了双元创新平衡性、联合性的发展，但是也抑制了环境波动性二次方对双元创新平衡性、联合性的冲击，使原先的倒U形状变得更为平缓。研

表 6-87　　主要变量的相关系数矩阵表

Variables	(1)	(2)	(3)	(4)	(5)	(6)	(7)	(8)	(9)	(10)	(11)	(12)	(13)
(1) part_w	1.000												
(2) gdppercptcp	0.239	1.000											
(3) cnsindex	0.016	0.232	1.000										
(4) indexz	-0.016	-0.107	-0.018	1.000									
(5) indexs	0.028	0.083	0.061	-0.429	1.000								
(6) dsmsalary	0.121	0.087	0.063	0.040	0.177	1.000							
(7) capaccum	-0.008	-0.048	0.015	-0.022	0.046	-0.012	1.000						
(8) csdvpshbtax	0.049	0.041	0.051	-0.027	0.067	0.044	0.034	1.000					
(9) roic	0.013	-0.021	0.014	-0.008	0.026	-0.010	0.055	0.102	1.000				
(10) indrcrat	0.039	-0.157	-0.045	0.057	0.053	0.268	0.024	0.001	0.005	1.000			
(11) sizeast	0.041	0.092	0.034	0.036	0.048	0.253	0.010	0.058	0.018	0.116	1.000		
(12) hhi_sale	-0.050	0.018	-0.001	0.003	0.014	-0.001	0.001	-0.027	-0.008	-0.018	-0.006	1.000	
(13) gvsubsd	-0.078	-0.352	-0.247	0.061	-0.068	-0.040	0.033	-0.019	0.003	0.117	-0.028	0.008	1.000

表 6-88　　主要变量的方差膨胀因子检验表

Variables	indexs	indexs	gdppercptcp	roic	csdvpshbtax	gvsubsd	dsmsalary	cnsindex	sizeast	hhi_sale
VIF	1.53	1.42	1.31	1.28	1.28	1.23	1.20	1.15	1.13	1.01
Mean VIF	1.26									

表 6－89　政府补助对探索性创新和利用性创新影响结果表

	(1)	(2)	(3)	(4)	(5)	(6)
	prat_w	prat_w	prat_w	pita	pita	pita
gdppercptcp	0.037 ***	0.079 ***	0.072 ***	0.018 ***	0.034 ***	0.027 ***
	[6.27]	[8.62]	[7.71]	[5.52]	[6.56]	[5.23]
cnsindex	−0.012 ***	−0.008 ***	−0.009 ***	−0.015 ***	−0.013 ***	−0.014 ***
	[−7.71]	[−4.87]	[−5.32]	[−16.98]	[−14.19]	[−14.88]
indexz_w	0.000	0.000	0.000	0.000	0.000	0.000
	[0.50]	[0.63]	[0.71]	[0.44]	[0.52]	[0.65]
indexs_w	0.061	0.078	0.073	0.061	0.068 *	0.063 *
	[0.91]	[1.17]	[1.09]	[1.62]	[1.80]	[1.68]
dsmsalary_w	0.004	0.005	0.005	0.003 **	0.004 **	0.004 **
	[1.25]	[1.56]	[1.55]	[2.01]	[2.19]	[2.18]
capaccum_w	0.035 *	0.025	0.027	0.030 ***	0.026 **	0.028 ***
	[1.86]	[1.37]	[1.47]	[2.82]	[2.48]	[2.65]
csdvpshbtax_w	0.063	0.068	0.071	0.021	0.023	0.025
	[1.30]	[1.41]	[1.46]	[0.77]	[0.85]	[0.93]
roic_w	0.138	0.153	0.143	0.142 **	0.147 **	0.138 **
	[1.33]	[1.48]	[1.39]	[2.42]	[2.52]	[2.37]
indrcrat_w	−0.001	−0.001 *	−0.001	−0.001 ***	−0.001 ***	−0.001 ***
	[−1.50]	[−1.65]	[−1.15]	[−3.85]	[−3.95]	[−3.18]
hhi_sale_w	−8.943 ***	−8.979 ***	−8.920 ***	−5.563 ***	−5.546 ***	−5.491 ***
	[−4.43]	[−4.46]	[−4.44]	[−4.85]	[−4.87]	[−4.82]
sizeast_w	−0.002	−0.002	−0.002	−0.000	−0.000	−0.000
	[−1.02]	[−1.04]	[−1.06]	[−0.22]	[−0.23]	[−0.27]
L. prat_w	0.779 ***	0.779 ***	0.779 ***			
	[148.88]	[149.41]	[149.45]			
L. pita_w				0.682 ***	0.684 ***	0.684
				[116.01]	[116.86]	[116.97]
gvsubsd_w	−0.002	−0.003 *	−0.020 ***	−0.003 ***	−0.003 ***	−0.018 ***
	[−1.59]	[−1.88]	[−5.44]	[−3.51]	[−3.71]	[−8.74]
cbnepu		−0.036 ***	−0.084 ***		−0.014 ***	−0.055 ***
		[−6.04]	[−7.57]		[−4.06]	[−8.86]

续表

	(1)	(2)	(3)	(4)	(5)	(6)
	prat_w	prat_w	prat_w	pita	pita	pita
c_gvsepu			0.004 ***			
			[5.12]			
c_gvspusq						0.003 ***
						[7.91]
_cons	1.557 ***	1.091 ***	1.579 ***	1.767 ***	1.590 ***	2.016 ***
	[9.59]	[6.08]	[7.77]	[19.25]	[15.65]	[17.56]
N	15666	15666	15666	15666	15666	15666
r^2_w	0.293	0.295	0.296	0.142	0.142	0.145
r^2_b	0.906	0.908	0.908	0.874	0.876	0.876
r^2_o	0.720	0.720	0.721	0.620	0.620	0.621
N_g	2076.000	2076.000	2076.000	2076.000	2076.000	2076.000
chi^2	2.6e+04	2.6e+04	2.6e+04	1.6e+04	1.6e+04	1.6e+04

t statistics in brackets

* p<0.1 ** p<0.05 *** p<0.01

表 6-90 政府补助对双元创新平衡性、联合性影响的统计表

	(1)	(2)	(3)	(4)	(5)	(6)
	dubln	dubln	dubln	ducmb	ducmb	ducmb
gdppercptcp	0.007 ***	0.013 ***	0.011 ***	0.024 **	0.127 ***	0.107 ***
	[2.92]	[3.29]	[2.89]	[2.28]	[7.60]	[6.36]
cnsindex	-0.005 ***	-0.005 ***	-0.005 ***	-0.050 ***	-0.041 ***	-0.043 ***
	[-8.59]	[-7.24]	[-7.40]	[-17.93]	[-13.61]	[-14.25]
indexz_w	0.000	0.000	0.000	0.000	0.001	0.001
	[0.34]	[0.36]	[0.39]	[0.49]	[0.68]	[0.80]
indexs_w	-0.003	-0.002	-0.002	0.015	0.057	0.043
	[-0.12]	[-0.06]	[-0.08]	[0.13]	[0.47]	[0.36]
dsmsalary_w	-0.001	-0.000	-0.001	0.005	0.007	0.007
	[-0.39]	[-0.34]	[-0.36]	[0.90]	[1.32]	[1.31]
capaccum_w	0.004	0.003	0.003	0.112 ***	0.089 ***	0.095 ***
	[0.51]	[0.35]	[0.40]	[3.28]	[2.62]	[2.78]

续表

	(1)	(2)	(3)	(4)	(5)	(6)
	dubln	dubln	dubln	ducmb	ducmb	ducmb
csdvpshbtax_w	-0.026	-0.026	-0.026	0.099	0.110	0.118
	[-1.38]	[-1.36]	[-1.34]	[1.13]	[1.27]	[1.35]
roic_w	0.084 **	0.086 **	0.086 **	0.284	0.321 *	0.295
	[2.01]	[2.06]	[2.05]	[1.50]	[1.70]	[1.57]
indrcrat_w	-0.001 **	-0.001 **	-0.000 *	-0.006 ***	-0.006 ***	-0.005 ***
	[-1.97]	[-1.99]	[-1.77]	[-5.13]	[-5.34]	[-4.61]
hhi_sale_w	-2.115 **	-2.103 **	-2.089 **	-9.118 **	-9.213 ***	-9.065 **
	[-2.35]	[-2.34]	[-2.32]	[-2.55]	[-2.59]	[-2.55]
sizeast_w	0.001	0.001	0.001	-0.002	-0.002	-0.002
	[0.73]	[0.71]	[0.69]	[-0.60]	[-0.61]	[-0.64]
L. dubln	0.278 ***	0.278 ***	0.278 ***			
	[31.72]	[31.65]	[31.67]			
L. ducmb				0.847 ***	0.848 ***	0.847 ***
				[178.83]	[179.65]	[179.53]
gvsubsd_w	-0.000	-0.001	-0.003 **	-0.006 **	-0.007 ***	-0.052 ***
	[-0.85]	[-0.89]	[-2.16]	[-2.32]	[-2.68]	[-7.91]
cbnepu		-0.004 *	-0.011 ***		-0.086 ***	-0.214 ***
		[-1.91]	[-2.69]		[-7.98]	[-10.60]
c_gvspusq			0.001 **			0.010 ***
			[1.97]			[7.48]
_cons	0.927 ***	0.869 ***	0.944 ***	5.743 ***	4.614 ***	5.911 ***
	[14.50]	[12.25]	[11.73]	[19.34]	[14.05]	[15.93]
N	11033	11033	11033	15666	15666	15666
r^2_w	0.004	0.034	0.045	0.345	0.348	0.351
r^2_b	0.556	0.556	0.559	0.928	0.929	0.939
r^2_o	0.158	0.159	0.159	0.771	0.772	0.773
N_g	1790.000	1790.000	1790.000	2076.000	2076.000	2076.000
chi^2	1120.739	1123.834	1127.581	3.6e+04	3.6e+04	3.6e+04

t statistics in brackets

* $p < 0.1$　　** $p < 0.05$　　*** $p < 0.01$

究命题2c、2d、3c、3d通过了检验。

（6）异质性检验

本部分所有的异质性检验，都采用广义最小二乘法的随机模型进行数据处理。公司属性一般分为地方国有企业、中央国有企业、集体企业、民营企业、外资企业、公众企业、其他企业等类型。为了便于实证分析，本节将企业属性划分为国有企业、民营企业与其他企业进行检验。政府补助对探索性创新和利用性创新影响的回归结果汇总于表6－91中。

表6－91　政府补助对探索性创新和利用性创新影响的产权统计表

	soes	prts	oths	soes	prts	oths
	prat_w	prat_w	prat_w	pita	pita	pita
gvsubsd_w	−0.019 ***	−0.022 ***	−0.012	−0.015 ***	−0.021 ***	−0.018 ***
	[−3.61]	[−3.88]	[−1.17]	[−5.03]	[−6.47]	[−3.09]
cbnepu	−0.071 ***	−0.096 ***	−0.079 ***	−0.043 ***	−0.066 ***	−0.055 ***
	[−4.31]	[−5.61]	[−2.61]	[−4.59]	[−7.00]	[−3.06]
c_gvsepu	0.003 ***	0.005 ***	0.002			
	[3.02]	[4.02]	[1.01]			
c_gvspuasq				0.003 ***	0.004 ***	0.003 **
				[4.35]	[6.21]	[2.56]
_cons	1.186 ***	1.874 ***	0.972 *	1.777 ***	2.251 ***	1.810 ***
	[3.90]	[5.67]	[1.83]	[10.29]	[12.31]	[5.79]
N	6597	6929	2140	6597	6929	2140
r^2_w	0.328	0.226	0.269	0.176	0.103	0.105
r^2_b	0.894	0.890	0.901	0.870	0.831	0.852
r^2_o	0.762	0.670	0.736	0.662	0.577	0.620
N_g	916.000	1077.000	372.000	916.000	1077.000	372.000
chi^2	1.1e+04	1.1e+04	4321.462	7225.358	5034.305	2242.696

t statistics in brackets

* $p<0.1$　** $p<0.05$　*** $p<0.01$

数据显示，在国有、民营企业中，政府补助与探索性创新负相关，交乘项与探索性创新呈正相关关系，说明政府补助虽然抑制了探索性创新，但是也抑制了环境波动性对探索性创新的冲击。研究命题 2a 和 3a 通过了检验。无论在国有、民营以及其他属性企业中，政府补助与利用性创新都呈现负相关关系，交乘项和利用性创新呈正相关关系，说明政府补助虽然抑制了利用性创新，但是也抑制了环境波动性二次方对利用性创新的冲击，使原先的倒 U 形状变得更为平缓。研究命题 2b、3b 通过了检验。政府补助对双元创新平衡性和联合性影响的不同产权属性回归结果汇总于表 6－92 中。

表 6－92　政府补助对双元创新平衡性和联合性影响的产权结果表

	soes	prts	oths	soes	prts	oths
	dubln	dubln	dubln	ducmb	ducmb	ducmb
gvsubsd_w	－0.002	－0.003	－0.005	－0.050***	－0.060***	－0.034*
	[－1.08]	[－1.42]	[－1.22]	[－5.11]	[－5.82]	[－1.82]
cbnepu	－0.004	－0.013**	－0.023*	－0.194***	－0.240***	－0.188***
	[－0.68]	[－2.07]	[－1.90]	[－6.42]	[－7.82]	[－3.23]
c_gvspusq	0.000	0.001	0.001	0.010***	0.012***	0.006
	[1.10]	[1.34]	[0.90]	[4.89]	[5.65]	[1.43]
_cons	0.792***	1.227***	0.558**	5.451***	6.467***	4.546***
	[6.17]	[9.66]	[2.51]	[9.81]	[10.86]	[4.46]
N	4359	5148	1526	6597	6929	2140
r^2_w	0.003	0.005	0.003	0.388	0.286	0.290
r^2_b	0.587	0.435	0.578	0.925	0.907	0.921
r^2_o	0.175	0.142	0.187	0.807	0.734	0.773
N_g	754.000	928.000	306.000	916.000	1077.000	372.000
chi^2	510.060	402.666	347.511	1.6e＋04	1.3e＋04	5315.054
t statistics in brackets						
* p＜0.1	** p＜0.05	*** p＜0.01				

数据显示，在三类企业中，政府补助与双元创新平衡性不存在显著关系；交乘项与双元创新平衡性也不存在显著关系。无论是国有、民营还是其他属性的企业中，政府补助与双元创新联合性呈现负相关关系，交乘项与双元创新联合性呈正相关关系，说明无论是国有、民营还是其他属性的

企业中，政府补助虽然抑制了双元创新联合性，但是也抑制了环境波动性二次方对双元创新联合性的冲击，使原先的倒 U 形状变得更为平缓。研究命题 2c、3c 通过了检验。

将上市公司根据垄断程度的不同，划分为垄断行业和非垄断行业。进行垄断行业与非垄断行业异质性的检验，政府补助对探索性创新和利用性创新影响的回归结果汇总于表 6－93 中。

表 6－93　政府补助对探索性创新和利用性创新影响的垄断行异质性统计表

	mnp	nomnp	mnp	nomnp
	prat_w	prat_w	pita	pita
gvsubsd_w	0.025	−0.021***	0.017	−0.019***
	[1.25]	[−5.63]	[1.56]	[−9.04]
cbnepu	0.009	−0.085***	0.021	−0.057***
	[0.13]	[−7.61]	[0.58]	[−8.99]
c_gvsepu	−0.006	0.004***		
	[−1.26]	[5.33]		
c_gvspusq			−0.003	0.003***
			[−1.43]	[8.19]
_cons	−1.674	1.669***	−0.096	2.078***
	[−1.38]	[8.10]	[−0.15]	[17.82]
N	502	15164	502	15164
r^2_w	0.309	0.296	0.256	0.142
r^2_b	0.958	0.906	0.973	0.874
r^2_o	0.755	0.719	0.673	0.619
N_g	61.000	2016.000	61.000	2016.000
chi²	1494.583	2.5e+04	999.827	1.5e+04

t statistics in brackets

* $p<0.1$　** $p<0.05$　*** $p<0.01$

数据显示，在非垄断行业中，政府补助与探索性创新、利用性创新都呈显著负相关关系，交乘项与探索性创新、利用性创新都呈显著正相关关系，说明政府补虽然抑制了探索性创新、利用性创新，但是也抑制了环境波动性对探索性创新以及环境波动性的二次方对利用性创新的冲击。使原先的倒 U 形状变得更为平缓。研究命题 2a、2b、3a、3b 通过了检验。在垄断行业中，政府补助与探索性创新、利用性创新都不存在显著关系，交乘项也不存在显著关系。政府补助对双元创新平衡性和联合性影响的不同产权属性回归结果汇总于表 6－94 中。

表 6－94　政府补助对双元创新平衡性和联合性影响的垄断行业异质性回归表

	mnp	nomnp	mnp	nomnp
gvsubsd_w	0. 011	－0. 003 **	0. 031	－0. 054 ***
	[1. 05]	[－2. 32]	[0. 83]	[－8. 08]
cbnepu	0. 031	－0. 012 ***	－0. 066	－0. 216 ***
	[0. 97]	[－2. 84]	[－0. 54]	[－10. 56]
c_gvspusq	－0. 002	0. 001 **	－0. 006	0. 010 ***
	[－0. 96]	[2. 10]	[－0. 72]	[7. 64]
_cons	0. 436	0. 953 ***	－0. 829	6. 102 ***
	[0. 76]	[11. 72]	[－0. 37]	[16. 22]
N	271	10762	502	15164
r^2_w	0. 021	0. 005	0. 352	0. 351
r^2_b	0. 776	0. 548	0. 976	0. 927
r^2_o	0. 328	0. 155	0. 778	0. 773
N_g	46. 000	1745. 000	61. 000	2016. 000
chi^2	124. 416	1069. 509	1700. 189	3. 5e＋04
t statistics in brackets				
* p＜0. 1	** p＜0. 05	*** p＜0. 01		

数据显示，在非垄断行业中，政府补助与双元创新平衡性、联合性都呈负相关关系，交乘项分别与双元创新平衡性、联合性都呈显著正相关关系，说明政府补助虽然抑制了双元创新平衡性、联合性，但是也抑制了环境波动性二次方对双元创新平衡性、联合性的冲击。使原先的倒 U 形状变得更为平缓。研究命题 2c、2d、3c、3d 通过了检验。在垄断行业中，政府补助与双元创新平衡性、联合性都不存在显著关系，交乘项也不存在显著关系。

专精特新异质性的考察。政府补助对探索性创新和利用性创新影响的回归结果汇总于表 6－95 中。

表 6－95　政府补助对探索性创新和利用性创新影响的专精特新统计表

	splz	nosplz	splz	nosplz
	prat_w	prat_w	pita	pita
gvsubsd_w	−0.022 **	−0.020 ***	−0.019 ***	−0.018 ***
	[−2.13]	[−5.05]	[−3.28]	[−8.08]
cbnepu	−0.092 ***	−0.083 ***	−0.058 ***	−0.055 ***
	[−3.03]	[−6.99]	[−3.37]	[−8.19]
c_gvsepu	0.005 **	0.004 ***		
	[2.26]	[4.69]		
c_gvspusq			0.003 ***	0.003 ***
			[2.89]	[7.35]
_cons	1.801 ***	1.555 ***	2.009 ***	2.018 ***
	[3.28]	[7.09]	[6.40]	[16.31]
N	2192	13474	2192	13474
r^2_w	0.324	0.291	0.177	0.140
r^2_b	0.884	0.914	0.862	0.879
r^2_o	0.734	0.719	0.638	0.619
N_g	287.000	1789.000	287.000	1789.000
chi^2	3080.485	2.5e+04	2022.887	1.4e+04
t statistics in brackets				
* $p<0.1$	** $p<0.05$	*** $p<0.01$		

数据显示，无论专精特新与否，政府补助都与探索性创新负相关，交乘项呈现出正相关关系，说明政府补助虽然抑制了探索性创新发展，但是也抑制了环境波动性对探索性创新的冲击。研究命题 2a 和 3a 通过了检验。不管专精特新与否，政府补助与利用性创新呈负相关关系，交乘项都呈现出正相关关系，说明政府补助虽然抑制了利用性创新，但是也抑制了环境波动性二次方对利用性创新的冲击。使原先的倒 U 形状变得更为平缓。研究命题 2b 和 3b 通过了检验。政府补助对双元创新平衡性和联合性影响的专精特新异质汇总于表 6－96 中。

表 6-96　政府补助对双元创新平衡性和联合性影响的专精特新统计表

	splz	nosplz	splz	nosplz
	dubln	dubln	ducmb	ducmb
gvsubsd_w	-0.001	-0.003**	-0.073***	-0.050***
	[-0.33]	[-2.13]	[-3.80]	[-7.07]
cbnepu	-0.011	-0.011**	-0.260***	-0.209***
	[-0.95]	[-2.46]	[-4.60]	[-9.65]
c_gvspusq	0.000	0.001*	0.015***	0.009***
	[0.59]	[1.82]	[3.86]	[6.59]
_cons	0.891***	0.952***	6.604***	5.840***
	[4.02]	[10.99]	[6.43]	[14.64]
N	1497	9536	2192	13474
r^2_w	0.009	0.004	0.334	0.353
r^2_b	0.572	0.551	0.924	0.931
r^2_o	0.198	0.153	0.779	0.772
N_g	240.000	1550.000	287.000	1789.000
chi^2	187.812	945.016	4676.827	3.3e+04
t statistics in brackets				
* $p<0.1$	** $p<0.05$	*** $p<0.01$		

数据显示，政府补助在非专精特新行业中，与双元创新平衡性呈显著负相关关系；交乘项呈现出显著正相关关系，说明政府补助虽然抑制了双元创新平衡性，但是也抑制了环境波动性二次方对双元创新平衡性的冲击，使原先的倒U形状变得更为平缓。研究命题2c和3c通过了检验。在专精特新行业中，政府补助不存在显著关系，交乘项也不存在显著关系。无论专精特新与否，政府补助都与双元创新联合性显著负相关，交乘项都呈现出显著正相关关系，说明政府补助虽然抑制了双元创新联合性，但是也抑制了环境波动性二次方对双元创新联合性的冲击，使原先的倒U形状变得更为平缓。

（7）生命周期视角的考察

根据上述生命周期的基本观点，不同生命周期企业具有不同的现金流特征，下面探讨不同生命阶段政府补助对双元创新的影响问题。本部分采用广义最小二乘法的随机模型进行数据处理，政府补助对探索性创新和利用性创新影响的回归结果汇总于表 6－97 中。

表 6－97　政府补助对探索性创新和利用性创新影响的生命周期统计表

	grw	mtn	rcs	grw	mtn	rcs
	prat_w	prat_w	prat_w	pita	pita	pita
gvsubsd_w	−0.032***	−0.006	−0.014*	−0.020***	−0.017***	−0.010**
	[−5.67]	[−1.04]	[−1.66]	[−6.21]	[−5.32]	[−2.27]
cbnepu	−0.137***	−0.036**	−0.047*	−0.067***	−0.050***	−0.032**
	[−7.62]	[−2.09]	[−1.92]	[−6.61]	[−5.15]	[−2.32]
c_gvsepu	0.007***	0.001	0.003*			
	[5.50]	[0.69]	[1.71]			
c_gvspusq				0.004***	0.003***	0.002**
				[5.50]	[4.86]	[2.18]
_cons	2.174***	1.172***	1.309***	1.965***	2.142***	1.862***
	[6.61]	[3.68]	[2.94]	[10.52]	[11.94]	[7.51]
N	6772	5793	3101	6772	5793	3101
r^2_w	0.291	0.305	0.247	0.116	0.175	0.147
r^2_b	0.807	0.840	0.810	0.744	0.776	0.724
r^2_o	0.696	0.745	0.732	0.579	0.651	0.657
N_g	1806.000	1708.000	1301.000	1806.000	1708.000	1301.000
chi^2	8889.949	1.1e+04	6447.795	4787.673	6861.039	3651.284
t statistics in brackets						
* p<0.1	** p<0.05	*** p<0.01				

表 6－97 显示，在成长期、衰退期，政府补助与探索性创新负相关，交乘项呈显著正相关关系，说明政府补助虽然抑制了探索性创新发展，但是也抑制了环境波动性对探索性创新的冲击。因此，研究命题 2b 和 3b 通过了检验。在任何阶段，政府补助都与利用性创新呈显著负相关关系，交乘项也与利用性创新呈显著正相关关系，说明政府补助虽然抑制了利用性创新，但也抑制了环境波动性二次方对其冲击。政府补助对双元创新平衡性和联合性影响的生命周期异质性的回归结果汇总于表 6－98 中。

表 6-98　政府补助对双元创新平衡性和联合性影响的生命周期统计表

	grw	mtn	rcs	grw	mtn	rcs
	dubln	dubln	dubln	ducmb	ducmb	ducmb
gvsubsd_w	-0.006 ***	-0.005 **	0.008 **	-0.069 ***	-0.043 ***	-0.022
	[-2.66]	[-2.04]	[2.41]	[-6.48]	[-4.17]	[-1.55]
cbnepu	-0.017 ***	-0.013 *	0.013	-0.295 ***	-0.167 ***	-0.092 **
	[-2.62]	[-1.94]	[1.26]	[-8.78]	[-5.38]	[-2.13]
c_gvspusq	0.001 **	0.001 **	-0.001 **	0.014 ***	0.008 ***	0.003
	[2.19]	[1.97]	[-2.16]	[6.23]	[3.98]	[1.22]
_cons	0.954 ***	0.969 ***	0.811 ***	6.112 ***	6.160 ***	4.965 ***
	[7.65]	[7.50]	[4.32]	[9.91]	[10.71]	[6.34]
N	4827	4179	2027	6772	5793	3101
r^2_w	0.005	0.003	0.000	0.334	0.380	0.313
r^2_b	0.389	0.341	0.233	0.846	0.881	0.849
r^2_o	0.167	0.176	0.118	0.742	0.800	0.790
N_g	1443.000	1391.000	971.000	1806.000	1708.000	1301.000
chi^2	561.367	448.304	153.191	1.2e+04	1.7e+04	8403.485
t statistics in brackets						
* p<0.1	** p<0.05	*** p<0.01				

表 6-98 显示，在成长期和成熟期，政府补助与双元创新联合性显著负相关，衰退期不存在显著关系。在成长期和成熟期，交乘项与双元创新联合性呈显著正相关关系，说明政府补助虽然抑制了双元创新联合性，但是也抑制了环境波动性二次方对双元创新联合性的冲击；使原先的倒 U 形状变得更为平缓。交乘项在衰退期不存在显著关系。在成长期和成熟期，政府补助都与双元创新平衡性显著负相关，交乘项与双元创新平衡性呈显著正相关关系，说明政府补助虽然抑制了双元创新平衡性，但是也抑制了环境波动性二次方对双元创新平衡性的冲击。使原先的倒 U 形状变得更为平缓。在衰退期，政府补助促进了双元创新平衡性，但也加剧了环境波动

性二次方对双元创新平衡性的冲击，使原先的倒U形状变得更为陡峭。

6.5.4 研究结论

政府补助与探索性创新、利用性创新、双元创新平衡性、双元创新联合性负相关，交乘项正相关，政府补助虽然抑制了探索性创新、利用性创新、双元创新平衡性、双元创新联合性的发展，但却抑制了环境波动性对探索性创新的冲击，以及环境波动性二次方对其他三类指标的冲击，使原先的倒U形状更为平缓。

产权异质性结论显示，在国有、民营企业中，政府补助与探索性创新负相关，交乘项呈正相关关系，政府补助虽然抑制了探索性创新，但却抑制了环境波动性对探索性创新的冲击。无论哪种属性的企业中，政府补助都与利用性创新负相关，交乘项呈正相关关系，政府补助虽然抑制了利用性创新，但却抑制了环境波动性二次方对利用性创新的冲击，使原先的倒U形状变得更为平缓。在三类企业中，政府补助与双元创新平衡性不存在显著关系，交乘项也不存在显著关系。无论哪种属性的企业中，政府补助都与双元创新联合性负相关，交乘项呈正相关关系，政府补助虽然抑制了双元创新联合性，但却抑制了环境波动性二次方对双元创新联合性的冲击，使原先的倒U形状变得更为平缓。

在非垄断行业中，政府补助与探索性创新、利用性创新负相关，交乘项呈正相关关系，说明政府补抑制虽然抑制了探索性创新、利用性创新，但是也抑制了环境波动性对探索性创新的冲击；也抑制了环境波动性二次方对利用性创新的冲击，使原先的倒U形状变得更为平缓。在垄断行业中，政府补助与探索性创新、利用性创新都不存在显著关系，交乘项也不存在显著关系。在非垄断行业中，政府补助与双元创新平衡性、联合性负相关，交乘项呈正相关关系，说明政府补助虽然抑制了双元创新平衡性、联合性，但是也抑制了环境波动性二次方对双元创新平衡性、联合性的冲击，使原先的倒U形状变得更为平缓。在垄断行业中，政府补助与双元创新平衡性、联合性都不存在显著关系，交乘项也不存在显著关系。

无论专精特新与否，政府补助都与探索性创新负相关，交乘项呈现正相关关系，说明政府补助虽然抑制了探索性创新发展，但是也抑制了环境波动性对探索性创新的冲击。无论专精特新与否，政府补助都与利用性创新呈负相关关系；交乘项都呈现出正相关关系，说明政府补助虽然抑制了利用性创新，但是也抑制了环境波动性二次方对利用性创新的冲击，使原先呈现的倒U形状变得更为平缓。政府补助在非专精特新行业中，与双元创新平衡性呈负相关关系；交乘项呈现正相关关系，说明政府补助虽然抑制了双元创新平衡性，但是也抑制了环境波动性二次方对双元创新平衡性的冲击，使原先呈现的倒U形状变得更为平缓。在专精特新行业中，政府补助不存在显著关系，交乘项也不存在显著关系。无论专精特新与否，政府补助都与双元创新联合性负相关，交乘项都呈现正相关关系，说明政府补助虽然抑制了双元创新联合性，但是也抑制了环境波动性二次方对双元创新联合性的冲击，使原先呈现的倒U形状变得更为平缓。

生命周期视角的检验结论是，在成长期和衰退期，政府补助与探索性创新负相关，交乘项呈正相关关系，说明虽然抑制了探索性创新发展，但是也抑制了环境波动性对利用性创新的冲击。在任何阶段，政府补助与利用性创新呈负相关关系，交乘项也与利用性创新呈正相关关系，说明成长期和衰退期阶段，虽然政府补助抑制了利用性创新，但是也抑制了环境波动性二次方对利用性创新的冲击；使原先呈现的倒U形状变得更为平缓。在成熟期政府补助对探索创新不存在显著关系，交乘项也不存在显著关系。在成长期和成熟期，政府补助与双元创新联合性负相关。衰退期不存在显著关系。在成长期和成熟期，交乘项与双元创新联合性呈正相关关系，说明政府补助虽然抑制了双元创新联合性，但是也抑制了环境波动性二次方对双元创新联合性的冲击；使原先呈现的倒U形状变得更为平缓。交乘项在衰退期不存在显著关系。在成长期和成熟期，政府补助与双元创新平衡性显著负相关，交乘项与双元创新平衡性呈正相关关系，说明政府补助虽然抑制了双元创新平衡性，但是也抑制了环境波动性二次方对双元创新平衡性的冲击，使原先呈现的倒U形状变得更为平缓。在衰退期，政府补助促进了双元创新平衡性，但也加剧了环境波动性二次方对双元创新平衡性的冲击，使原先的倒 U 形状变得更为陡峭。

6.6 政府补助对创业板公司的调节效应

6.6.1　理论分析与研究命题

此处的主要思想与 6.4.1 的内容一致，保持了研究的一致性和可比性。以不再赘述。

6.6.2　研究设计

（1）变量选取

被解释变量是双元创新的四个指标，解释变量是环境波动性指数，调节变量是将公司当年得到的政府补助取自然对数来衡量政府补助。控制变量的选取方面，本节从宏观、中观、微观层面三个角度来控制相关因素对双元创新的影响，即从国家层面、行业层面和公司层面来选择控制变量。国家层面选用人均 GDP 不变价格、经济景气一致指数，行业层面选用赫芬达尔—赫希曼指数来反映行业竞争状况，公司层面选用 Z 指数、S 指数、董监高年薪总额、资本密集度、每股税前现金股利、独立董事比率、投资回报率作为控制变量。

（2）模型设计

与 6.4.1 中的模型基本一致，第 4 章创业板公司的基准检验表明，环境波动性与双元创新平衡性不存在显著的关系，与其他三类指标呈倒 U 关系，本节检验政府补助对四维度指标的复杂的调节作用。

（3）样本选择

本节的主要目的是考察创业板公司中政府补助对双元创新的影响，我们对 2007—2020 年创业板上市公司的年度财务报告进行了全面、仔细的调查和统计并进行筛选。剔除了金融业、房地产业、其他金融业的公司；剔除 ST、*ST、PT 公司，删除 B 股公司；删除连续上市不满两年的公司，删除数据缺失严重的公司；删除资产负债率大于 1 的公司；最终得到 900 家公司 14 年间的非平衡面板数据，公司—年度的观测个数是 7430。双元创新数据主要是手工收集，其他数据均来自 RESSET 金融研究数据库、CNRDS 数据库、CSMAR 数据库、Wind 数据库、公司官方网站。

6.6.3 实证检验

（1）描述性统计

本节的主要变量是政府补助，其他指标已经在前面进行了描述性统计，此处不再重复。描述性统计如表 6 - 99 所示。

表 6 - 99　主要变量的描述性统计

Variables	Obs	Mean	Std. Dev.	Min	Max	Skew.	Kurt.
gvsubsd	7430	14. 135	4. 779	0. 000	22. 106	- 2. 111	6. 366

政府补助的均值是 14. 135，最小值是 0. 000，最大值是 22. 106，标准差是 4. 779，政府补助在观测期内具有一定的波动性。政府补助的偏度和峰度数据显示其呈左偏高峰分布。

（2）面板数据的组间差异与组内差异分析

在描述性分析之后，本节继续探讨政府补助面板数据的组内差异和组间差异问题，政府补助的组内差异与组间差异汇总列示于表 6 - 100 中。

表 6 - 100　主要变量的组内差异与组间差异统计表

Variable		Mean	Std. Dev.	Min	Max	Observations
gvsubsd	overall	14. 135	4. 779	0. 000	23. 551	N = 7430
	between		3. 168	0. 000	21. 941	n = 900
	within		4. 229	- 3. 886	24. 651	T = 7. 693

表6-100显示，政府补助的组内差异即每个上市公司在14年间的时间差异的标准差是4.229，组间差异即900家上市公司在14年间的个体差异标准差是3.168，说明900家上市公司在14年间的年度波动（纵向波动）大于每个上市公司之间的波动（横向波动）。

（3）主要变量的进一步描述分析

本节的核心变量是政府补助，在描述性统计、组间差异与组内差异分析基础上，本节再次利用核密度图来展示它们的分布状况，其分布情况如图6-23所示。政府补助呈现双峰并峙的局面，峰值分别位于（0.1，0.03）和（16，0.18）处，并且整体上呈现左偏高峰状态分布。

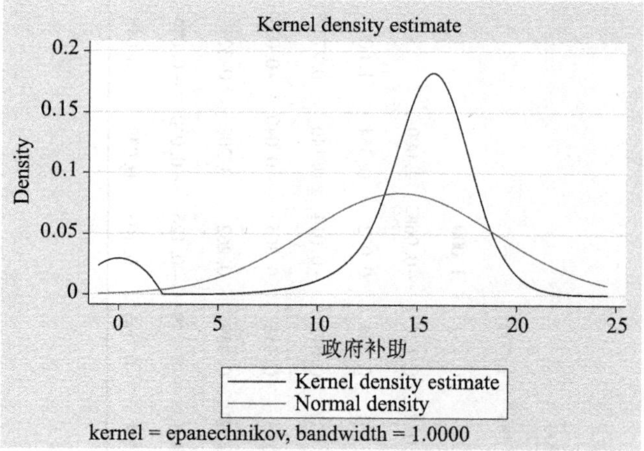

图6-23　政府补助核密度函数图

（4）相关性分析

为了检查参与回归的主要变量之间是否存在多重共线性问题，需对其相关性进行考察，变量相关性系数如表6-101所示。

表6-101显示，探索性创新与人均GDP不变价格、经济景气一致指数、S指数、Z指数、董监高薪酬、独立董事比率、公司规模正相关。与资本密集度、政府补助等负相关。这只是任意两个变量之间的相关系数。在加入控制变量之后，它们的回归系数可能会发生变化。任意两个变量之间相关系数的绝对值不超过0.459，说明变量间基本不存在多重共线性问题，适合进行下一步的实证检验。

表 6－101　　主要变量的相关系数矩阵表

Variables	(1)	(2)	(3)	(4)	(5)	(6)	(7)	(8)	(9)	(10)	(11)	(12)	(13)
(1) prat_w	1.000												
(2) gdppercptcp	0.257	1.000											
(3) cnsindex	0.008	0.316	1.000										
(4) indexz	0.001	-0.158	-0.029	1.000									
(5) indexs	0.082	0.162	0.033	-0.364	1.000								
(6) dsmsalary	0.152	0.195	0.036	0.075	0.431	1.000							
(7) capaccum	-0.117	-0.187	0.065	-0.074	0.121	-0.068	1.000						
(8) csdvpshbtax	-0.057	0.035	0.084	-0.101	0.224	0.032	0.364	1.000					
(9) roic	-0.007	0.127	0.025	-0.055	0.092	-0.014	0.140	0.274	1.000				
(10) indrcrat	0.037	-0.101	-0.078	0.053	0.158	0.365	-0.040	-0.003	-0.022	1.000			
(11) sizeast	0.088	0.301	0.061	-0.269	0.459	0.262	0.208	0.325	0.065	0.089	1.000		
(12) hhi_sale	-0.041	-0.060	-0.012	0.065	-0.149	-0.126	-0.040	-0.084	-0.017	0.006	-0.190	1.000	
(13) gvsubsd	-0.126	-0.381	-0.255	0.054	-0.096	-0.103	0.039	-0.045	-0.069	0.109	-0.153	0.038	1.000

（5）基准检验

本节采用广义最小二乘法的随机模型进行数据处理，在控制了宏观因素的人均GDP不变价格，行业因素的赫芬达尔—赫希曼指数以及公司层面的高管薪酬、资本密集度、每股税前现金股利、公司规模等因素后，政府补助对探索性创新和利用性创新影响的回归结果汇总于表6-102中。

表6-102　政府补助对探索性创新和利用性创新影响结果表

	(1)	(2)	(3)	(4)	(5)	(6)
	prat_w	prat_w	prat_w	pita	pita	pita
gdppercptcp	0.086***	0.128***	0.125***	0.014**	0.000***	0.030***
	[6.78]	[6.78]	[6.49]	[2.10]	[3.80]	[2.77]
cnsindex	-0.022***	-0.019***	-0.020***	-0.018***	-0.016***	-0.017***
	[-8.32]	[-6.86]	[-6.88]	[-11.81]	[-10.06]	[-10.58]
indexz_w	0.002**	0.002**	0.002**	0.000	0.000	0.000
	[1.97]	[2.08]	[2.07]	[0.54]	[0.66]	[0.57]
indexs_w	0.536***	0.532***	0.528***	0.204***	0.203***	0.194***
	[3.84]	[3.81]	[3.78]	[2.84]	[2.83]	[2.70]
dsmsalary_w	-0.001	-0.001	-0.001	0.002	0.002	0.002
	[-0.12]	[-0.09]	[-0.10]	[0.76]	[0.76]	[0.68]
capaccum_w	0.051	0.041	0.041	-0.010	-0.016	-0.016
	[1.56]	[1.26]	[1.26]	[-0.55]	[-0.86]	[-0.89]
csdvpshbtax_w	-0.169	-0.159	-0.158	-0.060	-0.053	-0.052
	[-1.35]	[-1.27]	[-1.27]	[-0.90]	[-0.78]	[-0.78]
roic_w	0.069	0.085	0.083	0.130	0.138	0.129
	[0.39]	[0.48]	[0.47]	[1.32]	[1.40]	[1.32]
indrcrat_w	-0.004***	-0.004***	-0.003***	-0.002***	-0.002***	-0.002***
	[-3.10]	[-3.09]	[-2.98]	[-3.86]	[-3.85]	[-3.28]
hhi_sale_w	-3.433	-3.506	-3.550	-3.319	-3.366	-3.538
	[-0.71]	[-0.72]	[-0.73]	[-1.54]	[-1.56]	[-1.64]

续表

	(1)	(2)	(3)	(4)	(5)	(6)
	prat_w	prat_w	prat_w	pita	pita	pita
sizeast_w	0.005 *	0.005 *	0.005 *	0.002 **	0.002 **	0.002 *
	[1.94]	[1.85]	[1.85]	[2.13]	[1.97]	[1.95]
L. prat_w	0.545 ***	0.544 ***	0.544 ***			
	[47.86]	[47.84]	[47.81]			
L. pita				0.569 ***	0.568 ***	0.569 ***
				[51.76]	[51.69]	[51.76]
gvsubsd_w	-0.006 **	-0.006 **	-0.010	-0.005 ***	-0.006 ***	-0.020 ***
	[-2.22]	[-2.30]	[-1.43]	[-3.83]	[-3.88]	[-5.47]
cbnepu		-0.031 ***	-0.040 **		-0.018 ***	-0.056 ***
		[-2.98]	[-2.12]		[-3.18]	[-5.35]
c_gvspusq			0.001			0.003 ***
			[0.59]			[4.31]
_cons	2.729 ***	2.359 ***	2.471 ***	2.219 ***	1.993 ***	2.454 ***
	[9.91]	[7.82]	[6.92]	[14.42]	[11.76]	[12.26]
N	5262	5262	5262	5262	5262	5262
r^2_w	0.204	0.206	0.208	0.106	0.108	0.110
r^2_b	0.748	0.749	0.769	0.794	0.796	0.801
r^2_o	0.590	0.590	0.610	0.529	0.529	0.531
N_g	856.000	856.000	856.000	856.000	856.000	856.000
chi^2	3231.000	3238.544	3235.787	3223.215	3229.160	3247.554

t statistics in brackets

* $p < 0.1$　　** $p < 0.05$　　*** $p < 0.01$

数据显示，政府补助与利用性创新呈现负相关关系，交乘项与利用性创新呈显著正相关关系，说明政府补助虽然抑制了利用性创新，但是也抑制了环境波动性二次方对利用性创新的冲击。使原先呈现的倒 U 形状变得更为平缓。因此，研究命题 2a、3a、3b 通过了检验。政府补助与探索性创新不存在显著关系，交乘项也不存在显著关系，所有命题都没通过检验。政府补助对双元创新平衡性和联合性影响的回归结果汇总于表 6 - 103 中。

表 6 - 103 政府补助对双元创新平衡性和联合性影响表

	(1)	(2)	(3)	(4)	(5)	(6)
	dubln	dubln	dubln	ducmb	ducmb	ducmb
gdppercptcp	0.002	0.007	0.002	0.097 ***	0.201 ***	0.178 ***
	[0.32]	[0.88]	[0.20]	[4.40]	[6.06]	[5.24]
cnsindex	-0.006 ***	-0.006 ***	-0.006 ***	-0.062 ***	-0.055 ***	-0.058 ***
	[-5.55]	[-5.03]	[-5.35]	[-13.18]	[-11.03]	[-11.37]
indexz_w	-0.000	-0.000	-0.000	0.001	0.002	0.002
	[-0.22]	[-0.19]	[-0.25]	[0.78]	[0.93]	[0.87]
indexs_w	0.038	0.038	0.036	0.773 ***	0.767 ***	0.742 ***
	[0.80]	[0.81]	[0.75]	[3.30]	[3.28]	[3.17]
dsmsalary_w	0.003	0.003	0.003	-0.003	-0.003	-0.004
	[1.41]	[1.42]	[1.35]	[-0.36]	[-0.34]	[-0.39]
capaccum_w	0.012	0.011	0.010	0.030	0.005	0.004
	[0.95]	[0.86]	[0.84]	[0.51]	[0.09]	[0.08]
csdvpshbtax_w	-0.083 *	-0.081 *	-0.082 *	-0.285	-0.255	-0.254
	[-1.87]	[-1.82]	[-1.86]	[-1.32]	[-1.19]	[-1.18]
roic_w	-0.024	-0.024	-0.025	0.068	0.103	0.083
	[-0.38]	[-0.37]	[-0.39]	[0.22]	[0.33]	[0.27]
indrcrat_w	-0.001 **	-0.001 **	-0.001 *	-0.007 ***	-0.007 ***	-0.007 ***
	[-2.12]	[-2.10]	[-1.77]	[-3.77]	[-3.76]	[-3.32]
hhi_sale_w	0.545	0.523	0.471	-5.207	-5.387	-5.791
	[0.40]	[0.39]	[0.35]	[-0.70]	[-0.73]	[-0.78]
sizeast_w	0.000	0.000	0.000	0.002	0.002	0.002
	[0.36]	[0.28]	[0.31]	[0.65]	[0.48]	[0.47]
L. dubln	0.290 ***	0.290 ***	0.289 ***			
	[19.73]	[19.71]	[19.68]			

续表

	(1)	(2)	(3)	(4)	(5)	(6)
	dubln	dubln	dubln	ducmb	ducmb	ducmb
L. ducmb				0.678***	0.678***	0.678***
				[63.38]	[63.41]	[63.40]
gvsubsd_w	-0.002**	-0.002**	-0.008***	-0.014***	-0.014***	-0.048***
	[-2.23]	[-2.22]	[-3.26]	[-3.09]	[-3.18]	[-4.12]
cbnepu		-0.004	-0.018***		-0.076***	-0.163***
		[-0.87]	[-2.64]		[-4.18]	[-4.91]
c_gvspusq			0.001***			0.007***
			[2.62]			[3.14]
_cons	1.005***	0.962***	1.158***	6.987***	6.056***	7.116***
	[9.43]	[8.18]	[8.32]	[14.38]	[11.35]	[11.27]
N	3909	3909	3909	5262	5262	5262
r^2_w	0.001	0.009	0.011	0.254	0.256	0.258
r^2_b	0.566	0.565	0.574	0.818	0.819	0.817
r^2_o	0.158	0.159	0.160	0.643	0.644	0.645
N_g	750.000	750.000	750.000	856.000	856.000	856.000
chi^2	448.283	448.232	452.882	5003.720	5023.261	5029.475

t statistics in brackets

* $p<0.1$　　** $p<0.05$　　*** $p<0.01$

表6-103显示，政府补助与双元创新平衡性、联合性都呈现显著负相关关系，交乘项分别与双元创新平衡性、联合性呈显著正相关关系，说明政府补助虽然抑制了双元创新平衡性、联合性，但是也抑制了环境波动性二次方对双元创新平衡性、联合性的冲击，使原先呈现的倒U形状变得更为平缓。研究命题2c、3c、2d、3d通过了检验。

（6）异质性检验

本节所有的异质性检验都采用广义最小二乘法的随机模型进行处理，公司属性一般分为地方中央国有企业、集体企业、国有企业、民营企业、外资企业、公众企业、其他企业等类型。为了便于实证分析，本节将企业属性划分为国有企业、民营企业与其他企业进行检验。政府补助对探索性创新和利用性创新影响的回归结果汇总于表 6－104 中。

表 6－104　　政府补助对探索性创新和利用性创新影响的产权统计表

	soes	prts	oths	soes	prts	oths
	prat_w	prat_w	prat_w	pita	pita	pita
gvsubsd_w	0.043	－0.002	－0.027***	－0.019	－0.015***	－0.028***
	[0.92]	[－0.21]	[－2.69]	[－0.84]	[－3.22]	[－4.50]
cbnepu	0.170	－0.049**	－0.068**	－0.043	－0.055***	－0.066***
	[1.40]	[－1.97]	[－2.10]	[－0.72]	[－4.22]	[－3.33]
c_gvspusq	－0.011	－0.001	0.005**	0.002	0.002**	0.005***
	[－1.31]	[－0.55]	[2.53]	[0.39]	[2.49]	[3.77]
_cons	3.197	2.448***	2.750***	5.223**	2.620***	2.101***
	[0.73]	[4.92]	[4.77]	[2.43]	[10.00]	[5.98]
N	160	3183	1919	160	3183	1919
r^2_w	0.090	0.151	0.238	0.051	0.087	0.116
r^2_b	0.704	0.725	0.928	0.641	0.768	0.901
r^2_o	0.481	0.519	0.710	0.452	0.513	0.565
N_g	47.000	667.000	258.000	47.000	667.000	258.000
chi^2	107.555	1693.973	4665.555	76.655	1677.336	2466.972
t statistics in brackets						
* $p<0.1$		** $p<0.05$		*** $p<0.01$		

数据显示，在其他属性企业中，政府补助与探索性创新呈现显著负相关关系，交乘项与探索性创新呈显著正相关关系，说明政府补助虽然抑制了探索性创新，但是也抑制了环境波动性二次方对探索性创新的冲击，使原先呈现的倒 U 形状变得更为平缓。研究命题 2a 和 3a 通过了检验。在国有、民营企业中，政府补助对探索性创新不存在显著关系；交乘项与探索性创新也不存在显著关系。在民营以及其他属性企业中，政府补助与利用性创新都呈显著负相关关系，交乘项和利用性创新呈显著正相关关系，说明政府补助虽然抑制了利用性创新，但是也抑制了环境波动性二次方对利用性创新的冲击，使原先呈现的倒 U 形状变得更为平缓。研究命题 2b 和

3b 通过了检验。在国有企业中，政府补助和利用性创新不存在显著关系，交乘项和利用性创新也不存在显著关系。政府补助对双元创新平衡性和联合性影响的不同产权属性回归结果汇总于表 6－105 中。

表 6－105　政府补助对双元创新平衡性和联合性影响的产权属性结果表

	soes	prts	oths	soes	prts	oths
	dubln	dubln	dubln	ducmb	ducmb	ducmb
gvsubsd_w	－0.013	－0.006 *	－0.012 ***	0.009	－0.034 **	－0.070 ***
	[－1.11]	[－1.84]	[－2.63]	[0.10]	[－2.15]	[－4.04]
cbnepu	0.002	－0.017 *	－0.030 **	0.131	－0.191 ***	－0.199 ***
	[0.06]	[－1.94]	[－2.13]	[0.55]	[－4.43]	[－3.58]
c_gvspusq	0.002	0.001	0.002 **	－0.010	0.005	0.012 ***
	[0.94]	[1.45]	[2.07]	[－0.63]	[1.54]	[3.49]
_cons	1.095	1.242 ***	0.982 ***	10.360	7.173 ***	6.854 ***
	[0.95]	[7.02]	[3.64]	[1.24]	[8.28]	[6.95]
N	131	2494	1284	160	3183	1919
r^2_w	0.029	0.000	0.002	0.129	0.212	0.289
r^2_b	0.377	0.524	0.507	0.797	0.788	0.954
r^2_o	0.236	0.185	0.122	0.514	0.610	0.722
N_g	43.000	576.000	219.000	47.000	667.000	258.000
chi^2	18.871	297.083	164.495	152.575	2673.712	4950.476

t statistics in brackets

* $p<0.1$　　** $p<0.05$　　*** $p<0.01$

数据显示，在民营企业和其他属性企业中，政府补助与双元创新平衡性呈现显著负相关关系；交乘项仅在其他属性企业中与双元创新平衡性呈现显著正相关关系，说明政府补助虽然抑制了双元创新平衡性，但是也抑制了环境波动性二次方对其他属性企业双元创新平衡性的影响，使原先呈现的倒 U 形状变得更为平缓。研究命题 2c 和 3c 通过了检验。在国有企业中政府补助对双元创新平衡性不存在显著关系；在国有企业和民营企业中，交乘项与双元创新平衡性不存在显著关系。在民营企业和其他属性企业中，政府补助与双元创新联合性呈现显著负相关关系；交乘项仅在其他属性企业中与双元创新联合性呈现显著正相关关系，说明政府补助虽然抑制了双元创新联合性，但是也抑制了环境波动性二次方对其他属性企业双元创新联合性的影响，使原先呈现的倒 U 形状变得更为平缓。研究命题 2d 和 3d 通过了检验。在国有企业中，政府补助对双元创新联合性不存在显著关系；在国有企业和民营企业中，交乘项与双元创新平联合不存在显著关系。

垄断异质性检验。将上市公司根据垄断程度的不同，划分为垄断行业和非垄断行业，进行垄断行业与非垄断行业异质性的检验，政府补助对探索性创新和利用性创新影响的回归结果汇总于表 6－106 中。

表 6－106　政府补助对探索性创新和利用性创新影响的垄断统计表

	mnp	nomnp	mnp	nomnp
	prat_w	prat_w	pita	pita
gvsubsd_w	0. 033	－0. 010	－0. 017	－0. 020 ***
	[0. 80]	[－1. 49]	[－0. 65]	[－5. 41]
cbnepu	0. 117	－0. 042 **	－0. 025	－0. 055 ***
	[0. 80]	[－2. 17]	[－0. 26]	[－5. 21]
c_gvspusq	－0. 012	0. 001	0. 001	0. 003 ***
	[－1. 28]	[0. 72]	[0. 09]	[4. 29]
_cons	－0. 883	2. 520 ***	0. 980	2. 470 ***
	[－0. 40]	[6. 93]	[0. 67]	[12. 19]
N	142	5120	142	5120
r^2_w	0. 178	0. 207	0. 218	0. 107
r^2_b	0. 986	0. 742	0. 955	0. 786
r^2_o	0. 753	0. 586	0. 505	0. 533
N_g	14. 000	842. 000	14. 000	842. 000
chi^2	384. 424	3127. 342	128. 464	3128. 782

t statistics in brackets

* p < 0. 1　　** p < 0. 05　　*** p < 0. 01

数据显示，在非垄断行业中，政府补助与利用性创新呈现显著负相关关系，交乘项与利用性创新呈现显著正相关关系，说明政府补助虽然抑制了利用性创新的发展，但是也抑制了环境波动性二次方对利用性创新的冲击，使原先呈现的倒 U 形状变得更为平缓。研究命题 2b 和 3b 通过了检验。在垄断行业中，政府补助与利用性创新不存在显著关系，交乘项也不存在显著关系。对探索性创新而言，无论垄断行与否，政府补助与探索性创新都不存在显著关系，交乘项也不存在显著关系。政府补助对双元创新平衡性和联合性影响的不同产权属性回归结果汇总于表 6 - 107 中。

表 6 - 107　政府补助对双元创新平衡性和联合性影响的垄断行业回归表

	mnp	nomnp	mnp	nomnp
	dubln	dubln	ducmb	ducmb
gvsubsd_w	-0.000	-0.009***	-0.025	-0.049***
	[-0.02]	[-3.38]	[-0.36]	[-4.10]
cbnepu	-0.042	-0.018**	-0.037	-0.165***
	[-0.64]	[-2.56]	[-0.15]	[-4.90]
c_gvspusq	0.001	0.001***	-0.001	0.007***
	[0.21]	[2.69]	[-0.08]	[3.18]
_cons	0.341	1.191***	5.430	7.142***
	[0.30]	[8.47]	[1.41]	[11.11]
N	103	3806	142	5120
r^2_w	0.140	0.001	0.306	0.258
r^2_b	0.518	0.551	0.987	0.814
r^2_o	0.209	0.160	0.755	0.642
N_g	12.000	738.000	14.000	842.000
chi^2	23.029	421.091	388.697	4847.601
t statistics in brackets				
* p<0.1	** p<0.05	*** p<0.01		

数据显示，在非垄断行业中，政府补助与双元创新平衡性、联合性都呈现显著负相关关系，交乘项与双元创新平衡性、联合性都呈现显著正相关关系，说明政府补助虽然抑制了双元创新平衡性、联合性，但是也抑制

了环境波动性对二次方双元创新平衡性、联合性的冲击，使原先呈现的倒U形状变得更为平缓。研究命题2c、3c、2d、3d通过了检验。在垄断行业中，政府补助与双元创新平衡性、联合性都不存在显著关系，交乘项也不存在显著关系。

专精特新异质性的考察。根据国家对专精特新的政策要求，国家将上市公司划分为专精特新公司和非专精特新公司。政府补助对探索性创新和利用性创新影响的回归结果汇总于表6-108中。

表6-108 政府补助对探索性创新和利用性创新影响的专精特新统计表

	splz	nosplz	splz	nosplz
	prat_w	prat_w	pita	pita
gvsubsd_w	-0.002	-0.012	-0.012	-0.022***
	[-0.10]	[-1.60]	[-1.39]	[-5.44]
cbnepu	-0.012	-0.047**	-0.044*	-0.059***
	[-0.25]	[-2.27]	[-1.80]	[-5.06]
c_gvspusq	0.000	0.001	0.002	0.003***
	[0.01]	[0.71]	[1.18]	[4.22]
_cons	2.166**	2.547***	1.900***	2.601***
	[2.34]	[6.53]	[3.95]	[11.67]
N	987	4275	987	4275
r^2_w	0.206	0.207	0.120	0.108
r^2_b	0.672	0.768	0.762	0.792
r^2_o	0.543	0.602	0.545	0.528
N_g	172.000	684.000	172.000	684.000
chi^2	535.787	2801.627	509.558	2876.672

t statistics in brackets

* p<0.1 　** p<0.05 　*** p<0.01

数据显示，无论专精特新与否，政府补助与探索性创新都不存在显著关系，交乘项也不存在显著关系。在非专精特新行业中，政府补助与利用性创新呈显著负相关关系，交乘项呈显著正相关关系，说明政府补助虽然抑制了利用性创新的发展，但是也抑制了环境波动性二次方对利用性创新的冲击。使原先呈现的倒 U 形状变得更为平缓。研究命题 2b 和 3b 通过了检验。在专精特新行业中，政府补助与利用性创新不存在显著关系，交乘项也不存在显著关系。政府补助对双元创新平衡性和联合性影响的专精特新异质汇总于表 6 - 109 中。

表 6 - 109　政府补助对双元创新平衡性和联合性影响的专精特新统计表

	splz	nosplz	splz	nosplz
	dubln	dubln	ducmb	ducmb
gvsubsd_w	-0.007	-0.009***	-0.020	-0.056***
	[-1.07]	[-3.08]	[-0.66]	[-4.35]
cbnepu	-0.014	-0.019**	-0.081	-0.183***
	[-0.82]	[-2.49]	[-0.97]	[-5.04]
c_gvspusq	0.001	0.001**	0.003	0.008***
	[0.75]	[2.52]	[0.49]	[3.32]
_cons	1.158***	1.199***	6.085***	7.397***
	[3.32]	[7.79]	[3.74]	[10.66]
N	699	3210	987	4275
r^2_w	0.004	0.001	0.276	0.252
r^2_b	0.530	0.556	0.685	0.845
r^2_o	0.186	0.157	0.591	0.657
N_g	146.000	604.000	172.000	684.000
chi^2	81.047	392.133	656.152	4936.242
t statistics in brackets				
* $p<0.1$	** $p<0.05$	*** $p<0.01$		

数据显示，政府补助在非专精特新行业中，与双元创新平衡性、联合性都呈显著负相关关系；交乘项与双元创新平衡性、联合性都呈显著正相关关系，说明政府补助虽然抑制了双元创新平衡性、联合性，但是也抑制了环境波动性二次方对双元创新平衡性、联合性的冲击。使原先呈现的倒 U 形状变得更为平缓。研究命题 2c、3c、2d、3d 通过了检验。在专精特新行业中，政府补助与双元创新平衡性、联合性不存在显著关系，交乘项也不存在显著关系。

(7) 生命周期视角的考察

本部分采用广义最小二乘法的随机模型进行数据处理，根据生命周期的基本观点，不同生命周期企业具有不同的现金流特征，下面探讨不同生命阶段政府补助对双元创新的影响问题。政府补助对探索性创新和利用性创新影响的回归结果汇总于表6-110中。

表6-110　政府补助对探索性创新和利用性创新影响的生命周期统计表

	grw	mtn	rcs	grw	mtn	rcs
	prat_w	prat_w	prat_w	pita	pita	pita
gvsubsd_w	0.003	-0.029**	-0.006	-0.017***	-0.023***	-0.023***
	[0.34]	[-2.47]	[-0.41]	[-2.91]	[-3.48]	[-2.82]
cbnepu	-0.006	-0.071**	-0.047	-0.048***	-0.051***	-0.072***
	[-0.19]	[-2.13]	[-1.17]	[-2.87]	[-2.80]	[-3.27]
c_gvspusq	-0.002	0.004*	0.001	0.002*	0.004***	0.004***
	[-1.04]	[1.67]	[0.29]	[1.72]	[2.94]	[2.65]
_cons	1.555***	3.267***	2.444***	2.167***	2.886***	2.279***
	[2.80]	[5.13]	[3.25]	[6.96]	[8.12]	[5.51]
N	2437	1703	1122	2437	1703	1122
r^2_w	0.167	0.223	0.230	0.081	0.111	0.131
r^2_b	0.672	0.665	0.673	0.682	0.702	0.673
r^2_o	0.562	0.635	0.617	0.503	0.559	0.567
N_g	731.000	617.000	481.000	731.000	617.000	481.000
chi^2	1538.103	1496.691	1184.489	1316.497	1471.407	1078.960
t statistics in brackets						
* p<0.1		** p<0.05		*** p<0.01		

表6-110显示，无论是在哪个生命阶段，政府补助与利用性创新都呈显著负相关关系，交乘项都呈显著正相关关系，说明政府补助虽然抑制了利用性创新的发展，但是也抑制了环境波动性二次方对利用性创新的冲击，使原先呈现的倒U形状变得更为平缓。研究命题2b和3b通过了检验。在成熟阶段，政府补助与探索性创新呈显著负相关关系，交乘项与探索性创新呈显著正相关关系，说明政府补助虽然抑制了探索性创新的发

展，但是也抑制了环境波动性二次方对利用性创新的冲击，使原先呈现的倒 U 形状变得更为平缓。研究命题 2a 和 3a 通过了检验。在成长期和衰退期，政府补助与探索创新不存在显著关系；交乘项也不存在显著关系。政府补助对双元创新平衡性和联合性影响的生命周期异质性的回归结果汇总于表 6 - 111 中。

表 6 - 111　政府补助对双元创新平衡性和联合性影响的生命周期统计表

	grw	mtn	rcs	grw	mtn	rcs
	dubln	dubln	dubln	ducmb	ducmb	ducmb
gvsubsd_w	-0.007 *	-0.010 **	-0.005	-0.015	-0.091 ***	-0.058 **
	[-1.77]	[-2.19]	[-0.93]	[-0.85]	[-4.34]	[-2.32]
cbnepu	-0.024 **	-0.012	-0.011	-0.093 *	-0.221 ***	-0.230 ***
	[-2.25]	[-0.98]	[-0.71]	[-1.74]	[-3.80]	[-3.40]
c_gvspusq	0.001	0.002 *	0.001	0.001	0.014 ***	0.010 **
	[1.06]	[1.90]	[0.94]	[0.14]	[3.54]	[2.13]
_cons	0.933 ***	1.311 ***	1.224 ***	5.296 ***	10.181 ***	5.995 ***
	[4.48]	[5.34]	[4.04]	[5.33]	[9.00]	[4.67]
N	1819	1291	799	2437	1703	1122
r^2_w	0.003	0.000	0.001	0.192	0.280	0.285
r^2_b	0.439	0.265	0.259	0.752	0.737	0.764
r^2_o	0.205	0.131	0.135	0.612	0.673	0.684
N_g	600.000	526.000	398.000	731.000	617.000	481.000
chi^2	295.683	99.184	86.915	2307.792	2337.601	1980.792

t statistics in brackets

* $p < 0.1$　** $p < 0.05$　*** $p < 0.01$

表 6 - 111 显示，在成长期和成熟期，政府补助与双元创新平衡性呈显著负相关关系；研究命题 2c 通过了检验。衰退期不存在显著关系。在成熟期，交乘项与双元创新平衡性呈显著正相关关系，说明政府补助虽然抑制了双元创新平衡性的发展，但是也抑制了环境波动性二次方对双元创新的平衡性的冲击，使原先呈现的倒 U 形状变得更为平缓，研究命题 3c

通过了检验。交乘项在成长期与衰退期不存在显著关系。在成熟阶段和衰退阶段，政府补助与双元创新联合性呈显著负相关关系；交乘项与双元创新联合性呈显著正相关关系，说明政府补助虽然抑制了双元创新联合性的发展，但是也抑制了环境波动性二次方对双元创新联合性的冲击，使原先呈现的倒 U 形状变得更为平缓。研究命题 2d 和 3d 通过了检验。

6.6.4 研究结论

政府补助与利用性创新、双元创新平衡、双元创新联合性负相关，交乘项与利用性创新、双元创新平衡、双元创新联合性正相关关系，说明政府补助虽然抑制了利用性创新、双元创新平衡、双元创新联合性，但是也抑制了环境波动性二次方对利用性创新、双元创新平衡、双元创新联合性的冲击，使原先呈现的倒 U 形状变得更为平缓。政府补助与探索性创新不存在显著关系，交乘项也不存在显著关系。

产权异质性检验的结论是，在其他属性企业中，政府补助与探索性创新呈负相关关系，交乘项正相关，说明政府补助虽然抑制了探索性创新，但是也抑制了环境波动性对探索性创新的冲击。在国有企业、民营企业中，政府补助与探索性创新不存在显著关系；交乘项也不存在显著关系。在民营企业以及其他属性企业中，政府补助与利用性创新负相关，交乘项呈正相关关系，说明政府补助虽然抑制了利用性创新，但是也抑制了环境波动性二次方对利用性创新的冲击，使原先呈现的倒 U 形状变得更为平缓。在国有企业中政府补助和利用性创新不存在显著关系，交乘项和利用性创新也不存在显著关系。在民营企业、其他属性企业中，政府补助与双元创新平衡性负相关；交乘项仅在其他属性企业中与双元创新平衡性呈正相关关系，说明政府补助虽然抑制了双元创新平衡性，但是也抑制了环境波动性二次方对双元创新平衡性的影响，使原先呈现的倒 U 形状变得更为平缓。在国有企业中，政府补助与双元创新平衡性不存在显著关系；在国有企业和民营企业中，交乘项与双元创新平衡性不存在显著关系。在民营企业和其他属性企业中，政府补助与双元创新联合性负相关，交乘项仅在其他属性企业中与双元创新联合性正相关，说明政府补助虽然抑制了双元创新联合性，但是也抑制了环境波动性二次方对双元创新联合性的影响。使原先呈现的倒U形状变得更为平缓。在国有企业中，政府补助与双元创新联合性不存在显著关系；在国有企业和民营企业中，交乘项与双元创新平联合不存在显著关系。

垄断异质性检验显示，在非垄断行业中，政府补助与利用性创新负相关，交乘项正相关，说明政府补助虽然抑制了利用性创新的发展，但是也抑制了环境波动性二次方对利用性创新的冲击，使原先呈现的倒U形状变得更为平缓。在垄断行业中，政府补助与利用性创新不存在显著关系，交乘项也不存在显著关系。对探索性创新而言，无论垄断与否，政府补助与探索性创新都不存在显著关系，交乘项也不存在显著关系。在非垄断行业中，政府补助与双元创新平衡性、联合性都负相关，交乘项正相关，说明政府补助虽然抑制了双元创新平衡性、联合性，但是也抑制了环境波动性二次方对双元创新平衡性、联合性的冲击，使原先呈现的倒U形状变得更为平缓。在垄断行业中，政府补助与双元创新平衡性、联合性都不存在显著关系，交乘项也不存在显著关系。

专精特新的考察结果是，无论专精特新与否，政府补助与探索性创新都不存在显著关系，交乘项也不存在显著关系。政府补助在非专精特新行业中，与利用性创新负相关，交乘项正相关，说明政府补助虽然抑制了利用性创新的发展，但是也抑制了环境波动性二次方对利用性创新的冲击，使原先呈现的倒U形状变得更为平缓。在专精特新行业中，对利用性创新不存在显著关系，交乘项也不存在显著关系。政府补助在非专精特新行业中，与双元创新平衡性、联合性都负相关，交乘项正相关，说明政府补助虽然抑制了双元创新平衡性、联合性，但是也抑制了环境波动性二次方对双元创新平衡性、联合性的冲击，使原先呈现的倒U形状变得更为平缓。在专精特新行业中，政府补助与双元创新平衡性、联合性都不存在显著关系；交乘项与双元创新平衡性、联合性也不存在显著关系。

生命周期的结论是，无论在哪个生命阶段，政府补助都与利用性创新负相关，交乘项正相关，说明政府补助虽然抑制了利用性创新的发展，但是也抑制了环境波动性二次方对利用性创新的冲击，使原先呈现的倒U形状变得更为平缓。在成熟阶段，政府补助与探索性创新负相关，交乘项正相关，说明政府补助虽然抑制了探索性创新的发展，但是也抑制了环境波动性二次方对探索性创新的冲击，使原先呈现的倒U形状变得更为平缓。在成长期和衰退期，政府补助与探索性创新不存在显著关系；交乘项也不存在显著关系。在成熟期，政府补助与双元创新平衡性负相关，衰退期不存在显著关系。在成长期和成熟期，交乘项与双元创新平衡性正相关，说明政府补助虽然抑制了双元创新平衡性的发展，但是也抑制了环境波动性二次方对双元创新平衡性的冲击，使原先呈现的倒U形状变得更为平缓。交乘项在成长期和衰退期不存在显著关系。在成熟阶段和衰退阶段，政府补助与双元创新联合性负相关，交乘项正相关，说明政府补助虽然抑制了双元创新联合性的发展，但是也抑制了环境波动性二次方对双元创新联合性的冲击，使原先呈现的倒U形状变得更为平缓。

6.7　简短结论

本章在前面章节探讨环境波动性对双元创新四个指标的影响基础上，继续探索调节效应，从政府减税和政府补助两个角度出发。第一部分首先分析政府减税的调节作用，分别研究全板块公司、主板公司和创业板公司的政府减税对双元创新四个指标的影响。其次探讨政府减税的调节效应。最后在明确政府减税的中介作用基础上，探讨政府减税与被解释变量的中介变量。结论表明企业所得税增长率和流转税增长率都是通过自由现金流来影响被解释变量的四个指标。

本章第二部分首先探讨政府补助的调节作用。在前面章节探讨环境波动性对企业双元创新四个指标的影响基础上，研究全板块公司、主板公司和创业板公司的政府补助对双元创新四个指标的影响。其次探讨政府补助的调节效应。最后在明确政府补助的调节作用基础上，探讨政府补助与被解释变量的中介变量。企业在双元创新方面得到国家政府的补助，节约了企业的现金流，间接缓解了相关税费。本部分以收到各项税费返还指标来探讨政府补助与四类专利数据之间的中介效应。采用现金流量表中的收到的各项税费返还作为中介变量。Sobel 检验表明收到的各项税费返还存在部分中介效应。

总之，本章在探讨调节作用时，采取了以下措施：第一步，先检验调节变量单独对被解释变量四个指标的影响，第二步，检验调节变量的调节作用，第三步，进行中介效应检验，甄别调节同时的中介效应。顺利完成了机制检验的工作。

第7章

结 语

动荡的环境为双元创新的发展提出了挑战，当今世界疫情影响深远，逆全球化思潮抬头，单边主义明显上升，世界经济复苏乏力，局部冲突和动荡频发，世界进入新的动荡变革期。环境波动性是企业进行双元创新的大背景。我国在创新方面存在微观层面创新和宏观层面“数量长足、质量跛脚”的创新困境（陈强远、林思彤、张醒，2020），存在以利用性创新为主的明显倾向，向利用性创新的偏离占 69.82%，而向探索性创新的偏离仅占 30.18%。中国企业的发展瓶颈在于探索性创新和利用性创新不平衡所导致的结构性障碍，因此中国企业需要平衡探索性创新与利用性创新的相对水平。

本书从文献归纳、数理推导、实证检验三个角度甄别了环境波动背景下企业双元创新的运营机制。从全板块、主板、创业板三个层次展开，从被解释变量的四个维度进行实证检验，从产权异质性、垄断异质性、专精特新异质性、生命周期不同阶段四个角度进行了逐一的进一步检验。在完成上述工作后，本章概括出研究结论，提出政策建议，展望未来的研究方向。

7.1 研究结论

本章从数理分析、实证检验相关章节的结论基础上，重新提炼、归纳，形成本书的研究结论，具体概括如下。

7.1.1 数理分析的结论

（1）管理层薪酬对双元创新的作用机制

公司股利支付率与管理层在创新方面的努力程度呈单调增加关系，管理层持股激发了创新的积极性。管理层对风险的规避程度与创新、创新的边际生产率呈单调减少关系，创新的标准差与创新呈单调减小关系。股东收益与创新的边际生产率呈单调增加关系，创新的不确定性与创新的边际生产率呈单调减少关系。最优契约理论的应用使利益激励与风险承担达到均衡状态。

（2）政府补助对双元创新的影响机制

公司根据政府补助系数来调整创新的具体策略，双元创新才能达到帕累托最优。政府的超额补贴系数随着行业创新收益影响系数的变化而变化，随着行业管理创新影响系数的增大而增加。

（3）政府补助对双元创新风险的影响

政府补助缓解了企业的融资约束，向外界传递了积极信号，刺激了外部投资者的投资积极性。政府对获得补助而不努力创新企业的惩罚，可以规避双元创新企业与外部投资者之间的道德风险，提升双元创新。

7.1.2 实证分析的结论

（1）基准检验的结论

对全板块公司而言，环境波动性与双元创新四维度指标均呈倒U关系。产权异质性表明民营企业的环境波动性与四维度指标呈倒U关系，在国有企业中，环境波动性与利用性创新、双元创新联合性也呈倒U关系，垄断异质性、专精特新异质性以及生命周期异质性发现，环境波动性与双元创新四维度指标要么呈倒U关系，要么不存在显著关系。用澳大利亚和加拿大经济政策不确定性指数作为工具变量解决了内生性问题，稳健性检验印证了结论的可靠性。

对主板公司而言，环境波动性与探索性创新负相关，却与利用性创新、双元创新平衡性、双元创新联合性呈倒U关系。产权异质性、垄断异质性、专精特新异质性以及生命周期异质性发现，环境波动性与双元创新四维度指标要么呈倒U关系，要么不存在显著关系。用新加坡和英国经济政策不确定性指数作为工具变量解决了内生性问题，稳健性检验印证了结论的可靠性。

对创业板公司而言，环境波动性与探索性创新、利用性创新、双元创新联合性呈倒U关系，与双元创新平衡性不存在显著关系。产权异质性、垄断异质性、专精特新异质性以及生命周期异质性发现，环境波动性与双元创新四维度指标存在复杂的关系（此处省略，详见该节的结论）。用澳大利亚和加拿大经济政策不确定性指数作为工具变量解决了内生性问题，稳健性检验印证了结论的可靠性。

（2）中介效应的结论

本书从企业家信心和管理层薪酬两个渠道展开论证。在全板块公司中，企业家信心在环境波动性与被解释变量之间存在遮掩效应；企业自由现金流量是企业家信心与被解释变量之间的中介变量，存在部分中介效应。在主板公司中，企业家信心在环境波动性与被解释变量之间存在部分中介效应；可持续发展是企业家信心与被解释变量之间的中介变量，存在部分中介效应。在创业板公司中，企业家信心在环境波动性与被解释变量之间存在部分中介效应；可持续发展是企业家信心与被解释变量之间的中介变量，存在部分中介效应。

管理层薪酬在全板块公司、主板公司和创业板公司中都存在部分中介效应。只有全板块公司和主板公司中，每股收益是管理层持股和被解释变量四维度指标的中介变量，存在部分中介效应；而在创业板公司中，每股收益不是管理层持股和被解释变量四维度指标的中介变量。

（3）调节效应的结论

①减税对全板块公司的调节作用

流转税减税促进了双元创新平衡性的发展，仅抑制了环境波动性二次方对双元创新平衡性的冲击，使原先呈现的倒U形状变得更为平缓。流转税减税与其他三类指标不存在显著的关系，交乘项也不存在显著的关系。企业所得税减税不影响四维度指标，调节作用不显著。产权异质性的结论是，在其他属性企业中，流转税减税虽然促进了探索性创新，但调节作用的符号与预期相反。在国有企业中，企业所得税减税与探索性创新的作用以及调节作用的符号都与预期相反；企业所得税减税与双元创新联合性调节作用的符号与预期相反。不管专精特新与否，流转税减税与双元创新四维度指标不存在显著关系，调节作用也不显著。在专精特新行业中，企业所得税减税促进了双元创新平衡性，但调节作用不显著。在非垄断行业中，流转税减税促进了创新平衡性的发展，并抑制了环境波动性二次方对它的冲击，使原先呈现的倒U形状变得更为平缓。企业所得税减税促进了垄断行业中探索性创新、利用性创新、双元创新平衡性的发展，企业所得税减税抑制了环境波动性对探索性创新的冲击，抑制了环境波动性二次方对企业利用性创新、双元创新平衡性的冲击，使原先呈现的倒U形状变得更为平缓。所得税减税促进了垄断行业中双元创新联合性的发展，但是调节作用不显著。生命周期的三个阶段中，流转税减税、企业所得税减税存在着复杂的关系（此处省略）。中介效应检验表明，企业流转税增长率、企业所得税增长率都是通过自由现金流来影响双元创新的四个指标的。

②减税对主板公司的调节作用

流转税减税和企业所得税减税都不影响四维度指标，他们对四维度指标的调节作用也不显著。流转税减税不影响三类产权的双元创新四维度指标，调节作用也不显著。企业所得税减税仅促进了民营企业双元创新联合性，但调节作用不显著。企业所得税减税对国有企业双元创新联合性调节作用的符号与预期相反。无论垄断与否，流转税减税不影响双元创新四个指标，调节作用不显著。在垄断行业中，企业所得税减税促进了双元创新四维度的发展，抑制了环境波动性对他们的冲击。

不管专精特新与否，流转税减税、企业所得税减税都与被解释变量四维度指标不存在显著关系，调节作用也不显著。生命周期视角的结论此处省略（详见该章的结论）。中介效应表明企业所得税减税和流转税减税都是通过自由现金流来影响被解释变量的四个指标。

③减税对创业板公司的调节作用

国家减税抑制了环境波动性二次方对探索性创新的冲击，使原先呈现的倒U形状变得更为平缓。国家减税不影响利用性创新、双元创新平衡性、双元创新联合性，调节作用也不显著。在非垄断行业中，国家减税虽然抑制了双元创新平衡性，却抑制了环境波动性二次方对探索性创新、双元创新平衡性的冲击，使原先呈现的倒U形状变得更为平缓。无论专精特新与否，国家减税没有促进双元创新四维度指标，调节作用也不显著。生命周期视角的结果是，在衰退期，国家减税抑制了探索性创新。在成长和成熟期，国家减税抑制了利用性创新。中介效应表明，企业利润是实际税费增速与被解释变量四个指标中介变量，存在部分中介效应。

④政府补助对全板块公司的调节作用

关于政府补助是挤入了创新还是挤出了创新问题，古今中外的文献一直处于争论之中。本书研究表明政府补助虽然抑制了双元创新四维度指标，但也抑制了环境波动性二次对它们的冲击，使原先呈现的倒U形状变得更为平缓。产权异质性、垄断异质性、专精特新异质性、生命周期异质性研究表明，政府补助抑制了双元创新的个别指标，但也抑制了环境波动性二次方对其冲击，使原先呈现的倒U形状变得更为平缓。中介效应表明企业收到的税费返是政府补助与四维度指标的中介变量，存在部分中介效应。

⑤政府补助对主板公司的调节作用

政府补助虽然抑制了双元创新四维度指标的发展，却抑制了环境波动性对探索性创新的冲击，以及环境波动性二次方对其他三个指标的冲击，使原先呈现的倒U形状变得更为平缓。产权异质性、垄断异质性、专精特新异质性以及生命周期异质性发现，政府补助虽然抑制了每个维度指标的发展，却抑制了环境波动性对企的冲击（此处省略，详见该节的结论）。

⑥政府补助对创业板公司的调节作用

政府补助虽然抑制了利用性创新、双元创新平衡性、双元创新联合性的发展，但也抑制了环境波动性二次方对它们的冲击，使原先呈现的倒U

形状变得更为平缓。政府补助与探索性创新不存在显著的关系，交乘项也不存在显著的关系。产权异质性、垄断异质性、专精特新异质性以及生命周期异质性发现，政府补助虽然抑制了每个维度指标的发展，却抑制了环境波动性对企的冲击（此处省略，详见该节的结论）。

对比政府减税和政府补助对双元创新的影响可知，政府减税促进双元创新的作用明显，但是抑制环境不确定性冲击的调节作用不显著；政府补助对双元创新的挤出效应明显，但是抑制环境不确定性冲击的调节作用显著。财税政策这种不太理想的效应着实为下一轮财税体制改革提供了一些数据支撑。

7.2 政策建议

鉴于本书从微宏观相结合的视角探讨环境波动性对双元创新的影响机制，本节从宏观层面、微观层面给出相关的建议，具体建议如下所示。

7.2.1 宏观层面的建议

（1）企业家信心方面的建议

以企业自由现金流量和可持续发展为抓手，提升企业家信心，稳定企业家预期。针对不同产属性、不同生命阶段的企业，政府采取不同的策略给予疏导和安抚，区别对待。依据专精特新以及垄断行业的特性，实施针对性的产业政策。

在全板块公司中，企业家信心是环境波动性与双元创新四维度指标之间中介变量，存在遮掩效应，企业自由现金流量是企业家信心与双元创新四维度指标之间的中介变量，存在部分中介效应。在主板公司中，企业家信心是环境波动性与被解释变量之间的中介变量，存在部分中介效应；可持续发展是企业家信心与被解释变量之间的中介变量，存在部分中介效应。在创业板公司中，企业家信心是环境波动性与被解释变量之间中介变量，存在部分中介效应；可持续发展是企业家信心与被解释变量之间的中介变量，存在部分中介效应。政府明辨企业家信心在双元创新四维度指标间存在的不同的中介作用，采取激励措施，提升信心，促进双元创新的发展。

（2）政府减税方面的建议

政府减税虽然以提高企业的自由现金流与企业利润为抓手，减轻企业负担为目的。但是流转税减税仅促进了全板块公司双元创新平衡性的发展，抑制了环境波动性二次方对双元创新平衡性的冲击，对其他三个维度指标没有影响，调节作用也不显著。企业所得税减税对四维度指标不显著，调节作用也不显著。流转税减税、企业所得税减税对主板公司的双元创新四维度指标不存在显著影响，调节作用也不显著。国家减税仅抑制了创业板公司环境波定性二次方对探索性创新的冲击。

政府减税对全板块、主板、创业板的不同产权属性、垄断属性、生命周期、专精特新企业存在复杂的关系，国家要重视流转税减税、企业所得税减税，以及实际税负减免对创新的激励作用，同时考虑不同税种减税效应的搭配作用，发挥减税降费的组合拳作用。用巧用好税收政策，发挥税收的撬动作用。

（3）政府补助方面的建议

政府补助虽然挤出了全板块、主板公司双元创新的四维度指标，但是也抑制了环境波定性对他们的冲击。在创业板公司中，政府补助挤出了利用向创新、双元创新平衡性、双元创新联合性，但也抑制了环境波定性对他们的冲击。国家要辩证对待政府补助的双刃剑效用，区分针对研发补贴的政府补助与针对非研发补贴政府补助在创新中的影响，权衡针对研发补贴的政府补助在整个政府补助中的比重。考虑企业获得政府补助的目的，确定政府补助的力度与广度。

（4）环境波动性方面的建议

由于环境波动性对主板、创业板以及全板块公司的双元创新存在不同的影响，具体而言，环境波动性与主板公司探索性创新负相关，与其他三类指标呈倒 U 关系；与创业板公司双元创新平衡性不存在显著关系，与其他三类指标呈倒 U 关系；与全板块公司的四维度指标呈倒 U 关系。

虽然环境波动性是一个客观存在的外部因素，但是同处于这一背景下的不同产权、不同生命周期、是否为垄断行业、是否为专精特新的企业存在不同的反应。因此，国家保持经济政策的稳定性与一贯性，既是国家宏观经济的目标，也是企业的诉求。减轻环境波动性对双元创新的冲击，要从企业家信心、政府减税、政府补助方面制定政策。

7.2.2 微观层面的建议

本书微观层面的建议主要锁定在管理层薪酬、企业生命周期这两个方面。

（1）管理层薪酬与持股方面的建议

管理层薪酬、管理层持股对双元创新的影响具有中国特色。需要关注不同板块，采取不同的策略。企业要明白提高每股收益是通过管理层持股来促进双元创新的抓手。

在主板和全板块的公司中，管理层薪酬、管理层持股基本促进双元创新，管理层持股对管理层薪酬存在负向调节作用。在创业板样本公司中，管理层薪酬、管理层持股与双元创新四维度指标不存在显著关系，调节作用不存在。管理层薪酬在全板块公司、主板公司和创业板公司中都中介变量，存在部分中介效应，每股收益是管理层持股和被解释变量四维度指标的中介变量，存在部分中介效应。只有全板块公司和主板公司中每股收益是管理层持股和被解释变量四维度指标的中介变量，在创业板公司中，每股收益还不是管理层持股和被解释变量四维度指标的中介变量。

（2）企业生命周期方面的建议

企业管理层及时把握企业的发展窗口期精准施策。对全板块公司来讲，仅在成长期，环境波动性与探索创新负相关。在三个阶段中，与利用性创新呈倒 U 关系。在成长期，环境波动性与双元创新平衡性呈倒 U 关系，衰退期负相关。在成长期与双元创新联合性呈倒U关系。对主板公司而言，仅在成长期，环境波动性与探索性创新负相；仅在成长期，与利用性创新、双元创新平衡性、双元创新联合性呈倒U关系，在衰退期环境波动性与双元创新平衡性负相关。企业高层管理者要明确本单位所处的生命阶段，抓住成长期环境波动性对双元创新四维度指标的影响，卡好时间窗口，调整资源结构提升双元创新的发展。

环境波动性与创业板公司在成熟期、衰退期的探索性创新、双元创新联合性呈倒U关系；在成熟期，与利用性创新呈倒U关系；在三个阶段内，环境波动性与双元创新平衡性不存在显著的关系。企业管理层要把准创业板公司成熟期、衰退期的特征针对施策，提升其双元创新。

针对不同的生命阶段，企业管理层要巧妙利用国家减税、政府补助激励作用，以提升本企业双元创新，提高竞争力。主板公司流转税减税在成长阶段，促进了利用性创新、双元创新平衡性，对四维度指标不存在调节作用。企业所得税减税在衰退阶段，促进了利用性创新，抑制了环境波动性二次方的冲击。创业板公司在三个阶段中都不存在调节作用。全板块公司仅在成长期，流转税减税了促进了探索性创新、利用性创新发展，在成长阶段，促进了双元创新平衡性、双元创新联合性，抑制了环境波动性二次方对双元创新平衡性的冲击。企业所得税减税仅在衰退阶段，促进利用性创新、双元创新平衡性，抑制了环境波动性二次方对他们的冲击。主板公司的全部生命周期中，政府补助抑制了环境波动性二次方对利用性创新、双元创新联合性的冲击；在成长期和衰退期阶段，抑制了环境波动性二次方对利用性创新的冲击；在成长期和成熟期，抑制了环境波动性二次方对双元创新平衡性的冲击。创业板公司的全部生命周期中，政府补助抑制了环境波动性二次方对探索性创新的冲击。在成熟阶段，抑制了环境波动性二次方对利用性创新的冲击。在成长期和成熟期，抑制了环境波动性二次方对双元创新平衡性的冲击。全板块公司的全部生命周期中，政府补助抑制了环境波动性二次方对探索性创新、利用性创新、双元创新联合性的冲击。在成长期和成熟期，抑制了环境波动性二次方对双元创新平衡性的冲击。

7.3 研究不足

在行文过程中，本书从以下几方面进行研究尝试。管理层薪酬对双元创新的影响方面，本书扩展了西方代理理论的应用范围。在环境波动性对双元创新影响方面，合理地测算出中国经济政策不确定数值，实证检验了环境波动性与双元创新呈倒 U 关系。但是，纵观全书的内容，作者依然发现在数理研究、实证研究方面还存在若干问题。

7.3.1 数理分析的不足

本书借鉴罗斯（Ross）[①] 和威尔逊（Wilson）[②]、斯宾塞（Spence）和泽克豪森（Zeckhauser）[③] 的状态空间模型化方法（State - Space Formulation），构建委托代理的数理模型，分析了在创新过程中委托代理理论的作用机制。借鉴 Holmstrom 对线性激励契约的要求[④]，构建模型分析了创新过程中监督与激励对与创新影响的一般机理。本书借鉴 Holmstrom 和 Milgrom（1987）的思路拓展了最优契约理论模型下管理层薪酬对双元创新的数理模型。虽然在模型构建的过程中和推导过程中具有一定的创新因素，但是创新的力度不大，是本书数理分析的不足之一。另外，模型的假设条件过于严格，希望在后续的研究中继续放松条件，得到更贴近现实的模型。

---

① Ross S. A., 1973. The economic theory of agency: the principal's problem [J]. American Economic Review (2): 134 - 139.

② Wilson R, 1969. The structure of incentive for dencetralization under uncertainty [J]. La Decision: 171 - 189.

③ Spence M., Zeckhauser R., 1971. Insurance, information and in dividual action [J]. American Economic Review (61): 380 - 386.

④ Holmstrom B, 1979. Moral hazard and observability [J]. The Bell Journal of Economics, 10 (1): 74 - 91.

7.3.2 实证研究的不足

本书的实证研究涉及中国企业双元创新基准检验、中介效应检验和调节效用检验。但是回望研究过程，发现在实证研究中仍然捉襟见肘，心有余而力不足。企业披露的专利数据不多，下一步需要利用爬虫软件获取更多数据。另外，本书图表的可视化程度有待升级，需要利用 MALTLAB 软件对本书中的相关实证结果进行可视化处理。

7.4 研究展望

本书试图在中国情境下以规范研究、数理分析、实证检验的方法来探究企业双元创新的运营机制及提升问题，期望推动双元创新的理论研究和实践操作向更好的方向发展。但是，认真反思、回味、揣摩本书的研究内容、研究方法、研究结论，笔者发现本书仍然存在后续研究的改进空间，以完成本书的缺憾。

7.4.1 破坏性创新到探索性创新的演化机制

在今后的研究中，需要深度挖掘破坏性创新在中国创新历程中的贡献，找出我国企业破坏性创新的路径，剖析其路径演化机制，甄别出这些成功企业如何从事破坏性创新，又如何从破坏性创新中走向探索性创新，这其中的关键环节是什么，主要障碍是什么，急需的外部条件是什么，需要再次探究。

7.4.2 企业家精神在双元创新中的作用机制

企，踮起脚；业，天职。企业家就是踮起脚，怀着憧憬，完成时代和社会使命的人。企业家精神表现为企业家勇于冒险、承担风险、开拓创新的偏好以及诚信、敬业的品质。

企业该如何创新呢？企业家就是创新家，企业家精神就是创新精神。法国经济学家萨伊说过企业家就是冒险家；德鲁克认为企业家就要勇于承担风险，创新是企业家的标志。对企业家来讲，无法突破“小富即安”的心理，就不敢放手一搏，就不会有自我超越。创新，一直都是强者的探险游戏。在企业双元创新过程中具有灵魂作用的企业家精神如何左右企业的探索性创新，如何保证企业的探索性创新是后续研究值得关注的话题。

主要参考文献

凌鸿程，阳镇，陈劲，2022. “破旧立新”还是“推陈出新”？——信任环境下的企业双元创新的重新审视［J］. 科学学与科学技术管理，44（6）：65－85.

严若森，赵亚莉，2022. CEO类型与家族企业双元创新——基于中国上市家族企业的经验证据［J］. 研究与发展管理，34（6）：131－144.

綦良群，刘晶磊，吴佳莹，2022. 服务化对先进制造业全球价值链升级的影响机制——基于企业双元能力视角的研究［J］. 中国软科学（4）：95－104.

张梦桃，张生太，2022. 关系网络对组织韧性的影响——双元创新的中介作用［J］. 科研管理，43（7）：163－170.

张京红，王生辉，范书红，2022. 国际代工企业情境性双元创新——基于驱动因素及对功能升级影响的分析［J］. 河北经贸大学学报，43（3）：93－100.

李其容，李春萱，杨艳宇，等，2022. 基于被调节中介模型的团队绩效压力与双元创新的影响研究［J］. 管理学报，19（12）：1811－1818.

陈波，陈玫，2022. 进口会激励企业双元创新吗？——基于进口学习效应的检验［J］. 产经评论，13（3）：40－54.

李树文，罗瑾琏，花常花，2022. 共时性双元领导对突破性创新的转换边界与路径［J］. 管理评论，34（6）：103－114.

李晓钰，肖丁丁，2022. 跨界搜寻策略、资源拼凑与双元创新能力平衡的关系研究［J］. 科技管理研究（11）：1－7.

奚雷，彭灿，李德强，2023. 柔性人力资源管理对企业双元创新的影响：环境竞争性的调节作用［J］. 科技管理研究（1）：102 – 109.

彭华涛，潘月怡，陈云，2022. 社会网络嵌入、双元均衡创新与国际创业研究［J］. 科研管理，43（11）：45 – 54.

董瑶，张樨樨，易涛，2023. 数字化转型、合作伙伴动态性与企业双元创新［J］. 山西财经大学学报，45（2）：102 – 115.

李永奎，刘晓康，2023. 数字经济发展对企业双元创新的双轨促进作用研究［J］. 西部论坛，33（1）：76 – 93.

赵文，赵会会，吉迎东，2022. 双元创新跃迁与企业失败：社会关系网络的调节作用［J］. 科研管理，43（1）：124 – 133.

蔡灵莎，杜晓君，杨慧芳，等，2022. 双元学习、行业与外来者劣势研究［J］. 运筹与管理，31（12）：220 – 226.

吕潮林，彭灿，曹冬勤，2023. 双元学习、创新驱动过程与数字化转型：数字能力的调节作用［J］. 系统管理学报，32（2）：379 – 394.

范丽繁，王满四，2022. 双重网络嵌入均衡、双元创新均衡与新创企业成长——来自众创空间在孵企业的实证［J］. 经济管理（12）：103 – 117.

刘景东，许琦，伍慧敏，2023. 网络情境下企业双元能力的动态适应与创新绩效［J］. 管理工程学报，37（3）：16 – 25.

姚梅芳，宫俊梅，2022. 学习导向与资源调配的交互对双元创新的影响——基于政治网络调节作用的研究［J］. 武汉大学学报（哲学社会科学版），75（3）：93 – 103.

曹勇，刘弈，谷佳，等，2022. 知识惯性对双元创新能力的影响研究——关系嵌入的调节效应与结构嵌入的中介作用［J］. 情报杂志，41（6）：182 – 188.

张洁，安立仁，张宸璐，2015. 开放式创新视角下双元与绩效关系研究脉络与未来展望［J］. 外国经济与管理，37（7）：3 – 18.

曾德明，李励，王泓略，2016. 研发强度对二元式创新的影响——来自汽车产业上市公司的实证研究［J］. 科学学与科学技术管理，37（1）：69 – 79.

史会斌，杨东，2017. CEO 权力配置对企业双元创新的影响研究［J］. 财经科学，31（11）：49－51.

彭新敏，郑素丽，吴晓波，等，2017. 后发企业如何从追赶到前沿？——双元性学习的视角［J］. 管理世界（2）：142－158.

芮正云，罗瑾琏，2018. 企业平衡式创新搜寻及其阶段效应——间断性平衡还是同时性平衡？［J］. 科研管理，39（1）：9－17.

徐宁，姜楠楠，张晋，2019. 股权激励对中小企业双元创新战略的影响研究［J］. 科研管理，40（7）：163－172.

苏昕，周升师，2019. 双元性创新与企业竞争地位——来自中国上市企业的经验数据［J］. 南方经济（5）：52－77.

白俊红，2011. 中国的政府 R&D 资助有效吗？——来自大中型工业企业的经验证据［J］. 经济学季刊（4）：1375－1400.

程华，赵祥，2009. 政府科技资助的溢出效应研究［J］. 科学学研究，27（6）：862－868.

程华，2015. 直接资助与税收优惠促进企业 R&D 比较研究［J］. 中国科技论坛，2006（3）：56－59.

郭剑花，杜兴强，2011. 政治联系、预算软约束与政府补助的配置效率［J］. 金融研究（2）：114－128.

胡乐明，2001. 公共物品与政府的作用［J］. 财经研究，27（8）：26－29.

胡永健，周寄中，2008. 政府直接资助强度与企业技术创新投入的关系研究［J］. 中国软科学（11）：141－148.

解维敏，唐清泉，陆姗姗，2009. 政府 R&D 资助、企业 R&D 支出与自主创新［J］. 金融研究（6）：86－99.

李传喜，赵讯，2016. 我国高新技术企业财税激励研发投入效应研究［J］. 税务研究（2）：105－109.

李春涛，宋敏，2010. 中国制造业企业的创新活动：所有制和 CEO 激励的作用［J］. 经济研究（5）：135－137.

李济广，2008. 国家对企业财政科技投入方式的改革与优化［J］. 中国科技论坛（11）：16－20.

李经路，苏杭，2016. 管理层薪酬对研发投入的影响：来自公司治理视角的解读［J］. 当代会计评论（2）：73－98.

李平，王春晖，2010. 政府科技资助对企业技术创新的非线性研究［J］. 中国软科学（8）：138－147.

刘克寅，宣勇，池仁勇，2015. 企业内外部 R&D 战略的互补性与替代性研究［J］. 研究与发展管理（12）：1－9.

刘云，杨湘浩，2012. 中国高技术产业的区域研发效率［J］. 中国管理科学（11）：653－659.

刘运国，刘雯，2007. 我国上市公司的高管任期与 R&D 支出［J］. 管理世界（1）：128－136.

吕久琴，郁丹丹，2011. 政府科研创新补助与企业研发投入：挤出、替代还是激励？［J］. 中国科技论坛（8）：21－28.

聂颖，杨志安，2011. 企业研发投资财税激励检验的实证分析［J］. 财经问题研究（8）：103－108.

汝毅，郭晨曦，吕萍，2016. 高管股权激励、约束机制与对外直接投资速率［J］. 财经研究（4）：4－12.

王玺，张嘉怡，2015. 税收优惠对企业创新的经济效果评价［J］. 财政研究（1）：58－62.

严成樑，弟海，龚六堂，2010. 政府财政政策对经济增长的影响［J］. 南开经济研究（1）：51－65.

翟海燕，董静，汪江平，2015. 政府科技资助对企业研发投入的影响［J］. 研究与发展管理（10）：34－44.

林志帆，刘诗源，2022. 税收激励如何影响企业创新？［J］. 统计研究（1）：91－115.

李军强，任浩，2021. 研发操纵、“多赢困境”与有效监管［J］. 系统管理学报（11）：1078－1089.

刘诗源，林志帆，冷志鹏，2020. 税收激励提高企业创新水平了吗？［J］. 经济研究（6）：105－121.

刘建民，唐红李，吴金光，2019. 企业异质背景下“营改增”对技术创新的微观效应研究［J］. 中国软科学（9）：134－142.

杨芷晴，张帆，张友斗，2019. 竞争性领域政府补助如何影响企业创新［J］. 财贸经济（9）：132－145.

李经路，2019. 经济政策不确定性、会计稳健性与公司研发投入［J］. 北京社会科学（2）：90－110.

Russo A，Vurro C，2010. Cross－boundary ambidexterity：balancing exploration and exploitation in the fuel cell industry［J］. European Management Review，7（1）：30－45.

Anil K. Gupta，Vijay Govindarajan，1986. Resource sharing among SBUs：strategic antecedents and administrative implications［J］. The Academy of Management Journal，29（4）：695－714.

Gupta K A，Smith G K，Shalley E C，2006. The interplay between exploration and exploitation［J］. The Academy of Management Journal，49（4）：693－706.

Bulent Menguc，Seigyoung Auh，2008. The asymmetric moderating role of market orientation on the ambidexterity－firm performance relationship for prospectors and defenders［J］. Industrial Marketing Management，37（4）：455－470.

Charles A. O' Reilly III，Tushman M L，2008. Ambidexterity as a dynamic capability：resolving the innovator's dilemma［J］. Research in organizational behavior（28）：185－206.

Constantine Andriopoulos，Marianne W. Lewis，2009. Exploitation－exploration tensions and organizational ambidexterity：managing paradoxes of innovation［J］. Organization science，20（4）：696－717.

Cristina B. Gibson，Julian Birkinshaw，2004. The antecedents，consequences，and mediating role of organizational ambidexterity［J］. Academy of Management Journal，47（2）：209－226.

Dovev Lavie，Lori Rosenkopf，2006. Balancing exploration and exploitation in alliance formation balancing exploration and exploitation in alliance formation [J]. Academy of Management Journal, 49 (4): 797 - 818.

Dovev Lavie, Uriel Stettner, Michael L. Tushman, 2010. Exploration and exploitation within and across organizations [J]. Academy of Management annals, 4 (1): 109 - 155.

Frank T. Rothaermel, David L. Deeds, 2004. Exploration and exploration alliances in biotechnology: a system of new product development [J]. Strategic Management Journal (25): 201 - 221.

Heli Wang, Jiatao Li, 2008. Untangling the effects of overexploration and overexploitation on organizational performance: the moderating role of environmental dynamism [J]. Journal of Management, 34 (5): 925 - 951.

James G. March, 1991. Exploration and exploitation in organizational learning [J]. Organization Science, 2 (1): 71 - 87.

Justin J. P. Jansen, Frans A. J Van den Bosch, Henk W. Volberda, 2005. Exploratory innovation, exploitative innovation, and ambidexterity: the impact of environmental and organizational antecedents [J]. Schmalenbach Business Review (57): 351 - 363.

Kwaku Atuahene Gima, Janet Y. Murray, 2007. Exploratory and exploitative learning in new product development: a social capital perspective on new technology ventures in china [J]. Journal of International Marketing, 15 (2): 1 - 29.

Mary J. Benner, Michael L. Tushman, 2003. Exploitation, exploration, and process management: the productivity dilemma revisited [J]. The Academy of Management Review, 28 (2): 238 - 256.

O Reilly C A, Tushman M L, 2004. The ambidextrous organization [J]. Harvard business review, 82 (4): 74 - 83.

Qing Cao, Eric Gedajlovic, Hongping Zhang, 2009. Unpacking organizational ambidexterity: dimensions, contingencies, and synergistic effects [J]. Organization science, 20 (4): 781 - 796.

Sebastian Raisch, Julian Birkinshaw, 2008. Organizational ambidexterity: antecedents, outcomes, and moderators [J]. Journal of management, 34 (3): 375 - 409.

Sebastian Raisch, Julian Birkinshaw, Gilbert Probst, Michael L. Tushman, 2009. Organizational ambidexterity: balancing exploitation and exploration for sustained performance [J]. Organization science, 20 (4): 685 - 695.

Zeki Simsek, Ciaran Heavey, John F. Veiga, David Souder, 2009. A typology for aligning organizational ambidexterity's conceptualizations, antecedents, and outcomes [J]. Journal of management studies, 46 (5): 864 - 894.

Zi - Lin He, and Poh - Kam Wong, Exploration vs. Exploitation: an empirical test of the ambidexterity hypothesis [J]. Organization Science, 2004, 15 (4): 481 - 494.

Uriel Stettner, Dovev Lavie, 2014. Ambidexterity under scrutiny: exploration and exploitation via internal organization, alliances, and acquisitions [J]. Strategic Management Journal, 35 (13): 1903 - 1929.

Christiane Prange, 2012. Ambidextrous internationalization strategies [J]. Organizational Dynamics, 41 (3): 245 - 253.

Eivor Oborn, Michael Barrett, Karl Prince, Girts Racko, 2013. Balancing exploration and exploitation in transferring research into practice: a comparison of five knowledge translation entity archetypes [J]. Implementation science, 8 (1): 104 - 123.

Paulina Junni, Riikka M. Sarala, Vas Taras, Shlomo Y. Tarba, 2013. Organizational ambidexterity and performance: a meta - analysis [J]. Academy of Management Perspectives, 27 (4): 299 - 312.

Charles A. O' Reilly Iii, Michael L. Tushman, 2013. Organizational ambidexterity: past, present, and future [J]. Academy Of Management Perspectives, 27 (4): 324 - 338.

Glenn B. Voss, Zannie Giraud Voss, 2013. Strategic ambidexterity in small and medium - sized enterprises: implementing exploration and exploitation in product and market domains [J]. Organization Science, 24 (5): 1459 - 1477.

Ram Mudambi, Tim Swift, 2014. Knowing when to leap: transitioning between exploitative and explorative RD [J]. Strategic Management Journal, 35 (1): 126 - 145.

Guktae Kim, Moon - Goo Huh, 2015. Exploration and organizational longevity: the moderating role of strategy and environment [J]. Asia Pacific Journal of Management, 32 (2): 389 - 414.

Sasanka Sekhar Chanda, Sougata Ray, 2015. Optimal exploration and exploitation: the managerial intentionality perspective [J]. Computational and Mathematical Organization Theory, 21 (3): 247 - 273.

Jisung Park, Seongsu Kim, 2015. The differentiating effects of workforce aging on exploitative and exploratory innovation: the moderating role of workforce diversity [J]. Asia Pacific Journal of Management, 32 (2): 481 - 503.

Stefanie Gschwantner, Martin R. W. Hiebl, 2016. Management control systems and organizational ambidexterity [J]. Journal of Management Control, 27 (4): 371 - 404.

Bebchuk L. A., Fried J. M., 2003. Executive compensation as an agency problem [J]. Journal of Economic Perspectives, 17 (3): 71 - 92.

Becker B E, Huselid M A, Pinkus P S, et al., 1997. HR as a source of shareholder value: research and remmendations [J]. *Human Resource Management*, 1997 (1): 39 - 47.

Berger, Philip. 1993. Explicit and implicit effects of the R&D tax credit [J]. Journal of Accounting Research (31): 131 - 171.

Bloom N, Griffith R, Reenen J V, 2008. Do R&D tax credits work? evidence from a panel of countries 1979 - 1997 [J]. Journal of Public Economics, 85 (1): 1 - 31.

Czarnitzki D, 2007. Toole A A. Business R&D and the interplay of R&D subsidies and product market uncertainty [J]. Review of Industrial Organization, 31 (3): 169 - 181.

Jensen M C and Meckling W H, 1976. Theory of the firm: managerial Behavior, agency costs and ownership structure [J]. Journal of Financial Economics (3): 305 - 360.

Koga T, 2003. Firm size and R&D tax incentives [J]. Technovation, 23 (7): 643 - 648.

Leech D, Leahy J, 1991. Ownership structure, control type classifications and the performance of large British companies [J]. The Economic Journal, 101 (409): 1418 - 1437.

Levy D M, 1990. Estimating the impact of government R&D [J]. Economics Letters, 32 (2): 169 - 173.

millerj S, Wiseman R M, Gomez - Mejia L R, 2002. The fit between CEO compensation design and firm risk [J]. Academy of Management Journal, 45 (4): 745 - 756.

Schumpeter, J A, 1942. Capitalism, socialism and democracy [M]. New York: Harper & Brothers.

Stulz, 1990. Managerial discretion and optimal financing policies [J]. Journal of Financial Ecomomics (26): 3 - 27.

Sasanka Sekhar Chanda, 2017. Inferring final organizational outcomes from intermediate outcomes of exploration and exploitation: the complexity link [J]. Computational and Mathematical Organization Theor, 23 (1): 61 - 93.

Stephanie L. Wang, Yadong Luo, Vladislav Maksimov, Jinyun Sun, Nikhil Celly, 2019. Achieving temporal ambidexterity in new ventures [J]. Journal of Management Studies, 56 (4): 788 - 822.

Johannes Luger, Sebastian Raisch, Markus Schimmer, 2018. Dynamic balancing of exploration and exploitation: the contingent benefits of ambidexterity [J]. Organization Science, 29 (3): 449 - 470.

Luca Gastaldi, Francesco Paolo Appio, Mariano Corso, Andrea Pistorio, 2018. Managing the exploration - exploitation paradox in healthcare [J]. Business Process Management Journal, 24 (5): 1200 - 1234.

Miguel Solís - Molina, Miguel Hernández - Espallardo, Augusto Rodríguez - Orejuela, 2018. Performance implications of organizational ambidexterity versus specialization in exploitation or exploration: the role of absorptive capacity [J]. Journal of Business Research (91): 181 - 194.

Seungho Choi, Gerry mcnamara, 2018. Repeating a familiar pattern in a new way: the effect of exploitation and exploration on knowledge leverage behaviors in technology acquisitions [J]. Strategic Management Journal, 39 (2): 356 - 378.

Soetanto Danny, Jack Sarah L., 2018. Slack resources, exploratory and exploitative innovation and the performance of small technology - based firms at incubators [J]. The Journal of Technology Transfer, 43 (5): 1213 - 1231.

Jinjuan Zang, 2018. Structural holes, exploratory innovation and exploitative innovation [J]. Management Decision, 56 (8): 1682 - 1695.

Bernardo Balboni, Guido Bortoluzzi, Roberto Pugliese, 2019. Andrea tracogna. business model evolution, contextual ambidexterity and the growth performance of high - tech start - ups [J]. Journal of Business Research, 99 (99): 115 - 124.

Jongseon Lee, Nami Kim, 2019. Know yourself and find your partners: achieving ambidexterity and inter - organizational collaboration [J]. Management Research Review, 42 (12): 1334 - 1352.

Everist Limaj, Edward W. N. Bernroider, 2017. The roles of absorptive capacity and cultural balance for exploratory and exploitative innovation in smes [J]. Journal of Business Research (94): 659 - 680.

Everist Limaj, Edward W. N. Bernroider, 2018. The roles of absorptive capacity and cultural balance for exploratory and exploitative innovation in smes [J]. Journal of Business Research (94): 137 - 153.

Yury Dranev, Alisa Izosimova, Dirk Meissner, 2020. Organizational ambidexterity and performance: assessment approaches and empirical evidence [J]. Journal of the Knowledge Economy, 11 (5): 676 - 691.

Maria Urbaniec, Agnieszka Żur, 2020. Business model innovation in corporate entrepreneurship: exploratory insights from corporate accelerators [J]. International Entrepreneurship and Management Journal (17): 865 - 888.

Salem aiabri, Seyedeh Khadijeh Taghizadeh, Golam Mostafa Khan, Syed Abidur Rahman, 2022. Exploratory innovation, exploitative innovation and operational performance: infuence of informal social relations in environmental competitiveness [J]. Quality & Quantity (56): 1223 - 1244.

Eric Zabiegalski, Michael John Marquardt, 2022. Action learning and the ambidextrous organization [J]. Journal of Work - Applied Management, 14 (2): 170 - 183.

JD Visser, Caren Brenda Scheepers, 2022. Exploratory and exploitative environmental dynamism. innovation influenced by contextual leadership, environmental dynamism and 127 innovation climate [J]. European Business Review (1): 27 - 152.

Nancy Vargas, M. Begona Lloria, Valencia, Spain, Addisson Salazar, Luis Vergara, 2022. Instituto de telecomunicaciones y aplicaciones multimedia, innovative outcome through exploration and exploitation - enablers, barriers and industrial property [J]. European Journal of Management and Business Economics (1): 40 - 56.

Lixun Su, Annie Peng Cui, Saeed Samiee, Shaoming Zou, 2022. Exploration, exploitation, ambidexterity and the performance of international smes, European Journal of Marketing (5): 1372 - 1397.

Kerim Karmeni, Lorraine Uhlaner, Lorenzo Lucianetti, 2022. The novelty - centered business model: a transition mechanism between exploration and exploitation in smes [J]. Journal of Small Business and Enterprise Development, 29 (4): 574 - 601.

Anirbid Sircar, Namrata Bist, Kriti Yadav, 2023. A comprehensive review on exploration and exploitation of offshore geothermal energy [J]. Marine Systems & Ocean Technology (17): 135 - 146.

Simona Grande, Alberto Bertello, Paola De Bernardi, Francesca Ricciardi, 2023. Enablers of explorative and exploitative intellectual capital in entrepreneurial ecosystems [J]. Journal of Intellectual Capital, 24 (1): 35 -69.

Eleanor T. Lawrence, Leslie Tworoger, Cynthia P. Ruppel, Yuliya Yurova, 2022. TMT leadership ambidexterity: balancing exploration and exploitation behaviors for innovation [J]. European Journal of Innovation Management, 25 (3): 703 -719.